# 실존
# 철학상담
# 입문

# 실존
# 철학상담
# 입문

이진오 지음

이 저서는 2016년 정부(교육부)의 재원으로 한국연구재단의 지원을 받아
수행된 연구임(NRF-2016S1A6A4A01019364)

## 걷는다

지나온 길이 까마득하여
걷지 못하던 자들이 걷는다
주저앉은 자신을 벗어나려
걷는다
사람들을 벗어나 자신과 동행하려
걷는다
먼 기억의 끝에서 걸어오는 자신을
이번만은 힘껏 끌어 앉아주려
걷는다
속에 찬 고민을 쇠똥처럼 듬성듬성 길 위에
쏟아놓고
제발 잠 좀 자러 가기 위해 걷는다
어리석은 머리는 허공에 띄워놓고
뚜벅뚜벅 발바닥으로 생각하려
걷는다
물매기처럼 무겁게 흐느적거려도
내가 흐느적거리기 위해 걷는다
흐르는 시간을 허리춤에 걸치고
아무 생각 없이 떠내려 가보려
걷는다
도망치지도 않고
뛰지도 않고

제 호흡으로
살아보기 위해
걷는다
매미가 울어대도
폭폭 눈이 쌓여도
걷는다
항아리가 텅 비어도
지나가던 바람이
햇빛을 퍼내듯
걷는다

　새해 첫날 사람들은 한 해 동안 쉴 새 없이 걸어온 자신과 대면하기 위해 도시에서 외떨어진 자연이나 사찰을 찾곤 한다. 그들은 성스러운 기운에 머리 숙이지만, 다시 자신들만의 고민과 질문을 안고 집으로 간다. 일상은 본질적인 질문이 망각되는 맷돌이다. 어린 시절 우리는 굳이 특별한 곳을 찾지 않아도 참 많은 질문을 하면서 자랐다. 어른이 되어서도 어린아이처럼 질문을 많이 하며 사는 사람도 있다. 소크라테스나 공자가 그런 사람이었을 것이다. 그런데 대부분 어른이 되면 일상에 쫓겨 살면서 질문다운 질문을 하지 않는다. 우리 사회는 정해진 답을 배우는 학습과 관련 없는 질문을 꺼린다. 그런 질문은 튀거나 버릇없는 짓으로 여겨져서, 질문 자체가 위험한 도전이 되기도 한다.

　그렇다고 사람들이 질문을 전혀 안 하는 게 아니라 질문다운 질문을 못 하고 있다. '나는 과연 잘살고 있나?' 삶의 길 위에서 미처 하지 못한 수많은 질문을 한 문장으로 만들면, 이렇게 응축될 것이다. 이 질문을 품은 낯선 '내'가 365일 낮이나 밤이나 숨죽인 채 일상의 '나'를 응시한다. 그는 잠든 나에게 꿈으로 뿌리 깊은 질문의 메아리를 들려준다. 대답 되지 못한 질문은 은닉된 채 스스로 깊어지고 세분된다. '나는 잘살고 있는가?'라는 질문에 대답하기 위해서 '나는 누구인가?'를 묻게 된다. 단순하면서도 근본적인 이 질문에 대답하기 위해 우리는 겉으로 드러난 질문을 떠받치고 있는 숨은 구조를 탐색하기도 한다.

　하이데거는 근본적인 질문은 세 가지 구조를 가진다고 말한다. '질문되는 것'

이 그중 하나다. '질문을 제기하며 대답하는 자'가 또 다른 하나다. 하이데거는 이를 '질문이 걸리는 것'이라 칭한다. 이 둘 이외에 '질문에 대한 대답'이 나머지 하나다. '나는 누구인가?'라는 질문에서 물어지는 것은 '나의 존재'이며, 이 질문을 제기하며 대답할 수 있는 자는 자신이 존재한다는 사실 자체를 이해하고 그 의미를 물을 수 있는 존재라야 한다. 우리가 아는 한, 그런 존재는 인간뿐이다. 정확히 말하자면, 그런 능력을 지닌 인간 중 바로 나 자신만이 '나는 누구인가?'에 대해서 대답할 수 있다. 그리고 이 질문에 대해서 대답된 것은 '나는 이렇게 저렇게 존재한다' 이다. 그런데 '이렇게 저렇게 존재하는' '나의 존재'는 사물이나 동물과도 구분이 되고, 다른 사람과도 구분이 되는 독자성을 지닌다. 실존철학자들은 이런 성격을 지닌 '나의 존재'를 '실존'이라 칭한다. 그런데 '실존'이란 구체적으로 무엇인가? '실존'이나 '실존사상'은 수많은 철학적 개념들 중 대중들에게 가장 친숙하다. '실존철학'은 상담이나 치료에 가장 빈번하게 응용되는 철학사상이다. 그런데 '실존'이라는 말이 대중문화에 녹아들면서 그 의미가 피상적이고 편협하게 이해되었다. '실존'에 대한 피상적이고 편협한 이해는 나 자신에대한 오해를 키울 뿐만 아니라, 상담이나 치료에 종사하는 이들에게는 무책임한 결과를 초래할 수 있다. 이런 위험성을 피하기 위해서는 '실존'에 대한 상식적 지식을 넘어서 깊고 포괄적인 이해에 도달해야 한다. 키르케고르는 실존에 대한 망각이 우리 시대의 가장 큰 위협이라고 선언하며 코펜하겐의 하늘에 실존철학의 깃발을 올렸다. 이 책은 상담과 치료에 종사하는 이들뿐만 아니라 자신의 삶과 존재에 대해서 진지하게 고민하는 개인이 실존철학의 본령에 도달할 길을 제시할 것이다.

# 서론

## 1. 철학상담

철학은 크게 이론철학과 실천철학으로 분류될 수 있다. 이 중 실천철학 (practical philosophy)은 윤리학처럼 인간의 실천적인 행위에 대해 이론적으로 다루는 경우와 실제로 철학으로 삶의 문제를 해결하려는 철학실천 (philosophical practice)으로 다시 나뉠 수 있다. 철학실천 활동에는 기업인이나 근로자, 미혼모, 재소자, 학생, 주부, 군인, 퇴직자, 실직자 등 다양한 계층을 대상으로 그들 스스로 삶의 문제를 철학적으로 성찰할 수 있게 교육하는 경우와 상담하는 경우가 있다. 오늘날 대부분의 철학실천가들은 교육과 상담을 병행한다. 따라서 대부분의 철학실천가(philosophical practitioner)는 동시에 철학상담사(philosophical counselor)이기도 하다.

철학상담의 역사는 철학의 역사만큼 오래되었다. 소크라테스나 에피쿠로스, 세네카 등 고대철학자들은 개념과 명제의 의미를 명료화하거나 논리적 오류와 모순을 찾아내면서 깨어있는 삶과 마음을 다스리는 철학적 방법을 가르쳤다. 철학의 이런 전통은 오늘날까지 꾸준히 이어진다. 그러나 의사가 병원에서 환자를 받고, 심리상담사가 내담자를 만나 상담하듯 철학자들이 치료나 상담의 전문가로서 내담자에게 도움을 준 것은 아니다. 이런 의미의 철학상담은 아헨바흐(Gerd. B. Achenbach)가 1981년 독일 쾰른 (Köln) 근교에 철학실천 센터를 열면서 시작된다. 헤겔 연구로 박사학위를 마친 직후였던 그는 정신치료나 심리상담의 보완제가 아니라 대안으로서 '철학실천'(Philosophische Praxis)을 내세운다. 그런데 아헨바흐는 자신의 활동을 '철학상담(Philosophische Beratung)'이 아니라 '철학실천(Philosophische Praxis)'이라 칭했는데, 그가 이 포괄적인 명칭을 사용한 이유는 그의 주요 활동에 상담뿐만 아니라 철학교육이나 저술, 집단인솔 등도 포함되어 있기 때문이다.

　그렇다면 현대적 의미의 철학실천이나 철학상담은 구체적으로 무엇을 의미할까? 『철학상담의 이론과 실제』에서 라베(Peter Raabe)는 이와 관련해서 다음과 같이 말한다.

　　"철학상담의 의도는 상담 상황에서 직접 대면하는 내담자를 철학적으로 이해하고, 그 내담자와 더불어 그 사람이 자기 자신을 철학적으로 더 잘 이해할 수 있도록 돕는 작업을 수행하는 것이다."[1]

　위 인용문에는 심리상담이나 정신치료와 구분되는 철학상담의 정체성과 방법론, 목표가 함축되어 있다. 이에 따르면 철학상담은 내담자가 "자신을 철학적으로 더 잘 이해할 수 있도록" 돕는 일이다. 그런데 어떤 인간에 대한 이해는 그가 살아가는 세계에 대한 이해와 떼어서 생각할 수 없다. 인간과 그의 세계에 대한 철학적 이해는 철학자들의 사유와 개념에 밀도 있게 반영되어 있다. 같은 주제를 다루더라도 철학자들의 사유방식과 그것을 표현하는 개념은 플라톤과 아리스토텔레스, 공자와 노자의 비교에서 확인할 수 있듯이 매우 다양하다. 철학상담사들은 철학자들의 이런 사유방식과 개념을 길잡이로 내담자가 스스로 그 자신과 그의 세계를 근본적으로 검토하며 좀 더 잘 이해할 수 있도록 돕는다. 당면문제는 이런 근본적인 검토와 병행해서 다루어질 수 있다. 어느 경우든 내담자는 철학자들의 사유방식과 개념들을 길잡이로 스스로 철학적으로 생각하여 자신의 문제를 이해하고, 해결책을 찾아야 한다. 이점과 관련해서 아헨바흐는 철학실천이 내담자에게 어떤 철학적 명제나 학설 혹은 이론을 처방해주는 것이 아니라 "생각하기에 활력을 불어넣어 스스로 움직이고 살아나게 하는 것이라고 즉 철학하게 하는 것"[2]이라고 강조한다.

　15년 전쯤 필자와 동료철학자들이 철학상담 공부를 시작했다. 우리는 2, 3년

---

1) 피터 B. 라베 저, 김수배 역, 『철학상담의 이론과 실제』, 시그마 프레스, 2010, 23쪽. 이하 "라베(2010)"로 약칭.
2) Achenbach G. B., "Philosophie als Beruf", *Philosophische Praxis, Schriftenreihe zur Philsophischen Praxis* Bd. 1, Köln, Verlag for Jurgen Dinter, 1984, p.32.

동안 아헨바흐, 루 메리노프, 라베, 라하브, 슈스터, 린트셋 등 대표적인 철학상담사들의 저술을 강독하고, 그들의 활동에 대해 토론했다. 이런 과정을 거쳐서 우리는 기존의 심리상담이나 심리치료와는 다른 철학상담의 특징을 이해하고 받아들였다. 하지만 철학은 그 자체만으로도 여전히 어렵고, 그것을 구체적인 상담에 적용하는 일은 더욱 어렵다. 이 때문인지, 나름대로 경험을 쌓은 철학상담사들도 초심이 흐려지곤 한다. 인간은 자신이 알고 있는 지식을 초월하는 존재이지만, 신체와 정신의 통일체인 그의 마음은 과학적으로 설명할 수 있는 부분이 많다. 또, 과학적으로 확정된 심리학적 방법은 상담사나 내담자에게 그 진행과정의 예측가능성 때문에 믿음을 준다. 심리상담사들은 마음속에 은닉된 비밀이나 상처를 찾아내 일정한 해결책을 제시한다. 검증되고 체계화된 상담의 진행과정 자체는 일종의 수행적 카타르시스를 주기도 한다. 이런 심리상담은 누가보더라도 매력적이다. 돌파구를 찾던 철학상담사들에게도 심리상담의 개념과 기법이 스며들고 있다. 철학상담에서 막연함과 답답함을 느끼던 이들은 심리상담을 배우면서 비로소 상담의 길이 뚜렷이 보이는 경험을 한다. 그러나 이런 길은 철학상담을 제창한 사람들이 생각했던 게 아니다. 물론 상담심리학적 통찰과 검증된 접근법, 대화법, 평가방법 등은 상담을 하려는 이들은 누구나 기본적으로 알아야 한다. 그러나 이런 것들이 철학상담을 주도하게 되면, 철학상담은 심리치료나 심리상담의 대안이 되지 못한 채 수많은 유사 심리상담의 하나로 전락할 것이다. 심리상담의 노하우와 정신병리학적 지식을 참조하면서도 철학상담은 독자적인 길을 가야 한다. 인간의 정신과 마음은 과학으로는 설명할 수 없는 부분이 많다. 철학상담은 세계관, 가치관, 의미, 인식, 사고방식, 논리, 개념, 윤리, 미적 체험 등 심리학과 정신병리학이 적합하게 다룰 수 없는 문제를 대상으로 한다. 실존철학상담은 이러한 철학 주제들을 내담자 자신의 고유한 존재인 실존에 대한 분석을 중심으로 다룬다. 이때 관건은 심리상담처럼 개념화나 구조화를 통해 내담자와 그의 문제를 일정한 이론적 틀에 꿰맞추지 않으면서도 내담자의 실존과 상황을 밝혀주는 방향으로 상담을 진행할 길잡이를 실존철학상담이 제공할 수 있느냐다. 필자는 이 책에서 소개된 철학상담 방법론과 절차가 그런 역할을 해줄 것으로 기대한다.

일반적으로 방법론이란 원리, 실천, 절차의 체계이거나 이 체계에 대한 논의를 의미한다. '방법론'이라는 표현이 접근법이나 특정한 절차, 기술, 방법과 동의어로 쓰이기도 한다. 아헨바흐는 특정한 방법론을 전제하는 실증주의에 대립해서 철학함 자체가 철학상담의 방법론이라고 주장한다. 철학함으로서의 철학상담에서는 철학적으로 탐구되는 한, 모든 것이 철학이 될 수 있고, 모든 것을 다 동원해도 된다. 아헨바흐의 이러한 '방법 초월적 방법'을 라베는 '과격한 포스트모던적 입장'이라고 비판한다. 그는 『철학상담의 이론과 실제』의 2장 전체를 할애해서 철학상담의 다양한 방법론을 세밀하게 비교하며 철학상담 입문자들이 신뢰할만한 실천 절차를 제시하려 한다. 이런 목적에서 라베는 메리노프의 두 단계 결정법과 5단계 결정법, 집단상담, 삶의 방식으로서 철학, 세계관 해석, 소크라테스적 대화법, 논리 중심법, 결론 열어두기, 내담자의 자율, 비판적 탐구, 기술적(descriptive) 해석, 평형에 대한 요구, 철학자 활용하기 등 철학상담에 동원되는 거의 모든 절차, 기법, 관점, 태도까지 소개한다. 하지만 그는 이런 세세하면서도 전반적인 논의 끝에도 방법론에 대한 하나의 신뢰할만한 결론을 제시하지 못한다. 철학상담을 진행하기 위해서 동원할 수 있는 모든 것을 철학상담의 방법론으로 나열하고 있는 셈이니, 결국 그도 돌고 돌아 아헨바흐의 입장으로 귀착된 것으로 보인다. 그는 객관적인 비교 분석을 통해서 확실하고 효율적인 길을 보여주기 위해서 최선을 다했고, 그런 과정에서 철학상담의 핵심에는 다양한 요소로 전개될 수 있는 철학함이 존재한다는 것을 보여주고 있는 셈이다.

그렇다면 '철학함'이란 무엇인가? '철학함'이란 하나로 특정해 고착화시킬 수 없는 열린 개념이다. 철학함을 이렇게 정의하면, 독자들은 철학상담을 추상적이고 막연하며 비전문적인 것으로 오해할 수 있다. 철학자들은 각자 철학함에 대한 구체적인 개념이 있을 것이다. 필자는 하이데거와 야스퍼스의 실존 탐구의 특징인 '형식적 지시'를 철학함으로 제시할 것이다. '형식적 지시'는 이론에 의해서 추상화되고 편집되기 전에 개별자들이 근원적으로 체험할 수 있는 삶의 틀을 제시해주는 철학함이다. 형식적 지시에 의해서 드러난 '불안', '한계상황', '존재의 부름', '본래성', '결의', '각자성', '난파', '무조건성', '실존적 소통' 등은 상담의 각 과정을 이끌 수 있다. 철학함으로서 형식적 지시 자체가 실존철학상담의 단계별 절차를 제시하는 것이다.

## 2. 실존철학과 실존주의적 상담과 치료

19세기 중엽 키르케고르에 의하여 주창된 실존주의(實存主義)는 '개인'의 자유, 책임, 주관성을 중요하게 여기는 철학적, 문학적 흐름이다. 역사적으로 볼 때 '개인'(個人)이라는 표현은 15세기 유럽에서 인구 조사와 형이상학적 탐구에서 사용되기 시작한 라틴어 'Individuum'에서 유래된 말이다. 이후 유럽에서는 'Individuum'의 영어식 표기인 'individual'을 사용하게 되는데, 'individual'은 'indivisible'에서 파생된 낱말로 '더이상 나뉠 수 없는 것'을 의미한다. 이것은 당시에 '개인'이라는 낱말이 오늘날과 같은 의미로 사용되지 않고 계급이나 신앙공동체 혹은 지역공동체나 가족, 직능단체를 구성하는 최소단위를 나타내는 데 쓰였다는 것을 뜻한다. 즉, '개인'이라는 말은 어떤 전체를 이루는 구성원의 수를 세기 위한 최소단위였지, 독자성과 자유를 지닌 '하나의 전체'라는 오늘날의 의미는 아니었다. '개인'이 그 자체로 하나의 전체이며, 그가 소속된 공동체도 이런 개인들이 사회적 계약을 맺음으로써 성립된다는 생각은 계급과 신분제를 해체하여 모든 인간을 자유롭고 평등한 존재라고 주장한 17, 18세기 정치혁명과 계몽운동 이후에나 등장한다. 근대 이후 '개인'은 '하나의 전체'로서 대체 불가능한 자기 삶의 주인으로 인정되고, 개인의 자기 자신에 대한 의식 즉 자기의식이 중요시된다. '개인'의 이런 역사적 등장을 배경으로 개인의 단독성과 주체성, 자유, 선택을 중요시하는 실존주의가 등장한다.

틸리히는 실존주의가 등장하게 된 사상사적 배경을 고찰한다. 그는 19세기 이후 실존주의 철학자들의 사상뿐만 아니라 고대부터 현대에 이르는 시기 동안 철학, 신학, 문학, 예술 등 전 영역에서 전개된 실존주의적 움직임을 포괄적으로 파악하기 위해 "태도로서의 실존주의", "관점으로서의 실존주의", "저항으로서의 실존주의", "표현으로서의 실존주의"[3]를 구분한다. 이러한 구분법에 따라 틸

---

3) 폴 틸리히 저, 차성구 역, 『존재의 용기: 현대의 가장 절박한 위기인 무의미와 불안을 극복하는 방법제시』, 예영커

리히는 고대부터 현대에 이르기까지 철학자와 신앙인, 예술가와 문인들에게서 실존적인 성격을 찾아낸다. 그에 따르면 후기 낭만주의, 보헤미안니즘, 자연주의가 현대적 실존주의에 이르는 길을 닦았다.[4]

　개인주의나 실존주의의가 등장하기 훨씬 이전인 13~14세기 영국의 스콜라철학에서는 플라톤적 전통적을 계승한 인간관에 변화가 일어났다. 무엇보다 주목할 인물은 스코투스(Duns Scotus)다. 그는 보편자가 실재한다고 확신했던 아퀴나스(Thomas Aquinas)를 비판하면서 '모든 실체는 고유한 본질을 지닌다(omne ens habet aliquod esse proprium)'고 선언한다. 그는 또 아퀴나스의 주지주의적 신앙을 비판하며 인간의 의지를 강조하기도 한다. 개별성을 강조한 스코투스의 사상은 오캄의 윌리암(William of Ockham)에 계승되어, 실재하는 것은 개별자와 개인뿐이라는 유명론(norminalism)으로 확립된다. 이런 점에서 사상사적으로 개인주의와 실존철학의 연원은 중세의 유명론까지 소급해 볼 수 있다.

　'실존'(實存)의 독일어 표현인 'Existenz'와 영어 표현인 'existence'는 어원학적으로는 중세 유럽의 형이상학에서 사용하던 'existentia'에서 온 것이다. 전통형이상학에서 'existentia'는 '본질'을 의미하는 'essentia'와 쌍을 이루는 개념이다. 여기서 'essentia'는 '항상 그렇게 있는 것'(Sosein), 그래서 '영원불변하게 있는 것', '보편적인 것'(보편자)을 뜻한다. 반면에 'existentia'는 그런 본질에서 생겨나서 '특정한 시간과 공간에 존재하다 사라지는 것', '지금 여기 존재하는 것'(Dasein), '단 한 번 존재하는 유한한 것', '개별적인 것'(개별자)을 뜻한다. 유럽 중세 때 형이상학자들은 본질이 실존을 규정한다고 보았다. 그런데 본질에 의해서 규정되는 구체적인 개별자는 사물이지 인간이 아니다. 모든 자동차는 자동차를 자동차답게 만드는 그것의 본질에 의해서 그리고 모든 바위는 바위를 바위답게 하는 그것의 본질에 의해서 늘 그것으로 존재한다. 하지만 이런 사물과 달리 인간 각자는 모든 인간을 규정하는 보편성에 갇힌 채 누군가로 살아가는 것이 아니다. 인간은 각자의

---

뮌니케이션, 2006, 161쪽. 이하 "틸리히(2006)"로 약칭.
4) 틸리히(2006), 161쪽.

구체적인 선택과 결단 그리고 행위를 통해서 자신만의 본질을 만들면서 지금 여기의 유일무이한 '자기'로 존재한다. 이렇게 각자가 선택, 결단, 행위를 통해서 자기답게 살 수 있는 것은 '자기가 누구이며', '자기가 어떤 세계에 살고 있는지'를 이해하고 있기 때문이다. 이때의 이해는 과학적 지식 이전에 삶의 체험에서 갖게 된 근원적인 이해다. 실존철학자들은 이런 차원의 자기와 세계에 대한 이해를 분석하며 깊이 있고 다양한 '실존'의 모습을 밝혀준다. 실존에 대한 다양한 정의는 여기서 생긴다.

그런데 실존주의를 상담과 치료에 처음 응용한 이들은 철학자가 아니다. 1940년대와 1950년대 유럽에서 키르케고르, 니체, 야스퍼스, 하이데거, 사르트르 등 실존철학자와 도스토예프스키, 톨스토이, 카프카 등 실존주의적 작가들에 영향을 받은 정신의학자와 심리학자들이 실존주의를 심리치료나 심리상담에 응용하기 시작한다. 빈스방거, 보스, 프랑클, 콘, 랭, 메이, 얄롬, 로저스, 슈나이더, 스피넬리, 부겐탈 등은 상담과 치료에 실존주의적 접근을 준용하거나 활용한 대표적 학자들이다. 철학자들이 실존주의를 상담에 적용한 것은 1981년 현대적 철학상담이 시작된 이후부터. 1990년대에 들어서 철학상담사들 중 슈스터와 라하브는 실존철학을 전공하거나 깊이 연구하여 실존적인 인간 이해를 중심으로 상담을 시작했다. 두어젠은 실존주의 심리치료사로 임상 활동을 시작했지만, 하이데거를 전공한 철학자다. 최근 두어젠은 상담과 치료에서 철학의 역할을 강조하여, 철학상담사나 철학적 치료사로 소개되기도 한다.

그런데 실존철학은 인간을 바라보는 태도일 뿐이지 그 자체가 상담이나 치료를 가능하게 하는 방법론은 될 수 없다고 주장하는 이들도 있다. 하지만 대상에 맞는 관점을 선택해야 그 대상을 온전히 이해할 수 있다. 따라서 대상에 걸맞는 관점을 선택하는 것이야말로 대상을 이해하는 가장 중요한 방법이라 할 수 있다. 상담의 대상은 규격화된 사물이나 상품이 아니라 객관적으로 파악해 유형화할 수 없는 살아 움직이는 제각각의 인격체다. 인간의 이런 존재 성격을 가장 잘 밝혀주는 것이 실존철학이다. 그런데 실존철학적 관점으로 인간을 본다는 것은 단지 실존철학적 태도로 인간을 바라보겠노라고 결심한다고 해서 저절로 가능한 것이 아니다. 실존철학적으로 인간을 본다는 것은 실존철학을 실마리로 개별적 인간의 모습과 그 의미 그리고 그의 내밀한 세계를 밝혀본다는 것이다. 이러한 작업을 통해 문제해결의 실마리 역시 실존철학적 차원에서 제시될 수 있다. 따라서 실존철학은 인간을 바라보는 특정한 태도에 그치는 것이 아니라 인간 특유의 존재 성격과 문제를 이해하고, 거기에 맞는 해결책을 찾는 데 필요한 방법론이 될 수 있다.

## 3. 현상학과 실존철학

실존주의는 현상학과 결합하여 방법론으로서의 체계와 깊이를 갖춘 실존철학으로 발전하였다. 20세기 초 후설(Edmund Husserl)에서 시작된 현상학은 체험과 유리된 이론이나 지식, 관념적 추정 등을 괄호를 쳐두고 개인이 체험한 것을 그의 의식 속에서 드러나는 대로 기술하여(description), 그 기술들의 공통적 특징과 보편적 조건들을 밝히려 한다. 개인의 체험내용은 주관적일 수 있지만, 현상학은 그 주관적 기술의 공통된 특징과 보편적 조건들을 파악한다는 점에서 객관적이다. 후설이 현상학을 창안하기 전에 유럽학계는 수와 논리적 형식을 인과론에 지배되는 경험과 심리적 상태로 환원해서 설명하는 심리주의가 유행했다. 후설도 처음에는 심리주의 노선을 따랐다. 그러나 1900/1901년에 출간된 『논리연구』에서 후설은 수나 논리적 형식이 특정한 경험이나 심리적 상태로 환원되지 않는다는 사실을 밝힌다. 나아가 후설은 수나 논리적 형식, 물질 등 객관적 대상들의 의미와 의식의 작용 사이에 상관관계가 있다는 사실도 확인한다. 이런 근거에서 후설은 의식에 나타난 현상들과 이때 의식의 작용을 탐구하여 그 대상들의 객관성을 밝힐 수 있다고 주장한다. 그는 이런 철학적 탐구방법을 '현상학'(Phänomenologie)이라 칭한다.

그렇다면 현상학적 탐구란 다른 탐구방법과 어떻게 다를까? 현상학적 탐구와 자연과학적 탐구의 차이를 이해해 보기 위해 '누군가 나무에서 사과가 떨어지는 것을 보았다'는 사태를 가정해보자. 현상학은 대상을 인식하는 주체인 인간의 생물학적 특성이나 인식 주체가 직접 체험할 수 없는 자연과학의 법칙이나 이론

등은 다루지 않는다. 대신 현상학은 인간이 체험한 의식의 내용과 그때의 의식 자체를 기술하고 그 구조를 분석한다. '누군가 나무에서 사과가 떨어지는 것을 보았다'는 사태는 목격자의 시신경이나 중력의 법칙으로 설명할 수 있다. 그러나 이것은 자연과학적 접근이지 현상학적인 방법은 아니다. 현상학은 사과, 땅 그리 움직임 등 목격자의 의식에 나타난 현상을 기술한다. 이어서 현상학은 그의 감각에는 주어지지 않았으나 그가 의식한 '전체 형태를 갖춘 하나의 사과'나 '예쁘다', '빠르다'와 같은 내용을 그의 의지와 무관하게 지각되어 의식에 나타난 내용과 구별하면서 의식이 어떤 작용을 하는지 밝힌다. 이때 후설은 '의식 밖' 다시 말해 '의식 초월적으로' 그 자체로 있다고 상정되는 것들은 제외하고 의식에 나타난 것과 그 의식의 작용만을 탐구하기 위한 방법론을 고안하였다.

자연과학과 구분되는 현상학의 방법론을 한 마디로 규정하면, 그것은 '현상학적 환원'(phänomenologische Reduktion)이다. '현상학적 환원'은 두 단계로 구분된다. '현상학적 환원'의 첫 단계는 '형상적 환원'(eidetische Reduktion)이다. '본질적 환원'이라고도 칭해지는 '형상적 환원'은 의식 초월적 대상을 포함해서 의식에 나타난 내용을 '자유연상' 해보고, 가변적 요소는 제거하고 '불변요소'를 '본질직관'에 의해서 포착한다. 예를 들어 '내가 내 의식 밖에 있는 의자 하나를 보거나 그런 의자 하나를 상상함으로써 내 의식에 '의자'가 나타났다고 치자. 색깔 모양, 재료 등 의자와 관련된 모든 것들을 연상해보고, 변경이 가능한 것은 제외하고 남는 '사람이 앉을 수 있는 다리가 붙은 판'이 형상적 환원의 결과물이 된다. 이 결과물은 플라톤의 이데아처럼 경험 자체에는 주어지지 않고 의식에 대한 분석에서 밝혀진 것이다. 현상학적 환원의 둘째 단계는 '초월론적 환원'(transzendentale Reduktion)이다. 초월론적 환원에서는 상식이나 과학이 우리의 의식 밖에 우리의 의식과 무관하게 그 자체로 있다고 설명하는 대상을 의식으로 환원한다. 초월론적 환원은 의식 밖의 대상을 개인의 순수의식으로 환원하는 '자아론적 환원'(egologische Reduktion)과 그것을 나의 의식에서뿐 아니라 다른 사람의 의식에서도 동일한 것으로 환원하는 '상호주관적 환원'(intersubjektive Reduktion)이 있다. '자아론적 환원'은 '데카르트적 환원'이라고도 칭한다. 초월론적 환원은 우리에게 나타나는 대상들의 가능조건을 밝힌 칸트의 '초월론적 관념론'이나 자기의식의 확실성을 모든 확실성의 출발점으로 삼는 데카르트의 '생각하는 나'와 유사해 보인다. 그러나 후설의 초월론적 환원은 의식 밖의 것과 순수의식을 구분하면서도 칸트와 데카르트처럼 이원론을 전제하지 않는다.

현상학적 탐구를 위해서는 그밖에도 '에포케(epoché)', '지향성(Intentiona lität)', '노에시스'(noesis)와 '노에마'(noema), '생활세계'(Lebenswelt) 등의 개념을 이해하는 것이 중요하다. '판단중지'를 의미하는 '에포케'는 현상학적으로 본질이나 사태 자체를 탐구하기 전에 기존의 지식이나 선입관, 상식 등이 판단을 결정하는 것을 막고 순수하게 의식에 나타난 대로 기술하고 판단하기 위한 현상학적 태도다. '지향성'이란 의식이 항상 '무엇에 관한 의식(Bewusstsein von etwas)'이라는 사실을 나타낸다. 의식이 지향적 대상을 지닌다는 사실에서, 그 지향적 대상 자체와 그 지향적 대상을 담고 그것을 '그것으로서 우리에게 나타나게 하는' 의식 자체가 구분된다. 우리 의식을 초월해서 그 자체로 존재한다고 주장된 대상들도 의식이 그것을 지향하며 의미를 부여함으로써 '그것으로서' 우리에게 나타난다. 이때 의식의 작용이 '노에시스'(noesis)이며, 그 의식의 결과물이 '노에마'(noema)다. 현상학은 과학적 설명 이전에 우리가 직접 체험하는 세계도 우리에게는 의미가 있다고 보고, 이런 세계를 분석한다. 이렇게 밝혀진 세계가 '생활세계'(Lebenswelt)다.

후설 당대에는 과학의 발전에 힘입어 모든 것을 물리학적, 계량적 방법으로 탐구하려는 실증주의가 모든 의미의 근원인 의식의 역할을 보지 못하게 했다. 현상학을 창립하며 학계의 주목을 받게 된 후설은 이런 경향이 유럽학문의 위기의 원인이라고 진단하며 '실증주의가 철학의 목을 베어버렸다'고 말한다. 후설에게 현상학은 실증주의가 불러온 위기를 극복할 수 있는 구원자였다. 실증주의자들이 소위 의식 초월적 대상으로 내세우는 물질적 대상까지 포함하여 체험된 모든 것이 어떤 의미를 가지고 우리에게 드러나기 위해서는 의식의 작용이 필수적이라는 사실을 현상학이 밝혀주기 때문이다.

그렇지만 후설이 과학을 전적으로 부정한 것은 아니다. 그는 과학이 세계에 관한 이해 방식 중 하나일 뿐인데도 사람들이 그것을 절대적인 것처럼 여기는 것이 문제라고 보았다. 과학만으로는 우리에게 다양한 방식으로 나타나는 세계의 전모를 밝힐 수 없다. 따라서 세계가 우리 의식에 나타나는 모든 다양한 방식을 다룰 수 있는 현상학이 역할을 해야 한다. 인간은 과학이 밝힐 수 있는 것보다 더 많은 체험을 하며, 그런 체험이 과학이나 이론에 의해서 편집되기 이전의 일차적이고 의미 있는 세계를 보여준다. 이러한 사실을 밝히기 위해서 후설은 사람들이 삶을 영위하는 세계를 현상학적으로 분석한다. 이것이 생활세계에 대한 현상학적 분석이다. 외부 대상이나 사건을 체험할 때 일단 우리는 생활세계에서 감각이나 감정을 통해서 주어진 사물을 처음 만난다. 그런 다음 이 사물이 무엇인지 파악하기 위해서 과학은 그것을 나와 무관한 하나의 대상으로 관찰한다. 이제 생활세계에서 체험했던 사물들은 추상적인 개념으로 규정되고, 논리적으로 검토된다. 그것들의 본질과 속성이 수학적으로 규정되면서 물리적 대상으로 확정된다. 이렇게 물리적 대상으로 확정된 사물을 우리는 직접 체험할 수가 없다. 그런데도 과학은 그것만을 참되거나 유의미한 것이라고 믿고, 생활세계에서 체험된 것들을 배제한다. 이렇게 과학주의는 개별적 인간 각자가 체험한 것들을 배제함으로써 그만의 삶과 그만의 세계가 이해될 수 있는 길을 차단한다. 반면에 현상학은 그런 삶과 세계에 주목하며 그 의미를 밝혀준다. 현상학의 이런 역할은 과학 말고도 인간에 대한 인문학적인 탐구가 여전히 필요하다는 사실을 확인시켜 준다. 이런 이유에서 철학에서뿐만 아니라 정치, 교육, 돌봄 등 다양한 분야에서 현상학을 응용하려는 운동이 일어난다. 특히 실존을 연구하던 이들은 각자의 체험과 그의 고유한 세계를 있는 그대로 밝힐 수 있는 방법론으로 현상학을 수용한다. 야스퍼스, 하이데거, 사르트르는 현상학을 실존조명이나 현존재분석론에 적용한다. 이로써 실존주의는 현상학이 지닌 학문적 치밀성과 전문성을 갖춘 실존철학으로 발전하게 된다.

그런데 현상학 운동에 참여했던 다양한 사상가들이나 후설 현상학의 여러 발전 단계들을 고려해 볼 때 현상학에 대한 단일한 규정은 쉽지 않다. 가다머는 이런 사정을 반영하여 "현상학에 대한 형식적 개념은 일치된 철학적 주제가 아니다"[5]고 말한다. 야스퍼스는 환자가 내적으로 체험한 것을 병리학적 선입관 없이

---

5) Gadamer H. G., "Die phänomenologische Bewegung", *Philosophische Rundschau* 11-1963, P.11.

의식에 나타난 현상으로 기술하는 데 기술적 현상학을 사용한다. 기술적 현상학은 상담과 치료에 널리 응용되는 현상학적 방법 중 하나다. 후설이후 발전된 현상학에 대한 단일한 규정은 어렵지만 기술적 현상학에 대해서는 어느 정도 가능하다. 디머(Alwin Diemer)는 기술적 현상학의 방법론적 기능을 다음과 같이 규정한다. ① 꾸밈없이 보이게 한 후 기술한다, ② 오직 현상만을 보고 기술한다, ③ 편견 없이, ④ 정확히, ⑤ 단순하고, ⑥ 완전하게 그리고 ⑦ 주어진 현상들에 국한해서만 움직임을 추적하며 보이게 한다.[6] 하이데거는 현상학의 방법론적 특징을 "사태 자체로!"(zu den Sachen selbst!)라는 구호로 간단명료하게 나타냈다. 그는 '현상학'의 개념을 그리스어로부터 어원적으로 설명한다. 후설 이후 현대적 현상학도 서양철학에 뿌리를 두고 있는 이 그리스적 의미에 닿아있다. 그리스어로 '현상학'은 'λέΥειν τά φαινόμενα'인데, 그 뜻은 '현상들을 말한다'이다. 여기서 'λέΥειν'(레게인)은 'áποφαίνεσϑαι'(아포파이네스타이) 즉 '어떤 것을 그 자신으로부터 보이게 한다'를 뜻한다. 따라서 '현상학'은 '스스로 드러내는 것을 그 자신으로부터 드러나는 그대로 그 자신으로부터 보이게 하는 일'[7]이다. '있는 그대로 드러남' 즉 '있는 그대로 현상함'은 참된 모습이 그 모습대로 드러나는 것이다. 현상학은 이런 의미에서 진리를 보여주는 방법론이다. 현상학은 은폐와 가상, 위장을 벗겨내고 참된 모습을 그 자신으로부터 보이게 한다. 철학상담이론가 라베는 현상학의 이런 기능을 다음과 같이 말한다.

"현상학의 목표는 가능한 한 우리가 이미 가지고 있는 지식, 개인적 편견, 선입관 등에 의해서 오염되지 않은 방식으로 체험을 기술하는 것이다."[8]

인간의 고유한 존재 성격인 실존에 초점을 맞추어 존재가 드러난 그대로 보이게 하는 현상학을 우리는 '실존현상학'이라 칭할 수 있다.

---

6) Diemer A., *Der Methoden- und Theorienpluralismus in den Wissenschaften*, Meisterheim a. Glan 1971, p.13.

7) Heidegger M., *Sein und Zeit*, Tübingen, Max Niemeyer, 1986, p.42f. 이하 "Heidegger(1986)"로 약칭

8) 라베(2010), 41쪽.

## 4. 내용구성

이 책은 크게 1부와 2부로 구성되어 있다. 1부 "실존, 실존철학 그리고 상담치료" 중 그 전반부에서 필자는 소크라테스, 데카르트, 칸트 등 실존철학 이전에 활동한 철학자들의 사유와 삶 속에서 실존적으로 해석될 수 있는 내용과 실존주의가 전개될 사상적 계기를 밝혔다. 1부 중반부에서는 실존철학의 아버지 키르케고르와 고전적 정신분석의 대안으로 철학적 정신분석을 구상한 사르트르를 살펴보았다. 1부 후반부에서는 빈스방거나 보스, 프랑클의 실존주의 심리치료에 가장 큰 영향을 준 하이데거와 야스퍼스 철학을 상담과 치료의 관점에서 정리하고, 이를 바탕으로 '형식적 지시'라는 철학상담의 방법론을 제시하였다. 하이데거의 현존재분석론과 야스퍼스의 실존현상학적 임상철학이 심리치료에 어떻게 적용되고 있는지 구체적으로 알아보기 위해서 1부 끝에서 랭의 정신증 연구를 다루었다.

2부 "실존철학상담 이론과 그 사례" 중 그 전반부는 실존철학상담사로 분류될 수 있는 두어젠, 슈스터, 라하브의 상담법과 사례를 다루었다. 두어젠은 하이데거의 현존재분석론의 주요개념인 '환경세계', '공동세계', '자기세계'와 야스퍼스의 실존조명의 핵심개념이라 할 수 있는 '초월적 세계'를 실마리로 실존현상학적 심리상담을 한다. 실존적 철학치료와 철학상담으로도 해석될 수 있는 두어젠의 방법론과 풍부한 활동은 미래의 실존철학상담사들에게 많은 영감을 줄 것이다. 사르트르를 전공하고 철상담사로 활동한 슈스터는 최초의 실존철학상담사다. 사르트르를 포함한 철학자들의 자서전과 철학적 정신분석에 대한 슈스터의 연구와 이를 토대로 한 상담 사례는 실존철학상담의 방법론이 무엇이며 어떻게 적용되는지를 구체적으로 보여준다. 실존철학을 중심으로 철학친교와 상담을 하는 라하브는 온라인과 오프라인에서 가장 활발하게 활동하는 실존철학상담사로 평가될 수 있다. 라하브를 통해서 독자들은 철학상담이 기존의 심리치료와 심리상담과는 확연히 다른 접근법과 목표를 지닌다는 것을 확인할 수 있을 것이다. 2부 후반부는 필자가 진행한 실존현상학적 상담과 성장과 치유를 위한 어린이철학교육 사례를 담고 있다. 1부와 2부의 내용을 구성하고 있는 각 장 끝에는 "핵심어", "실존철학상담 연습", "실존철학상담 활용문헌"이 실렸다. 독자들은 내용을 이해하고, 배운 내용을 길잡이로 스스로 실존철학적으로 사유하면서 상담을 공부하거나 자신의 문제를 실존적으로 해석해 볼 수 있을 것이다.

아헨바흐를 필두로 현대적 철학상담이 시작된 지도 반세기 가까이 되었다. 그동안 철학상담 관련 문헌들이 해외 철학상담사들을 중심으로 상당수 출간되었다. 그중에는 우리말로 번역된 것도 꽤 된다. 국내 철학상담사들도 활동과 연구 성과를 저술로 발표하고 있다. 아헨바흐, 슈스터, 메리노프, 린트셋, 호프만, 라하브 등 대표적인 철학상담사들은 자신만의 철학상담론과 사례를 소개하는 데 집중하고 있다. 이런 경향은 국내 철학상담사들의 경우도 마찬가지다. 이런 와중에 라베의 『철학상담의 이론과 실제』는 철학상담의 다양한 방법론과 정의, 모델, 역할, 목적 등을 분석적이고 체계적으로 서술하며 철학상담의 전체적인 모습을 보여준다. 이런 구성 때문에 이 책은 철학상담 입문자를 위한 교재로 적합하다. 그런데 케나다 출신으로 분석철학적 전통에 서 있는 저자가 독일철학에 이질감을 가진 탓일까? 라베는 후설의 현상학과 하이데거의 존재론 등에 대해서 '너무 난해하고 추상적'이라 평하며 피상적인 수준에서 다루고 있다. 철학적 정신분석을 시도한 사르트르에 대해서는 단편적인 언급에 그치고, 프랑클의 로고테라피의 토대가 된 실존조명을 전개한 야스퍼스에 대한 논의는 아예 없다. 그런데 거의 논의되지 않은 이 철학자들의 실존철학이 1940년 이후 현재까지 심리치료와 심리상담에서 가장 널리 응용되고 있고, 1980년대 이후에는 철학상담에서도 상담사의 세부전공과 무관하게 중요한 역할을 하고 있다. 이런 사실을 고려할 때, 후설 현상학과의 연관성 속에서 야스퍼스, 하이데거, 사르트르를 제대로 다루지 않은 것은 철학적인 상담과 치료 그리고 철학상담의 주된 흐름을 파악하는 데 큰 결함이다. 필자는 이들의 원전을 분석하며 실존의 심연에 도달하려 노력했다.

# 목차

# 2부
# 실존철학상담 이론과 그 사례

9장. 두어젠: 심리치료에서 철학치료로

1부

# 실존, 실존철학 그리고 상담치료

# 1장

# 실존철학 이전의 실존적 사유와 삶

키르케고르 이전의 철학사에는 분명한 주제와 방향을 갖춘 실존주의는 존재하지 않는다. 하지만 실존주의가 등장하기 전에도 사람들은 죽음, 불안, 투쟁, 허무, 절망, 비약, 고독 등 실존적인 체험을 했다. 많은 이야기와 기록을 남긴 철학자들의 삶과 사유에서는 그런 실존적인 성격을 확인할 수 있다. 그들 중에는 실존적인 문제를 시류에 따라 처리하지 않고 스스로 검토하며 자신만의 해결책을 찾은 경우도 있다. 이들의 정신 속에는 유행과 운명적인 것에 맞서는 한 독립된 인격체의 도전과 자유를 향한 의지가 있다. 쿠퍼는 실존에 대한 고민은 철학적으로 발전하기 전에 이미 자기이해를 위한 시도로서 시작되었다고 말하며 소크라테스나 예수, 석가모니, 고대 스토아학파의 가르침에서 실존적 관념과 질문, 사고방식이 발견된다고 주장한다.[1] 철학사에서 소크라테스를 실존적으로 해석한 최초의 인물은 키르케고르다. 그는 소크라테스의 철학하는 방법과 삶을 모범으로 삼았을 뿐만 아니라 그의 첫 저술인『아이러니의 개념-소크라테스를 중심으로』(1841)에서 소크라테스를 실존적으로 탐구한다. 워낙에 따르면 키르케고르가 '무지의 지'를 주장한 소크라테스에 주목한 이유는 지성의 변화 때문이 아니라 한 사람의 삶에서 일어나는 정서적이며 윤리적인 사건 때문에 삶이 크게 변할 수 있다는 사실을 소크라테스가 보여주었기 때문이다.[2] 두어젠은 철학함이 인간 본연의 삶을 더 풍요롭게 하고, 진실하게 살 수 있는 길이라는 사실을 보여준 최초의 철학자가 소크라테스이기 때문에 당연히 그를 실존치료와 상담의 기초를 세운 공로자로 인정해야 한다고 주장한다.[3]

---

1) Mick Cooper 저, 신성만·기요한·김은미 역,『실존치료』, 학지사, 2014, 30쪽. 이하 "『실존치료』"로 약칭.
2) Mary Warknock 저, 이명숙 역,『실존주의』, 서광사, 2016, 31쪽. 이하 "『실존주의』"로 약칭.
3) Emmy van Deurzen 저, 한재희 역,『실존주의 상담과 심리치료의 실제』, 학지사, 2017, 17쪽.

데카르트와 칸트는 어느 시대 누구나 인정할 보편적인 진리나 규범의 근거를 인간의 이성 안에서 찾았다. 두 철학자의 이런 시도는 역사적으로 형성되는 진리와 개인의 선택과 결단을 중요하게 여기는 실존주의와 충돌하는 것으로 보인다. 그런데 야스퍼스에 따르면 이성이란 인간이 자기다움이나 실존을 회복하는데 방해가 되는 것이 아니라 꼭 필요한 것이다. 실존은 이성이 산출한 지식과 항상 결합 되어 있으며, 자신의 본래성을 잊은 채 살아가던 현존(Dasein)으로서 인간은 그런 지식의 도움을 받아 자신에 대한 이해를 증진시켜 실존적 삶을 가능하게 한다. 데카르트와 칸트 두 철학자가 이성에 따라 탐구한 것은 객관적인 세계에 대한 보편타당한 지식과 규범의 토대뿐만 아니라 그런 지식을 가능하게 만드는 '나'라는 존재 자체가 아니었을까? 법학을 공부하던 데카르트가 철학적 탐구의 길로 들어선 데는 세계에 대한 궁금증뿐만 아니라 자신이 누구인지에 대한 궁금증과 자신의 삶을 의미 있게 만들겠다는 실존적 결단이 있었다. 『방법서설』(1637), 『성찰』(1641), 『정념론』(1849) 등의 저술은 그의 이런 궁금증과 결단에서 시작되었다. 칸트는 '나는 무엇을 알 수 있는가?'라는 질문에 대답하기 위해서 『순수이성비판』(1781)을 썼고, '나는 무엇을 해야만 하는가?'라는 의무 문제에 대답하기 위해서 『실천이성비판』(1788) 등에서 행위 규범을 정리했고, '나는 무엇을 희망해도 좋은가?'라는 질문에 대한 대답으로 『판단력비판』(1790)과 『이성의 한계 안에서의 종교』(1793)를 썼다. 그런데 이 세 질문은 결국 '나는 누구인가?'라는 자기 존재에 대한 하나의 물음을 세분한 것이다.[4] 이하에서 우리는 소크라테스에 이어서 데카르트와 칸트의 삶에서 발견되는 중요한 실존적 순간들을 살펴볼 것이다. 틸리히가 말한 '실존적 태도'와 '실존적 내용'이 철학사적으로 흔히 실존철학과 대칭되는 사상가로 알려진 이 두 철학자에게도 확인될 것이다.

---

4) Kant I., *Logik*, A26, 27, in *Schriften zur Metaphysik und Logik*, Wissenschatliche Buchgesellschaft Darmstadt, 1983, p.448.

## 1. 소크라테스: 철학적 순교자

틸리히(Paul Tillich)는 사형 선고를 받은 소크라테스에 주목했다. 먼저 그는 실존주의를 '실존적 내용'과 '실존적 태도'로 구분한다. '실존적 내용'이란 주제 의식과 통일성을 갖춘 키르케고르 이후의 실존주의를 의미한다. 이에 반해 '실존적인 태도'는 하나의 독립된 사상의 형태는 못 갖췄더라도 삶 속에 드러난 실존적인 성격이다. 틸리히는 소크라테스의 삶 속에서 실존적 태도를 발견한다. 소크라테스가 "죽음의 불안을 정복할 본질적 자아의 힘"5)을 뚜렷하게 보여줬기 때문이다.

소크라테스의 삶과 사상에는 실존적으로 해석될 수 있는 국면이 많고, 그것은 철학적으로 삶의 문제를 실존적으로 해결하려는 이들에게 많은 영감을 준다. 특히 죽음 앞에서 보여준 그의 철학적 성찰과 결단은 실존적 대응이 한 개인의 삶을 어떻게 의미 깊게 만드는지 극명하게 보여준다. 야스퍼스는 죽음을 '한계상황'이라 규정한다. 그 누구도 피할 수 없는 '죽음'이라는 한계상황 앞에서 인간은 일상을 벗어나 세계와 삶 전체를 새롭게 조명하며 참된 자기와 대면한다. 이때 죽음을 어떻게 받아들이느냐가 한 사람의 지나온 삶과 남은 인생의 의미를 결정하기도 한다. 키르케고르는 형제들의 잇단 죽음을 보고, 신 앞에 홀로 선 채 세계와 인간 존재를 새롭게 보게 됐다. 아이에게 부모는 삶을 지탱하는 두 기둥일 것이다. 사르트르가 태어난 지 15개월 일 때 그의 아버지는 사망했다. 그의 어머니는 어린 사르트르를 친정에 맡기고 새 가정을 이루었다. 사르트르는 오이디푸스 콤플렉스를 경험할 기회도 없이 독서와 글쓰기에 몰두하며 고독과 우울을 이겨낸다. 하이데거는 죽음을 생물학적으로 탐구하는 차원을 넘어서 그것이 인간의 삶에 대해 갖는 의미를 철학적으로 분석한다. 여기서 죽음은 일회적 사건이 아니라 인간의 고유한 존재 방식과 의미를 보여주는 계기로 밝혀진다. 카뮈는 『이방인』에서 '어머니의 죽음', '우연한 살인', '자기의 죽음'이라는 세 가지 죽음에 대한 뫼르소의 대응을 보여주면서 세상의 통념에 맞서는 각성된 개인의 실존적 진실을 전한다. 이처럼 실존철학자들이 분석한 죽음의 실존적 밝힘의

---

5) 틸리히(2006), 205쪽.

기능을 소크라테스는 체험적으로 보여준다.

## 1) 존재 의미를 향한 실존적 결의

소크라테스가 사형 선고를 받고 기꺼이 죽음을 맞이했다는 사실은 널리 알려져 있다. 하지만 그가 구체적으로 어떤 이유에서 법정에 섰으며, 사형 선고를 피할 수 있었거나, 사형 선고 후 달아날 수도 있었는데도 왜 죽음을 선택했는지에 대해서는 잘 알려져 있지 않다. 이러한 내용들이 제대로 밝혀질 때 죽음 앞에서 소크라테스의 사유와 결단이 갖는 실존적 의미가 좀 더 뚜렷해질 것이다. 소크라테스의 죽음을 보고하는 기록들이 몇 가지 존재한다. 기원후 3세기 경 활동한 고대의 철학사가 디오게네스 라에르티오스(Diogenes Laertios)는 소크라테스 재판의 선고내용을 우리에게 전해준다. 소크라테스의 제자인 플라톤과 크세노폰은 각각 『소크라테스의 변명』(Apologia tou Sōkratikou)이라는 같은 제목의 책을 썼다. 기록이 이렇게 다수 존재한다는 사실로 볼 때 소크라테스의 죽음은 당시에도 많은 사람의 관심사였을 것이다. 기원전 399년 70세의 소크라테스는 아테네 신들을 무시하고, 더 약한 논변을 더 강한 논변으로 만들고, 젊은이들을 방종하도록 가르치고, 정부에 대항하도록 종용했다는 이유로 기소된다. 플라톤의 기록에 따르면 소크라테스는 유무죄를 가리는 투표에서는 501명의 배심원이 내린 결정 중 30표 차이로 유죄판결을 받는다. 그런데 형량을 결정하는 투표에서 배심원 2/3 이상이 사형 쪽을 선택한다. 유무죄를 가리는 투표에서 무죄를 선택했던 배심원 중에 상당수가 사형 쪽으로 선회한 것이다. 왜 이런 일이 일어난 것일까? 간발의 차이로 유죄가 확정된 후 소크라테스는 배심원들의 비위를 맞추기보다는 자신의 무죄와 정당성을 입증하는 데 집중한다. 소크라테스는 자신이 아테네 시민들을 위해 행한 일에 따라 판단하자면, 아테네 시민들은 자신에게 형벌 대신 광장에서 융숭하게 대접해야 마땅하다고 주장한다. 배심원들이 이미 소크라테스를 유죄로 확정했는데도 그는 자신이 무죄일 뿐만 아니라 오히려 상을 받아 마땅한 일을 했다고 항변한 것이다. 유죄 쪽에 투표한 배심원들은 정반대의 잘못된 판단을 했다는 것이고, 무죄 쪽에 투표한 배심원들 중에서도 자신이 행한 일을 제대로 평가한 이가 몇이나 될지 의문이라고 주장한 것이다. 소크라테스에게 우호적이던 배심원들도 이 도발적인 '변명'을 듣고는 심기가 불편하고 화가 났을 것이다. 형량을 결정하는 재판에서 사형이 선고된 후에도 소크라테스는 어떻게든 살길을 구걸하기보다는 기꺼이 죽겠다고 선언한다. 사형이 확정되고 집행이 이루어지기 전 한 달 동안 소크라테스는 감옥에서 지냈다. 이때 그는 달아날 수도 있었지만, 독미나리에서 채취한 독배를 마시고 죽음을 맞는다.

그런데 그가 재판정에서나 감옥에서 어떻게든 살길을 찾지 않은 것도 상식적으로 이해가 잘 되지 않지만, 재판에 회부된 이유 자체가 과연 사형선고를 받을 만한 일인지 의문이 든다. 그에 대한 판결과 그의 항변과 결단을 이해하기 위해서는 이 점이 밝혀져야 한다. 소크라테스의 제자 크세노폰은 아테네의 정치적인 상황에서 그가 재판에 회부된 이유를 찾는다. 소크라테스를 따르던 젊은이들 중 알키비아데스와 크리티아스가 있었다. 그런데 알키비아데스는 훗날 펠로폰네소스 전쟁에서 아테네와 스파르타를 오락가락하며 아테네를 곤경에 빠뜨렸다. 크리티아스는 스파르타의 힘을 등에 업고 집권하여 민주정을 말살하고 과두제 수립하여 폭정을 펼친다. 크리티아스를 축출하고 8개월 만에 민주정을 회복한 아테네 시민들은 국가적 고난과 혼돈의 근원에 소크라테스가 있다고 생각했다. 이런 생각에서 아테네 시민들은 소크라테스를 법정에 세웠다. 청년 시절 소크라테스를 따르던 알키비아데스와 크리티아스의 정치적 행적이 소크라테스가 재판정에 서게 된 진짜 이유라고 크세노폰은 판단한다. 이런 판단에서 그는 알키비아데스와 크리티아스가 아테네를 곤경에 빠뜨린 것은 소크라테스를 따랐기 때문이 아니라 소크라테스를 떠났기 때문이라고 주장하며 스승의 무죄를 입증하려 했다. 실제로 이 두 사람은 소크라테스에게 배우기는 했지만, 그의 철학사상을 계승하지는 않았다. 크리티아스는 소크라테스의 언행이 자신의 정치적 소신과 맞지 않는다고 비판하기도 했다. 이런 정치적 배경과 사제지간의 관계로 짐작할 때 소크라테스가 사형을 선고받을 실질적인 원인을 제공한 것으로 보이지는 않는다. 정치적 혼란을 잠재우고 아테네를 안정화하기 위해서 새로운 집권 세력은 탕평책으로 크리티아스와 그를 따르던 세력에게 보복하지 않았다. 부와 권력이 없었으나 '아테네의 쇠파리'로 평가되던 소크라테스는 그들을 대신한 정치적 희생양이었을 것이다. 소피스트처럼 지식을 팔게 되면 진리를 왜곡할 수밖에 없다면서 돈을 받지 않고 맨발에 누더기를 걸치고 젊은이들에게 가르침을 베풀던 소크라테스는 억울하고 답답했을 것이다. 살아남기 위한 타협은 그의 죄를 어느 정도 인정한 결과를 초래한 꼴이 되고, 편견과 시류에 맞서 보여준 그의 사상과 삶은 퇴색할 수밖에 없다. 그는 죽음의 불안을 초월해서 자신의 존재의미를 당당히 수호하기로 결단한다.

사형수가 된 친구 소크라테스를 면회간 크리톤은 탈옥을 설득한다. 그러자 소크라테스는 국법의 혜택을 받으며 살아온 자가 국법을 어기고 탈옥을 하는 것이 정의롭지 못하다는 말로 그 제안을 거절한다. 플라톤이 전하는 『소크라테스의 변명』에 따르면 소크라테스가 죽음으로부터 달아나지 않은 이유는 다음과 같다. 1) 소크라테스는 젊은이들과 대화하며 참된 것을 깨닫게 하는 게 자신이 신에게 부여받은 소명이라고 믿었다. 침묵을 지킨다면 다른 지역으로 추방되어 살 수 있을지 모르지만, 그것은 신에게 불복하는 일이라 불가능하다. 내친김에 그는 어떻게 살아야 하고, 어느 때 죽어야 할지 말한다. 그에 따르면 인간에게 가장 좋은 일은 덕에 관해서 논하며 참된 덕을 만들어가는 것이다. 그러나 '검토 없이 사는 삶은 인간에게는 살 가치가 없다.' 이 세상에서 자신의 소명인 철학적 탐구를 계속할 수 없다면, 차라리 죽겠다는 것이다. 이런 말을 들으면 사람들은 '소크라테스가 살고 싶으면서도 자존심 때문에 의뭉을 떤다'고 생각할지 모른다. 그러나 소크라테스는 사람들이 어떻게 생각하느냐에 개의치 않고 삶에 대한 자신만의 가치관과 확신이 있었다. '신'은 그의 이런 가치관과 확신이 누가 뭐라해도 그에게만은 절대적이라는 사실을 나타내주는 표현이다. 이렇게 볼 때 삶에 대한 그의 가치관과 확신은 실존적이다. 이런 자기 확신에서 소크라테스는 자신의 소명을 행하지 못한다면, 죽을 수도 있다고 선언한 것이다. 2) 소크라테스는 자신의 이 말이 빈말이 아니라 철학적으로 검토를 거친 진심이라는 점을 죽음을 분석하며 논변한다. 그의 설명에 따르면 죽음은 둘 중 하나다. 첫째는 아무것도 아닌 것과 같은 것이고, 아무 감각도 없는 잠과 같은 것이다. 죽음이 꿈조차 꾸지 않을 정도로 깊은 잠이라면, 큰 이득일 것이다. 둘째로 죽음은 전해지는 말대로 영혼이 이곳에서 딴 곳으로 옮겨 사는 일일 것이다. 그런데 저세상에 가면 이 세상에서처럼 재판관을 자처하는 자들이 아니라 진짜 재판관들을 만날 수 있고 정의롭게 살던 반신반인을 만나 함께 살게 되는데, 이는 그에게 나쁠 게 없다. 소크라테스의 이 논변은 살려는 본능을 고려할 때는 억지로 보인다. 그러나 이 논변에서 그는 죽음의 공포를 초월하여 자신이 옳다고 말했던 것을 끝까지 지키겠다는 결의를 간접적으로 보여주었다.

## 2) 무지의 지와 실존철학 상담

그런데 소크라테스는 법정을 떠나면서 다음과 같이 말한다. "아니, 벌써 떠날 시간이 되었군요. 나는 죽으러, 여러분은 살러 갈 시간이. 우리 중 어느 쪽이 더 좋은 일을 향해 가고 있는지는 신 말고는 그 누구에게도 분명치 않습니다."[6] 법정을 떠나며 소크라테스가 한 이 말은 잠시 우리를 당혹스럽게 만든다. 확신에 차서 자신의 무죄를 주장하고, 죽음을 즐겁게 맞아들일 근거를 제시하던 소크라테스는 어디로 간 것인가? 그러나 이내 우리는 바로 이 진술에서 소크라테스의 실존적 결단을 확인할 수 있다. 그는 자신이 옳다고 생각하는 것을 철학자가 할 수 있는 최선을 다해서 입증하려 했다. 그러나 절대적 진리는 인간이 알 수 없다. 그의 주장이 옳을 수도 있고 그래서 그의 죽음은 좋은 선택일 수 있다. 그를 죽음으로 내몬 사람들의 주장이나 삶이 옳고 좋을 수도 있다. 사형선고를 받고 법정을 나서며 소크라테스는 이럴 수도 있고 저럴 수도 있다는 말로 '무지의 지'를 선포한 것이다. 아테네에서 가장 현명하다고 평가되던 그도 자신의 삶과 죽음이 걸린 문제에 대해서 절대적인 진리를 알 수 없다는 사실을 알고 있었다. 그러면서도 소크라테스는 생물학적 죽음을 피하지 않고 자기 확신을 실천하는 결단을 한 것이다. 그의 이런 결단은 불확실하고 부조리한 삶 속에서도 자신만의 길을 가려는 한 인간의 실존적 대응이다. 객관적으로 확실한 절대 판단을 할 수 없는 인간에게는 이것도 참일 수 있고 저것도 참일 수 있다. 인간은 어떤 하나를 자신만의 가치관과 기준에 따라서 선택할 수도 있고, 본능이나 시류에 따를 수도 있다. 본능이나 시류에 편승하지 않고 자신이 스스로 선택할수록 자기 삶의 주인으로 선다. 깨어있는 의식에서 철저히 검토하고 선택한 것에 대해서는 의연

---

6) 플라톤 저, 강철웅 역, 『소크라테스의 변명』 - 정암학당 플라톤 전집 18, EJB(이제이북스), 2014, 42a.

히 책임을 질 때 그는 자기 삶의 주인 역할에 충실한 것이다. 이것은 시대를 초월한 삶의 진실이다.

'너 자신을 알라'(γνῶθι σεαυτόν 그노티 세아우톤)는 델포이의 아폴론 신전에 새겨져 있던 경구다. 소크라테스는 사람들에게 올바른 자기인식을 촉구하는 이 도발적인 경구를 던지며 자기 성찰과 철학적 대화를 시작했다. 올바른 자기인식은 세상의 평판이나 과학만으로는 불가능하다. 올바른 자기인식을 위해서는 기존의 자기인식의 근거가 타당한지 검토하고, 자신만의 신념과 가치관, 자아상을 탐색해야 한다. 이때 요구되는 것은 이성적인 비판의식뿐만 아니라 시대와 대중들의 시선에 맞설 수 있는 자기확신(Selbstgewissheit)이다. 소크라테스의 경우 이런 자기확신이 재판정에서 유죄판결과 사형선고를 받으며 단단해진 것 같다. 소크라테스는 지나온 자신의 삶의 정당성을 아테네시민들에게 항변하면서 동시에 스스로에게 확신시켰던 것이다.

그런데 근거가 빈약한 자기확신은 삶을 본능과 시류에 떠맡기는 위험을 초래한다. 자신에 대해서 진지하고 치밀하게 검토하지 않는 경우 사람들은 빈약한 자기확신을 갖기 쉽다. 인터넷 댓글에서 벌어지는 수많은 공방들은 '나는 제대로 알고 있고, 정의롭다'는 자기 확신에서 출발한다. 두 입장으로 갈려 공방을 벌이는 사람들 중 그 절반은 사실을 잘못 알 수 있지만, 이런 가능성을 생각하며 자신을 의심하는 사람은 드물다. 그들은 그들 자신의 무지의 가능성을 모르는 것이다. 자신이 뭘 모른다는 사실을 아는 것 즉 '무지의 지'는 참된 자기인식의 출발이자 참된 자기실현의 시작이다. 자신에 대한 무지의 지에서 출발하여 진정한 자기를 알고, 그런 자기로 살려는 실존적 시도는 모든 철학상담의 출발점이 될 수 있다. 소크라테스는 죽음 앞에서도 그런 삶이 가능하다는 사실을 이론적으로 논변하고 실천적으로 예시했다. 소크라테스 수준으로 철학적으로 성숙한 사람이 아니더라도 타인의 시선에 끌려가지 않고 자신의 삶을 성찰하며 자신에게 진실하게 사는 사람들이 있다. 그들도 삶과 죽음을 건 결단을 할 수 있다. 카뮈는 『이방인』의 뫼르소를 통해서 실존적으로 각성된 '보통' 사람이 실행할 수 있는 실존적 결단의 가능성을 예시했다. 그렇다고 목숨을 부지할 길이 있는데도 소크라테스나 뫼르소처럼 죽음을 선택하라는 뜻은 아니다. 소크라테스와 뫼르소는 진지하고 충분히 검토된 끝에 스스로 내린 결단에 따라 자기답게 사는 일은 모든 것을 걸어도 좋을 만큼 가치가 있다는 사실을 보여주는 극적인 사례일 것이다. 하이데거에 따르면 삶의 본능과 시류에 편승하는 일상인(das Man)은 죽음의 가능성을 회피한다. 그러나 무언지 모를 불안이 그를 흔든다. 나도 언제가 죽을 자라는 사실이 드러나면서 그는 '너는 어디서 와서 어디로 가는지', '너는 내 존재를 스스로 짊어지고 가는지' 묻는다. 불안에서 선취된 이 죽음의 체험(Vorlaufen in den Tod)은 본래적 자기 존재가 무엇인지를 보여주고, 자기다운 자기가 되려고 결의할 수 있는 계기가 된다.7) 소크라테스는 인간이 죽음의 가능성 앞에서 자기다운 자기가 되려는 결의를 실행할 수 있다는 사실을 증명했다. 한 사람이 실행한 일은 인류 전체의 가능성이 된다.

철학상담의 역사에서 볼 때 소크라테스는 자신과 관련된 문제를 편견과 고정관념에 맞서서 제대로 이해할 수 있게한 철학상담사다. 소크라테스를 철학상담사로 평가할 수 있는 가장 두드러진 이유는 그가 사용한 대화법에 있다. 대화초기 소크라테스는 상대방이 틀렸다고 선언하며 자신이 알고 있는 답을 직접 제시하지 않는다. 그는 논의되는 내용에 대해서 자신은 잘 모른다는 말로 대화를 시작한다. 그는 기본적인 것부터 검토하는 질문을 던지며 상대방 주장의 허점을 파고든다. 자신이 옳게 알고 있다고 믿었던 상대방은 그 믿음을 떠받치고 있는 근거들을 소크라테스와 함께 비판적으로 검토하는 과정에서 자신의 앎이 잘못됐음을 깨닫는다. 그는 자신이 잘 알지 못한다는 사실을 알게 된 것이다. 이처럼 소크라테스는 사람들에게 참된 지식을 직접 가르치기보다는 대화를 통해 상대가 스스로 자신의 무지를 자각하고 제대로 된 앎으로 나가게 하였다. 이러한 진리 탐구방법이 소크라테스의 대화법이다. 이 대화법의 목적은 상대에게 정답을 가르치는 것이 아니라 어떤 문제에 대해서도 스스로 올바로 생각하며 정답을 찾아가도록 가르쳐 주는 것이다. 그의 이런 방법은 내담자 스스로 당면문제를 해결할 수 있게 사고력을 키워주는 데 주력하는 현대적인 철학상담의 목표와 일치한다. 그리고 이런 이유에서 소크라테스의 대화법은 오늘날에도 철학상담에서 자주 응용된다.8) 라베(Peter Raabe)는 철학상담의 주요한 방법론을 소개하면서

---

7) Heidegger(1986), 제3장 중 pp.61-66 참조, 특히 "죽음에로의 선구"와 "결의성"에 대해서는 p.304.

소크라테스의 대화법이 응용된 철학 상담 방법을 "소크라테스적 대화"[9]라고 칭한다.

실존철학상담사는 내담자나 상담사가 모든 문제들에 대해서 무지할 수 있다는 사실을 소크라테스적 대화로 검토하는 것으로 시작하여, 제대로 된 자기인식과 참된 자기의 삶을 실현하는 데로 나갈 수 있다. 내담자가 자신에 대해서 무지했다는 사실을 자각하는 과정에서 외부 세계로 향해 있던 시선이 자신의 내부로 향하게 된다. 타인의 평판 때문에 생긴 내담자의 자기 부정의 감정이나 평가도 스스로 검토하고 새롭게 세운 기준으로 다시 검토될 수 있다. 이때 내담자는 자신이 가능성에 열려있고 자유롭다는 느낌을 받을 것이다. 소크라테스의 대화법을 활용한 상담사와 내담자 사이의 이런 대화는 정답을 미리 확정하지 않고 '무지의 지'에서 출발하여 해결책을 함께 찾아가는 변증법적 과정이 될 것이다.

핵심어

소크라테스, 소크라테스의 대화법, 진리의 산파술, 소크라테스적 대화, 실존적 상황, 한계상황, 죽음, 부조리, 저항, 불안, 본래적 자기, 결의, 죽음을 향해 앞서 감, 존재 가능

실존철학상담 연습

1. 소크라테스의 삶과 사상은 어떤 점에서 실존적이라 평가할 수 있는가? 재판정에서의 그의 언행이나 틸리히의 평가를 참조해서 정리해 보라. '실존적'이

---

8) '소크라테스적 대화'를 응용한 철학상담에 관한 저술로는 다음과 같은 것이 있다. Jens Peter Brune, Dieter Krohn (Eds), *Socratic Dialogue and Ethics*, LIT Verlag Münster, 2005년. Patricia Shipley, Heidi Mason (Eds), *Ethics and Socratic Dialogue in Civil Society*, Lit, 2004년. Pierre Grimes, Regina L. Uliana, Philosophical Midwifery: A New Paradigm for Understanding Human Problems with Its Validation, Hyparxis Press, 1998.

9) 라베(2010), 85쪽.

라는 것이 무엇을 의미하는 지 짐작이 되지 않는다면, 먼저 실존을 간략히 소개한 글을 읽어보라. 그런 다음 자신의 삶에서 실존적 순간이 있었는지 떠올려보면서 위 질문에 대답해 보라. 이 책의 나머지 부분들을 다 읽고 실존에 대해 깊이 있게 이해한 후 위 질문에 대해서 다시 대답해보는 것도 의미가 있을 것이다.

2. 소크라테스의 실존적인 언행이나 결단은 그의 삶과 사상에 어떤 영향을 주었나?

3. 실존주의 사상이 출현하기 이전의 사상가들에게서 찾을 수 있는 실존적인 태도는 주제의식과 통일성을 갖춘 실존주의와 어떤 점에서 차이가 나고 어떤 점에서 연결될 수 있나?

4. 특별히 실존을 의식하거나 실존철학을 공부해 본 적 없는 내담자의 삶과 언행, 결단에서 실존의 흔적은 어떻게 찾을 수 있을까?

5. 그것이 실존철학상담을 진행하는 데 어떤 도움을 줄 수 있는가?

6. 당신 자신의 삶에서 체험한 실존적인 문제와 실존적인 태도나 결단을 정리해 보라.

7. 당신의 실존적인 체험은 당신에게 무엇을 남겼나? 실존철학인 고찰로 그 의미를 분석하고 심화시키는 일은 당신에게 어떤 가치가 있을까?


## 2. 데카르트와 칸트 – 실존을 위한 사유의 교두보

### 1) 데카르트

데카르트(René Descartes)는 'cogito ergo sum' 즉 '나는 생각한다. 고로 존재

한다'를 모든 확실성의 최종 근거로 제시하며 근대 보편학의 토대를 놓았다. 통설이건 학문적 지식이건 그 타당성을 철저히 검토하지 않고 무비판적으로 따를 때는 세계에 대한 참된 지식도 나라는 존재에 대한 올바른 이해도 얻기 힘들다. 달리 말하자면, 통설이나 지식에 대한 면밀한 검토는 세계와 자기 자신에 대한 참된 앎을 가능하게 하는 길이다. 청년 데카르트는 당시의 사람들이 당연하게 여겼던 모든 것들을 판단중지하고, 스스로 가장 확실한 것을 찾아 나서기로 결단한다. 데카르트는 세상 사람들이 선호하는 출세의 길을 내던지고 세상이라는 책을 직접 보고 진상을 파악하기 위해 모험을 나선 것이다. 세상을 탐구하며 자신의 한계를 시험하던 데카르트의 결단은 죽음의 위험을 무릅 쓰고 전쟁 중 군에 자발적으로 입대하게도 만든다. 이런 자신의 삶에 대해서 그는 다음과 같이 회고한다.

> "그래서 나는 선생님들의 감독을 받지 않아도 되는 나이가 되자 글로 하는 공부를 완전히 그만두었다. 내 자신 안에서 찾을 수 있는 지식이나, 세상이라는 큰 책에서 찾을 수 있는 지식 외에는 추구하지 않기로 했다. 나는 나의 청춘을 여러 곳을 여행하고, 궁정을 방문하고, 군대에 참가하며, 각양각색의 사람들과 어울리며 다양한 경험을 쌓으며 보냈다. 운명이 나에게 허락하는 모든 상황에서 나 자신을 시험했다."[10]

데카르트는 1596년 프랑스 투렌 지방(Touraine)에 있는 소도시 라 에(la Haye)의 부유한 법관 집안에서 태어났다. 그의 아버지는 그 지역 시의원이었다. 데카르트의 어머니는 그를 낳은 지 1년 후인 1597년 결핵으로 사망했다. 데카르트도 어머니를 닮아 태어날 때부터 결핵증세를 보이며 죽을 고비를 넘기고 다행히도 살아남는다. 이를 기념하여 그의 이름은 '다시 태어났다'는 뜻의 '르네(René)'가 되었다. 데카르트의 이름은 죽음이라는 한계상황에 대한 기록이기도 한 것이다. 구사일생으로 살아남았지만 어린 시절부터 데카르트는 늘 창백하고 허약했다.' 그의 아버지는 아들도 아내처럼 일찍 죽을지 모른다는 불안에 시달렸다. 그는 10살이 되던 해인 1606년 예수회가 운영하는 라 플레쉬 콜레주

---

10) 데카르트 저, 최명관 역, 『방법서설』, 성찰, 데카르트 연구』 중 『방법서설』의 1부 '학문에 관한 고찰', 1983, 서광사, 14쪽. 이하 "『방법서설』"로 약칭.

(Collège la Flèche)에 입학한다. 중고등학교 과정인 이 학교에서 데카르트는 1614년까지 8년간에 걸쳐 라틴어, 수사학, 변증론, 자연철학, 형이상학, 윤리학 수업을 받았다. 이 기간에도 데카르트는 여전히 몸이 약해 학교 수업을 제대로 듣지는 못했다. 플레슈를 마친 데카르트는 아버지의 뒤를 이어 법관이 되려고 명문 뿌와띠에(Poitiers) 대학교 법학과에 입학해 법률학은 물론이고 수학, 자연과학, 스콜라 철학 등을 배우고 1616년 학부 졸업장을 받는다. 그는 수학만이 명증한 지식이라고 생각하였다. 수학을 제외하고는 그 당시 대학에서 가르치는 학문에 크게 실망한 데카르트는 누구도 의심할 수 없는 확실한 지식을 배우기로 결심하고 대학을 떠난다. 이후 수학, 물리학, 철학 등 다방면에 걸친 그의 학문적 업적은 대학 밖에서 그 스스로 성취한 것이다. '세상이라는 큰 책'에서 다양한 경험을 쌓던 데카르트는 1618년부터 1648년까지 독일을 무대로 벌어진 30년 전쟁에 참전한다. 그러던 어느 날 데카르트는 독일 중부 울름(Ulm)의 군 막사 안에 있는 따뜻한 난로 가에서 사색에 잠겼다. 그러다가 종교나 국적, 시대를 초월하여 누구나 받아들일 수 있는 진리에 도달할 수 있는 길을 찾기 위해 일생을 바치기로 결심한다. "인생에서 나는 어떤 길을 따라가야 하는가?" "의심하고, 의심하고 또 의심하라 그리하여 더는 의심할 수 없는 명석 판명한 진리를 찾자!"

데카르트는 누구나 받아들일 수 있는 진리에 도달할 수 있는 길을 『방법서설』에서 네 가지 규칙으로 소개한다. 첫째는 명증성의 규칙이다. 명증적으로 참이라 인식한 것 외에는 무엇도 참된 것으로 받아들이지 말 것! 둘째는 분해의 규칙이다. 검토해야 할 어려움들을 각각 잘 풀 수 있도록 가능한 한 작은 부분들로 나눌 것! 셋째는 종합의 규칙이다. 가장 단순하고 알기 쉬운 대상에서 출발하여 계단을 오르듯 조금씩 올라가 가장 복잡한 것을 인식하는 데에까지 이를 것! 넷째는 열거의 규칙이다. 아무것도 빠뜨리지 않았다는 확신이 들 때까지 완벽하게 열거하고 전반적인 검사를 어디에서나 행할 것! 만약 우리가 참인 것으로 완전하게 신뢰할 수 있는 확실한 지식을 얻으려 한다면, 위와 같은 방법으로 탐구해야 한다. 이 네 가지 데카르트의 방법 가운데 첫 번째 규칙이 가장 중요하다. 즉. 내가 아는 모든 것들을 일단 의심하고 회의하는 것, 그래서 도무지 의심할 수 없는 것에 도달하는 것이 모든 학문의 시작이어야 한다는 것이다.[11] 데카르트는 모든 것을 의심해 본다. 심지어 자신이 보는 것이 꿈인지 생시인지도 의심한다. 그런데 모든 것을 의심하여 이 세상에 확실한 것이 아무것도 없다 해도 한 가지만은 의심할래야 의심할 수 없다. 그것이 무엇일까? 데카르트는 그렇게 의심하고 있는 나의 존재만은 의심할 수 없다는 사실을 발견한다. 우리가 뭔가를 생각할 때 그렇게 생각한 내용이 참인지 거짓인지는 의심할 수 있다. 그러나 내가 생각을 하고 있다는 점만은 의심할 수 없다는 것이다. 그리하여 데카르트는 "나는 생각한다. 그러므로 나는 존재한다(cogito ergo sum)"는 명제를 가장 확실한 진리로 선포한다.

그가 말한 '생각하는 나'는 '나'에 대한 의식 없이 무언가를 체험하는 정신이거나, 그렇게 무언가를 체험하던 나를 반성하는 정신이다. 이 정신이 꿈을 꾼다면, 나는 '꿈을 꾸던 나'이며, 깨어나 이 꿈꾸던 나를 성찰한다면, '꿈을 꾸던 나의 의식을 성찰하는 나'이기도 하다. 이것을 사르트르식으로 표현하면 전자는 '즉자적 나'이고 후자는 '대자적 나'이다. 데카르트는 개인인 그가 체험한 즉자적인 개별적 의식과 이 즉자적 의식을 성찰할 때 나타나는 자기의식을 분석하여 이 의식에서 모든 학문의 가장 확실한 출발점을 찾았다. 그의 이런 탐구방식은 이후 칸트에서 헤겔까지 200년 동안 철학적 탐구를 외부세계나 초월자가 아니라 그런 모든 것이 나타나는 터인 '의식'과 '자기의식'의 문제로 돌려놓는다. 칸트가 『순수이성비판』 서문에서 자신의 철학사적 기여로 선언한 '사유의 코페르니쿠스적 전환'도 사실은 데카르트의 '생각하는 나'로부터 추동된 것이다. '생각하는 나'가 촉발시킨, 모든 현상의 터인 '개별자의 의식'과 '자기의식'에 대한 분석은 헤겔 이후 등장한 실존주의 사상가들에게서는 역사성과 독자성을 지닌 '나의 의식'과 '나라는 존재 자체'에 대한 탐구로 전개된다. 이렇게 볼 때 데카르트는 절대적으로 확실한 보편학의 토대를 제시한다는 그의 학문적 목표와 별개로 실존적 사유로 도약할 발판을 남겼다. 이런 맥락에서 사르트르는 자신의 철학이 데카르트로부터 출발한다고 말한다. 비슷한 맥락에서 메를로-퐁티는 실존주의가 데카르트와 칸트의 전통 내에서 위대한 철학을 재건하려는 시도라고 규정한다. 칸트는 데카르트가 주목한 개별적 의식과 자기의식이 보편타당한 지식 전체의

---

11) 『방법서설』, 20쪽.

토대가 되기 위해서는 모든 사람에게 동일한 이성의 원리를 갖는 '의식 일반'으로서 탐구되어야 한다고 본다.

## 2) 칸트

칸트(Immauel Kant)는 1724년 프로이센의 항구도시 쾨니히스베르크(Königsberg)에서는 말안장에 사용되는 피혁제품을 만들던 아버지와 경건주의 신앙에 충실했던 어머니 사이에서 태어났다. 위로 세 명의 형제가 있었으나 모두 어려서 병사하였다. 소년 시절 칸트 역시도 무척 외소하고 병약한 체질이었다. 세 어린 자식을 먼저 보낸 부모들은 병약한 칸트도 생존하기 힘들다고 여겼다. 그런데 자상했던 그의 어머니는 칸트가 열세 살이 되던 해에 세상을 떠났다. 1732년 칸트는 고전어 교육을 강조하는 프리드리히 중고등학교(Friedrichskollegium)에 입학한다. 당시 이 학교 옥상에는 쾨니히스베르크에서 가장 크고 좋은 천체망원경이 설치되어 있었다. 칸트는 교장 선생님의 허락으로 이 망원경으로 밤하늘의 별을 관찰하며 기록했다. 어려운 가정 형편에도 공부를 포기하지 않았던 칸트는 1740년 중고등학교를 마치고 쾨니히스베르그 대학(Albertus-Universität Königsberg) 신학부에 입학한다. 대학에서는 철학과 함께 자연과학과 기초수학 등을 수강했다. 대학생이던 칸트가 스무살 때이던 1744년에는 아버지가 뇌졸중 발작을 일으키며 쓰러진다. 이로 인해 칸트는 학업에 전념하지 못하고 장남으로서 병상의 아버지와 동생들을 돌봐야 했다. 1746년 부친이 사망하자 칸트는『살아있는 힘들의 올바른 측정에 관한 사유들』이라는 논문을 학교에 제출한다. 이 글에서 칸트는 아버지의 생명력이 점차 쇠잔해가는 모습을 자연철학적인 쟁점들과 연관시켜 고찰한다. 그는 부친의 죽음을 계기로 생멸의 본질을 탐구하며 고통스러운 현실에서 거리를 유지한 채 자신의 길을 간 것이다. 칸트가 작성한 최초의 철학적 글로 평가되는 이 작업을 통해 칸트는 인간이 구현할 수 있는 자유와 이성의 힘을 확인한다. 그는 앞으로 자신이 가야 할 길을 「아버지의 죽음」이라는 표제를 단 글에서 다음과 같이 적는다. "나는 내가 지키며 나아갈 길을 이미 그려놓았다. 나는 나의 길을 갈 것이고, 이 길을 가는 데 아무것도 방해가 되지 못할 것이다"12)

실존주의의 윤리적 기원을 추적하면서 워낙은 키르케고르나 니체가 도덕의 합리성과 보편적 표준을 주장한 칸트를 비판하면서도, 오로지 의지만이 도덕적 가치를 지닐 수 있는 무언가를 창조할 수 있다는 점을 강조한 칸트를 계승했다고 본다.[13] 「칸트와 철학적 해석학」[14]이라는 논문에서 가다머(Hans. G. Gadamer)는 하이데거와 야스퍼스가 어떤 철학사적 배경에서 인간 존재를 실존으로 이해하게 되었는지 밝힌다. 그에 따르면 하이데거가 인간을 지칭하는 현존재를 '피투성'과 동시에 '기투'를 의미하는 현사실성(Faktizität)과 실존으로 규정하게 된 것은 "소여된 것을 받아들이는 데 의존하고 있는 인간의 지성"[15]이라고 하는 칸트적 근본사유의 영향 때문이다. 가다머는 하이데거가 이렇게 칸트를 수용한 일을 "근원적인 칸트에 이르는 새로운 접근로를 연 것"[16]이라고 평가한다. 파렌바흐(Helmut Fahrenbach)는 칸트가 실존철학적 개념 자체를 직접 발전시킨 것은 아니지만 사유하고 논증하는 와중에 스스로 도덕적 신앙의 실존적 지평 위에서 움직이고 있었다고 본다.[17] 그에 따르면 칸트는 타당성과 확실성 이론차원에서 도덕적 이성신앙을 실존적이고 주관적으로 야기된 자유로운 견해로 규정함으로써 그 스스로 실존적 문제상황을 발견했다.[18] 빔머(Reiner Wimmer)는 『이성의 한계 안에서의 종교』에서 칸트의 숙고 속에 함축된 실존철학적 근본생각들을 "개별적 측면", "각각의 인간", "결단하다", "철저한 단독자"[19] 등의 표현으로 부각시킨다. 빔머는 칸트 사유의 중심에는 키에르케고는 물론이고 초기 비트겐쉬타인과 하이데거의 실존적 기초개념이었던 근본적 결단(Grundentscheidung)에 상응하는 내용이 있다고 주장한다.

---

12) Kant I., AA I, 19. "AA"는 독일 학술원판(Akademische Ausgabe)"의 약자이며 로마숫자는 독일 학술원판의 묶음(Band) 번호.

13) 『실존주의』, 28쪽,

14) Gadamer H. G., "Kant und die philosophische Hermeneutik ", *Kant -Studien*, Bd. 66. 1975, De Gruyter, Berlin, 1975. 이하 "Gadamer(1975) "로 약칭.

15) Gadamer(1975), p.401.

16) Gadamer(1975), p.400.

17) Fahrenbach H., "Meinen, Wissen, Glauben", *Philosophie in synthetischer Absicht*, hrsg. von Marcelo Stamm, Stuttgart 1988. p.319. 이하 "Fahrenbach(1988)"로 약칭.

18) Fahrenbach(1988), pp.319-320.

19) Wimmer R., *Kants kritische Religionsphilosophie*, De Gruyter, Berlin, 1990. p.186, 이하 "Wimmer(1990)"로 약칭.

"근본적 결단 혹은 근본적 결단성은 모든 도덕적이거나 실존적인 단독적 결단에 논리적으로 앞에 놓여있으면서 이런 단독적 결단에 방향을 주면서 그것의 기저에 놓여있는 것인데, 비트겐쉬타인과 하이데거 초기철학에 있어 중심적이었던 실존분석적인 이 기초개념(Basisbegriff)을 칸트는 '사유방식'(Denkungsart)과 '사유방식의 혁명'(Revolution)에 대해 말할 때, 그리고 그것을 '감각방식'(Sinneart) 및 '감각방식의 개조'(Reform)와 대조할 때 이미 끌어다 쓰고 있다."[20]

다른 사람들의 주장에 휩쓸리거나, 자신의 영혼이나 건강과 관련된 결정을 권위자에게 일임하는 것은 스스로 자기 삶의 주인이기를 포기하는 셈이라는 점에서 반 실존적이다. 칸트는 독일에서 계몽주의 운동이 한 창이던 1784년 발표한 「계몽이란 무엇인가에 대한 답변」에서 각자가 자신이 할 수 있는 한 최대한 스스로 따져서 결정해야 한다고 주장한다. 또 그는 사회적 혁명을 통해서 외부 세계를 바꾸기에 앞서서 개인이 내면의 혁명을 이루는 것이 좀 더 근본적인 혁명이라고 말한다. 칸트의 이러한 주장은 개인의 독자적 결단과 내면적 변화를 강조하는 실존주의 사상에 부합한다. 칸트는 계몽을 위한 이 기고문의 첫머리에서 다음과 같이 말한다.

"계몽이란 자기 자신에게 책임이 있는 미성숙상태로부터 벗어나는 것이다. 미성숙이란 다른 사람이 이끌어주지 않으면 스스로 자신의 이성을 사용할 줄 모르는 무능력이다."[21]

칸트는 1786년에 발표한 『사유의 방향을 정한다는 것은 무엇을 뜻하는가?』에서도 계몽을 다음과 같이 정의한다.

"스스로 생각하기란 진리의 최고의 시금석을 자기 자신 안에서 - 즉 자기 자신의 이성에서- 찾는 것을 의미한다. 그리하여 항상 스스로 생각하자는 준칙이 계몽이다."[22]

---

20) Wimmer(1990). p.8.

21) Kant I., "Beantwortung der Frage: Was ist Aufklärung?", p9 (편집자 해설을 제외한 본문 p.1), *Was ist Aufklärung? Kant, Erhard, Hamann, Herder, lessing, Mendelssohn, Riem, Schiller, Wieland*, Verlag Rechlam, Stuttgart 1996. 이하 "Aufklärung"으로 약칭.

"진리의 최고의 시금석을 자기 자신 안"에서 찾는다는 것은 칸트와 데카르트 이전에는 발견되기 힘든 실존적인 태도다. 칸트는 애매하고 추상적일 수 있는 계몽의 의미를 개인 각자가 갖는 이성 능력과 자율성, 책임, 어른다움과 관련시켜서 구체적으로 설명하였다. 그에게 계몽이란 자신이 가지고 있는 이성적인 사고능력을 스스로 발휘하는 어른이 되는 것이다. 만약 그렇지 못할 때는 나이로는 성인일지라도 아직 미성숙상태에 있는 것이며, 그 책임은 어느 누구도 아닌 바로 자기 자신에게 있다. 스스로 이성을 사용할 능력을 지녔는데도 그렇게 하지 않았기 때문이다. 그런데 스스로 이성을 사용하여 무지와 편견을 깨고 객관적 진리에 도달한다는 것은 스스로 그러한 진리를 자신의 것으로 받아들인다는 뜻이기도 하다. 이때 진리에 대한 깨우침은 그에 따른 행동으로 이어질 수 있다. 이성적으로 생각할 충분한 능력을 갖췄다고 해서 모든 인간이 스스로 그 능력을 사용하여 무지와 편견에서 벗어나 참된 것에 이르는 것은 아니다. 사고력이 미숙한 어린아이는 자기중심적으로 생각하거나 어른들의 지시에 맹종한다. 그러나 스스로 사리를 분별할 능력이 있으면서도 그렇게 하지 않고 미성숙상태에 머무는 어른도 많다. 이런 사람들은 자신의 영혼의 문제를 성직자에게 일임하고, 건강상의 문제는 의사에게 맡기면 끝이라고 생각한다. 그런데 이들은 도대체 왜 어른아이로 남는 것일까? 칸트는 그 이유를 개인의 게으름과 비겁함, 결단과 용기 부족에서 찾는다. 무엇이 옳고 무엇이 그른지 스스로 판단할 능력이 있는데도 이 능력을 사용하지 않는 사람은 타성과 무사안일주의에 빠져 참된 것을 찾는 데 게으르다는 것이다. 이들은 무지와 편견에 맞서서 이성을 사용할 경우 자신에게 돌아올 불이익을 걱정하며 현실에 안주한다. 하이데거식으로 표현하자면 그는 '그들'(das Man)로 사는 데에 만족하는 것이다. 어른아이가 된 소시민이 자신의 삶을 스스로 짊어지는 어른다운 어른이 되기 위해서는 무엇이 필요한가? 칸트는 그에게 필요한 것은 스스로 자신의 이성을 사용할 결단과 용기라고 대답한다. 그는 다음과 같이 촉구한다. "감히 알려고 하라(Sapere aude)", "너 자신의 지성을 사용할 용기를 가져라!"[23]

이상에서 우리는 칸트의 저술에서 실존적으로 해석될 수 있는 내용들을 살펴

---

22) Kant I., "Was heißt: sich im Denken orientieren?", *Immanuel Kants Werke. Band IV. Schriften von 1783-1788.* hrsg. von Artur Buchenau und Ernst Cassirer. Berlin: Bruno Cassirer 1913. A329.

23) Aufklärung, p.9.

보았다. 그런데 그의 저술에서는 실존적인 사상과 함께 결단도 발견된다. 생존할 때 출간된 최종 저술인 『학부논쟁』(1798)의 "3편 의학부와 철학부의 논쟁"에서 칸트는 철학이 "보편의학"(Universalmedizin)이 될 수 있다고 주장한다. 마음가짐을 단정히 하고 타인을 존중하며 도덕적으로 절제된 생활을 하고, 육체적으로 힘든 상황에서도 인간으로서의 존엄성을 지키려는 태도는 그렇지 않은 경우보다 건강하게 사는 데 도움이 될 것이라는 생각은 누구나 받아 들이 수 있다. 그런데 이런 사고방식과 태도는 의학에 의해 만들어 질 수 없고 "철학의 정신이 줄 수 있는 능력을 전제로 한다."[24] 이런 능력을 제공하는 철학이 보편의학이다. 보편의학은 전문철학자가 아니라도 스스로 철학함(Philosophieren)을 통해서 누구나 활용할 수 있다. 철학함을 통한 확고한 결단으로 병적인 감정을 제어할 수 있다는 사실을 칸트 스스로 보여주기도 했다.[25] 질병불안증(Hypochondrie) 환자는 질병에 대한 병적인 두려움의 감정을 제어하는 마음의 능력을 스스로 발휘하지 않고 "불필요하게 의사에게 도움을 요청"[26]한다. 칸트는 태어나면서부터 가슴이 평평하고 좁아서 심장과 폐가 활동할 충분한 공간이 없었다. 이로 인해서 그는 평생 질병불안증에 시달릴 소질을 타고났다. 그는 자신의 상황을 숙고한 끝에 '심장압박의 원인이 순전히 기계적이기 때문에 자신의 의지로는 해결할 수 없다'는 결론을 내린다. 칸트는 이러한 결론을 담담히 받아들이기로 결심한다. 이렇게 마음을 다잡은 후에도 그의 가슴은 여전히 답답했고 불안감도 남아있었다. 하지만 칸트는 "머릿속에는 평안과 명랑함이 지배하도록" 노력했고, 신체적 장애에 대한 저항으로서 정신적인 작업에 몰두하며 삶의 기쁨을 느끼려고 했다. 그 결과 칸트는 다른 사람과도 "변덕스러운 기분에 따라서가 아니라 의도적이고 자연스럽게"[27] 친교를 나누며 80수를 누렸다.

하워드(Alex Howard)는 『순수이성비판』 A806=B833에 나오는 "나는 무엇

---

24) Kant I., *Der Streit der Fakultäten*, hrsg. von Horst D. Brandt und Piero Giordanetti, Felix Meiner, Hamburg, 2005, AAⅦ 97, "AAⅦ"는 독일학술원판(Akademische Ausgabe) 7권을, "97"은 쪽수를 의미. 이하 "Streit"로 약칭.

25) Streit, AAⅦ 98.

26) Streit, AAⅦ 103.

27) Streit, AAⅦ 104.

을 알 수 있는가, 나는 무엇을 해야만 하는가, 나는 무엇을 희망해도 좋은가"라는 칸트의 3대 근본 질문은 상담과 치유에서 효과적으로 적용될 수 있는, 인간의 존재와 행위에 대한 사유를 함축하고 있다고 평가한다. 그러면서 하워드는 객관적인 지식의 세계와 독단을 구분한 칸트의 인식론이 현실과 망상을 구분하지 못하는 내담자를 상담할 때 도움을 줄 수 있다는 것을 그 예로 든다. 또한, 그는 칸트가 보여준 인간 인식능력의 한계에 대한 언급은 그런 내담자를 비정상으로 확정하기에 앞서서 진단 자체의 한계와 타당성을 검토하는 데 도움이 된다고도 말한다.28) 그런데 칸트 철학의 응용 가능성에 대한 하워드의 이러한 평가는 3대 근본 질문 중 "나는 무엇을 알 수 있는가"라는 인식론적 문제에 치우쳐 있다. 칸트의 인식론을 강조할 경우, 그의 철학함과 삶의 연관성이 보이지 않고 인간 칸트는 멀어져갈 위험이 있다. 반면에 그의 세 질문에 담긴 실존적 성격에 주목할 때 칸트의 사상은 좀 더 구체적이고 친근하게 파악될 수 있을 것이다.

핵심어

데카르트, cogito ergo sum, 진리에 이르는 네 가지 규칙, 명증성, 확실성, 보편성, 방법론적 회의, 정신, 개별자의 의식, 자기의식, 성찰, 반성

칸트, 나는 무엇을 알 수 있나?, 나는 무엇을 해야만 하는가?, 나는 무엇을 희망해도 되는가? 나는 누구인가? 계몽, 미몽, 미성숙, 성숙, 자유, 감히 알려고 하라, 보편의학

---

28) Howard A., *Philosophy for Counselling & Psychotherapy - Pytagoras to Postmodernism*, New York, Palgrave, 2000, p.205.

1. 프랑스에서 대학입학을 원하는 모든 지원자는 이과나 문과, 예체능계를 불문하고 철학논술 시험을 보아야 한다. 이 시험에 잘 대비하기 위해서는 반드시 데카르트를 공부해야 한다. 21세기에도 프랑스인들은 데카르트 철학을 지성인들이 통과해야 할 관문으로 여기는 것이다. 데카르트는 "나는 생각한다, 고로 존재한다"는 명제를 누구도 의심할 수 없는 가장 확실한 것이라고 주장한다.

  1) 당신에게 가장 확실한 것은 무엇인가?

  2) 그것은 누구도 의심할 수 없는 것인가 아니면 당신 자신에게만 확실한 것인가?

  3) 그것은 당신에게 어떤 의미가 있는가?

2. 당신이 확실하다고 여기는 것의 근거를 객관적인 차원, 주관적인 차원, 실존적인 차원에서 검토해 보라. 당신에게는 이 세 차원 중 어떤 차원이 가장 중요한가?

3. 데카르트는 확실한 지식을 쌓기 위해서는 불확실한 모든 것을 제거해야 할 필요가 있다고 주장한다. 당신에게 불확실한 것들은 무엇인가?

  1) 그것을 공적인 문제와 개인적인 문제로 나누어 정리해 보라.

  2) 불확실한 것을 제거하고 확실한 것을 찾기 위해 데카르트가 제시한 네 가지 규칙의 효과를 평가해보라.

4. 데카르트는 불확실한 모든 것을 제거해도 모든 사람에게 확실한 것으로 남는 것이 '생각하는 나'라고 주장하고, 이성 능력을 지닌 이 '생각한 나'를 지식의 출발점으로 삼는다. '생각하는 나'로부터 '신' 그리고 그 밖의 모든 것을 이끌어냈다는 점에서 데카르트는 '자아 중심'의 시대를 열었다고 평가될 수 있다.

  1) '생각하는 나'를 확실한 진리의 출발점으로 보는 데카르트의 이 인식론적 방법론이 정당한가?

2) '생각하는 나'로서 당신은 지식을 배우고 주장을 하는 데 어떤 역할을 해왔는가?

3) '생각하는 나' 혹은 '정신으로서의 나'는 신체와는 전혀 다른 성격을 지니는가? 그런 성격으로 간주될 수 있는 것들을 모두 열거해보라.

5. 현대의 과학적 지식을 의도적으로 고려하지 않는다면 일상생활에서 우리는 은연중에 데카르트처럼 물질적 신체에 거주하는 비물질적 마음이나 정신이 우리 '자신'일 것이라 여기곤 한다.

1) '진정한 나'의 본질을 이렇게 비물질적인 마음이나 정신이라고 생각하게 되는 근거나 계기 혹은 자아상은 무엇일까?

2) 신체와 정신을 각각 독립된 실체로 보는 이 이원론은 인간이라는 존재나 그의 삶을 이해하는 데 어떤 영향을 미칠 수 있을까?

3) 신체-정신 이원론은 한 사람의 언행을 이해하거나 개인의 정체성 문제를 다루는 데 어떤 문제점을 불러일으킬 수 있을까?

6. '이것이 참된 나'다고 생각한 적은 언제인가? 만약 아직 '참된 나'에 대해서 진지하게 생각해 본 적이 없다면, 왜 이런 생각을 하지 않았는가?

7. '참된 나'가 누구인지에 대한 철저한 검토와 육체, 정신, 사회, 개인, 심리, 신앙이나 가치관 등 다양한 차원을 고려한 대답은 우리에게 어떤 가능성을 줄 수 있나? 이 질문에 실존철학은 어떤 도움을 줄 수 있을까?

8. 칸트는 자신의 삶에서 가장 중요한 질문을 다음과 같이 제시한다. 나는 무엇을 알 수 있는가?, 나는 무엇을 해야만 하는가?, 나는 무엇을 희망해도 되는가? 나는 누구인가?

1) 이 질문에 간략히 대답해 보라.

2) 이 질문에 대답하면서 밝혀진 사실을 최대한 '많이' 그리고 '깊이 있게' 말해 보라.

3) 이 질문들은 어떤 점에서 실존적으로 해석될 수 있는가?

9. 당신은 어느 때 자신의 이성 능력을 신뢰하며 적극적으로 사용하는가? 또, 어느 때 이성적 판단을 중단하고 문제를 이해하려 하는가?

10. '내가 무엇을 알 수 있는가?'라는 인식능력과 그 한계에 대한 질문과 이에 대한 칸트의 대답은 현대의 상담 이론에서 다양하게 묘사되는 '공감'의 가능성에 이의를 제기한다. 인식능력과 공감은 어떤 관계가 있을까?

11. 칸트가 제시한 '성숙'과 '미성숙'에 대한 정의를 받아들일 수 있는가? 당신은 어떤 때 자신이 성숙하게 행동한다고 믿는가?

# 2장

# 키르케고르 - 코펜하겐 하늘의 실존의 깃발

    키르케고르(Søren Aabye Kierkegaard)는 1813년 5월 5일 코펜하겐에서 태어 났다. 시골의 가난한 목동이던 그의 아버지는 코펜하겐에 상경하여 부유한 상인 이 된다. 그는 첫 부인과는 자녀를 얻지 못하고 사별을 하고, 자기 집 하녀와 재 혼한다. 첫 부인과 사별한 지 1년만인데, 재혼 당시 둘 째 부인은 이미 임신 4개 월이었다. 그는 양치기 시절 황야에서 심한 추위와 배고픔에 시달린 나머지 신 을 저주한 적이 있다. 루터파 경건주의자로 매우 근엄하고 신앙적이었던 그는 이 일로 죄책감과 불안을 느끼며 살았다. 그러던 중 부인과 사별한 지 얼마 안 되어 혼외관계로 자식을 얻고 결혼하게 되었으니, 당시의 보수적인 사회 분위기 에서는 부끄러운 일이었다. 이 일로 그의 죄책감과 불안은 더욱 심해졌다. 그는 속죄하는 심정으로 극도로 엄격하고 경건하게 생활하며 자녀들을 길렀다. 그는 자신이 가족에게 저주를 가져다주어, 자식들이 예수가 십자가에 달린 나이인 33 세가 되기 전에 죽을 운명이라고 확신했다. 실제로 1835년까지 그의 세 딸과 두 아들이 사고 등으로 죽었다. 일곱 자녀 중에 첫째와 막내인 키르케고르만 33세 를 넘게 살았다. 키르케고르의 어머니는 남편보다 12살 연하였지만 1834년 세 상을 떠났다. 자신의 죄 때문에 가족들을 잃는다고 생각한 키르케고르 아버지의 불안과 우울은 더욱 심해졌다. 그는 키르케고르에게 자신이 신에게 저지른 두 가지 잘못과 그로 인한 불안을 고백했다. 아버지의 신앙심과 교양있는 인품을 존경하던 키르케고르는 큰 충격을 받았다. 아버지의 죄의식과 불안감, 우울한 성 향은 막내인 그에게 대물림되었다.

    그의 아버지는 경제적으로 크게 성공한 후 사업에서 손을 떼고 신학, 철학, 문 학 공부에 전념한다. 그런데 공부를 하면 할수록 그의 지성은 죄책감에 민감하게 졌고, 그럴수록 그의 우울은 깊어갔다. 아버지의 이런 상태는 살아남은 두 아들에게 옮겨갔다. 그는 두 아들을 매우 엄하게 키웠다. 그 때문에 키르케고르는 검소하고 유행에 뒤떨어진 복장을 하고 초등학교에 다녔다. 초등학교 졸업 후 키르케고르는 고전 교육을 받을 수 있는 코펜하겐의 명문 중고교인 보르드스콜레(Borgerdydskole)에 진학했다. 1830년에 키르케고르는 코펜하겐 대학교에서 진학해 철학과 개신교 신학을 공부한다. 대학생이 된 후 그는 수년 동안 공부는 뒷전이고, 무모하면서도 방탕한 세월을 보낸다. 이 시절 키르케고르는 코펜하겐을 벗어나 북해의 어촌 마을 길렐라에(Gilleleje)에 자주 놀러 갔다. 거기 있는 동안 대부분의 시간을 즐기면서 보냈지만, 1835년 8월 1일 22살이던 키르케고르는 다음과 같은 일기를 쓴다.

> "중요한 것은 내 운명을 이해하는 것이고, 내가 무엇을 해야 한다고 신이 원래 원하는지를 아는 것이다. 따라서 나에게 진리로 존재하는 하나의 진리를 발견하는 것과 내가 그것을 위해 살고 죽을 수 있는 이념을 발견하는 것이 필요한 것이다."[1]

전문가들은 위 구절이 실존철학의 시작을 알린다고 평가한다. 위 인용문에 표현된 것과 같은 자아에 대한 특별한 관심은 삶의 우회로와 탈출로를 심원하게 만들어줄 풍부한 쓸거리로 남기 때문이다.[2]

자유롭고 풍족한 대학생활을 즐기다보니 키르케고르는 많은 빚을 지게 됐고, 그의 아버지는 어쩔 수 없이 빚을 대신 갚아주었다. 사망 직전에 아버지는 아들에게 목사가 될 것이냐고 물었다. 이때 키르케고르는 아버지의 뜻을 따라야 한다는 의무감을 느꼈다. 1838년 아버지가 82세의 나이로 세상을 떠나자 키르케고르는 신학국가시험을 준비하기 위해 그간의 불성실한 생활을 청산한다.

키르케고르의 사상과 저술에 영향을 미친 또 다른 인물은 약혼자 레기나(Regine Olsen)다. 처음 만났을 때 15세의 어린 나이였던 레기나를 기다린 끝에

---

1) Alexander D.(Editor), *The Journals of Søren Kierkegaard*, Oxford University Press, No Edition Stated, 1938, 1835년 8월 1일 일기.

2) Hermann Schmid, *Sören Kierkegaard - Gelebtes Schreiben*. Ulm, Stadthaus, 2013, p.10.

법적으로 결혼이 허락되는 17세가 되던 해인 1840년 키르케고르는 그녀와 약혼했다. 그런데 키르케고르는 청혼한 지 1년이 못 되어 기괴한 행동으로 파혼을 초래한다. 이 일과 관련해서 키르케고르는 자신의 우울함이 결혼을 견딜 수 없게 할 것 같다고 일기장에 썼다. 자신의 문란했던 생활을 순결한 레기나에게는 고백할 수 없다는 사실에 죄책감도 들었다. 아버지에게 들은 신의 저주가 죽은 형제들을 거쳐서 자신에게까지 미칠 수 있다는 불안감도 파혼의 한 원인일 것이다. 이 무렵 키르케고르는 코펜하겐대학에서 철학석사 자격논문인『아이러니의 개념-소크라테스를 중심으로』(1841)를 발표했다. 이 논문은 1854년에 박사학위로 인정된다. 파혼 후 1842년 그는 베를린으로 유학을 가 공부와 저술에 집중한다. 1841년 헤겔의 후임으로 베를린 대학에 부임한 셸링은 '계시의 철학' 등을 강의했는데, 이 강의에는 키르케고르이외에도 엥겔스, 훔볼트, 랑케 등이 출석하였다. 셸링은 '실존'(Existenz)이라는 개념을 실존철학적인 의미에 가깝게 사용한 철학자다. 베를린 대학에서 셸링은 인식의 최종근거로 인간의 사유가 아닌 신을 주장하면서 헤겔의 관념론으로부터 벗어나려 한다. 키르케고르는 이런 셸링에게 자극을 받았을 것이다. 베를린에 유학한 1년 동안 키르케고르는 헤겔 비판서를 저술하여, 그 이듬해『이것이냐, 저것이냐』(1843)로 출간한다. 이 책 끝에 실린「유혹자의 일기」는 도시배회자의 냉소적이고 퇴폐적인 미학을 묘사하고 있다. 이 책이 출간되던 해 키르케고르는 약혼녀였던 레기나가 다른 남자와 결혼한다는 소식을 듣는다. 그는 신의 섭리로 그녀가 자신에게 돌아오기를 바라는 마음에서『두려움과 떨림』(1843)을 썼다고 한다. 사랑하는 사람을 떠나보낸 젊은 신사에 대한 이야기인『반복』(1943)도 레기나에 대한 애틋한 마음을 담고 있다.『철학적 단편』(1844)과『불안의 개념』(1844)에서 키르케고르는 헤겔 철학을 비판하며 좀 더 명료하게 실존철학의 기본개념을 제시한다.『철학적 단편에 부치는 결론적인 비학문적 후기』(1846)에서는 헤겔 철학을 더욱 강도 높게 비판하면서 개인의 고유성과 진리와 주체성의 관계를 강조한다. 석사 논문 이외의 저서들 대부분에 필명을 사용하며 자신의 새로운 관점을 발표하던 키르케고르는 부패한 덴마크 국교회의 위선을 비판하는 저술에도 집중한다. 그결과『기독교의 실천』(1848)이나『자기반성을 위하여』(1848)가 출간된다. 실존철학적으로 중요한 책인『죽음에 이르는 병』(1849)도 이시기에 출간된다. 1854년 덴마크 인민교회 주교가 서거하고 후임자가 등장하여 성직자와 교회의 권위를 강조하자, 키르케고르는 참지 못하고 직접 나서게 된다. 그는 신문기고문이나 짧고 날카로운 작품으로 종교적 순수성을 잃어버린 채 기득권을 위해 민중을 현혹하는 기성 교회를 직접 비판한다. 그는『순간』(1855)이라는 격주 소책자를 직접 발행하며 교회의 폐단을 폭로하는 글을 발표하기도 한다. 하지만 그의 이런 직접적 소통 방식은 오래가지 못한다. 1855년 9월 28일 키르케고르가 코펜하겐의 거리에서 쓰러져 병원에 입원, 그해 11월 11일 사망했기 때문이다.

## 1. 간접소통과 실존의 단계

### 1) 간접적 소통과 아이러니

아버지로부터 불안과 우울을 물려받았다고 믿었던 키르케고르는 자기 구원을 위한 단독자 신앙과 깊은 내면적 성찰에 몰두한다. 그는 자신의 이런 체험을 처음에는 일기에 기록하다가, 1830년대 말경에는 코펜하겐 문단의 중앙에 소속되어 세속화된 기독교도들을 교화시킬 저술가가 되길 열망한다. 이런 점에서 그의 글쓰기는 자기 치유의 과정이자 다른 사람을 위한 영적 치료제였다.

키르케고르는 의도적으로 정교한 '간접적 소통' 방법을 사용하여 저술했다. 학습 목표를 정하고 그것을 성취하기 위해서 관련된 이론과 지식을 전달하는 강의(講義)는 '직접적 소통'의 방법을 사용한다. 하지만 객관적으로 규정할 수 없는 인간의 내면성과 관련된 문제를 지식처럼 직접 전달할 수는 없다. 이때는 '간접적 소통'의 방법을 사용해야 한다. 예수는 무지한 제자들이 스스로 진리를 자각하게끔 유도하기 위해 늘 비유로 이야기했다. 소크라테스는 대화상대가 스스로 진리를 말하게 하려고 에둘러서 질문하는 '산파술'을 구사했다. 예수와 소크라테스처럼 키르케고르의 '간접적 소통'은 읽는 이가 스스로 진리를 터득하도록 유도하는 고도의 전략이었다. 자신의 대부분의 저술에 적용된 이 방법을 키르케고르는『아이러니의 개념-소크라테스를 중심으로』[3])에서 제시한다. 그는 당시 사람들이 개인의 내면을 아는 데 방해가 되는 너무 많은 지식을 갖고 있다고 보았다. 세상에 한 눈을 팔게하는 너무 많은 불필요한 지식들이 대중들의 마음을 홀리는 기성품처럼 제공되어 있다는 것이다. 언론은 대중들을 평균적으로 만족시킬 수 있는 기성품 같은 여론을 공급하였다. 대중문화도 그런 기성품 같은 가치를 창조해냈으며, 사변적인 철학은 삶에 필요한 실질적인 것 대신에 공허한 약속어음을 남발했다. 사람들이 이런 데 휩쓸려 있는 상황에서 키르케고르는 개인이 체험하는 내밀한 진리를 알리는 데 어려움을 느꼈다. 그가 이들의 문제점을 직설적으로 지적하면, 대중들은 귀담아 듣기는커녕 그를 적으로 만들 게 뻔했기 때문이다. 이 난관을 극복하기 위해서 키르케고르는 간접적인 소통 방법을 고안했다. 그는 반어적이고 역설적인 표현과 여러 개의 가명을 사용하고, 중복되거나 본문 같은 서문이나 후기 등을 배치하여 독자들이 기대하는 자연스러운 서사적 전개를 굴절시켰다. 가명을 사용해 세속적인 삶의 한계를 보여주려한 『이것이냐, 저것이냐』 등 그의 심미적 저술들은 덴마크의 독자들을 참된 기독교도로 끌어오기 위한 간접적 소통 방법이다. 키르케고르는 자신이 발전시킨 간접적 소통으로 신 앞에서 참된 자기가 되기 위해서 실존적 변화의 과정을 거쳐야 하는 독자들의 자기 성찰을 유도할 수 있다고 믿었다. 간접적 소통으로 기술된 내용은 독자가 객관적이고 냉정한 태도로 분석할 경우 쉽게 이해가 안 된다. 이 방법으로 기술된 텍스트에는 수수께끼와 역설이 겹겹이 쌓여 있기 때문이다. 처음에 독자들은 혼란스러워 할 것이다. 그러나 호기심을 가진 독자는 텍스트에 포함된 진리를 단순히 주어진 그대로 암기해서 객관적인 지식으로 삼을 수 없기 때문에, 텍스트를 자신의 문제와 관련시키면서 이해하고 판단하고 이러한 과정에서 자기의 것으로 만들 수 있다. 텍스트는 독자가 거리를 두고 읽어서는 이해를 못하고, 독자 자신의 삶을 성찰하는 거울로 여기고 그 속으로 들어서려 할 때이해될 수 있게 설계되었다. 또한, 키르케고르가 그의 작품들을 변증법적으로 서로 관련시켜놓았다는 점에서도 간접적 소통의 방법이 확인된다. 키르케고르의어떤 한 작품에서 키르케고르가 말하는 것을 제대로 이해하려면, 다른 작품들을

---

3) Kierkegaard S., *Über den Begriff der Ironie. Mit ständiger Rücksicht auf Sokrates*, Heinrich Schaeder(Übersetzer), Verlag von R. Oldenbourg, München & Berlin, 1929, De Gruyter 출판사가 제공하는 다음의 open pdf 참조: https://www.degruyter.com/document/doi/10.1515/9783486757422/html

함께 읽어야 한다. 가령『이것이냐 저것이냐』에서 키르케고르가 심미적 실존의 단계와 윤리적 실존의 단계에 대한 논의를 통해서 궁극적으로 무엇을 말하려는지 이해하기 위해서는『두려움과 떨림』에서 논의된 기독교적 실존의 단계를 고려해야 한다. 기독교적 실존은 변증법적 과정 중 '종합'의 단계이다. 독자가 앞의 심미적 실존과 '윤리적 실존의 단계를 거치지 않고 곧장 이 종합의 단계로 건너뛰면, 그 의미가 파악되지 않고 공허해진다. 앞의 두 단계는 종합의 관점에서 보면 한계가 분명하지만, 키르케고르는 이 두 단계도 변증법의 정과 반처럼 독자가 신 앞에서 참된 자기가 되기 위해서 반드시 거쳐야만 하는 과정으로 제시한다.

『아이러니의 개념에 관하여』에서 키르케고르는 간접적 소통의 여러 방법 중 특히 '아이러니'(반어법)의 개념을 상세히 설명한다. 실존의 세 단계 중 심미적 단계는 윤리적 단계로 극복되어야 할 단계이지만, 자기 존재에 대해서 주목한다는 점에서 실존적이다. 키르케고르에 따르면 심미적 실존의 단계에 진입하기 위해서는 아이러니라는 과정을 통과해야 한다. 왜냐하면 아이러니는 개인의 주관성을 탄생시키는 산파이기 때문이다. 그런데 아이러니가 어떻게 이런 기능을 한다는 것인가? 그 해답은 아이러니가 검토 없이 즉각적으로 받아들였던 믿음과 가치에서 거리를 유지한 채 자기를 성찰할 수 있는 공간을 만들어준다는 데 있다. 소크라테스는 스스로는 무지한 척하면서 대화 상대의 아는 체하는 가면을 문답법으로 폭로한다. 소크라테스의 이런 반어적 문답법은 대화 상대가 주장한 내용을 계속 부정하는 방식으로 구체화 된다. 소크라테스는 이를 통해서 대화 상대를 어리둥절하게 하고, 당연시했던 믿음과 가치를 스스로 의문시하게 만든다. 결국, 대화 상대는 '과연 내가 그것을 제대로 알고 있었나?' 하는 의문과 함께 자신을 성찰하게 된다.


## 2) 실존의 세 단계

『이것이냐 저것이냐』등 가명으로 출판된 그의 작품들에서 키르케고르는 실존을 세 단계로 나누었다. 이들 저작에서 그는 한편으로는 심미적 단계에서 출발해서 윤리적 단계를 거쳐서 종교적 단계로 나가고, 최종적으로는 기독교 신앙이라는 역설적 종교의 단계에 이르는 실존적 운동의 궤적을 보여주려 한다. 각각의 실존 단계들 사이에는 중간 상태도 있다. 그는 이것을 '경계지대'라고 부른다. 심미적 단계와 윤리적 단계 사이에는 아이러니라는 경계지대가 있다. 윤리적 단계와 종교적 단계 사이에는 유머라는 경계지대가 있다. 그가 이런 경계지대를 설정한 것은 각 단계가 서로 단절되어 있지 않고 양쪽을 포괄하는 영역에 의해서 이어져 있다는 실존적인 사실을 보여주기 위해서다. 즉, 그는 양쪽을 잇는 경계지대를 둠으로써 '심미적인 것'과 '윤리적인 것' 혹은 '비극'과 '희극' 중 어느하나를 배타적으로 선택하지 않는다. 대신에 그는 두 영역 모두를 긍정하며 포괄적으로 관찰함으로써 실존적 체험의 역동성을 표현한다.

심미적 단계의 실존은 14세기 스페인의 호색한 돈 후완(Don Juan)처럼 별다른 노력이나 고민 없이 감각적인 경험에 즉각 몰입할 수 있는 경우다. 그렇지만 심미적 단계의 실존 중에서는 『이것이냐 저것이냐』 1권의 요하네스처럼 감각적인 것에 도달하기 위해 노력하고 숙고해야 하는 경우도 있다. 이 경우의 심미적 실존은 반성하는 심미적 실존이다. 키르케고르의 저술에 큰 영향을 준 괴테가 묘사한 파우스트 박사가 반성하는 심미적 실존의 전형이다. 파우스트는 끈질기게 반복되는 반성에 권태를 느끼며, 즉각적인 자극을 얻을 수 있는 경험을 다시 갈망한다. 그래서 파우스트는 천진난만하고 즉각적인 여인 그레첸에게 끌린다. 파우스트와 같은 유형의 심미적 인간은 극단적인 경우에는 일시적인 일탈로 인해 완전히 딴사람이 되기도 한다. 심미적 인간은 행복의 끝과 불행의 끝 사이를 오가는 분열 상태에 빠지기도 한다. 그는 극단적인 가능성만을 추구하고 현실은 받아들이며 살지 않기 때문에 지금 그대로의 자기로 존재하지 못한다. 하지만 심미적 인간은 자기에 대한 앎을 반성하고, 조심스럽게 기분을 전환하거나 임의로 관심의 초점을 바꿈으로써 이러한 불행을 가장 행복한 상태로 전환할 수도 있다. 그는 무수히 많은 가능성을 상상하면서 가장 진부한 일도 그의 심미적 감성을 통해 시적인 것으로 만들 수 있다. 이때 그를 둘러싼 현실은 단지 장애물이 아니라 반성을 통해 가능성을 만들어 낼 수 있는 계기가 된다. 「유혹자 일기」에서 심미주의자 요하네스는 화석연구자가 뼈 하나를 가지고 공룡 전체를 재구성해내듯 마차에서 내려오는 여성의 우아한 발목만 보고도 그 여성 전체를 상상해낸다. 그런데 요하네스는 그녀의 실체를 알고 싶어서가 아니라 단지 자신의 심미적 자극을 얻기 위해 그런 상상력을 발휘한다. 만약 그를 둘러싼 현실이 그의 반성적 욕망에 잘 상응하지 않는다면, 그는 자신을 만족시키는 이야기를 만들어 낼 때까지 현실과 자신을 조작한다. 요하네스가 코델리아를 유혹하는 목적은 단지 성적 완성을 목적으로 하는 것이 아니라, 자신의 반성적이고 심미적인 욕망에 상응하는 소재로 사용하기 위해서다. 그녀는 요하네스가 자신이 구상한 서사에 필요하다고 생각하는 모든 방식으로 조작되어 등장한다. 그러나 심미적 인간은 자기중심적으로 상상의 세계에 몰두에 하며 현실로부터의 분리된다. 키르케고르는 『아이러니의 개념에 관하여』에서 이러한 현실로부터의 분리가 독일 낭만주의가 아이러니를 사용하여 성취한 것이라고 비판한다. 그러면서 키르케고르는 소크라테스와 같은 아이러니의 대가가 되어서, 아이러니를 현실도피 수단이 아니라 윤리적이거나 종교적인 목적을 위해서 사용한다.

　『이것이냐 저것이냐』[4] 1권에서 키르케고르는 반성적 심미주의자가 이기적 욕망에서 사랑을 쟁취하려 하지만, 그의 심미적 활동은 화려한 악마의 불꽃처럼 그를 자기 안에 가두고 진정한 소통을 차단하는 아이러니한 결과를 낳는다는 것을 보여준다. 이에 반해서 『이것이냐 저것이냐』 2권에서 그는 소통의 투명성과 개방성을 옹호하는 기혼의 빌헬름 판사를 등장시킨다. 이 판사는 1권의 이야기를 이끄는 심미적 작가에게 심미적 실존 단계의 한계를 깨닫고 다른 사람들에 대한 윤리적 의무를 받아들이라는 내용의 서신을 보낸다. 1권의 사랑의 패러다임이 유혹이라면, 2권의 사랑의 패러다임은 결혼이다. 여기서 결혼은 다른 사람과의 개방적이고 친밀하고 투명하고 정직한 관계를 위한 도덕적 행위로 묘사된다. 그러나 2권의 첫 번째 부분에서 판사는 결혼이 단지 사회에서 보편적으로 여겨지는 도덕적 의무를 이행하는 것일 뿐만 아니라 심미적 요구에도 응하는 일이라고 주장한다. 빌헬름 판사는 윤리적 사랑이 심미적 사랑과 양립할 수 있다는 자신의 믿음을 심미적 인간에게 호소한 것이다. 그는 부부 사이의 사랑은 관능적 쾌락과 아름다움에 대한 사랑 자체를 배제하는 것이 아니라 육체적 욕망이 지닌 이기심만을 배제한다고 설득한다.

---

4) Kierkegaard S., *Entweder - Oder.* Teil I und II, Heinrich Fauteck(Übersetzer), dtv, München, 2005.

그러나 빌헬름 판사의 주장 역시 공허한 것으로 평가된다. 이러한 평가는『이 것이냐 저것이냐』의 마지막 부분에 등장하는 익명의 목사에 의해서 제시된다. 목사는 신과의 관계에서는 우리는 항상 틀렸다는 사실을 깨달으라고 설교하면 서, 독자에게 윤리를 통해 죄에서 벗어날 수 없다고 경고한다. 심미주의자와 도 덕군자는 둘 다 사랑이 신에게로 올라가는 수단을 제공할 수 있다고 가정한다. 그런데 심미주의자의 에로틱한 욕망은 그가 현실의 제약을 받지 않고 반성적으 로 가능성을 탐색하며 거기서 즐거움을 느낄 수 있게 해주지만, 거기에 빠져서 스스로가 창조자 즉 신이 된다. 도덕군자인 판사는 자신이 실천하는 윤리적 사 랑을 심미적 이기심을 변증법적으로 극복하며 신에게 향할 수 있는 수단으로 생 각한다. 그는 인간이 자신의 힘으로 신에게 올라갈 수 있다고 믿는 것이다. 하지 만 심미적 숭고함뿐만 아니라 윤리적 미덕도 인간을 신에게 올라가게 해주지는 않는다. 이 문제와 관련해서 키르케고르는 인간이 신에게 올라가는 것이 아니라 신이 인간에게 내려오는 것이며, 이를 위해서 인간은 근본적으로 신에게 의존한 다는 루터교의 견해를 지지한다. 인간은 이 세상을 초월할 수 있는 능력이 없고, 신의 은혜에 전적으로 의존한다는 것이다.

## 2. 합리성을 초월한 실존적 결단

『두려움과 떨림』[5](1843)은 키르케고르의 변증법적 저술의 사다리에서『이것 이냐 저것이냐』가 보여준 것보다 더 높은 실존의 단계인 기독교적 실존의 단계 를 보여준다. 『두려움과 떨림』에서 그는 창세기 22장 1~14절의 '아브라함과 이삭' 이야기를 재구성한다. 그는 아브라함 내면의 변화를 세밀히 추적하면서 윤리적 차원을 넘어선 신앙인의 실존적 선택이 무엇인지를 예시한다. 뒤늦게 얻 은 아들 이삭을 제물로 바치라는 신의 명령을 듣고 아브라함은 심리적 충격과 윤리적 갈등을 겪는다. 이런 충격과 갈등에도 그가 어떻게 그 명령을 따르게 되 는지 이해하는 일은 쉽지 않다. 성서 본문에는 이에 대한 묘사가 전혀 없다. 하

---

5) Kierkegaard S., *Furcht und Zittern*, Liselotte Richter(Übersetzer), Europäische Verlagsanstalt(eva Taschenbuch), Hamburg, 2016.

지만 키르케고르는 외아들을 번제하라는 신의 명령을 들은 아브라함의 심정이 되어, 그를 이해해 보려고 시도한다. 그는 아브라함을 이해하면 윤리적 실존의 한계를 넘어서 더 높은 차원으로 들어설 수 있다고 보았기 때문이다. 가족들에게도 말하지 못한 신의 명령을 듣고 죽음과도 같은 번민 끝에 도달한 아브라함의 선택을 이해하는 실마리를 키르케고르는 '신앙의 기사'에서 찾는다. 아브라함은 윤리적 단계에 머물러 있는 '비극적 기사'나, 신의 명령을 무조건 따르면서 자기 자신을 포기하는 '무한한 체념의 기사'도 아니다. '신앙의 기사'인 아브라함은 순진무구한 어린 이삭을 제물로 바치라는 신의 분명한 명령을 듣고, 그 희생이 공동체를 위한 어떤 목적이나 시민적 덕목에 도움이 되는지도 알 수가 없었다. 따라서 신의 명령을 듣는 순간 아브라함은 목적론적 관점에서 도덕적인 판단을 하며 자신의 행위를 정당화할 수도 없었다. 아가멤논 왕은 딸 이피게네이아를 제물로 바치면 백성들이 다시 항해할 수 있다는 예언을 듣고 자식을 희생하기로 결심했다. 그러나 아브라함에게는 내세울 수 있는 이런 사회적 덕목이 없었다. 아브라함은 무고한 자식을 희생시키는 일에서 그 어떤 도덕적 목적도 발견하지 못한다. 공동체 구성원으로부터 살인으로 비난을 받을 수 있는 자신의 선택에 대해서 아브라함은 도덕적 판단을 중지하고 신의 명령을 따른다. 이 결단은 아브라함이 신앙을 지키기 위해 그 어떤 희생도 무릅쓰고 전장에 나선 기사가 되었다는 것을 의미한다. 아브라함 자신이 '신앙의 기사'로 부름받았다고 생각하는 순간, 도덕적인 판단을 초월하며 신앙을 지킨 그의 선택은 정당화된다. 이 순간 아브라함은 『이것이냐 저것이냐』에서 빌헬름 판사가 매달렸던 공동체적 덕목의 차원을 초월하게 된다. 헤겔의 인륜성(Sittlichkeit)과 같은 공동체적 덕목으로서 도덕률의 차원을 아브라함이 넘어설 수 있었던 이유는 자기 자신의 이기적 목적 때문도 아니고 공동체를 위한 이타적 목적 때문도 아니라 초월자인 신의 무조건적 명령 때문이다.

그런데 아브라함의 순종은 신앙의 차원에서는 이해할 수 있지만, 인식론적 차원에서나 소통의 차원에서는 의문이 든다. 즉, 아브라함 혼자 집에서 들은 신의 음성이나 모리아산에서 들은 신의 사자의 음성이 망상적 환각은 아니었을까? 만약 이삭을 번제로 바치라는 신의 명령을 아브라함이 주변 사람들에게 전했다면,

그들은 분명히 이런 질문을 했을 것이다. 아브라함은 침묵을 통해 이런 질문 자체를 차단했다. 만약 그가 합리적으로 납득이 되지 않는 신의 명령을 주변에 알리고 상의했다면, 그는 고독하지만 긴밀한 신과의 관계에서 물러나 세상 사람들과 함께 윤리적 차원에 머물게 된다. 아브라함은 그렇게 하지 않고 침묵을 지키며 숨쉬기조차 힘든 두려움과 떨림을 혼자서 감내했다. 무고한 목숨을 끊으라는 신의 명령이 혹시 환각은 아닐까 질문하는 것은 매우 합리적이며, 도덕적으로 당연한 것이다. 키르케고르는 아브라함의 내면 세계를 실존적으로 조명하며, 그도 신의 명령을 납득하기 쉽지 않았고, 그래서 망설임과 번뇌의 시간을 겪었을 것이라고 말한다. 하지만 끝내 그는 사랑의 신에 대한 자신의 믿음을 따른다. 이로써 그는 이성이나 도덕률에 따라 다룰 수 있는 문제를 새로운 차원에서 받아들이는 신앙의 단계에 들어선다. 이로써 그의 삶도 이전과는 다른 차원에서 들어선다.

그런데 아브라함의 이야기를 접할 때 주의할 점이 있다. 아브라함의 사례는 모든 종류의 비이성적이고 비윤리적인 선택이 신의 명령이라는 이유만으로 정당화된다는 것을 보여주지는 않는다. 성서는 아브라함을 100세에 아들 이삭을 얻는 은혜를 체험한 인물로 제시한다. 신앙의 아버지 아브라함은 맹신자가 아닌 것이다. 성서에는 아브라함이 신의 명령을 받고 이삭을 데리고 번제를 올리러 가는 과정이 손바닥 반만 한 짧은 글로 묘사되었다. 아브라함의 충격과 고민은 그 어디에도 드러나지 않는다. 그렇더라도 실제로 아브라함이 늦게 얻어 애지중지하던 아들을 제물로 바치며 갈등 없이 신의 명령을 따랐을 리는 없었다. 키르케고르는 성서에 표면적으로 묘사된 아브라함의 행적 밑에 놓인 그의 내면을 세밀하게 추적한다. 그렇게 드러난 생명을 건 혼자만의 번민, 그로인 한 죽음과도 같은 두려움과 떨림, 공적으로 허용되는 규범을 초월한 신앙적 자기확실성과 결단, 실행은 실존적 체험의 전형이다. 이러한 체험을 통해서 그는 이기심이나 통념에 굴하지도 않고, 두려움과 떨림과 같은 감정에도 휩쓸리지도 않은 채 자신의 확신에 따라 운명을 걸었다. 그는 이런 치열한 실존적 체험을 통해서 참된 자기를 실현한 것이다. 그런데 이런 일이 가능한 것은 아브라함 혼자만의 노력에 의한 것이 아니라 신이 그에게 내려와 새로운 체험으로 이끌었기 때문이다. 키르케고르의 관점에서 참된 자기실현은 기독교 신앙을 계기로 가능했던 것이다. 그런데 이때 신은 말씀으로 존재하며, 그 말씀의 핵심은 사랑이다. 아브라함의 신은 사랑의 신이다. 이 사랑은 성애적 욕망으로서의 에로스적 사랑이나 모든 형태의 이기적 사랑을 초월한 것이다. 이 사랑은 나와 내 가족을 넘어서 이웃과 원수에까지 도달한다. 증오의 대상인 원수를 그저 마음으로가 아니라 내 몸처럼 사랑하라는 것은 아이러니하게 보인다. 그런데 선한 사마리아인뿐만 아니라 오늘 우리 주변에서도 이런 사랑을 실천하는 사람들이 드물긴 하지만 인종이나 신앙심과 무관하게 존재한다. 과연 이런 사랑이 도덕적이지 않을 수 있을까? 아브라함은 불안과 고독을 버텨내며 이런 사랑의 신을 믿었던 것이다.

아브라함 이야기는 참된 자기가 기독교적 실존의 단계에서 초월자와의 소통을 통해서 실현될 수 있다는 것을 보여준다. 그렇다면 이 이야기는 기독교 신앙인들에게만 의미가 있을까? 누구나 합리적으로 납득되지 않는 부조리한 상황에 빠질 수 있다. 죽음, 우연, 투쟁, 사랑, 죄와 책임이라는 한계상황이 그렇다. 한계상황은 인간이 이성적으로 극복할 수 없고 대처할 수도 없다는 점에서 이성의 한계를 의미한다. 부조리성의 근원이 되는 한계상황에 처해서 누군가는 심미적인 것에 매달리며 자신이 원하는 삶을 살아보려 한다. 그러나 심미적 몰입으로는 자기 존재에 공허함은 메꾸어지질 않는다. 누군가는 정신을 똑바로 차리고 이성적으로 살려고 한다. 도덕적인 삶이 그런 삶이다. 그러나 이런 삶의 태도는 평균적으로는 안전을 보장할 수 있지만, 우연히 덮쳐오는 삶의 부조리에는 속수무책이다. 무엇보다도 이성적 태도는 부조리에 대응할 수가 없다는 한계를 지닌다. 부조리에 대한 대응은 이성적인 차원을 넘어서 사유할 때라야 비로소 가능하다. 그런 사유에 따른 대응은 합리적인 이유를 댈 수 없다는 점에서 무조건적이다.

이 무조건적 대응 중에는 망상적 신비주의로 도피하는 길도 있고, 교회가 선포한 교리를 맹신하는 신앙의 길도 있다. 그런데 누군가는 자신이 처한 부조리한 현실을 직시하고, 자신에게 가장 중요하고 확실한 것에 따라서 모든 것을 건 고독한 모험을 감행할 수도 있다. 이 모험이 실패로 끝나더라도 그는 자신의 삶을 스스로 짊어지려 한 셈이다. 그는 주체적으로 삶에 최선의 다한 것이다. 아브라함은 이런 삶을 산 사람 중 한 명이다. 합리적으로는 쉽게 납득이 되지 않지만 '가장 중요하고 확실한 것'이 누군가에게는 '인과의 사슬에서 벗어나 실존을 실현할 가능성'이 될 수 있고 또 누군가에게는 '객관적으로는 증명할 수 없는 존재의 의미'가 될 수도 있다. 아브라함에게 그것은 신의 말씀이었다. 더 정확히 말하자면, 이성적으로는 납득이 되지 않는 신의 말씀을 듣고 번뇌하며 그 말씀을 따르려고 한 아브라함 자신의 실존적 결단이었다. 이러한 번뇌와 결단의 과정을 통해서 그는 이전과는 다른 차원의 사람으로 자신을 재창조했다. 만약 아무런 번뇌도 실존적 결의도 없이 신의 명령을 기계적으로 따랐다면, 그는 스스로 생각하고 결단할 수 있는 자기 삶의 주체가 아니다. 그런데 신은 "아브라함을 시험하시려고"(창세기 22장 1절) 이삭 번제를 명했다. 실존철학이 생겨나기 수천 년 전에도 성서의 저자들은 아브라함을 전지전능한 신의 명령도 따르지 않을 수 있는 자유로운 주체로 전제한 것이다.

## 3. 불안과 참된 자기

키르케고르의 인간에 대한 탐구는 철학적으로뿐만 아니라 심리학적으로도 의미 있게 평가된다. 키르케고르 전문가인 왓킨(Julia Watkin)은 키르케고르가 개인의 윤리적이고 종교적인 발달과정을 설명해주는 소크라테스적인 심층심리학을 전개했다고 평가한다.[6] 카아(Charles Carr)는 키르케고르가 실험적인 연구에 집중하던 당대의 심리학자들에게 인간의 내면성과 인격적인 맥락에 관심을 갖게 했다고 평가한다. 그에 따르면 키르케고르는 진정한 인격성과 관련해서 죄책감, 두려움, 죄, 절망의 성격을 깊이 있게 통찰함으로써 근대 치료심리학을 탄생시킬 중요한 토대를 마련했다.[7] 키르케고르 실존철학의 치료심리학적 함의를 가장 잘 보여주는 것이 '불안'에 대한 그의 통찰이다. 실존철학을 치료와 상담의 관점에서 정리한 메이(Rollo May)는 '불안에 대해서 배운 자는 가장 중요한 것

---

6) Watkin J., "Søren Kierkegaard's psychology and the self", *Journal of Psychology and Christianity*, Vol. 17, No. 4, 1998, p.372.

7) Carr C., "Kierkegaard: On guilt", *Journal of Psychology and Christianity*, Vol. 1, No. 3, pp.15-21.

을 배웠다'고 선언한 키르케고르의 통찰을 높이 평가한다.[8] 부모님의 이혼과 동생의 조현병 발병으로 힘든 어린 시절을 보냈던 메이는 키르케고르의 불안에 대한 통찰이 갖는 생생한 의미를 자신의 실존적 체험과 연관해 다음과 같이 소개한다.

> "다른 한편으로 키르케고르는 불안을 살아있는 존재의 비존재에 대한 갈등으로 기술한다. 그것은 내가 일생 무가치한 존재가 될지도 모른다는 전망이나 죽음에 맞서 갈등하면서 직접 체험하고 있던 것이다."[9]

프로이트는 불안을 정신역동적 차원에서 설명한다. 그에 따르면 무의식 차원에서 '성적 추동'(sexual impulses)'이나 '공격적 추동'(aggressiv impulses)'이 일어나면 인간은 불안을 느끼고, 이를 억제하기 위해 부인이나 투사 등과 같은 방어기제를 작동시킨다. 하지만 메이, 얄롬(Irvin D. Yalom), 슈나이더(Kirk J. Schneider) 등 실존적 인간중심적 치료사들은 무의식에서 솟구치는 추동이 아니라 인간의 실존적 현실이 불안의 근본적인 원인이라고 주장한다. 인간은 삶의 불확실성, 무의미성, 고통과 같은 실존적 현실을 자각하는 순간 불안을 느껴서 충동적인 행동이나 투사와 같은 방어기제를 작동시킨다는 것이다. 그들은 키르케고르 등이 주목한 '실존적 불안'을 부인하게 되면, 프로이트 등이 심리학적 차원에서 진단한 신경증적 불안이 초래될 수 있다고 주장한다. 불안을 모면하기 위한 부정이나 투사와 같은 방어기제들은 일시적이고 표면적인 안정감을 줄 수 있다. 하지만 이런 방어기제들은 자신의 실존적 현실과 그것을 극복하고 자아를 실현할 가능성을 부정하는 일에 에너지를 쏟는 것이라서 결국에는 신경증적 불안을 심화시킨다.[10]

그런데 실존주의 심리상담사들은 불안에 대한 철학적 분석이 갖는 상담과 치료의 의미를 높이 평가하는 있지만, 그 분석을 전개한 철학자의 사유를 깊이 있게 추적한 경우는 드물다. 이런 사정 때문에 심리상담에서는 불안에 대한 실존

---

8) May R., *The Meaning of Anxiety*, The Roanld Press Company, New York, 1996, xii, 이하 "May(1996)"으로 약칭.
9) May(1996), p.16-17.
10) 『실존치료』, 139쪽, 142쪽.

적 분석이 도식적이고 피상적으로 제시되곤 한다. 키르케고르 이후 실존철학은 과학적으로는 설명할 수 없는 인간 존재의 의미를 깊이 있게 조명한다. 이러한 탐구의 결과물을 이해할 때라야 실존철학을 상담이나 치료에 제대로 적용할 수 있다. 이하에서 우리는 불안에 대한 키르케고르의 분석을 면밀히 살펴볼 것이다.

1844년 6월 키르케고르는 가명으로 『철학적 단편』, 『불안의 개념』, 『서문』을 출판했다. 이 중 『불안의 개념』[11]은 "유전되는 죄의 교리적 문제에 대한 간결한 심리 지향적 숙고"라는 부제를 달고 있다. 불안의 원인에 대해서 키르케고르는 『불안의 개념』 1장 5절에서 '무죄'(Unschuld)와 '무지'(Unwissenheit) 그리고 '정신'(Geist)이라는 개념을 중심으로 분석한다. 여기서 그는 인간이 처음으로 불안이란 감정을 갖게 되는 심리적 과정을 추정하기 위해서 구약의 아담 이야기에 주목한다. 아담과 같은 최초의 인간을 상정해보자. 순진무구한 어린아이를 생각해 볼 수 있듯이 기독교 신앙과 무관하게 우리는 아담이라는 최초의 인간이 순진무구한 상태에서 삶을 시작한다고 생각해 볼 수 있다. 이때 그 인간은 어린아이가 그렇듯 무죄이며, 그가 무죄라는 것은 동시에 그가 무지하다는 것을 의미한다. 무죄와 무지의 이런 관계를 키르케고르는 "무죄란 무지다"[12]라는 명제로 표현한다. 순진무구한 아담의 영혼(Seele)은 고민이나 반성 없이 즉자적으로 타고난 본성에 일치하며 평화와 안식을 누린다. 그는 아직 선과 악을 구분하는 정신활동을 하지는 않는다. 인간이기에 그는 정신적인 존재이지만, 그의 정신은 꿈을 꾸는 상태다. 따라서 순진무구한 최초의 인간은 그 존재가 정신으로서 규정되지는 않는다. 그런데 키르케고르는 이런 상태에서 인간이 평화와 안식을 누리는 바로 그때 또 다른 무언가가 존재한다고 말한다. 선악도 모르는 순진무구하고 무지한 상태의 인간에게는 싸움거리가 될 수 있는 것이란 '아무것도 존재하지 않기' 때문에 그 다른 무엇인가는 불화나 투쟁은 아니다. 꿈꾸는 정신에게 또 다른 그 무엇은 '아무것도 아닌 것' 즉 '무'(Nichts)로 있다. 꿈꾸는 정신에게는 평화와 안식 말고 다른 무엇이 존재하는 것으로 느껴지지만, 그와 관련해서 그 어떤 것도 인식되지 않는 상황 즉 무만 존재하는 이 상황에서 심리적으로 불

---

11) Kierkegaard S., *Der Begriff Angst*, Liselotte Richter(Übersetzer), Europäische Verlagsanstalt(eva Taschenbuch) Frankfurt am Main, 1984, 이하 "Angst"로 약칭.

12) Angst, p.40.

안이 탄생한다. 이런 의미에서 키르케고르는 "무가 불안을 낳았다"[13]고 말한다. 그런데 불안을 탄생시킨 이 무는 그때의 인간이 불화나 싸움과 관련된 것은 아무것도 모를 정도로 순진무구하기 때문에 즉 무죄이기에 때문에 존재하는 것이다. 불안과 무 그리고 무와 무죄의 이런 사태연관에 주목하며 키르케고르는 "무죄는 동시에 불안이다"[14]고 선언한다.

이상의 논의에서 불안은 평화와 안식 곁에 있는 알 수 없는 무언가에서 즉 무에서 생겨난다는 사실이 밝혀졌다. 무의식이나 본능에서 생긴 성적이거나 공격적인 추동에 따라 행동한 인간이 그로 인해서 처벌을 받을까 불안을 느낄 수도 있다. 하지만 인간이 이런 불안을 느낄 때는 막연하게나마 선악에 대해 이해하고 있어야 한다. 따라서 이런 차원의 불안보다는 선악도 모르는 순진무구한 상태에서의 탄생한 불안이 근원적이다. 그런데 키르케고르가 보여준 근원적 불안은 어떻게 눈앞에 나타나는가? 이 근원적인 불안은 잠이 들었거나 꿈을 꾸던 정신이 깨어날 때 의식된다. 정신이 깨어있을 때 나 자신과 나 아닌 것의 차이가 정립되고, 이 차이에서 불안이 의식된다. 불안이 나타나는 이러한 과정을 키르케고르는 모순된 두 항과 그 종합으로서의 정신의 관계를 기술하면서 보여준다. 그에 따르면 인간은 유한과 무한, 시간과 영원, 육체와 영혼과 같은 모순된 두 항의 종합이다. 그런데 인간은 모순적인 두 항의 종합이면서도 그 두 항 중 어느 것도 아니다. 인간은 두 항에 대해서 차이를 지니는 제3자다. 자기 자신은 두 항과 차이를 의식하면서 인간을 두 항의 종합으로 존립시키는 역할을 하는 것은 정신이다. 이런 맥락에서 인간은 종합이자 정신이라고 칭할 수 있다.[15] 그런데 가령 영혼과 육체, 자유와 필연과 같은 모순된 인간의 두 조건은 고정된 실체나 속성처럼 그 자체가 모든 인간에게 항상 종합으로서 존립하는 것이 아니다. 이 두 항은 이 두항에 대해서는 제3자이면서 둘의 종합인 정신에 의해서 비로소 존립한다. 그런데 정신은 개별자인 '나'의 정신으로서 종합의 역할을 실현한다. 결국, 개별자인 내가 정신으로서 그 둘을 종합하는 역할을 하느냐 그렇지 않느냐

---

13) Angst, p.40.
14) Angst, p.40.
15) Angst, p.50. 이와 관련해서는 '절망'에 대한 이하의 분석을 참조.

에 따라서 두 항은 실제로 존립할 수도 있고 존립하지 않을 수도 있다. 보편자인 인간은 모순된 두 항의 종합인데, 이 종합은 개별자인 나의 정신이 수행한다. 따라서 개별적인 인간에서 정신이 종합을 실현하느냐 아니냐에 따라서 그가 인간답게 존립하게 할 수도 있고 그렇지 않을 수도 있다. 바로 이 실존적 현실이 불안이다.16) 무죄, 무지, 무가 꿈꾸는 정신에게 어떻게 체험되느냐에 대한 앞에서의 분석은 불안의 탄생을 심리학적으로 밝혀주었다. 깨어있는 정신이 인간의 조건인 모순된 두 항의 종합으로 존재하고, 이 종합은 존립할 수도 있고, 않을 수도 있다는 실존적 현실에서 불안의 탄생이 이제 존재론적으로 밝혀졌다.

인간이 정신으로 존재하는 한, 정신으로부터도 도망칠 수 없고, 정신의 이 존재 방식이 불안이기 때문에 불안으로부터도 도망칠 수 없다. 불안이 모순된 두 항의 종합으로 존재하는 자신의 존재 방식이기 때문에 인간은 그런 불안을 사랑하기도 한다.17) 불안은 자신이 이럴 수도 있고 저럴 수도 있는 자유로운 존재라는 사실을 일깨워주기 때문이다. 그러나 불안이 그의 존재를 흔들기 때문에 동시에 인간은 불안으로부터 달아나려 한다. 선악과를 먹지 말라는 신의 명령을 들었을 때 아직 꿈꾸는 정신이었던 아담은 왠지 모를 불안을 느낀다. 불안의 느낌은 달아나고 싶은 부정적인 감정이면서 동시에 아담 자신이 이럴 수도 있고 저럴 수도 있는 자유로운 존재라는 사실을 어렴풋이 느끼게 해준다.18) 불안은 '이것이냐 저것이냐'로 가를 수 없는 '이것이기도 하고 저것이기'도 한 양가감정인 것이다. 키르케고르는 존재론적으로 불안정한 존재인 인간이 자신의 힘만으로는 결코 불안을 극복할 수 없다고 본다. 불안을 극복하기 위해서 개별자가 모순된 두 항의 종합이어야 하는데, 인간은 모순된 두 항의 종합을 온전히 실현할 능력이 없다. 그렇다면 인간에게 남는 것은 절망뿐인가? 키르케고르는 기독교적 진리를 탐구하는 교의학에서 불안과 절망을 극복할 수 있는 길을 찾는다. 기독교 교의학에 따르면 개별자가 종합을 실현하여 불안을 극복하기 위해서는 신의 은총이 필요하다. 교의학적 관점에서 불안은 정신의 존재인 개별자가 신과 관계

---

16) Angst, p.50.
17) Angst, p.50.
18) Angst, p.42.

를 통해 종합으로 존재할 때 궁극적으로 벗어날 수 있다. 인간은 이런 가능성을 불안이 혼자만의 힘으로는 도저히 극복되지 않는다는 사실을 체험하고서야 깨닫는다. 이런 점에서 불안은 개별자가 신과의 관계를 회복하고 참된 자기가 될 가능성을 열어주는 기회이기도 하다. 키르케고르는 『불안의 개념』 마지막 장에서 제대로 불안해하는 것을 배운 사람은 불안을 통해서 "최고의 것"을 배울 수 있다고 주장한다.

> "불안을 제대로 배운 사람은 최고의 것을 배운 자다. 만일 인간이 동물이거나 천사였다면, 불안해할 수도 없었을 것이다. 그러나 인간은 [영혼과 육체]의 종합이기 때문에 불안을 느낄 수 있다. 불안을 깊이 느낄수록 인간은 그만큼 위대하다."19)

이어서 키르케고르는 불안이 인간 존재의 자유의 가능성을 보여준다는 점을 다음과 같이 다시 강조한다.

> "불안은 자유의 가능성이다. 오로지 이 불안만이 신앙을 통해서 [종합으로서의 참된 나를] 절대적으로 만든다. 즉 불안은 일체의 유한한 것을 흡수하고, 유한성에 부수되는 일체의 속임수를 폭로한다. [...] 예리한 감각을 지닌 재판관일지라도 불안만큼 철저히 피고를 심문하지는 못한다. 기분전환을 할 때나, 혼잡 속에서나, 일을 할 때나, 낮이나 밤에나 불안은 피고를 결코 풀어 주지 않는다."20)

위 문장에서 키르케고르는 불안이 신앙을 통해서만 참된 자기를 찾는 계기가 될 수 있다고 말한다. 불안에 대한 그의 해법이 또다시 교의학적인 틀 안에서 제시된 것이다. 이런 교의학적인 틀을 전제하지 않더라도 불안이 지닌 위와 같은 자기완성의 기능을 이해할 수 있는 길은 없을까? 야스퍼스는 한계상황에서 불안이 객관적인 지식의 대상이나 생존을 위해 맹목적으로 추구했던 것들의 한계를 폭로하고, 그런 것들에 안주하던 인간을 난파시키면서 참된 자기를 향해 나가게 한다고 주장한다. 불안의 기능에 대한 야스퍼스의 이런 해석은 신앙을 전제하지

---

19) Angst, p.141. "[ ]" 안의 내용은 필자가 첨가.
20) Angst, p.141. "[ ]" 안의 내용은 필자가 첨가.

않으면서도 키르케고르가 주장한 불안의 자기완성의 기제를 보여준다.

이상에서 살펴보았듯 키르케고르에게 불안은 하나의 독립된 주제가 아니라 인간으로 존재하는 것이 무엇을 의미하는지를 열어 보이는 개념이다.[21] 따라서 불안은 단지 심리상태 중 하나와 관련되는 것이 아니다. 불안을 인간의 존재 의미와 관련해 분석하면, 특정한 신앙을 전제하지 않고도 이해될 수 있는 다음과 같은 불안의 세 가지 기능이 드러난다. 우선 불안은 인간을 부자유하게 만든다. 불안에 사로 잡인 인간의 마음은 불편하고 초조하다. 그런데 불안은 키르케고르가 아담의 이야기를 통해 예시했듯이 인간이 자유로울 수 있다는 가능성을 알려주는 신호이기도 하다. 마지막으로 불안은 최고의 것을 보여준다. 인간은 현재에 안주하지 않고 자기 존재의 최고의 상태에 도달하기 위해 그 상태를 보여주는 불안을 제대로 배워야 한다.

## 4. 절망, 죽음에 이르는 병

후반기 저술 시기 중 키르케고르는 이전 저술 때의 다양한 개념을 재도입하지만, 그것을 기독교 신앙의 빛으로 변형한다. 그 가장 중요한 것 중 하나가 '절망'의 개념이다. '절망'은 전반기 저술 때 도입했던 '불안'의 개념을 신에게 다가서려는 실존적 단독자의 신앙에 따라 재해석한 것이다. 키르케고르는 특히『죽음에 이르는 병』[22] (1849)에서 '절망'과 '자기'라는 실존철학적인 주제를 파고든다. 여기서 키르케고르는 개별자인 '자기'가 자신의 죄를 의식하는 것이 신앙을 지키고 참된 자기가 될 수 있는 전제 조건이라고 말한다. 이 책의 본론을 시작하면서 키르케고르는 보편자인 인간과 개별자인 '자기'를 개별자의 정신이 자기 자신을 의식했을 때의 자기인 '자아'와 관련해서 다음과 같이 규정한다.

---

21) Grøn A., *Angst bei Søren Kierkegaard. eine Einführung in sein Denken*, (Originaltitel: Begrebet angst hos Søren Kierkegaard), Aus dem Dänischen übersetzt von Ulrich Lincoln, Stuttgart, Klett-Cotta, 1999, p.10.

22) Kierkegaard S., *Die Krankheit zum Tode*, Liselotte Richter(Übersetzer), Hamburg, Europäische Verlagsanstalt(eva Taschenbuch) 1991, 이하 "Krankheit"로 약칭.

"인간이란 정신이다. 그러나 정신이란 무엇인가? 정신은 자아다. 그러나 자아는 무엇인가? 자아란 자기 자신에 대해 관계하는 하나의 관계이거나 그 자신에 대해서 관계하는 관계에 있는 것이다. 즉, 자아는 관계가 아니고 관계가 자기 자신에 대해서 관계하고 있다는 것이다. 인간이란 무한성과 유한성, 시간적인 것과 영원한 것, 자유와 필연의 종합, 요컨대 하나의 종합이다. 종합이란 두 개의 것 사이의 관계다. 이런 식으로 본다면 이른바 인간이란 아직 자아는 아니다.

두 개 사이의 관계에 있어서, 그 관계는 소극적인 통일로서의 제3자이며, 이 두 개의 것은 그 관계인 제3자에 관계하고, 그리고 그 제3자에 해당되는 관계에서 그 관계에 관계한다. 그러므로 예컨대 영혼이라는 규정 밑에서는 영혼과 육체의 관계는 하나의 관계인 것이다. 그러나 그 관계가 자기 자신에게 관계하게 되면, 이 관계는 적극적인 제3자이고, 이것이 곧 자아다."[23]

키르케고르의 저술들 대다수가 쉽게 독해가 되지 않지만, 위 인용문은 그중에서도 어렵다. 그런데 위 인용문은 일상적인 관점과 표현으로는 담아내기 어려운 인간 존재의 심원한 차원을 밀도 있게 담고 있다. 키르케고르가 채굴해낸 인간 존재의 고유한 특징을 제대로 이해하고 상담이나 치료에 적용할 수 있으려면, 이러한 문장을 이해할 필요가 있다. 위 인용문은 키르케고르의 사상의 앞뒤에 놓인 철학자들과의 연속성과 차이를 고려하며 독해될 때 이해된다. 키르케고르는 강단철학을 기준으로 볼 때 매우 독특한 철학자다. 하지만 철학사적 흐름에서 볼 때 그는 다른 어떤 철학자들보다도 전대의 사상을 꼼꼼하게 학습하며 자기 것으로 수용하고 뒤에 오는 사상가들에 전달했다. 위 인용문과 관련해서는 키르케고르 앞에는 가깝게는 헤겔이 있고 뒤에는 하이데거와 사르트르가 있다. 이들 중 헤겔의 영향이 가장 두드러진다. 흔히 키르케고르는 대표적인 헤겔 비판가로 평가된다. 키르케고르 자신도 헤겔 철학에 대한 비판을 자신의 철학을 정립하는 전략으로 사용했다. 하지만 헤겔 철학의 개념들과 사유방식 중 많은 것들이 키르케고르의 철학에 녹아들어 있다.

위 인문에서도 쉽게 확인할 수 있듯이 변증법과 정신의 자기전개에 대한 헤겔의 사유를 키르케고르는 상당 부분 수용하고 있다. 변증법은 관찰대상을 그 대

---

23) Krankheit, p.13.

상 밖에서 객관적으로 바라보는 이론적인 도구가 아니라 정-반-합으로 전개되는 사태 자체의 존재 방식이다. 정신은 자기 자신을 의식하지 않은 '즉자'에서 자기 자신에 대한 의식을 지닌 '대자'로, 그리고 있는 그대로의 자신인 '즉자'이면서도 그것에 대해 의식하며 '관계'하는 '즉자대자' 상태로 자기를 전개한다. 사르트르는 『존재와 무』에서 개별자가 '자아'라는 자기의식을 갖게 되는 과정과 자기다운 자기인 실존을 기획투사하는 과정을 설명한다. 이때 사르트르는 헤겔이 관념론의 큰 틀에서 제시하고 키르케고르가 실존철학적으로 수용한 '즉자', '대자', '자기 관계' 개념을 준용한다. 사르트르에 앞서서 하이데거는 『존재와 시간』에서 '실존'을 현존재가 '세계와 자기 자신에 대해서 태도를 취하고 있음'이라고 규정한다. 실존에 대한 이 형식적 규정에서 '태도를 취하다'(verhalten sich)는 '관계 (Verhältnis)를 맺는다'는 의미이기도 하다. 현존재가 세계나 자기 자신과 관계를 맺거나 그것에 대해서 어떤 태도를 취하기 위해서는 그것을 이해하고 있어야 한다. 이런 이유에서 하이데거는 '벽에 붙어 있는 책상은 벽과 관계가 없다'고 말한다. 물리적으로 볼 때 둘은 붙어 있지만, 벽도 책상도 서로에 대해 이해를 지니지 않기 때문에 둘은 서로 아무런 관계도 없고, 서로 어떤 태도도 취하지 않는 것이다. 하이데거는 '인식 주체와 대상', '정신과 육체'의 이분법을 근원적인 현상이 아니라 파생태로 보기 때문에 '의식'이나 '정신'을 주제로 탐구하지는 않는다. 하지만 현존재가 자신과 세계에 대해서 태도를 취하고 있다는 실존적 사태를 표현하자면, 정신으로서의 인간이 자기 자신이나 세계를 이해하고 어떤 태도를 취하거나 관계를 맺고 있음을 의미한다.

이상과 같은 개념사적 전후 맥락을 고려하여 우리는 위 인용문을 다음과 같이 해석해 볼 수 있다. 보편자인 인간은 그 정신에 의해 사물이나 동물과 구분된다. 이런 점에서 인간은 정신적 존재라 할 수 있다. 그런데 인간의 정신은 언제나 개별적인 인간에게서 나타난다. 개별자로서 인간은 정신활동을 하는 자기로서 존재한다. 정신활동하고 있는 자기를 대상화할 때, '나는 누구다'고 할 때의 자기인 '자아'가 의식된다. 이때는 정신활동으로 존재하는 자기(즉자적 자기)에 대해 이를 대상화는 자기(대자적 자기)가 어떤 태도를 취하거나 관계를 맺고 있다. 여기서 '나'라는 의식 즉 '자기의식'은 이 관계에서 비로소 나타난다. 개별자인 내가 아무 다른 생각 없이 멍하니 하늘을 보면서 '하늘이 참 푸르다'는 정신활동을 한다면, 나는 아직 그런 생각을 하는 나를 대상화해서 보지 않는 즉자적인 그 정신활동 자체로만 존재한다. 개별자가 '내가 하늘이 참 푸르다고 느끼고 있구나'라며 그런 정신 활동하는 자기를 대상화하며 의식하게 되면, 정신활동을 하는 자기를 대자적으로 의식하는 자기가 그 정신 활동하는 자기와 구분되어 그것에 대해 어떤 태도를 취하거나 관계를 맺고 있는 것이다. 고정된 실체로서 늘 존재하는 것이 아니라 나의 정신활동에 의해서 만들어지고 변화할 수 있는 이 관계에서 비로소 나는 '자아'로서 의식된다. 하지만 나는 이런 관계 이전에도 존재하는 것이기에 관계 자체는 아니다.

그런데 정신활동하는 나와 그것을 의식하는 나는 원래 두 개의 독립된 실체가 아니라 하나의 정신이다. 이 하나의 정신이 즉자적인 정신 활동하는 자기를 대자적으로 의식하면, 대자적 정신이 즉자적 정신에 대해 어떤 태도를 취하거나 관계를 맺고 있음으로서 존재하는 것이다. 그런데 정신적 존재이자 그 정신이 맺는 관계에 의해서 자기로 존재하는 인간은 자기 자신과의 관계이외에도 모순되어 보이는 두 항의 종합이다. 즉 보편자로서 인간이란 무한성과 유한성, 시간적인 것과 영원한 것, 자유와 필연의 종합이다. 여기서 종합이란 두 개의 것 사이의 관계다. 따라서 인간은 모순된 두 항의 관계로서 존재한다. 이 모순적인 두 항은 인간이라면 누구에게나 그의 의지와 무관하게 주어져 있다. 인간이란 곧 두 항의 관계를 의미하기 때문이다. 이런 의미에서 그 종합이나 관계는 수동적이다. 하지만 보편적인 인간이란 하나의 개념에 불과하다. 그 인간은 개별적인 인간에 의해서만 현실적으로 존재한다. 모순적인 두 항의 관계는 개별적인 인간에 의해서만 실현된다. 이런 맥락에서 키르케고르는 "인간이란 아직 자기는 아니다"고 말한다. 보편자인 인간은 가령 영혼과 육체라는 모순되는 두 항의 종합 즉 관계로 존재한다. 이 종합이 실현되려면 개별자가 이 자기 자신을 두 항의 종합이나 관계로서 자기 자신을 의식하고, 두 항의 관계의 균형을 유지해야 한다. 균형이 깨져서 어느 한쪽으로 치우친다면, 그것은 제대로 된 종합이나 관계가 아니다. 개별자에 의해서 실현되는 종합이나 관계는 인간인 그에게 그의 의지와 무관하게 수동적으로 주어진 두 항을 그가 의도적으로 실현시키는 것이기에 적극적인 종합이 된다. 이런 종합을 균형 있게 실현할 때 그는 인간의 본래적 상태를 실현한 참된 자기가 되는 것이다.

앞에서 살펴보았듯 보편자인 인간은 무한과 유한, 시간과 영원, 자유와 필연, 육과 혼의 종합이다. 반면에 개별자인 자기는 이러한 종합의 각 항을 서로 연관시키는 과정을 맡는다. 이때 자기는 종합의 적절한 평형을 유지하는 역할을 해야한다. 결국, 개별자인 자기가 온전한 자기가 되기 위해서 서로 모순되는 종합의 두 항을 연관시키고, 적절히 평형을 유지해야 한다. 이때 그에게 인간의 보편성이 실현된다. 그런데 키르케고르는 모순된 두 항을 연관시켜 평형을 유지하는 일은 인간의 능력만으로는 성취할 수 없다고 말한다. 모순된 두 항을 연관시켜 평형을 유지하는 것은 인간의 능력을 넘어선 일이기 때문이다. 따라서 개별자인 인간이 자기가 되려고 하는 순간 절망이 시작된다. 이런 이유에서 자기가 되려는 의지 자체가 절망의 한 형태다. 또한, 이러한 현실 앞에서 자기가 되기를 포기하는 것 또한 절망의 한 형태다. 종합으로서 자기가 될 가능성 자체를 모르는 것도 절망의 한 형태다. 키르케고르는 이런 절망을 극복할 수 있는 유일한 길을 기독교 신앙이라고 주장한다. 신앙을 통해서 인간은 종합으로서의 자기의 두 항을 관련시키고 평형을 유지하는 데 신이 필수적인 토대라고 인정하게 된다. 그런데 키르케고르에 따르면 인간이 신을 알기 위해서는 먼저 자신과 신의 절대적인 차이를 인식해야 한다. 죄의식은 신과 인간의 절대적인 차이를 인식하게 해준다. 인간이 이 죄의식을 가지려면 신앙과 신에 대한 의식을 먼저 가져야 한다. 어떤 신앙인은 자신의 죄에 절망하며 자신은 결코 신의 용서를 받지 못할 것이라고 절망한다. 이 절망은 절망의 최종적인 형태다. 그런데 바로 이 길에서 그는 신 앞에서 자신은 아무것도 아닌 존재 즉 무라는 사실을 깨닫고, 이를 통해서 역설적으로 참된 자기가 된다. 신 앞에서 비로소 자신의 존재가 온전히 드러난 것이며, 이렇게 자신의 존재를 온전히 이해할 때 비로소 자기를 제대로 실현할 수 있기 때문이다. 그런데 키르케고르는 '실존에 대한 망각'을 구체적 자아를 세계 없는 주체로 축소시키는 인식론의 말기상황과 모든 것을 체계 속에 가두려는 사고방식을 나타내는 결정적인 특징으로 규정했다. 그는 우리 시대의 불행의 원인을 하이데거의 '존재망각'을 연상시키는 '실존에 대한 망각'에서 찾았던 것이다.[24]

## 5. 성과와 과제

키르케고르는 철학사에서 가장 도드라진 아웃사이더이다. 그의 독특한 저작은 심미적 소설, 심리학 및 기독교 교의학, 풍자적 서문, 철학적 단편과 후기, 문학 평론, 기독교 논쟁, 회고적 자기 해석 등을 망라한다. 그는 실존적 문제에 대한 독자의 주관적이고 열정적인 참여를 심화시키기 위해 아이러니, 풍자, 패러디, 유머, 논쟁 및 '간접적 소통'과 같은 수사법을 활용해서 저술했다. 헤겔에 대한 비판으로 시작된 그의 철학적 작업은 불안, 절망, 우울, 죽음, 순간, 시간성, 반복, 권태, 자유, 비약, 선택, 단독자, 내면성, 아이러니, 역설, 부조리, 무, 간접적 의사소통. 사랑, 실존의 세 단계 등 헤겔의 보편주의를 극복하고 개별자의 실존적 체험이 지닌 의미를 정교하게 보여줄 수 있는 개념들을 발명한다. 무엇보다도 개별자의 삶을 확정된 본질에 의해서가 아니라 참된 자기를 만들어가는 과정으로 본 점과 이 과정에서 죽음이나 사랑과 같은 한계상황이나 불안이나 절망과 같은 기분이나 무(Nichts)의 긍정적 기능에 주목했다는 점은 2 천년 서양철학사에서 주목할만한 일이다. 자신의 삶을 성찰했던 누군가는 키르케고르 전에도 자신의 실존적인 사유와 삶의 흔적을 남긴 경우는 많았다. 하지만 실존을 드러낼 개념들을 만들면서 실존 자체를 철학의 핵심과제로 삼은 이는 키르케고르가 처음이다. 그의 개념들은 이후 모든 실존주의적 사상가들의 사유의 실마리가 된다. 다양한 실존적 사상들이 그 차이에도 불구하고 '실존주의'로 지칭될 수 있는 것도 키르케고르가 제시한 이 개념적 공통분모 때문이다. 이런 점에서 키르케고르는 실존철학의 아버지다. 실존철학을 이해하기 위해서는 키르케고르로부터 연원한 실존철학적 주요개념들을 살펴보아야 한다.

그런데 그를 공부하려는 독자 앞에는 몇 가지 난관이 놓여있다. 우선 난해한 문장이 독자를 좌절시킨다. 간접적 소통이라는 복잡한 서술방식은 키르케고르의 기대와 달리 독자들을 작품에서 멀어지게 했다. 그의 작품들 중에는 그 난해성 때문에 출판이 거절된 것도 있다. 『불안의 개념』 등 그의 주요저서들은 헤겔의

---

24) Veauthier F. W., "Karl Jaspers - Martin Heidegger: Zur Ambivalenz der Existenzphilosophie", *Karl Jaspers zu Ehren - Symposium aus Anlass seines 100. Geburtstag*, hrsg. von Veauthier F. W., Heidelberg, Carl Winter Universitätsverlag,1986, p.46.

『정신현상학』과 함께 가장 읽기 어려운 철학서로 평가되고 있다. 실존철학은 가장 대중화된 철학인데, 그 철학사상의 원형이 담긴 책은 대중성이 없는 것이다. 그의 사상이 종교적인 관점과 문제를 지나치게 많이 담고 있다는 점도 독자들의 접근을 막는다. 종교적 성격 때문에 키르케고르에 관심을 갖는 사람도 있지만, 그들은 기독교 신앙인 중 일부에 불과하다. 이런 한계를 극복하기 위해서는 키르케고르 사상의 본질적인 통찰과 교훈을 신앙과 무관하게 이해할 수 있는 형태로 제시하는 일이 필요하다. 다른 한편으로는 개별자의 실존적 성숙을 위한 키르케고르의 사유가 내면성과 주체성을 강조한 나머지 자칫 유아론적인 감상주의나 신비주의로 오해될 위험이 있다. 하이데거는 현존재의 구조를 '세계-내-존재'라고 제시하면서 '나'와 '세계'의 등근원성을 강조하고, 야스퍼스는 인간의 다원성과 실존 대 실존의 '소통'을 강조하며, 사르트르는 타자의 관계에 의한 자기실현과 사회참여를 강조함으로써 실존철학이 유아론적 감상주의로 오해되는 것을 막는다. 그러나 키르케고르는 보편성과 체계가 지배하던 시대에 개인의 내면성을 강조하는 데 집중한 나머지 그것과 세계의 관련성을 확보하지는 못했다.

### 핵심어

키르케고르, 헤겔, 간접적 소통, 아이러니, 실존의 세 단계, 심미적 실존, 윤리적 실존, 기독교적 실존, 죄, 불안, 절망, 자유, 가능성, 선택, 인간, 개별자, 단독자, 자기, 자아, 정신, 종합, 관계, 자유와 필연, 무한한 것과 유한한 것, 시간적인 것과 영원한 것, 정신과 육체

### 실존철학상담 연습

1. 키르케고르가 사용한 '간접적 소통'의 방법에 대해 정리해보라. 당신은 내담자와의 상담에서 어느 때 이 소통 방법을 사용할 수 있는가?

2. 키르케고르는 대중으로서 우리는 일상생활에서 사소한 일에 빠져, 자기다운 삶이 무엇이고, 그것을 어떻게 실현할 것인지 진지하게 생각하지 않는다고 주장한다. 이러한 주장을 어느정도 인정할 수 있는가? 당신의 경험을 근거로 대답해 보라.

3. 실존으로서 '나'는 확정된 존재가 아니라 자유롭고 가능성을 지닌 나에 의해서 계속해서 만들어져야 하는 존재다. 이런 의미에서 실존적 나는 생성의 과정 중에 있다. 실존의 이런 성격을 고려할 때 실존적 상담사는 내담자의 '자아'를 사물처럼 확정해서는 안 된다. 그런데 자아를 확정하지 않고 하나의 가능성으로 보는 것을 어렵게 만드는 장애물이 있다. 그것은 편견이나 선입관, 일반화된 지식이나 신념 등과 관련된다. 특정한 상담사례를 선택해서, 그 내담자를 실존으로 이해하는 데 장애가 되는 것을 구체적으로 기술해 보고, 그것을 극복할 수 있는 방안을 제시해보라.

4. 발표된 상담 사례들을 찾아보고, 그 사례들에서 다루어진 문제 중에서 '이것이냐 저것이냐'와 같은 양자택일적 질문으로 다룰 수 있는 문제와 그렇지 않은 문제를 정리해보라. 이러한 정리를 통해서 우리는 무엇을 배울 수 있는가?

5. 키르케고르는 신의 명령을 듣고 초월적인 차원에서 결단하는 아브라함을 통해서 기독교적 실존 단계의 구체적인 예를 보여주었다.
   1) '기독교적 실존 단계'를 특정한 종파나 신앙을 배제한 일종의 초월적 차원의 실존적 결단으로 볼 수 있을까?
   2) 아브라함의 이야기가 기독교도가 아니면서 자유롭고 주체적인 삶에 관심이 있는 내담자에게 도움이 되려면, 어떻게 해석되어야 할까?

6. 키르케고르는 '심미적 실존', '윤리적 실존', '기독교적 실존'이라는 실존의 세 단계를 제시한다.
   1) 이 세 단계 각각을 간략히 정리해 보라.

2) 니체는 『차라투스트라는 이렇게 말했다』에서 '같은 것의 영원한 회귀'에 대해서 말한다. 여기서 니체는 '같은 것의 영원한 회귀'로 인한 삶의 허무와 무의미성을 극복하기 위해서 매 순간 깊고 영원한 쾌락을 추구할 것을 제안한다. 니체가 제안한 이런 쾌락이 허무와 무의미성 때문에 고민하는 내담자에게 도움이 될 것인가?

3) 키르케고르는 '심미적 실존'의 한계를 강조한다. '심미적 실존'에 대한 그의 비판이 지닌 문제점은 무엇일까?

4) 심미적 실존의 한계에 대한 우리의 위와 같은 문제 제기에 대해서 키르케고르는 어떻게 재반박하며 자신의 입장을 방어할 수 있을까?

5) 키르케고르에게 예상되는 그런 방어는 질적으로나 양적으로 다양한 즐거움이 제공되는 오늘날에도 타당할까?

7. 키르케고르는 실존을 세 단계로 구분하고, 인간을 모순적인 두 항의 '종합'이나 '관계'라고 주장한다.

1) 당신도 인간의 정신이나 의식에는 단계나 수준 혹은 질적인 차이가 있다고 생각하는가? 이론적으로 배운 내용과 실재 체험을 비교하며 대답해 보라.

2) 키르케고르가 주장한 '실존의 세 단계'나 '모순적 두 항의 종합으로서 정신'은 프로이트가 제시한 '의식, 전의식, 무의식'이나 'id, ego, super ego'와 어떻게 다른가?

3) 정신이나 의식의 상태가 사람마다 질적 차이가 있다면, 내담자를 상담할 때 그것은 어떤 고려사항이 될까? 내담자의 인간관, 가치관, 세계관과 그가 겪는 당면문제와 관련해서 대답해 보라.

8. 종교 경전이나 교과서와 같이 여러 사람이 함께 공유하거나 객관적으로 확정된 내용 중에 사람마다 각기 다르게 받아들일 수 있는 부분은 무엇일까? 그런 내용을 이론적으로 아는 것과 체험을 통해서 아는 것은 다른가?

9. 키르케고르는 '인간'은 '정신'으로, '정신'은 '자아'로 본다. 또한, 그는 자

아를 즉자로 있는 자기 자신에 대한 대자적 의식인 '관계'나 '즉자적 자기'와 '대자적 자기'의 '종합'으로 본다. 인간은 '무한성과 유한성', '시간적인 것과 영원한 것', '자유와 필연', '육체와 영혼'이라는 모순적인 두 항의 '종합'이거나 '관계'이기도 하다. 이 종합이나 관계는 구체적인 인간인 개별자에 의해서 실현될 수 있다. 보편자로서 인간은 하나의 개념일뿐 실재하는 것은 아니다. 인간은 개별자로서만 실재한다. 개별자는 이런 의미에서도 '실재하는 존재자' 즉 '실존'이다. 이 개별자 즉 실존으로서 인간은 모순된 두 항을 균형 있게 유지할 때 인간다운 인간 즉 참된 인간이 된다. 달리 말하자면, 개별자의 정신이 두 항 중 어느 한쪽에 치우치면, 그 존재가 일그러지는 것이다. 존재의 이 불균형 상태는 성적 추동이나 공격적 추동에서 시작되는 심리적인 불안과는 다르며, 인간의 근원적인 불안의 원인이다. 인간은 이러한 존재론적 불안에서 혼자의 힘으로는 벗어날 수 없다는 사실에 절망한다.

　　1) 불안과 절망에 대한 키르케고르의 이상과 같은 설명은 내담자의 불안과 절망을 이해하는 데 도움이 되는가 아니면 내담자가 체험하지 않는 형이상학적이고 전근대적인 사변일 뿐인가?

　　2) 내담자가 겪은 일상적인 걱정거리나 심리적 불안에는 어떤 것이 있는가? 그것을 일상적인 방식으로 해결하거나 심리학적으로 다룰 때와 키르케고르처럼 존재론적인 차원에서 다룰 때 어떤 차이가 있는가?


　10. 키르케고르는 '불안'이나 '절망'이라는 심리상태를 선과 악, 죄와 책임이라는 도덕적 차원과 모순된 두 항의 종합이라는 인간의 존재론적 차원에서 조명한다. 도덕적 차원과 존재론적 차원은 아담의 원죄설과 신의 은총에 의한 구원이라는 교리의 옷을 걸친 채 제시된다.

　　1) 키르케고르가 제시한 인간 존재의 이런 차원을 우리는 특정한 신앙과 무관하게 체험할 수 있는가?

　　2) 키르케고르가 제시한 도덕적 차원과 존재론적 차원을 상담과 치료에서 일반적인 방법으로 적용하기 위해서는 그것의 종교적인 옷을 벗겨낼 필요가 있다. 종교적인 옷을 본질을 감싼 역사적인 표현방식으로 여긴다면, 거기

담긴 본질은 무엇인지 정리해보자.

3) 키르케고르의 분석에서 종교적인 옷을 벗겨냈을 때 상실될 수 있는 것은 무엇인가?

11. 모순을 인식하고, 그 모순을 적절히 다룰 수 있는 능력은 부조리한 삶을 이해하고 대처하는 데 도움이 된다. 키르케고르는 신에 대한 인간의 전적인 의존성을 인정할 때 개별자가 자신의 참된 자기를 실현할 수 있다고 주장한다. 신에 대한 절대적인 의존성이 개별자가 자신의 참된 실존을 실현하는 조건이라는 이러한 주장은 모순적으로 보인다. 신에 대한 의존성은 자유와 주체성을 본질로 하는 개별자의 실존과 양립할 수 없는 것처럼 보이기 때문이다. 이러한 모순에 대한 해결책을 키르케고르의 관점에서 어떻게 제시할 수 있을까? 필자가 해설한 아브라함의 이야기를 참조해서 대답해 보라.

---

실존철학상담 활용 문헌

## 1. 『이것이냐 저것이냐』 1부, 2부, 키르케고르 저, 임춘갑 역, 도서 출판 치우, 2012년

1842년 출간된 『이것이냐 저것이냐』는 실존철학의 시작을 알리는 거대한 첫 걸음이 되었다. 이 책은 1부와 2부로 나뉜다. 그중 1부는 심미적인 인생관을 대표하는 A라는 사람이 쓴 일곱 개의 논문과 A가 우연히 입수한 것으로 되어 있는 「유혹자의 일기」로 구성되어 있다. 일곱 개의 논문 중 「디아프살마타」는 절망적인 기쁨과, 기쁨에 넘치는 절망을 표현하고 있다. 「에로스적인 것의 직접적 단계, 혹은 음악적이며 에로스적인 것」이라는 논문에서는 심미적인 단계에 관한 서술이 시작된다. 셋째 논문인 「현대의 비극적인 것에 반영된 고대의 비극적인 것」에서는 비극적인 것의 개념을 근본적으로 추궁하고 있다. 그 뒤에 오는 논문인 「그림자 그림」에서는 근대의 비극적인 여성들이 그려져 있다. 다섯째 논문인 「가장 불행한 사람」에서는 심미적인 인간이 행복과 불행이라는 두 극단을 오락가락하고 있다는 사실이 지적된다. 심미적 인간은 이 두 극단을 오락가락하면서 절망한다. 여섯째 논문인 「첫사랑」에서 A는 프랑스의 작가 스크리브의 「첫사랑」을 비평하며, '첫사랑'의 허구성을 폭로한다. 마지막 논문인 「윤작」에서는 인생 자체가 권태라는 사상을 피력하고 있다. 그리고 이런 권태를 극복하기 위한 심미적인 기술이 소개되어 있다. 「유혹자의 일기」는 향락과 성애에 빠져 지내던 키르케고르 자신의 청년기를 모티브로 한 일기체 소설이다. 전체적으로 볼 때 1권은 독자들이 흥미를 가지고 처음부터 끝까지 읽기가 쉽지 않다. 각각이 독립된 글이니, 먼저 「유혹자의 일기」를 읽으며 키르케고르의 섬세한 내면 탐험과 문제의식에 친숙해질 필요가 있다. 여기서 이야기식으로 기술된 '심미적 실존'의 삶을 간접 체험한 후 심미적 실존의 한계와 권태, 행복과 불행의 양극성, 기쁨에 넘치는 절망, 사랑의 허구성 등을 다룬 나머지 논문들을 실존의 부조리를 염두에 두고 읽으면 좋을 것이다.

이 책 2부는 편지형식으로 된 논문인 「결혼의 심미적 타당성」과 「인격형성에 있어서의 심미적인 것과 윤리적인 것의 균형」 및 마지막 편지라는 뜻의 「울티마툼」(ULTIMATUM)으로 구성되어 있다. 두 논문에서 중년의 기혼자이며 배석판사인 B라는 법관이 제1부의 필자이자 문학청년인 A의 심미적인 인생관을 반박하며 이야기를 끌고 간다. 「결혼의 심미적 타당성」에서 B는 심미주의자 A가 진정한 사랑을 모르고 감성적인 향락을 추구한다고 평가한다. 그는 사랑은 보편적인 것과 개별적인 것의 종합인 엄숙한 사건으로 규정하고, 결혼생활은 공정과 정직과 진실이 지배해야 한다고 주장한다. B는 또 「인격형성에 있어서의 윤리적인 것과 심미적인 것의 균형」에서, '선택'의 문제를 거론하며 그 일반적인 의미를 논한다. 윤리적인 인생관과 심미적인 인생관의 관계를 살피며 거기에서 야기되는 문제를 구체적으로 열거하며, 끝에 가서는 빈곤과 노동과 직업과 결혼생활 그리고 우정의 문제를 논한다. 「울티마툼」은 B의 지인인 목사가 이야기를 이끈다. 여기서 키르케고르는 그의 근본사상 중 하나인 고독한 예외자의 개념을 등장시킨다. 독자는 2부 전체를 심미적 실존에서 윤리적 실존으로 넘어가는 계기와 윤리적 실존의 특징과 한계를 파악하는 데 초점을 맞추면 좋을 것이다.

## 2. 『두려움과 떨림: 변증법적 서정시』, 키르케고르 저, 임규정 역, 지식을만드는지식(지만지), 2014년

이 책은 기독교 신앙의 모범인 아브라함이 아들 이삭을 희생 제물로 바친 행위를 분석한 '조율', '아브라함에 대한 찬미' 그리고 '문제들'로 구성되어 있다. 키르케고르는 구약 성서 창세기에 손바닥 크기로 짧게 소개된 아브라함의 이삭 번제 이야기를 아브라함이 겪었을 심리적 갈등을 추리하며 상세하게 재구성한다. 즉, 뒤늦게 얻은 아들 이삭을 희생 제물로 바치라는 신의 명령을 듣고 아브라함이 보여준 행위의 이면에 존재했을 실존적인 갈등과 결단의 순간을 면밀히 분석한 것이다. 키르케고르는 신의 명령을 따르기로 한 아브라함의 선택이 불러일으킨 윤리적인 문제를 고독한 신앙인의 실존적 결단으로 해석한다. 아브라함은 순진무구한 자식을 번제하라는 신의 명령을 두려움과 떨림으로 따른다. 사랑의 신에 대한 믿음과 그런 믿음을 지닌 자기에 대한 확신에서 아브라함은 세상 사람들의 시선에 얽매이지 않고 홀로 결단했고, 이런 결단을 통해서 그는 초월자와 관계하는 차원으로 진입한다. 그런데 이때 아브라함의 이 결단은 하나의 '역설'이다. 내가 사랑을 본질로 한다고 믿었던 신이 내가 가장 사랑하는 아들을 아무 이유도 없이 죽이라고 명령할 때, 신을 사랑하고 아들을 사랑하기 때문에 그 명령을 따른다는 것은 하나의 역설인 것이다. 다른 한편으로 아브라함의 결단은 공동체가 공유하는 도덕적 명령과 이성적인 설명을 뛰어넘었다는 점에서는 '비약'이다. 아브라함의 이 영웅적 비약은 가족에게도 비밀을 유지한 채 홀로 두려움과 떨림으로 번뇌하며 신과 관계를 이어간 단독자 신앙 때문에 가능한 것이다. 아브라함의 결단은 모순을 문제시하지 않으면서, 다른 사람들과 공유한 도덕률을 초월하고, 명령의 객관성과도 무관하게 그에게만은 꼭 그래야 한다는 점에서 '무조건적'이다. 아브라함이 단독자 신앙의 차원에서 체험한 역설, 비약, 무조건성을 과연 독자가 기독교 신앙과 무관하게 체험할 수 있느냐가 이 책의 의미를 결정할 것이다.

### 3. 『불안의 개념』, 키르케고르 저, 임춘갑 역, 도서출판 치우, 2011년

이 책에서 키르케고르는 '불안'이라는 하나의 심리적 감정을 분석하는 데 그치지 않고, 그것이 인간에 대해서 무엇을 말해주는지 밝히려 한다. 이러한 목표를 위해 키르케고르는 불안이라는 감정을 통해 드러나는 인간의 모습을 다양한 차원에서 분석한다. 즉, 그는 '불안'에 대한 심리적 분석을 통해서 '죄'라는 윤리적 문제를 분석하고, 나아가 죄의 근원을 '원죄'에 대한 기독교 교리를 실마리로 존재론적으로 분석한다. 그의 분석을 따라간 독자는 과학으로는 설명되지 않는 인간 존재의 독자성과 깊이에 주목하게 될 것이다. 그런데 문제는 이 책이 키르케고르의 그 어떤 저술보다도 난해하다는 점이다. 키르케고르가 객관적으로 설명할 수 없는 인간의 내면성을 차츰차츰 점점 더 깊이 있게 파고든다는 점이 이 책을 이해하기 어렵게 만드는 첫 번째 원인일 것이다. 이 책 첫머리부터 키르케고르가 철학사에서 가장 난해한 철학자로 평가되는 헤겔의 논리주의를 비판하면서도 헤겔적인 개념과 사고방식을 상당 부분 차용하며 자기 생각을 전개하고 있다는 점이 그 두 번째 원인이다. 그러나 이 책은 키르케고르가 전개한 사유를 깊게 이해하며 실존철학의 본류에 진입하려는 독자라면 반드시 넘어야 할 통과의례다. 이 벽을 넘어선 독자들은 실존철학을 직업영역에서 전문적으로 활용하는 데에 자신감이 생길 것이다.

# 3장

# 사르트르 - 무에 자유의 영토를 개척한 혁명가

사르트르(Jean Paul Sartre)는 1905년 파리에서 태어났다. 해군장교였던 아버지는 그가 15개월이 되었을 때 황열로 사망한다. 독일어 교수였던 외할아버지 샤를 슈바이처(Charles Schweitzer)가 아버지 역할을 하며 사르트르를 양육했다. 선천적 난시에 사시가 심한데다가 체구도 매우 왜소했던 어린 사르트르는 낯선 외가에서 생활로 심리적 어려움이 많았다. 소년 사르트르는 나름대로 영특하게 처신하며 책 읽기와 글쓰기로 힘든 생활을 견뎠다. 그런데 기대를 안고 간 학교에서 그는 재능을 인정을 받기보다는 요주의 인물이 되곤 했다. 16살이 된 사르트르는 앙리 4세 중고등학교(Lycée)로 전학을 가, 거기서 운명의 친구이자 동지인 니장(Paul Nizan)[1]을 만난다. 서로를 알아봐주는 니장과의 우정으로 자신감을 회복한 사르트르는 장난도 잘치고 농담도 잘하는 학생이 되었다. 그는 니장과 함께 항상 붙어 다니면서 1922년부터 2년 동안 진학 준비한 끝에 파리 고등사범학교인 에콜 노르말 쉬페리외르(Ecole Normale Supérieure)에 나란히 입학한다. 1924년에서 1929년까지 그곳에서 사르트르는 철학, 심리학, 사회학을 전공하면서 아롱(Raymond Aron), 보봐르(Simone de Beauvoir), 메를로-퐁티(Maurice Merleau-Ponty) 등 훗날 세계지성사를 이끌 인재들과 교류하였다. 그는 1928년 1급 고등교원자격 철학시험에 응시했으나 자기주장이 강한 답안지 때문에 낙방하고, 1년 후 다시 응시하여 수석 합격한다.

1차 세계대전 때 사르트르는 기상 관측병으로 참전했고, 한 때는 독일군 포로가 되기도 했다. 제대 후인 1931년부터는 파리 근교 르 아브르(Le Havre)의 중

---

1) 니장은 사르트르와 함께 1927년에는 야스퍼스의 『정신병리학 총론』 프랑스어 번역판 교정 작업을 했다. 이 책에서 야스퍼스는 프로이트의 정신분석을 강하게 비판한다. 훗날 사르트르의 정신분석에 대한 비판도 이런 영향을 받았을 것으로 추정된다.

고등학교에서 철학교사로 근무한다. 베를린 소재 프랑스 문화원의 강사로 있던 친구 아롱으로부터 1932년에 현상학에 대해 듣게 된다. 사르트르는 1933년 프랑스 문화원의 장학금을 받고 베를린으로 가서 현상학을 공부하고 『자아의 초월』(La Transcendance de l'Ego)을 저술해 1936년 출간한다. 같은 해에 사르트르는 후설과는 다른 자신만의 현상학을 시도한 저서 『상상력』(L'Imagination)을 세상에 내놓기도 하였다. 그 후 사르트르는 후설, 헤겔, 하이데거 철학을 자기 나름대로 수용하여 실존에 대한 현상학적 탐구서이자 대작인 『존재와 무』(L'Être et le Néant)를 제2차 세계 대전 시기에 저술하여 1943년 출간한다. 그는 잠시 레지스탕스 그룹에도 참여하고 전쟁 캠프에서 하이데거의 작품을 가르치기도 했지만, 전쟁이 끝날 때까지 주로 중고등학교에서 교사로 복무하였다. 이 기간 동안 그는 철학저서이외에도 『구토』(La Nausée), 『벽』(Le Mur)과 같은 소설이나 『파리떼』(Les Mouches), 『닫힌 방』(Huis clos)과 같은 희곡, 『침묵의 공화국』(La République du Silence)과 같은 문예비평서도 출간하였다. 전쟁 직후인 1945년 파리에서 한 강연 내용을 정리한 『실존주의는 휴머니즘이다』(L'existentialisme est un humanisme)를 사르트르는 그 다음해에 출간한다. 철학뿐만 아니라 문학과 정치비평에서도 많은 저술을 산출하며 명성을 굳혀가던 사르트르는 1964년 철학적 자서전인 『말』(Les Mots)을 출간한다. 같은 해 이 책이 노벨문학상에 선정이 되었으나, 그는 '제도권에 갇히기 싫다'는 이유로 수상을 거부한다. 그에게 이 노벨상 수상거부는 모든 속박을 거부하고 주체적이고 자유롭게 자신의 삶을 펼치려는 실존정신의 구현이었다.

## 1. 주체의 자아, 윤리, 감정

초기 사르트르의 철학적 방법론은 의도적이고 관념적인 분석의 한 형태라는 점에서는 후설의 현상학을 따른다. 이점은 "지향성: 후설 현상학의 근본이념"[2]이라는 논문에서 사르트르가 의식이란 어떤 것에 대한 의식이라는 후설의 지향

---

2) Sartre J.-P., "Intentionality: a Fundamental Ideal of Husserl's Phenomenology", Fell J. P. (translator), *Journal of the British Society for Phenomenology*, Vol. 1(2), 1970, p.4-5.

성 개념을 수용한 데서도 확인된다. 하지만 후설이 철학에서 전통적으로 중요시하는 객관적 지식의 가능성과 같은 순수 이론적이고 인식론적인 주제를 현상학이라는 새로운 방법론으로 탐구하는 데 집중했다면, 사르트르는 삶과 무관해 보이는 철학적인 이론보다는 인간의 고유한 존재인 실존을 탐구하는 데 현상학을 적용했고, 이런 그의 현상학적 탐구의 주제적 특징은 감정, 자아, 윤리 문제를 다룰 때 잘 드러난다.

## 1) 자아

'자아'에 대한 사르트르의 견해는 데카르트나 칸트의 전통적 개념이나 후설 현상학적 개념과 다르다. 칸트는 '나는 생각한다, 고로 존재한다'는 데카르트의 주장을 자아의 경험 초월성을 입증하는 명제로 수용한다. 한 걸음 더 나아가 칸트는 '생각하는 나'가 다양한 체험들을 하나의 체험으로 통일시키는 역할을 한다고 주장한다. 이 '통각'(Apperzeption)의 역할을 하는 '나'는 모든 경험을 초월한 어떤 것이다. 사르트르는 후설도 칸트의 이런 초월적 자아 개념을 받아들여 구체화했다고 『자아의 초월』에서 주장한다. 그런데 사르트르가 볼 때 자아를 체험 내용과는 독립된 구체적인 무엇처럼 보는 것은 우리 의식에 대한 현상학적 분석에서 다음과 같은 문제를 야기한다. 즉, 체험 내용과 별개로 있는 초월적 자아는 의식이 어떤 상태이든 항상 하나의 대상처럼 특징을 드러내야만 한다. 그런데 그런 자아는 우리가 세계에 의식적으로 접근하는 것을 방해할 것이다. 우리는 특정한 나라는 표상으로서 나 밖의 대상을 만나는 것이 아니라 내가 누군지에 대한 생각 없이 직접 나 바깥의 대상을 의식하기 때문이다. 내가 세계를 만날 때 마다 특정한 나의 모습이 그 대상을 초월해서 존재하면서 나 바깥에 있는 세상의 대상을 만나는 것이라면, 나의 의식은 자기의식과 대상의식으로 분리된 채 대상 체험을 해야 한다. 그러나 내가 대상을 만나는 체험을 현상학적으로 분석해보면, 그런 의식의 분리 없이 나는 단일한 의식으로 직접 대상을 만난다. 가령 내가 나무를 의식한다면, 나는 그것을 직접적으로 의식하는 것이지, 어떤 특정한 모습의 내가 의식되면서, 그런 내가 나무를 보고 있는 것은 아닌 것이다. 만약 특정한 모습의 내가 나에게 의식이 되면서 나무를 본다면, 나의 의식은 나무뿐만 아니라 나 자신도 대상으로 만나고 있는 셈이다. 이런 체험은 나무를 직접 만날 때가 아니라, 그 만남을 반성할 때 비로소 일어난다.

사르트르는 데카르트의 '나는 생각한다'에서의 '나'와 칸트와 후설의 체험 초월적 나는 모두 내가 체험한 내용을 반성할 때 비로소 대상으로 생성되는 '나'라고 본다. 이런 반성이전에 나의 의식은 나를 대상화해서 별도로 의식내용으로 갖지 않은 채 나무나 집처럼 내가 바라보는 대상만을 지향하는 단일한 의식이다. 그리고 이때의 나는 가령 나 바깥의 존재인 나무나 집과 같이 내가 의식하고 있는 어떤 대상에 대해서 나의 의지에 따라서 관여하고 있는 상태가 아니다. 내가 길을 걷는데 집과 나무가 보였고, 그것들이 내 의식에 직접 나타나 내 의식의 내용으로 존재한다. 나무나 집 등 내 의식이 직접 체험했던 대상에 내가 의식적으로 관여하는 일은 그 직접 체험된 내 의식의 내용을 반성할 때 비로소 시작된다. 또 이때 비로소 대상의식과 독립된 채 반성을 수행하는 '나'에 대한 의식인 자기의식도 생성된다. 이렇게 볼 때 자기의식이란 선천적이거나 초월적인 것이라는 견해는 더 이상 유지되지 않는다. 그리고 반성을 수행하기 이전에 직접적인 체험만을 수행하는 나는 특정한 나로서 모습을 지닌 어떤 인격적 존재도 아직 아니다. 반성이전의 수준에서 '나'의 의식은 텅 빈 공간과 같다. 이런 나는 어떤 체험의 내용을 담아내기 위해 존재하는 것은 사실이지만 아직 구체적인 어떤 모습으로 설 수 없는 상태다.

언덕을 힘겹게 오르던 내가 갑자기 나타난 외딴 집 한 채를 '본다'고 가정해 보자. 이때 나는 나에 대한 의식 없이 그 집만을 직접 보며, 그 집만을 의식하고 있는 상태다. 이 의식은 나에 대한 의식 없이 오로지 '본다'는 행위에 의해서 생긴 것이다. '나'에 대한 의식이 등장하는 것은 내가 본 그 집에 대해서 머릿속으로 떠올리며 반성할 때다. 좀 더 정확히 말해서 내가 그 집에 대한 나의 의식 즉 대상의식을 곱씹어 볼 때, 어떤 태도나 이유에서 이런 성찰을 수행하는 나의 모습도 자기의식의 형태로 비로소 나타난다. 따라서 '나는 생각한다.'(cogito)라는, 데카르트에게는 명증한 자기의식은 사르트르에게는 처음부터 의식된 것이 아니라 그 집을 볼 때처럼 직접적으로 나에게 의식된 내용을 반성할 때 비로소 생기는 것이다. 나의 의식 현상을 이렇게 분석해 볼 때 '나는 생각한다'를 근거로 실제 체험과는 독립된 초월적 자아를 주장하는 것은 오류로 판명된다. '자아'에 대한 데카르트적 견해들은 '나'가 반성적 행위 이전에 실제로 이미 존재한다는 환상에 빠지게 할 뿐이다. 자아에 대한 사르트르의 이상과 같은 현상학적 분석에서는 실존적인 '나'에 대한 그의 견해도 함축적으로 드러난다. '실존이 본질에 앞선다.'는 실존에 대한 사르트르의 제1명제는 자기의식과 대상체험의 이상과 같은 사태연관을 전제하는 것이다. 즉, 실존철학적으로 볼 때 '나'라는 것은 경험을 초월해서 특정한 성격을 지닌 '본질'로서 존재하는 것이 아니라 지금 여기서의 특정한 체험을 통해서 그때그때 비로소 생성되는 것이다.

## 2) 윤리학

철학 초기 사르트르는 후설과 하이데거에게 크게 영감을 얻었다. 후설의 선험적 현상학이나 하이데거의 해석학적 현상학도 탐구의 일차적 목표는 사태 자체나 존재 자체를 선입관 없이 우리에게 드러난 그대로 밝히는 것이다. 이 두 사람에게는 구체적인 상황 속에서 행위의 옳고 그름을 판단하는 윤리적인 문제는 현상학적 탐구의 주요 대상이 아니다. 그러나 사르트르는 그의 철학함 초기부터 후기까지 윤리적인 문제가 그의 실존현상학적 작업의 주요 대상이었다. 윤리적인 문제는 인간이 누구인지를 삶의 세계에서 구체적으로 보여줄 수 있기 때문이다. 사르트르는 윤리적 행위를 현상학적으로 분석하여 프로이트의 무의식 이론을 반증하고 인간 행위의 주체성과 책임을 입증할 수 있을 것으로 기대한다. 그는 프로이트가 주창한 무의식의 존재를 부정한다. 한 인간이 체험한 내용은 선명도의 차이는 있지만 그의 의식이 닿을 수 있는 대상이다. 따라서 '나'는 내 행동을 성찰하며 어떤 수준에서건 책임을 질 수 있는 주체성을 지닌다. 나의 의식의 범위를 넘어서는 무의식과 같은 심리적 요인이 있고, 이런 영역에서 발현된 특정 형태의 행동에 대해서는 행위자의 책임을 변명할 수 있다는 주장은 설득력이 없다.

다른 한편으로 자기의식으로서의 '자아'는 앞에서 살펴보았듯 특정한 체험 이전에 이미 '초월적 자아'나 '무의식'의 형태로 존재하는 것이 아니라 의식이 무언가를 체험하고, 그 체험을 성찰할 때 비로소 생성된다. 따라서 이런 반성적 자아가 행한 행동의 동기를 무의식에서 찾아서는 안된다. 나의 행위는 어떤 형태로건 내가 의식하는 행위이고, 이런 의식적 행위는 나에게 직접 드러나기 때문에 그 행위자인 나는 이에 대해 책임져야 한다. 무의식 차원에서 억압과 그에 대한 반응으로 연극성 성격장애 증상을 보이는 사람이나 거세공포증 같은 오이디푸스 콤플렉스 증상을 보이는 사람도 억압이 발생할 때의 상황과 증상이 발현될 때의 상황을 어떤 수준이나 형태로건 의식을 한다면, 그만한 행동 선택의 가능성과 책임 소재가 있을 것이다.[3]

윤리적 책임에 대한 사르트르 주장의 핵심은 행위자가 모든 가치를 자유롭게 선택할 수 있다는 것이다. 가치 선택은 평가를 전제한다. 사르트르는 기존의 도덕철학이 세계 속의 어떤 것들이 인간의 행복을 위해서 절대적 가치를 갖는다고 주장하는 경향이 있다고 비판한다. 그는 보편적 이성 또는 진보라는 실증주의적인 관점에서 어떤 절대적 가치가 있다고 가정하는 계몽주의적 이성주의의 시도를 교조주의라고 거부한다. 도덕 철학자는 그런 절대적 가치를 주장함으로써 자기-기만의 다른 형태인 '진지성의 유령'에 굴복하고 있다. 성장소설인『어느 지도자의 유년시절』에서 그는 다음과 같이 주장한다. "진지한 사람은 자신에 의해 이루어지는 실존적 선택을 어떤 자연적 또는 신적 운명에 의해 결정된다고 가정함으로써 어떻게 존재할 것인가를 자유롭게 선택하는 불안과 책임을 피하려고 하는 사람이다." 사르트르는 플라톤에서 칸트에 이르기까지 전통철학이 우리의 본질이 우리의 실존에 선행한다고 주장한다. 그들에 따르면 우리는 모든 사물의 제1원인으로서 신, 자연, 이성과 같은 본유적 또는 선천적 원리에 의해 미리 규정된다. 그러나 사르트르는 이러한 전통적 태도를 본래성과 대비되게 '근엄성' 또는 '진지성'이라고 부른다. 그런데 절대적 가치란 없지만, 삶 속에서 우리는 사물들을 어떻게든지 평가해야만 한다. 사르트르도 이러한 현실을 부정할 수는 없었다. 왜냐하면 우리의 모든 행동에는 '평가'가 붙박여 있기 때문이다. 우리는 사물을 지각하고 평가하고 사물에 영향을 미치는 데, 이 모두를 언제나 동시에 한다. 평가는 평가자의 가치에 따르는 경우가 많다. 하지만

---

3) 사르트르는 자신의 철학적 자서전『말』에서 오이디푸스 콤플렉스에 대해서 이렇게 해석한다. 우리는 슈스터를 다루는 장에서 이와 관련된 내용을 확인할 것이다.

절대적 가치를 입증할 이론은 있을 수 없다. 철학자가 할 수 있는 것은 가치가 무엇이고 우리 삶에 어떤 기능을 하는지 말해주는 것뿐이다. 선택은 각자의 실존적 결단에 달려 있다.

## 3) 감정

『감정의 이론에 대한 스케치』[4]에서 사르트르는 감정의 본성이 수동적이라는 전통적인 입장을 비판적으로 검토한 후, 감정적 경험에 주체가 적극적으로 참여한다고 주장한다. 이렇게 볼 때 나의 특정한 감정 상태에 대한 의식도 반성 전에 나에게 직접 의식된 것이다. 따라서 그렇게 의식된 감정 상태를 성찰하며 변형할 윤리적 책임도 나에게 있다. 일반적으로 부정적인 감정은 특정 상황에 직면한 의식의 변화와 함께 시작된다. 사르트르는 특정한 감정을 야기할 수 있는 상황에 대해 의식이 마치 '마법처럼' 변형을 시도할 수 있다는 사실에 주목한다. 가령, 어떤 극복할 수 없는 문제에 직면한 주체는 마치 마술을 부리듯 그 문제된 대상을 다르게 보려고 시도한다. 공포와 불안의 감정이 극에 이르면 기절이라는 행동으로 나타난다. 주체는 닥쳐오는 극도의 위험에 대해서 기절로 반응하면서 그 두려움의 대상이 더 이상 자기 앞에서 의식되지 않도록 할 수 있다. 사르트르는 감정이 주체적인 행동이라는 사실을 보여주는 또 다른 예를 든다. 가령, 나는 사라지지 않는 장애물에 부딪혀 분노라는 감정을 표출할 때가 있다. 이때 나는 이런 나의 행동으로 그 대상을 어찌할 수 없는 것으로 받아들이는 것이 아니라 마치 그 장애물을 포함하고 있는 세상을 사라지게 할 수도 있는 태도로 그 대상을 공격할 수 있다. 이러한 점들을 고려하여 사르트르는 감정 상태란 인간 정신의 내재적인 반응에 그치는 것이 아니라 바깥 세계에 대한 주체의 관점의 변형이라고 주장한다.

---

4) Sartre J.-P., *Sketch for a Theory of the Emotions*, Philip M.(translator), London, Methuen, 1971, Routledge, 2nd edition, 2001.

## 2. 존재와 무

### 1) 실존현상학

사르트르의 철학적 대표저작은 "존재에 대한 현상학적 시론"이란 부재가 붙은 『존재와 무』다. 이 작품은 제목에서 시사하듯 하이데거가 『존재와 시간』에서 전개한 내용을 계승하면서도 사르트르 자신만의 존재론을 보여준다. 그 탐구의 최종목표는 서로 다르지만 두 사람은 인간의 고유한 존재 방식인 실존을 밝히기 위해 현상학적 탐구방법을 적용하고 있다. '실존현상학'이라 칭할 수 있는 이 방법론을 통해서 사르트르와 하이데거는 세계보다는 인간을 탐구하는 데 집중한다. 1927년 출간된 『존재와 시간』에서 하이데거는 인간의 고유한 존재 성격인 실존을 밝히기 위해 현존재분석론을 전개했다. 하이데거의 현존재분석론은 사물과는 다른 인간의 존재 의미를 밝히고, 이것을 토대로 존재 일반을 밝히는 것을 목표로 한다. 하지만 1943년 출간된 『존재와 무』에서 사르트르의 실존 탐구는 실존을 넘어서는 존재 일반을 밝히기 위한 기초 작업이 아니다. 하이데거는 프랑스 철학자 보프레(Jean Beaufret)에게 보낸 『휴머니즘에 관한 서신』[5]에서 자신의 현존재분석론이 존재 문제를 목표로 하는 준비 과정일 뿐임을 상기시킨다. 그가 보기에 현존재분석론에서 자신이 전개한 실존에 대한 논의에 영향을 받은 사르트르는 실존을 인본주의로 잘못 이해한 채 거기에 머물고, 존재 일반의 의미를 탐구하는 데까지 나가지 못하고 있다. 그는 사르트르의 실존에 대한 인본주의적 탐구는 전통 형이상학과 마찬가지로 존재를 망각하게 만든다고 비판한다.

하지만 사르트르가 보기에 하이데거의 이러한 비판은 자신의 철학적 탐구의 목표와 관점을 잘 모르고 한 말이다. 사르트르는 신이 되었건 존재 일반이 되었건 구체적인 체험을 초월해서 전제된 것들을 모두 판단중지한 채 개별 인간의 자아를 탐구하려 했다. 이런 생각에서 사르트르는 『실존주의는 휴머니즘이다』에서 '인간으로 존재한다는 것은 그 본질에 앞선다'고 선언한 것이다. 사르트르에게 인간은 자유롭도록 운명지워진 존재다. 자유롭도록 운명지워진 존재인 인간은 특정한 상황에서 무언가를 선택하며, 그 선택에 책임을 지면서 자기를 자기답게 만

---

5) Heidegger M., *Brief über den Humanismus*, Vittorio Klostermann, Frankfurt am Main 1947.

들어 갈 수 있다. 이것이 확정된 존재 목적을 그 본질로 하는 사물과는 구분되는 인간의 특징이다. 모든 인간을 규정지을 수 있는 이성이나 도덕성, 해석과 의미부여 능력 같은 '본질'보다는 개별적 인간들의 이 자기창조의 능력이 그를 그답게 한다. 다시 말해서 개별 인간들이 지금 여기 자신의 상황에서 어떤 선택을 하며 살아가느냐가 인간 전체를 포괄하는 본질이나 존재 일반의 의미보다 그 인간이 누구인지를 더 특징적으로 보여준다는 것이다. 이처럼 사르트르는 어떤 상황에 던져져 어떤 선택을 하는 구체적이고 개별적 존재 즉 '실존'에만 초점을 맞추어 탐구하는 것이 그가 누구인지를 가장 잘 보여준다고 믿었다. 인간이 누구인지를 밝히는 것을 목표로 한 사르트르에게는 이 실존을 밝히는 것이 그의 실존현상학의 주요 과제이다. 이런 과제 수행을 토대로 존재 일반을 탐구하려는 시도는 그에게는 '실존'의 대상으로 하는 실존주의 사상에 논리적으로 맞지 않는 것이었다. 개별적 인간의 실제 체험 사실에 국한된 초기 사르트르의 실존현상학적 탐구는 나중에 『존재와 무』에서의 인간 존재에 대한 실존적 설명의 준비가 된다. 실존현상학적 탐구가 자아의 내밀한 심리적 갈등과 극복의 과정을 서사적으로 추적해 가면, 『말』에서와 같은 실존적 정신분석의 성격을 띤다.

## 2) 현상의 존재와 존재의 현상, 무와 실존

사르트르는 『존재와 무』 머리글과 1장에서 두 종류의 초월을 구별한다. 그 첫째는 존재의 초월이고, 그 둘째는 의식의 초월이다. 현상학에서는 의식에 나타나는 체험 내용을 모두 '현상'이라 칭한다. 이것은 현상학적으로 무엇을 의미하는가? 이 의식의 체험 내용인 현상을 주목해 보면, 이 현상을 초월해서 두 가지가 놓여있는데, 하나는 의식되는 대상의 존재이고 다른 하나는 의식 자체다. 다시 말해서 만약 내가 어떤 대상을 보고 그것이 내 의식에 현상하면, 이 의식의 현상 너머에는 한편으로는 이 의식된 대상의 존재가 실재하고 다른 한편으로는 그것을 의식하는 의식 자체가 실재한다고 인정해야만 하는 것이다. 이 두 가지 유형의 실재는 내 의식에 현상한 내용 자체와는 구분되면서 그것 너머에 있다. 이 사실은 현상학적으로 매우 중요하다. 사르트르는 현상 너머에 의식의 대상으로 있는 것은 우리의 의식과 무관하게 '그 자체로 있다'는 점에서 '즉자'(卽自, en-soi)[6]라 부른다. 이 즉자에 상응하는 것을 칸트는 '물자체'(Ding an sich)라 부른다. 그런데 칸트에게 물자체는 의식에 현상한 내용에 상응하여 의식 너머에 실재한다고 입증될 수가 없다. 세계의 모든 것은 결국 우리의 의식에 나타난 것으로만 그것이 무엇인지 확인될 수 있기 때문이다. '나'의 선택과 무관하게 감각에 잡혀서 의식에 어떤 것으로 현상한 것의 근거가 나의 의식 바깥에 있을 것이라고 우리는 상정을 할뿐이다. 그것 자체에 대해서는 객관적으로 아무것도 알 수가 없고 증명할 수도 없기 때문에, 인식론적으로 그것은 '아무 것도 아닌 것'이다. 이런 이유에서 칸트는 인식이 도달할 수 있는 한계를 보여주는 한계개념에 불과한 물자체를 '아무것도 아닌 것'(Nichts)이라 규정한다.

후설과 하이데거는 칸트가 상정했던 물자체와 내 의식 현상으로 구성된 이원론을 버리고, 오로지 우리에게 현상한 것만을 탐구한다. 따라서 이 두 사람에게는 우리 의식 밖이나 우리에게 나타난 것 이외에 어떤 실재하는 것으로서 '즉자'를 상정하는 일은 무의미하다. 후설은 우리가 무언가를 인식할 때 우리의 의지와 무관하게 감각에 주어지는 무언가가 감각의 질료로 주어진다는 사실은 인정한다. 이 점에서 후설은 감각의 수용성을 말하며, 감각에 우리 의지와 무관하게 주어지는 무엇이 있고 그 무엇이 '물자체'를 상정하게 한다고 보는 칸트의 관점과 유사하다. 그런데 칸트는 감각에 주어지는 무엇은 인식론적으로 엄밀하게 말하자면 어떤 무엇으로 규정할 수도 없는 잡다한 자료라고 주장하며, 무엇으로도 규정되지 않은 그 잡다한 것의 배후에 우리 의식을 초월한 물자체가 잡다한 것의 근거로서 존재할 것이라고 상정한다.[7] 이에 반해 후설은 우리의 감각에 주어지는 질료는 잡다한 무엇으로 주어지는 것이 아니라 문화와 역사성을 띠는 것으로서 인간세계의 지평에서 비로소 이해될 수 있는 것으로 나타난다고 주장하며, 그 배후에 그 자체로 있는 물자체와 같은 것을 상정하지 않는다. 후설은 우리에게 나타난 현상에서 그 현상의 본질을 찾는다. 가령 후설은 '이 사과가 붉다', '이 칸나 꽃도 붉다'와 같이 나에게 나타난(현상한) '붉다'에서 '붉음'이라는 형

---

6) "en-soi"는 독일어로는 'an-sich'로, 영어로는 'in-itself'로 번역한다. 또한, "pour-soi"는 독일어로는 'für-sich'로, 영어로는 'for-itself'로 번역한다.

7) '물자체'에 대한 칸트의 생각은 1770년 발표한 교수취임논문인 『감성세계와 지성세계의 형식과 원칙에 관하여』와 1781년 발표한 『순수이성비판』에서 다르다. 앞의 책에서 칸트는 물자체가 우리에게 나타난 현상의 근거로 실재하는 것처럼 기술하지만, 뒤의 책에서는 '아무것도 아닌 것'이라는 주장도 하고 있기 때문이다.

상으로 환원해간다. 하이데거도 후설처럼 우리 의식에 나타난 것에만 주목하지만, '형상'과 같은 보편적 본질로 환원해가지 않는다. 하이데거는 후설의 '선험적 현상학'을 그대로 수용하지 않고 딜타이 등의 해석학을 접목해서 '해석학적 현상학'으로 전유하다. 해석학적 현상학자로서 하이데거에게는 '의식'에 대상이 나타나는 것은 '대상'과 그 대상을 수용하는 주체인 의식으로서의 '나'를 구분한 후에나 가능하다. 하지만 이런 구분 전에 일차적으로 세계는 나에게 그 자체로 나타난다. 우리에게 나타난 것들 중 가상도 있지만, 그 자체로서 나타난 것도 있다. 하이데거가 볼 때 모든 것은 우리에게 나타난 것으로서 우리에게 의미가 있는 것이며, 우리에게 나타난 모습을 초월해서 그 자체로 있는 것을 찾는 탐구하는 일이나 의식에 나타난 것을 실마리로 보편적 본질을 탐구하는 일은 모두 오류다. 현상학자로서 사르트르도 후설과 하이데거처럼 의식이나 우리에게 나타난 것(현상)에 주목한다. 하지만 사르트르는 앞선 두 현상학자와 다르게 우리 의식에 그렇게 나타난 것은 우리 의식을 초월해서도 그 자체로 그렇게 있다고 존재론적으로 인정할 수밖에 없다고 주장한다. 사르트르에 따르면 가령 우리가 사물을 어떻게 체험하는지에 주목해서 보면, 사물이라는 즉자가 우리 의식 바깥에서 우리 의식이 침범할 수 없는 성질을 지니고 그렇게 있기 때문에, 그것이 그것으로서 즉 즉자로서(칸트식 표현으로 '물자체'로서) 우리에게 나타난다. 따라서 사르트르에게는 내 의식 바깥에 실재하는 존재가 내 의식에 현상한 것(존재의 현상)이고, 내 의식에 현상한 것은 내 의식을 초월해서 실제로 존재하는 것(현상의 존재)이다. 『구토』의 주인공 로캉탱의 체험이 보여주듯 내 의식 바깥에서 실재하는 사물 자체의 모습은 인간 중심적 해석에 근거한 친숙함이 깨지는 순간 즉자로 나타난다.

그런데 앞에서 살펴보았듯 내 의식 바깥의 대상을 의식하는 우리의 의식 자체는 빈 공간과 같아서 나무나 집 혹은 어떤 상상이나 기억 등을 의식하지 않으면 그 존재를 알 수가 없다. 따라서 의식 자체는 '즉자적으로 존재하는 것'이나 어떤 상상이나 기억 등 '의식에 현상한 내용'을 내 의식의 대상으로 반성할 때 그 존재를 드러낸다. 이 '대상화를 통해 나타나는 존재성격'에 주목하여 사르트르는 의식을 '대자'(對自, pour-soi)라고 부른다. 서로 이질적인 존재인 의식과 그 의식의 대상 사이에는 어떤 연속성도 발견되지 않는다. 따라서 이 두 존재 사이에는 간극이 있고, 그 간극은 그 어떤 내용도 없는 빈틈이다. 따라서 아무런 내용도 없는 빈틈은 '무'(無, Le néant)다. 나는 의식으로 존재하고, 이 의식 자체는 빈 공간처럼 내용물이 없고 투명하고 아무 것도 아니다. 이 의식은 후설의 지향성 개념이 말해주듯 항상 '어떤 것'에 대한 의식이며, 따라서 다른 것과 관련되어야 비로소 모습을 드러낸다. 내가 어떤 상황에서 무엇인가를 의식하거나, 그렇게 의식된 것을 반성할 때 비로소 나는 어떤 모습을 띠고 현상하는 것이다. 무언가를 의식하기 전 투명한 의식으로서의 나와 무엇인가를 의식하고 있는 나 사이에도 연속성은 없다. 아무것도 아닌 것 즉 '무'가 그 어떤 것과 연속성을 지닐 수는 없기 때문이다. 이 사실은 또한 투명한 의식으로서의 '나'와 무엇인가로서의 '나' 사이에도 빈틈 즉 '무'가 존재한다는 것을 의미한다.

어떤 특정한 의식의 내용이나 나에 대한 세상의 규정에도 묶이지 않는 투명한 의식으로서의 '나'는 아무것도 아닌 무로 존재하기에 어떤 내용을 그 안에 채우며 누군가로 나타날 수 있고 또 그 누군가를 밀어내고 다른 누군가로 나타날 수가 있다. 그러기 위해서는 이미 나의 의식을 채우고 있는 것을 없애야 한다. 나에게 직접적으로 주어져 나와 구분이 없던 것을 내가 나로서 주목하는 순간, 이전에 즉자로 주어진 그것은 그 모습 그대로 재생되지 않는다. 더군다나 내가 그것을 나의 관점과 비판의식과 목적의식을 가지고 바라보는 순간 크게 변형된다. 그것은 더 이상 그것으로 없는 것이다. 이렇게 나는 나의 의식을 채우고 있는 것을 없애면서 즉 무화하고(無化, néantisation), 그러면서 나도 새로운 의식을 갖고 새로운 것을 기획하는 나로 태어난다. 앞에서 우리는 순수한 나가 무로 존재한다는 사실을 확인했다. 이제는 무화하는 나는 새로운 나를 생산하는 무로서의 존재라는 사실이 밝혀졌다. 사르트르는 이런 무로 존재하는 '나'를 '실존'이라 칭한다. 결국, 사르트르에게는 인간의 고유한 존재 성격인 '실존'은 계속해서 자기를 생산하는 '무'인 것이다. 인간의 이런 무의 성격은 집이나 나무, 책상과 같은 사물의 존재 성격과 다를 뿐만 아니라 인간과는 반성능력이 질적으로 차이가 나는 동물의 존재 성격과도 확연히 구분이 된다. 1만년 전의 호랑이는 지금도 사는 모습이 대동소이한 그 호랑이다. 하지만 무로서의 인간은 그 어떤 확고한 지지대도 없이 무의 바다에서 자유 유영하고 그로 인한 고독과 불안을 견디며 무엇이 되어 어디로 갈지를 스스로 선택해야만 한다. 1만년 전의 인류와 지금의 인류는 존재하는 방식이 완전히 다르다. 인류는 자기 자신을 창조한 것이다.

다른 한편으로 인간이라고 해서 항상 이런 자기 창조적 무인 대자로 존재하는 것만은 아니다. 즉자는 사물의 존재양식이다. 그렇다면 사물의 존재성격은 어떠한가? 사르트르는 『문학이란 무엇인가?』에서 16세기 이탈리아 화가 틴토레토 (Tintoretto)의 작품을 대상으로 사물의 성격을 설명한다. 그에 따르면 사물의 성격은 "비삼투성, [...] 맹목적 지속성, 외재성"[8]이다. 여기서 '비삼투성'은 다른 존재와 서로 영향을 주고받지 않고 독립적이며 고립적 존재라는 뜻이고, '맹목적 지속성'이란 변화와 생성에서 벗어나 있다는 뜻이다. '외재성'이란 인간 의식의 밖에 있는 존재라는 뜻이다. 즉 인간의 의식과 독립해서 그 자체로 본질로 있다는 뜻이다. 만약 어떤 사람이 자신의 현재상태를 무화작용을 통해 넘어서지 않고 사물의 존재 성격에 안주한다면, 그도 즉자 존재라 칭할 수 있다. 즉자성을 지닌 인간의 존재 성격은 이중적인 의미를 지닌다. 즉 한 인간의 비삼투성은 다른 사람과 영향을 주고받지 않고 독립적이며 고립적으로 있음이다. 이것은 소통 부재를 의미할 수도 있고 타자의 시선에 독립해서 굳건히 자기로 있음을 의미할 수도 있다. 또, 그가 사물처럼 맹목적 지속성을 지닌다는 것은 한편으로는 타성에 젖어 현실에 안주한다는 뜻이지만 다른 한편으로는 변화를 초월해서 안정상태에 있다는 뜻도 될 수 있다. 그가 사물처럼 외재성을 지닌다면, 그는 다른 사람과의 관계를 통해서 참된 자기를 완성해갈 가능성 밖에 있음을 의미하지만, 다른 한편으로 그는 타인의 간섭이나 시선과 무관하게 자기다운 자기로 굳건히 있다는 것을 의미할 수도 있다.

그런데 이상과 같은 즉자가 지닌 사물성의 긍정적인 성격은 모두 참된 자기를 지키는 일과 관련이 된다. 참된 자기를 지키는 일은 참된 자기가 누군지에 대한 의식을 전제한다. 따라서 이런 상태의 그는 단순히 즉자로만 있는 것이 아니라

---

8) Sartre J.-P., *What is Literature?*, Frechtman B.(translator), New York, Philosophical Library, 1949, p.9. 프랑스어 원전 *Qu'est-ce que la littérature?*, Gallimard, 1947, p.14.

자기의식을 지닌 대자로도 있는 자다. 실존하는 자는 즉자대자로 있는 존재인 것이다. 실존으로 존재하는 인간이 즉자면서 동시에 대자로 있다는 것은 지금 여기에 던져진 상황에서 세계와 자기를 있는 그대로 이해하면서, 그런 세계와 자기와 관계를 맺고 있는 참된 자기를 시류나 타자의 시선에 휩쓸림 없이 안정적으로 보존하는 상태다.

즉자대자와 달리 즉자로만 있는 자는 참된 자기에 대한 대자 의식이 없이 사물과 같이 있는 자다. 하지만 사물이 아닌 인간은 자기 자신에 대한 의식을 영원히 안 가진 채 살 수는 없다. '내가 지금 뭐 하고 있지?'라는 질문을 하는 순간 그는 타성에 젖은 즉자적 자신을 무화시키며 자신을 창조하기 위한 운동을 시작한다. 하지만 이런 운동이 일상의 즉자성에 눌려 드문드문 무기력하게 일어난다면, 그의 실존 실현은 그만큼 어려울 것이다. 그런데 실존을 실현하려는 시도는 인간의 운명이다. 사물은 그 본질대로 존재하지만, 인간은 실존이 본질에 앞선다. 즉, 그는 지금 여기 던져진 상황에서 세계와 자기를 이해하고 참된 자신을 창조하기 위해 기투하고, 그렇게 자기 창조할 수 있고 창조하는 모습이 그의 본질인 것이다. 크건 작건 모든 인간은 자신의 실존을 실현하려 시도한다.


## 3. 무화와 기획투사

### 1) 무화와 자유

『존재와 무』에서 무에 대한 사르트르의 분석은 그의 실존적 현상학과 존재론의 특징과 목표를 잘 보여준다. 사르트르는 심리학이나 형식논리학이 간과하는 '무'의 의미가 실존현상학적으로 어떻게 드러나는지 설명하기 위해 가상의 인물 피에르(Pierre)의 부재를 예로 든다. 나는 피에르를 만나기 위해 카페에 들어가 평소 그가 앉아 있던 자리를 보고 그의 '부재'(무)를 발견한다. 이때 나는 없음 즉 무를 실제로 체험한 것이다. 이렇듯 '무'는 실제로 체험되는 것이므로, 실제 나의 체험과는 무관한 심리적 상태가 아니다. 또한, 이때 체험된 무는 단지 논리적 결과물도 아니다. 즉, 내가 실제로 체험한 무는 피에르의 '있음'(유)의 논리적 부정(Negation)으로서만 추론된 것이 아니다. 또한 이 무 체험은 원래 그 카페에 없어서 내가 부정할 필요도 없는 것을 부정할 때와도 다르다. 따라서 '그 카페에 코뿔소가 없다'고 말하는 것과 '피에르가 거기에 없다'고 말하는 것은 차원이 다르다. 첫째 명제는 순전히 언어와 논리의 구조물이지만, 둘째 명제는 내가 실제로 체험한 세상을 드러내 준다.

그런데 이 무를 내가 어떻게 체험하는지 현상학적으로 분석해보면, 이 객관적인 사실은 나라는 인간과 별개로 주어지는 것이 아니라는 사실도 드러난다. 오히려 그것은 '나'의 의식에 의해 생산되는 것이다. 이와 관련해서 사르트르는 '파괴' 현상을 살펴본다. 만약 지진으로 산사태가 발생하면, 지형이 '변경'된다. 그런데 지진으로 인간이 살던 도시가 사라지면 어떤가? 우리는 무언가 '변경'됐다고만 보지 않고 지진이 도시를 '없앤' 것으로 간주한다. 우리는 존재하던 도시가 '무화' 되었음을 체험하는 것이다. 사르트르가 볼 때 이런 '파괴' 체험은 인간이 도시를 '파괴될 수 있는' 존재로 구별해내기 때문에 가능하다. 파괴를 가능하게 만드는 것은 어떤 대상을 파괴 가능한 것으로 식별해 내는 우리 의식의 작업과 관련된다. 이때 의식이 하는 작업이 '부정'(Negation) 혹은 '무화'다. 그런데 어떻게 그런 부정이 가능할까? 사르트르는 '부정하는 힘' 즉 '무화하는 힘'을 우리 의식이 그 본질적 특성으로 갖고 있기 때문이라고 답한다. '질문'이라는 현상은 의식이 갖는 부정의 힘을 잘 보여준다. 내가 나 자신이나 누군가에게 어떤 질문을 제시할 때, 나는 정답만 생각하는 것이 아니라 부정적인 대답의 가능성도 상정한다. 이것은 내가 질문과 동시에 주어진 것(정답)의 소멸을 그려본다는 뜻이다. 부정적인 대답은 '존재'(정답)에서 '무'(정답이 부정됨)로의 변동이다. 이처럼 질문자가 존재에서 무로 이동해 갈 수 있으려면, 그가 존재의 인과적 계열로부터 자신을 분리할 수 있어야 한다. 또한, 그는 주어진 것을 소멸시킴으로써 어떤 결정론적 제약으로부터도 자신을 분리한다. 사르트르는 모든 인간이 지닌 이런 무화능력을 '자유'라 칭한다. 인간의 무화능력 즉 부정능력은 인간의 본성이 자유롭다는 것을 드러내는 징표다.

## 2) 기획투사와 자기기만

앞에서 살펴본 것처럼 인간은 대자적 존재로서 자기의식을 갖는 순간 자신이 누구로 존재할지를 선택할 수 있다. 이 가능성은 지금 존재하는 것을 부정하며 인과의 계열에서 벗어나 자신이 자유롭다는 사실을 입증할 수 있는 능력이다. 이 자유의 가능성 속에서 인간은 자신을 어떤 정체성을 지닌 누군가로 드러내기 위해 기획투사를 한다. 사르트르는 『존재와 무』 1부 2장에서 대자 존재가 자기 정체성과 관련해 어떤 기획투사를 하는지 다룬다. '기획투사'(projet)[9]는 대자적 존재로서 인간이 자신의 의지와 상관 없이 자신에게 주어진 즉자를 이해하고 반성하고, 이를 통해서 변형된 '즉자'를 표현하고 자기의식 바깥에서 현실화하려는 시도다. 이 기획투사는 대자적 존재가 자신을 이해하고 자신을 다른 사람이 아닌 어떤 개인으로 정의하게 해준다. 다양한 유형의 기획투사 중 악의적인 기획투사는 인간이 어떤 존재인지에 대해 실존적이고 윤리적으로 이해할 기회를 준다.

인간의 악의적 기획투사를 설명하기 위해 사르트르는 다음과 같은 생생한 사례를 분석한다. 사르트르는 카페 웨이터의 정확하고 매너 있는 행동을 묘사한다. 웨이터는 그렇게 행동함으로써 '자기 자신이 누구로 존재하는가'와 같은 대자적 문제의식에서 웨이터로서의 역할과 자신을 동일시하는 방식을 취하고 있다. 달리 말하자면, 이 웨이터는 웨이터로서의 본성을 자기 것으로 받아들이기 위해 자신의 본성인 자유를 포기하고 있다. 따라서 그는 자기 자신이 아니라서 자신을 초월한 존재인 웨이터로 자신을 특징지음으로써 일종의 초월에 찬성하면서 동시에 자기 자신으로서의 자유라는 초월성을 부정하고 있는 셈이다. 그는 자기 자신으로서의 초월을 부정하고 웨이터로서의 행동함으로써 그의 자유로 인한 부담, 즉 무엇을 할 것인지 스스로 결정해야 하는 부담을 벗어났다. 그런데 이러한 기획투사가 수행되는 과정에는 고유한 모순이 존재한다. 즉, 그는 자기 자신의 자유를 부정하고 자신의 본질이 아닌 웨이터를 마치 자신의 정체성처럼 선택

---

9) 이에 상응한 것을 하이데거는 '기투'(Entwurf)라 칭한다. 사르트르의 '기획투사'와 하이데거의 '기투'의 차이에 대해서는 이 책 하이데거 장의 '결의성' 부분을 참조할 것. 독일어 'Entwurf'는 프랑스어로 'projet'이다. 이 두 단어는 모두 '기획투사'나 이를 축약한 표현인 '기투'로 번역할 수 있다. 하지만 필자는 하이데거와 사르트르가 'Entwurf'나 'projet'로 나타내려는 사태의 차이를 살리기 위해 전자의 그것은 '기투'로 후자의 그것은 '기획투사'로 번역하였다.

할 자유를 발휘한 것이다. 자기 모순적인 이 자유가 전제되어 있기 때문에 그는 웨이터로서의 자신의 행동이 자기 자신이며, 그렇게 행동하는 것이 자기 자신을 위한 것이라고 스스로 믿게 만들 수 있다.

웨이터의 예에서 짐작할 수 있듯이 만약 누군가를 대리하는 자가 마치 자신을 그 대리 역할 그 자체로 정의하는 것은 그가 대자적으로 자기 자신이 누구인지 선택할 때 그 역할을 자기로 선택하고, 그 역할이 자기에게 이익이 된다고 믿으며 그런 자기를 자신에게 표현한 결과다. 따라서 이때의 허위 진술은 대리인 책임이다. 대리인이 어떤 역할을 맡으면 그 역할에 대해 그는 투명하게 의식하고 있다. 또한 그는 그 역할과 관련된 일이 어떻게 돌아가는지 잘 알면서 그 역할이 자신에게 이익이 된다는 믿고, 또 자기를 다른 누구라고 믿으며 기획투사한다. 사르트르는 이렇듯 그가 기획투사한 이런 일련의 자기기만 과정에서 그에게 숨겨진 것은 없다고 분석한다. 이 분석에 따르면 '자신이 자신을 속인다'는 모순적인 명제는 이러한 자기기만의 과정에서 자신에게 숨겨진 것 없이 실제로는 없다는 사실로 인해서 거짓으로 밝혀진다. 자기기만이란 실제로 존재하지 않는 것이다. 그러므로 자기기만이라는 모순적인 현상을 설명하기 위해 자기의식이 도달할 수 없는 무의식과 같은 개념을 만들어낼 필요가 있다. 사르트르는 자기기만에 대한 자신의 이 실존현상학적 정신분석이 정신분석적 설명을 대체할 수 있다고 본다. 사르트르에게는 무의식이라는 도피처가 없다. 따라서 자기기만이라는 기획투사가 악의적인 행동을 초래할 때, 그 행위자는 '나도 모르게 그렇게 했다'는 변명 대신에 책임을 져야만 한다.

## 3) 기본 기획투사

이상에서 우리는 자기기만이 전개되는 과정을 실존적 정신분석으로 살펴보았다. 그러나 자기를 반성하는 대자 존재로서의 인간이 자기기만이라는 기획투사를 하는 근본적인 동기는 아직 밝혀지지 않았다. 그 근본 동기는 과연 무엇일까? 사르트르는 『존재와 무』 4부에서 기획투사를 전개하는 동기를 자아정체성의 결여와 분열을 경험한 자아가 어떤 것이 되려는 '존재에의 욕망'을 갖는다는 사실에서 찾는다. 이 욕망에 따른 기획투사가 '기본 기획투사'다. 기본 기획투사의 동기가 되는 존재에 대한 욕망은 모든 인간에게 보편적인 것이다. 이 욕망은 세 가지 형태 중 하나를 취할 수 있다. 첫째로 이 욕망은 내가 누군지 묻는 대자 존재에서 있는 그대로의 자신을 받아들이는 즉자 존재로의 변화를 목표로 할 수 있다. 둘째로 대자 존재는 즉자 존재와 대자 존재를 구별해주는 자유를 확인하고, 이 자유를 통해 자신이 자신의 토대가 되기를 (즉, 신이 되기를) 욕망한다. 셋째로 앞의 두 욕망의 계기가 결합 되면, 대자 존재가 다른 존재 양식인 대자즉자 존재를 목표로 하게 된다. 하지만 이 세 계기에서 설명된 목표들 중 어느 것도 온전히 실현할 수 없다. 대자성을 본질로 하는 인간은 온전히 즉자로만 있을 수도 없다. 또한 앞에서 살펴보았듯 인간 의식이 그 자체로는 무이며, 반성 전에 직접적으로 주어지는 체험에 의해 비로소 즉자적으로 의식이 '나'인 의식으로 등장한다. 이 직접적으로 주어진 의식을 반성할 때 대자의식이 반성작용을 하며 반성하는 대자적 내가 내 의식에 직접 주어진 것과 구분되는 나로서 비로소 그 모습을 드러낸다. 이렇게 볼 때 나는 대자성을 본질로 하지만, 항상 대자성을 발현하며 살지 않고 즉자 의식으로도 존재한다. 대자의식은 대자로만 있을 수도 없는 것이다. 더군다나 이 세 계기의 종합은 헤겔의 변증법에서의 정-반-합과 달리 본질적으로 불안정하다. 헤겔의 변증법에서도 종합은 각 계기들이 그것들로 정립되면서 가능해진다. 존재하려는 욕망의 종합도 그런 운동을 해야 한다. 그런데 종합을 목표로 대자 존재가 이 세계 목표 중 일단 어느 하나를 달성하려고 시도하면, 다른 것과 충돌할 수밖에 없기 때문이다. 모든 인간의 삶이 이와 같이 달성이 불가능한 욕망을 특징으로 하기 때문에 그런 인간의 기획투사는 비합리적으로 된다.

인간의 삶에 대한 사르트르의 이러한 설명은 특히 '존재와 무', '사랑', '사디즘', '마조히즘'과 같이 서로 다른 존재 사이에 전개되는 비합리적 기획투사가 어떻게 일어나는지 이해할 수 있게 한다. 다른 저작에서 사르트르는 인간의 비합리적 기획투사를 일으키는 대자 존재의 욕망의 세 동기를 보들레르, 플로베르, 장 주네의 삶에 대한 전기적 서사에도 적용한다. 여기서 사르트르는 위 세 사람의 불합리한 기획투사는 성취될 수 없는 어떤 존재가 되려는 의식적 욕망이라는 사실을 실존 정신분석적으로 설명한다. 이 설명의 일차적 목표는 근본적인 기획투사의 동기의 원천이 무의식이 아니라 의식에 있다는 것을 보여주는 것이다. 사르트르는 기획투사의 일종인 나쁜 믿음도 이런 식으로 의식적으로 동기가 부여되었다고 본다. 어떤 존재가 될지에 대한 기본 기획투사는 기획투사하는 대자 존재도 모르는 무의식에서 동기지워진 것이 아니라 그 자신이 독자적으로 의식하고 선택한 것이다. 기본 기획투사가 지닌 이러한 성격을 고려할 때 예를 들어서 플로베르가 누구인지를 이해하기 위해서는 그의 독자적인 선택이 무엇인지도 밝혀야 한다는 결론이 나온다. 실존적 정신분석은 독자적 선택에 초점을 맞추어 무엇이 한 개인을 통일성을 지닌 누군가로 만드는지 밝히는 것을 목표로 한다.

## 4. 지옥, 그것은 타인들이다?

사물은 즉자로만 존재한다. 이에 반해 인간은 즉자성을 지닌 대자일 수 있다. 자기의식을 지닌 대자로서의 한 개인은 자신을 성찰하며 주체적으로 살아갈 수 있다. 그런데 '나' 말고도 다른 대자적 존재도 있다. 타인들이 그렇다. 그들도 나처럼 주체적으로 자신의 삶을 기획투사하며 살아갈 수 있는 존재인 것이다. 그렇다면 대자적 존재들은 각자 '주체적 존재 대 주체적 존재'로서 서로 어떻게 상호작용하며 살아가는 것일까? 이 문제는 현상학의 쟁점 중 하나인 상호주관성과도 관련이 되고, 개인의 주체성이 지닌 한계성과도 관련된다. 이와 관련해서 『존재와 무』 3부 1장에서 사르트르는 다른 사람의 마음의 문제를 다룬다. 실재론자들은 다른 사람의 마음이 나의 의식과 무관하게 실재한다고 주장한다. 하지만 이들의 주장을 객관적으로 입증할 방법은 없다. 다른 사람의 마음을 직접 확인할 길이 없기 때문에 실재론자들의 마음에 대한 주장은 실증적으로 입증이 불가능한 가설인 것이다. 우리는 다른 사람의 행동과 표현을 종합적으로 판단하고, 나와의 유사점에 주목해서 다른 사람의 마음이 이러저러 할 것이라고 추정할 수 있을 뿐이다. 그런데 나 자신의 마음으로부터 타인의 내면 세계를 유비적으로 이끌어내려는 시도는 결코 나 자신의 자아의 궤도를 벗어날 수 없다. 결국 이런 유비적 추론방식으로는 다른 사람의 의식 바깥에 초월적으로 존재하는 내가 나의 의식 바깥에 존재하는 다른 사람의 마음의 존재 여부나 그 내용에 대한 객관적 지식을 얻을 길이 없다. 다른 사람의 마음에 대한 인식론적으로 확실성이 충분한 앎에 이르는 길이 없는 것이다. 이런 사정 때문에 사르트르는 독자적인 내면 세계를 갖는 사람들 사이의 관계 역시도 인식론적으로 파악하는 것은 실패할 수밖에 없다고 본다. 사르트르는 타자와 나의 관계를 인식론적으로 입증하려 하지 않고, 이 둘의 존재가 어떻게 드러나며 그 의미는 무엇인지를 해석한다.

타자에 대한 나의 의식의 본질은 수치심에 대한 실존현상학적 분석으로 밝혀진다. 사르트르는 방안을 훔쳐본다는 느낌의 수치심에 대해 다음과 같이 기술한다. 나는 방안에서 탈의하고 있는 여성을 열쇠 구멍으로 들여다보고 있다. 나의 의식은 탈의하는 여성의 대상화된 자태에 푹 빠져, 내가 지금 무슨 짓을 하고 있는지도 잊고 있었다. 그때 나는 자신을 대상화해서 성찰하지 못했다. 다시 말해서 그때 나의 눈은 여성의 자태로 가득 채워져 나 자신은 없었던 것이다. 그러던 중 나는 내 등 뒤에서 마루가 삐걱거리는 소리를 듣는다. 이 순간 나는 내가 그 타인의 시선의 대상이 됐음을 인식하며 수치심을 느낀다. 나의 자아는 수치심을 느끼는 이 반성적 의식의 현장에 나타나지만, 그때의 나는 나 자신 모습대로가 아니라 나를 대상화해서 바라보던 그 타자의 시선에 의해서 규정된 존재다. 내가 수치심을 느낀 것은 타자에 의해서 내가 부끄러운 짓을 한 누군가로 규정되었기 때문이다. 여기서 그 타인은 그의 눈에 띠며 그의 의식에 직접 주어진 것을 대상화하고 자신의 관점에서 어떤 무엇으로 규정할 수 있는 능력을 지닌 자로 나에게 나타난 존재다. 이렇게 하여 타자가 나와 같은 주체성을 지닌 존재라는 사실이 존재론적으로 입증되었다고 사르트르는 주장한다.

수치심을 경험한 나의 자아는 타자에 의해서 하나의 대상이 되고 나의 의지와는 무관하게 그의 시선에 의해서 어떤 존재로 확정된다. 이렇게 된 나는 자유롭게 열린 존재로서 나의 삶을 내가 선택하며 끌고 갈 주체성을 지닌 존재가 아니다. 타자의 주체성에 의해서 나의 주체성이 부정된 것이다. 나와 같이 타인도 대상을 의식에 주어진 그대로 받아들이는 것만 아니라 주어진 것을 성찰하며 규정할 수 있는 대자적 존재로 나와 함께 살아가는 한, 그들에 의해서 나의 주체성이 부정될 가능성은 상존한다. 내가 타자에 의해서 대상화되고 주체성을 부정당하는 것을 피하는 방법은 있다. 앞의 수치심 체험의 경우 내가 상대방의 시선에 반응함으로써 그를 나의 시선의 대상으로 만드는 방법이 그중 하나다. 다른 한 가지 방법은 다른 사람이 나를 대상화해 '누구'로 확정하기 전에는 내가 먼저 그를 대상화하여 확정할 수도 있다. 하지만 나의 기획투사가 타인들을 사물처럼 즉자로 고정하는 데 늘 성공할 것이라고 기대하기는 어렵다. 그들도 나를 대상화할 능력을 지닌 존재로서 나의 시도에 맞설 수 있기 때문이다. 다른 사람들과의 관계에서의 이런 불안정성은 갈등의 요인이 된다. 사르트르는 사디즘, 마조히즘, 사랑과 같은 관계에서 그러한 갈등이 표출되는 것을 확인한다.

사르트르의 타자론은 그의 희곡 『닫힌 방』에서 "지옥, 그것은 타인들이다.(L'enfer, c'est les autres.)"라는 구절에서 극명하게 드러난다. 그런데 사르트르는 이 연극에 대한 1965년 강연에서 이 선언이 "늘 오해되어 왔다"고 말한다. 이어서 그는 "타인과의 관계는 언제나 해가 되고 지옥처럼 된다는 뜻이라고 사람들이 오해하는데, 내가 말하고자 한 건 좀 다르다"고 설명한다. "우리는 타인들이 우리를 판단하는 잣대로 우리 자신을 판단한다. [...] 세상에는 수 많은 사람들이 지옥에서 살고 있는데, 그 이유는 그들이 타인들의 판단과 평가에 지나치게 의존하기 때문이다." 이 설명에 따르면 타인의 존재 자체나 타인의 나에 대한 판단과 평가 자체가 항상 나를 가두는 지옥이라는 뜻이 아니다. 나에 대한 타인의 그런 규정에 내가 지나치게 의존하는 것이 나의 삶을 지옥으로 만든다. 타인은 나와 같이 '대자존재'(對自存在, l'être pour soi')로서 사물인 '즉자존재'(卽自存在, l'être en soi)뿐만 아니라 자기 자신과 나를 대상화하여 평가하고 규정할 능력이 있다. 나를 키워준 부모, 나를 가르친 선생, 나와 웃고 놀던 친구들, 나를 진단하고 치료해준 의사 등 내 주변의 대타자들이 행동과 말로 나에 대해서 표현한 것들은 나의 정체성을 형성하는 데 객관적이고 현실적으로 작용한다. 대타자들의 나에 대한 규정을 무시하고 나 홀로 나 자신에 대해서 규정하는 것은 환상이다. 왜냐하면 순수한 '나'란 존재하지 않는 무이고, 나는 항상 내 의지와 무관하게 내 의식에 주어진 어떤 것에 대한 의식으로 존재하다가, 이 주어진 의식을 대상화할 때 비로소 '나'라는 주체성을 띠고 나타나기 때문이다. 타자들은 내가 성찰하기 전에 이미 내 의식의 많은 부분을 채우고 있고, 말과 행동으로 나를 규정한다. 그들에 의해 나는 아들이고, 학교에서 작문과 발표를 좋아하는 학생이며, 체온이 높아 학교를 며칠 쉬어야 하는 환자가 된다. 나의 정체성의 많은 부분들이 무엇보다도 대타자와의 소통에서 형성되는 것이다. 사르트르는 이런 점에서 대타자는 나에게 고통을 줄뿐만 아니라 나를 나답게 만들어 준다고 말한다. 그들의 나에 대한 규정은 피할 수 없고, 내가 누군지 알기 위해서도 필요하다. 중요한 것은 나에 대한 그들의 평가와 판단에 내가 지나치게 휩쓸려 나의 자유와 주체성을 포기하지 않는 것이다.

## 5. 한계와 발전적 수용

사르트르는 '나는 누구인지'에 대해 실존현상학적으로 설명하기 위해서 데카르트와 칸트, 후설의 초월적 자아를 비판했다. 체험된 의식이나 그것에 대한 반성을 초월한 자아는 없고, '나'는 오직 어떤 것에 대한 의식으로서 존재한다는 사르트르의 주장은 우리의 자아 체험에 상응하는 것으로 보인다. 그런데 데카르트나 칸트, 후설은 자아라는 존재가 체험적으로 실재한다는 사실만을 설명하려한 것이 아니라, 그 자아가 세상을 어떻게 체험하며 확실성 있는 지식을 구성하는지를 밝히려 한다. 이 세 사람의 작업은 존재하는 사실을 설명하는 데 초점이 있는 것이 아니라 그 존재하는 것들이 어떻게 우리에게 확실한 지식의 대상으로 나타나는 지에 대해서 인식론적 관점에서 밝히려 한 것이다. 우연성과 개별성이 지배하는 경험적 세계에서 지식에 확실성을 부여할 실마리가 발견되지 않는다. 이 세 철학자는 그런 세계를 체험하며 보편적 지식을 제시하는 '나'에게서 그 지식의 확실성의 근거를 찾았고, 이 세계에서 대한 경험에서는 발견되지 않는 그 확실성의 근거로서 '나'는 이 세계를 초월한 존재로 상정된다. 이런 '나'가 어떤 구체성을 가지고 마치 우리의 의식체험 내용이나 사물의 성격처럼 실재하는지 증명하는 일은 불가능할뿐만 아니라 그 존재성격상 자가당착적 요구다. 칸트도 생각하는 '나'의 이런 존재 성격을 알고 있었다. 그래서 칸트는 '나'의 본성인 '영혼'이 '실체'나 '불멸성', '단일성'과 같은 구체적 성격을 지녔을 것으로 추론하는 것은 오류라고 주장한다. 단지 '나'는 실체를 지닌 단일한 성격의 주체가 아니라 다양하게 체험되는 세계를 '나의 어떤 세계'로 통일성 있게 인식하게 돕는 규제적 '이념'(Idee)일 뿐이다. 사르트르도 칸트의 자아론의 이런 인식론적 결론을 잘 알고 있었다. 그러나 사르트르의 관심은 인식론적 논증에 있지 않다. 그는 끝이 보이지 않는 인식론적 논증이 아니라 실제 체험에 근거해서 존재를 설명하는 것을 선택했다. 자아에 대한 그의 존재론적인 접근은 그에 앞서 하이데거가 선택한 길이기도 하다.

사르트르에게 인간은 '어떤 존재가 되려는 욕망'에서 기본적인 기획투사를 하는 존재다. 인간이 이런 기획투사를 할 수 있는 것은 그가 주어진 본질에 의해 확정되어 있지 않고, 끊임없이 자기 자신을 선택하며 만들어 갈 수 있는 자유를 타고난 존재이기 때문이다. 인간의 이 존재 성격이 사르트르 실존철학의 결론이다. 그런데 인간은 역사적 조건과 사회적 상황, 생물학적 특성에 의해서 제약을 받는 존재이기도 하다. 인간의 자유는 이런 제약을 초월한 것일까? 초기에서 『존재와 무』를 저술할 때까지 사르트르는 인간이 자유롭다는 사실을 밝히는 데 집중한다. 이때 그는 자유의 한계를 드러내는 데는 초점을 맞추지는 않았다. 인과적 실증성을 강조하던 그 당시 인간의 자유가 제한적이라는 점은 상식이었다. 자유의 가능성을 협소하게 보던 이런 분위기에서 사르트르는 인간에게는 자유를 제약하는 조건들에도 불구하고, 그 조건들이 만들어내는 경우의 수들을 선택할 자유가 있다는 사실을 입증하는 데 집중한 것이다. 나는 선택의 자유를 지닌 존재다. 동시에 나는 나의 신체나 사회적 역사적 환경 등 나의 의식을 초월한 사실로 존재하는 것들에 의해 제약받는 존재이기도 하다. 자유와 제약이라는 두 가지 차원이 동시에 존재한다는 사실을 고려하는 방식으로 자유를 행사하는 것은 각 행위자의 몫이다. 2차 대전 당시 병든 가족을 돌보거나 프랑스 레지스탕스에 합류할 수밖에 없는 사회적이고 역사적인 조건에 놓인 청년이 있다. 그의 운명은 이 두 선택지에 의해서 결정되었다고 말할 수 있다. 그렇지만 그는 자신의 자아관과 가치관에 따라서 스스로 선택할 수 있는 자유에도 열려있었다. 선택의 자유에 열려있다는 사실을 주목하다 보면, 그는 두 가지 선택지 이외의 다른 선택지도 기획투사할 수 있을 것이다.

사르트르는 선택의 자유가 인간을 스스로 자기답게 만드는 동력이라는 사실을 다양한 형태의 결정론적 인간론에 맞서서 입증했다. 이때 그는 선택을 위해서 대자적으로 반성할 수 있는 능력과 선택할 수 있는 능력을 인간의 행위능력에 포함시킨다. 하지만 지극히 주관적이고 비활동적일 수 있는 반성능력과 선택능력까지를 행위에 포함시키는 것은 행위에서 기대되는 적극적인 의미를 크게 퇴색시키는 것처럼 보인다. 양차 세계대전의 경험과 메를로-퐁티와 만남을 통해서 사르트르는 세상을 바꿀 수 있는 정치적 행위의 중요성을 절감한다. 이후 그는 인간에 대한 실존주의적 이해를 마르크스주의와 양립시킬 수 있는 방식으로 발전시킨다. 그 결과물 중 하나가 『변증법적 이성비판』[10]이다. 이 책에서 사르트르는 그의 초기 철학에서 무한한 것처럼 제시된 자유를 정치적이고 역사적인 제약을 받는 것으로 설명하고, 실존주의를 마르크스주의를 보충하는 사상으로서 재해석한다. 그러나 이러한 재해석은 실존주의를 사회변혁에 기여하는 데에 초점을 맞추어 조명한 결과이지, 실존주의에 대한 사르트르의 근본 사상 자체가 바뀐 결과라고 볼 수는 없다. 『변증법적 이성비판』에서도 사르트르는 개인을 특정한 사회적 상황에 속해 영향을 받지만, 그것에 의해서 완전히 결정된 존재로 보지 않는다. 사회적 상황을 고려하더라도 사르트르에게 인간은 항상 자신만의 목표와 계획을 가질 수 있고, 이 목표와 계획을 통해 그는 상황 속에 주어진 것 이상의 것을 만들어 낼 수도 있는 존재다.

『존재와 무』, 『말』 등에서 사르트르는 고전적 정신분석을 비판하며 실존현상학의 의식분석방법을 대안으로 제시한다. 고전적 정신분석에 대한 사르트르 비판의 초점은 '무의식'에 대한 부정과 선택의 자유와 윤리적 책임을 강조하는 데 있다. 하지만 내 스스로는 그 동기를 도저히 떠올릴 수 없고 그래서 이해할 수 없는 행동도 존재하고, 그런 행동들은 충분히 무의식의 존재를 상정하게 만드는 것 아닐까? 자신의 행동을 주의 깊게 관찰하는 이들이라면 누구나 제시할 수 있

---

10) Sartre J.-P., *Critique de la raison dialectique I: Théorie des ensembles pratiques*, 1st. edition 1960, Gallimard; Nouvelle édition, 1985. 부제까지 포함한 이 책의 전체 제목은 "『변증법적 이성비판-실천적 총체들의 이론』"이다. 이 책의 내용 중 1960년에 출간되지 못한 부분이 사르트르 사후인 1985년 출간되었다. 이때 1960년 나온 책에는 "1"권 표시가 붙고, 유고집에는 "2"권 표시가 붙었다.

는 이런 질문을 사르트르도 받았다. 이에 사르트르는 무의식을 의식의 연장(延長)으로 해석하며 그 자체의 존재를 부정하던 초창기 자신의 입장을 완화한다. 그렇다고 무의식의 존재를 부정한 사르트르의 의도까지도 철회된 것이라 할 수 있을까? 인간의 행위와 그 표현 중에는 곧이곧대로 이해가 안 되는 경우가 많다. 이런 행위와 그 표현은 해석을 필요로 하는 상징이다. 프로이트의 고전적 정신분석은 이 상징을 해석하기 위해서 주로 유년기의 원초적 경험을 분석한다. 사르트르는 상징을 해석하기 위해서 유년기를 분석하는 프로이트의 길을 따른다. 이런 점에서 사르트르의 해석방법도 정신분석의 일종이라 말할 수 있다. 그런데 프로이트의 정신분석은 인간의 행위와 의식에 미치는 무의식의 작용을 강조한다. 프로이트의 이런 입장은 인간의 존재성격에서 볼 때 불합리한 결정론으로 보였다. 인간의 행위나 의식과 관련해 인과적인 결정론을 부정하고 개인의 선택의 자유를 강조하기 위해 사르트르는 무의식적인 것조차 의식의 연장으로 간주했던 것이다. 사르트르는 이런 자신의 주장을 입증하기 위해 『말』에서 자신이 유년기에 겪은 심리적 체험을 분석한다.[11] 그의 분석이 타당한지는 고전적 정신분석의 관점에서도 검토되어야 최종적으로 판단할 수 있겠지만, 상당히 설득력 있고 진실성 있게 보인다. 쉽게 이해되지 않는 행위와 표현의 동기를 우리는 무의식에서 찾을 수도 있지만, 사르트르처럼 무의식의 존재 가능성을 일단 배제하고 최대한 의식에서 그 동기를 찾아볼 수 있다. 이때 우리는 그만큼의 선택의 자유와 의식의 실천적 힘을 확인할 수 있을 것이다. 이런 점에서 무의식에 대한 사르트르의 부정은 모든 경우에 다 타당하지는 않더라도 인간 행위의 주체성을 최대한 확보하기 위한 전략으로 수용할 수 있을 것이다.

---

11) 이에 대해서는 이 책 10장의 슈스터를 참조할 것.

사르트르, 후설, 하이데거, 프로이트, 현상학, 의식, 자아, 실존현상학, 고전적 정신분석, 실존적 정신분석, 존재와 무, 무화, 즉자, 대자, 대자즉자, 타자, 대타자, 대상화, 욕망, 기획투사, 자유, 선택, 주체성, 초월, 행동, 변증법적 이성비판

## 실존철학상담 연습

1. 사르트르는 '자기기만'이 왜 불가능하다고 주장했는가? 그 근거를 정리해 보라.

2. 사르트르는 프로이트가 주장하는 무의식에 대해서 어떤 근거에 비판하는가? 그리고 그 비판의 한계와 의의는 무엇인가?

3. '자기기만'과 '무의식'에 대한 사르트르의 설명이 갖는 상담 치료적 의의를 말해 보라.

4. 실존을 왜 '무'라고 볼 수 있는가? 사르트르의 '자아론'을 참조하며 대답해 보라.

5. '즉자', '대자', '대자즉자'에 대해서 정리해 보라. 이들 개념은 인간을 이해하는 데에 어떻게 기여할 수 있겠는가?

6. '실존은 본질에 앞선다'는 사르트르의 선언은 인간 존재의 어떤 특성을 지적하고 있나? 그리고 그 특성은 철학상담에서 내담자를 이해하며 그의 당면 문제를 다루고, 그의 세계관과 자아정체성을 변화시키는 데 어떤 기여를 할 수 있

을까? 과거의 일이나 타자의 시선에 매여 자신감을 잃고 무기력하게 살아가는 자신을 '인간은 다 나처럼 산다'며 합리화시키는 내담자와의 상담을 가정하고 대답해 보라.

7. 사르트르의 실존주의는 사람들이 행동할 수 있는 자유의 범위를 밝혀줌으로써 주체적으로 행동하도록 격려하기 때문에 낙관적 철학이다. 또한 그의 실존주의는 사람들이 자신의 선택과 행동에 최대한 스스로 책임져야 할 근거를 제시한다는 점에서 윤리적이다. 당신은 자유와 책임에 대한 사르트르의 이런 주장에 동의하는가?
1) 만약 동의한다면, 동의의 근거가 될만한 당신 자신의 체험을 제시해 보라.
2) 만약 동의하지 않는다면, 사르트르의 입장을 반증할만 사례를 제시해 보라.

8. 사르트르가 『존재와 무』, 『말』에서 시도한 실존적 정신분석에 대해서 이번 사르트르 장과 나중에 오는 슈스터 장을 참조하여 정리해 보라.

9. 구조주의에 따르면 개인의 행위나 인식 등은 그것을 둘러싼 총체적인 구조에 의해 규정된다. 이렇게 볼 때 자유로운 개인이 주체성을 가지고 자기 자신을 만든다는 생각은 환상이다. 구조주의는 소쉬르의 언어학에서 출발하여 1960년 대에 이르러 문학, 인류학, 철학, 정신분석학 등에 폭넓게 확산되며 큰 영향을 끼쳤다.
1) 구조주의의 주장을 그대로 따르더라도 개인의 행위나 인식이 그것을 둘러싼 총체적 구조에 의해서 전적으로 결정된다고 볼 수 있는가? 구조주의의 의의와 한계는 무엇인가?
2) 동일한 구조에 던져진 일란성 쌍둥이는 항상 동일한 운명을 살아가는가? 그렇지 않다면, 그들의 삶을 다르게 만든 요소들은 무엇인가? 각자의 고유한 선택은 어떻게 가능한가?
3) 구조주의를 기계적 결정론으로 이해하는 내담자와 구조주의를 인간의 의지와 선택의 자유가 작용할 가능성도 열어놓은 사상으로 이해하는 내담자

의 삶은 어떻게 달라질 수 있을까?

4) 시대의 정치적-경제적-문화적 상황과 유행도 우리의 행위와 인식을 규정하
   는 구조다. 우리를 낳아준 것은 부모지만, 우리를 그 시대의 누구로 만드는
   것은 이런 구조다. 구조에 영향을 받으며 때론 순응하는 일은 생존을 위해
   서도 필요하다. 그러나 나를 둘러싼 이 구조에 휩쓸려 내 자신이 누구이며,
   누구이길 원하는지 진지한 고민 한번 못 해보고 생을 마감한다면, 그런 삶
   을 내가 짊어지고 온 내 삶이었다고 주장하기 힘들 것이다. 누군가는 거대
   한 시대의 흐름에 휩쓸려가면서도 자신이 삶을 선택하며 사는 자유인이라
   고 믿는다. 그는 환경에 크게 영향을 받고 시류 핑계를 대며 자신의 주체성
   을 전혀 발현하지 못했다는 사실을 깨닫는 순간을 경험할 수도 있다. 그가
   실존철학상담사인 당신을 찾아왔다면, 그는 당신과 무엇을 이야기하기 위
   해서 온 것일까? 그가 당신과의 대화에서 알고 싶은 것은 무엇이며, 당신
   을 그를 어떻게 도울 수 있겠는가? 일단 당신 스스로 이러한 질문에 간단
   히 답해보라. 그다음 사르트르의 관점에서는 어떤 대답을 해줄 수 있을지
   정리해 보고, 두 대답을 비교해보라.

10. 사르트르는 자아의 의식을 설명하면서, 의식이란 항상 내 의식에 주어진
무엇으로 채워져 있고 그것을 제거한 순수한 나 자신의 의식은 '무'라고 주장한
다. 이런 점에서 그는 나라는 존재를 나이외 것에서 독립된 주체라고 주장한 것
이 아니다. 개인은 자신의 의식에 즉자적으로 주어진 내용을 반성할 때 비로소
'나'라는 존재로 나타나 기획투사할 수 있고, 그러면서 개인은 '주체성'을 발휘
할 수 있다.

1) 주체와 주체성에 대한 사르트르의 이러한 주장을 고려할 때, 실존주의와
   구조주의는 양립이 불가능한 사상인가? 내 의지와 무관하게 주어진 상황
   을 사실로 받아들이는 자세와 그 상황에서의 선택할 수 있는 능력을 동시
   에 고려해야 한다는 사르트르의 주장을 고려해서 대답해보자.

2) 하이데거의 '세계-내-존재' 개념과 '피투적 기투로서 결의성' 개념, 야스퍼
   스의 '현존적 의사소통' 개념, 사르트르의 제한적 '기획투사'와 '주체성'

개념을 고려할 때 실존철학을 인간의 무조건적 자유와 주체성만을 강조한다고 평가하는 것은 정당하지 않다. 실존철학은 인간을 사물처럼 대상화하려는 결정론적 시도에 맞서서 개인의 자유와 주체성을 강조한 것이지 절대시 한 것은 아니다. 실존철학에 대한 이런 오해를 불식시키는 철학적 논의는 상담에서 왜 중요할까?

> 실존철학상담 활용 문헌

### 1. 『사르트르 평전』, 앙리 레비 저, 변광배 역, 을유문화사, 2009년

프랑스를 대표하는 참여지식인 베르나르 앙리 레비(Bernard-Henri Lévy)가 쓴 사르트르 평전. 저자는 프랑스의 20세기를 '사르트르의 세기'라 규정하면서 그 어떤 철학적, 정치적, 문학적 사유로 사르트르가 20세기에 우뚝 솟아 있는가를 밝히고자 하였다. 이 책은 사르트르의 생애를 돌아보며, 그의 업적을 기리는 평전이라기 보다는 사르트르의 사상과 문학에 대해 꽤 깊이 있는 연구를 통해 '사르트르의 삶'을 우리의 철학적 화두로 삼는다. 저자는 다음과 같은 질문이 제기한다. "어떻게 한 명의 지식인이 '악(惡)'에 굴복하는 것을 받아들임과 동시에 이 '악'을 사유하는 것이 가능한가?" 역자에 따르면 저자는 우리가 알고 있는 현재의 사르트르가 되기 위해 그 자신이 직접 받아들이고, 거절했고 또 극복했던 철학자들의 지형도를 그려가면서, '사르트르의 형성과정'에 우리를 깊숙하게 안내한다. 또한 그 과정은 곧 20세기에 프랑스에서 형성된 지성사의 흐름과 거의 일치하기에, 이 책은 단지 사르트르 개인의 평전이 아니라 20세기 프랑스를 관통하는 지성사의 생생한 기록이라고도 할 수 있다.

## 2. 『실존주의는 휴머니즘이다』, 사르트르 저, 박정태 역, 이학사, 2008년

이 책은 인간의 존엄성과 인간 이성에 대한 신뢰를 여지없이 무너뜨린 두 번의 세계대전과 독일의 나치즘으로 충격에 빠져있는 유럽인들에게 휴머니즘에 대한 반성적인 논의를 담아 사르트르가 보냈던 "실존주의는 휴머니즘이다"는 메세지의 강연을 기록한 책이다. 『실존주의는 휴머니즘이다』는 그 구조를 단순화시키면 크게 다음과 같은 세 부분으로 나눌 수 있다. 그것은 첫째, 실존주의를 개론적으로 이해시키는 부분, 둘째, 그 당시 실존주의에 가해지던 주요 비판에 맞서 반박하는 부분, 셋째, 실존주의를 휴머니즘이라고 정의하는 이유를 설명하는 부분이다. 전쟁 동안 사르트르는 포로수용소에서 겪었던 경험을 통해 휴머니즘을 두 가지로 구분했다. 그 하나는 인간을 부동의 가치 속에 새겨진 존재가 아니라 만들어가야 할 존재로 보는 휴머니즘이다. 다른 하나는 인간을 가치 만들기라는 멈추지 않는 기도로 보는 휴머니즘이다. 이것은 고전적 휴머니즘과 달리 인간의 본질이나 본성을 결코 목적으로 취할 수 없는 존재로 본다. 이 책에서 사르트르는 고전적 휴머니즘의 한계를 지적하고 실존주의적 휴머니즘을 대안으로 제시하며 전후의 허무주의를 극복하고자 한다.

## 3. 『존재와 무』, 장 폴 사르트르 저, 정소성 역, 동서문화사, 2009년

이 책은 존재란 무엇이며, 인간은 어떻게 존재하는가에 대한 사르트르의 실존 현상학적 분석을 담고 있다. 사르트르는 존재의 의미에 대한 끊임 없는 의문을 풀어가는 데 있어 하이데거의 현상학 개념을 받아 들이면서도 이를 자기식으로 발전시키려고 시도한다. 독자들은 이 책을 통해서 기존의 현상학과 본질에 대한 개념들, 의식과 존재의 문제에서 나오는 즉자존재와 대자존재의 개념 등을 바탕으로 전개되는 사르트르의 사상을 좀 더 깊이 이해볼 수 있다. 그런데 이 책은 하이데거의 해석학적 현상학이나 존재론뿐만 아니라 헤겔의 변증법과 후설의 현상학에 대해서도 어느 정도 알고 있어야 독해가 된다. 사르트르를 대중철학자로 알고 이 책을 펼친 사람들은 체념하기 쉽다. 그러나 사르트르가 우리에게 보여주는 실존적 인간형을 깊이 있게 이해하고, 상담 치료에 적용하기 위해서 이 책은 반드시 올라서야만 하는 산이다.

## 4. 『말』, 사르트르, 정명환 역, 민음사, 2008년

노벨상에 선정되고도 최초로 그 수상을 거부한 작품 『말』. 1964년 10월 22일, 사르트르의 회고록 『말』이 노벨 문학상에 선정되었으나 사르트르는 노벨상의 서양 편중과 작가의 독립성 침해, 문학의 제도권 편입 반대 등을 이유로 수상을 거부하였다. 『말』은 한 살 때 아버지를 여읜 사르트르가 외조부의 집에서 어머니와 함께 보낸 유년 시절로부터 시작된다. 사르트르의 어린 시절은 '책 읽기'와 '글쓰기'를 빼놓고는 이야기할 수 없는데, 이에 따라 책 역시 1부 '읽기'와 2부 '쓰기'로 구성되어 있다. 1세대 사르트르 연구자인 역자의 깊이 숙고된 번역은 이방의 낯선 사상가의 어린 시절부터 성인기까지를 우리말로 생생하게 재현한다. 실존적 정신분석의 구체적인 내용과 목표, 성과, 한계를 고전적 정신분석과 비교하며 이해하는 데 필독서다.

# 4장

# 사르트르와 카뮈의 부조리에 대한 성찰

## 1. 부조리에 대한 통찰

'부조리(不條理)'는 우리에게 매우 익숙하면서도 낯선 말이다. 불합리하고 정의롭지 못한 제도나 관행에 대해서 우리는 '부조리하다'고 말한다. 부정과 부패와 편법이 아무렇지도 않은 듯 관행이 된 상황을 우리는 '부조리한 현실'이라고 부른다. 논리적으로 모순되거나 이해하기 힘든 주장에 대해서도 '부조리하다'고 규정하기도 한다. 그런데 현대사회를 지배하는 소위 시대정신(Zeitgeist)의 하나로서 '부조리'에 대해서 들어봤거나 제대로 이해하는 사람은 많지 않다. 오늘날의 시대정신으로서의 '부조리'를 이야기할 때는 양차 세계대전을 전후하여 합리성에 반기를 들고 등장한 실존철학자들이 주창한 '부조리(absurd)'에 초점을 맞춰야한다. 불합리하고 정의롭지 못한 제도나 관행 그리고 부정과 부패와 편법을 의미하는 '부조리'는 우리시대에만 존재하는 것이 아니라 어느 시대에나 존재했다. 논리적 모순은 부조리의 일종이긴 하지만 모순된 항들의 관계가 명백하기 때문에 이성적인 판단에 의해 정리될 수 있다. 이에 반해서 현대사회의 시대정신으로서의 '부조리'는 형식논리의 파악범위를 넘어서 비결정성과 애매성을 지닌 채 우리의 삶을 혼란과 진공상태에 빠뜨리는 것을 의미한다. 우리는 이때의 '부조리'를 이 단어가 일상적인 의미로 쓰일 때와 구분하기 위해 '철학적 부조리'라고 칭할 수 있을 것이다.

그런데 사르트르나 카뮈 등 현대 서양사상가들이 말하는 부조리는 우주에서 인간만의 특별한 위상과 내세를 강조하는 플라톤 철학과 기독교적 인간론이 와해됨으로써 발생한 혼란 속에서 부각된 것이다. 현실에 집중하며 살아가는 인간에 주목하며 그의 본성을 규명하는 것을 당연하게 여기는 전통 속에서 생활한 한국인에게는 사르트르나 카뮈 등 서양사상가들이 절규하듯 '부조리' 문제를 고발하는 것에 공감하기 힘들 수도 있는 것이다. 그러나 서양문화와 동양문화를 단순하게 가르고, 한국인을 동양문화권에 국한 시킨 후 철학적 부조리 문제에서 제외시키는 것은 타당할까? 아마 이런 이분법적 접근은 경직된 문화결정주의이며 혼성문화시대의 흐름에 대한 무지일 것이다. 불교와 유교의 전통이 내면화된 한국인이 플라톤 철학과 기독교 사상을 이해하고 따르기도 하는 것은 새로운 것을 받아들일 수 있는 개방성 때문이다. 이런 개방성은 타자에 의해 명료화된 내 안의 다양한 존재성격이 이미 자리를 차지하고 있기 때문에 형성된 것으로 볼 수 있다. 우리가 철학적 부조리를 이해하고 사르트르와 카뮈, 베케트 등의 부조리극을 감상하며 공감할 수 있는 근본적인 이유도 우리의 삶 안에 현대 서양사상가들이 지적한 세계와 인간 존재의 부조리성이 시대와 지역을 초월하여 잠복돼 있어서다. 과도한 경쟁과 물질적 욕망에 이끌려 현실문제에 매달리며 살아가는 한국인의 자살률이 압도적으로 높다고 한다. 이러한 현실은 한국인의 의식 밑바닥에 '내가 무엇 때문에 살지', '이렇게 꼭 살아야하나?'라는, 사르트르와 카뮈의 부조리의식을 이끌었던 삶과 죽음에 대한 근본적인 질문과 그것을 에워싸고 있는 허무주의와 죽음으로의 도피의식인 타나토스가 그 어느 문화권 사람들보다 더 심각하게 도사리고 있기 때문일 것이다. 은닉된 채 우리도 모르게 우리를 지배하고 있는 철학적 부조리 의식의 실체를 실존철학자들의 부조리에 대한 사르트르와 카뮈 등의 논의를 중심으로 살펴보면서 확인할 수 있을 것이다.

실존사상가들의 부조리에 대한 통찰은 무엇보다도 세계와 인간존재에 대한 비극적 관점에 근거를 둔 것이다. 염세주의는 그런 비극적 관점 중 하나다. '염세주의(pessimism)'라는 말은 '가장 안 좋은 상태'를 나타내는 라틴어 최상급 'pessimum'에서 유래한 것이다. 염세주의 철학자 쇼펜하우어는 세상을 현명하게 살려면, 긍정적인 것만 봐서는 안 되고 가장 부정적인 모습을 직시해야 한다고 주장한다. 쇼펜하우어의 뒤를 이어 키르케고르는 실존주의를 최초로 철학적인 주제로 조명한다. 그에 따르면 모든 것을 빼앗아 가는 죽음으로 끝나는 삶의 무의미성과 부조리성에 직면한 인간은 불안과 절망에 휩싸이게 될 수밖에 없다. 키르케고르 이전에 유럽사회는 죽음이 야기하는 삶의 무의미성과 부조리성 그리고 이에 따른 부정적인 세계관과 불안과 절망 등 부정적 감정을 기독교적 인본주의와 내세신앙으로 억제했다. 그러나 키르케고르가 활동하던 시대에는 종교개혁과 과학혁명, 계몽주의 운동으로 기독교는 그런 기능을 할 권위를 크게 상실했다. 이런 시대적 분위기를 니체는 허무주의로 표현한다. 실체야 어쨌든 희망을 걸만한 불빛이 사라진 허무의 바다에 던져진 인간은 끝내 허무하게 사라질 수밖에 없는 존재임을 그 어느 때보다 절감하게 된다. 불안과 절망감이 어느 시대보다도 인간을 지배하게 되는 것이다. 이때 대부분의 사람들은 불안과 절망을 피하려고 군중 속에 함몰되어 스스로를 망각하며 살게 된다. 이로써 자신의 삶을 살지 못하고 군중이 원하는 타자의 삶을 사는 괴상한 일이 일상이 된다. 피할 수 없는 부조리한 상황에 운명적으로 던져졌던 인간이 자신마저 기만하는 가면으로 그 부조리한 상황에 적응하면서 또 다른 부조리에 빠지는 것이다. 키르케고르는 이런 부조리로부터 탈출할 수 있는 유일한 길은 교회중심의 대중적인 신앙이 아니라 각자가 신 앞에 서서 자신의 삶을 불안과 절망으로부터 스스로 구원하는 개인중심 신앙인 단독자 신앙이라고 주장한다. 그러나 신과의 관계를 새로 정립하여 부조리 문제를 해결하려는 이런 시도는 과학기술이 지배하는 시대에 설득력을 얻기가 쉽지 않다.

쇼펜하우어의 주저 『의지와 표상으로서의 세계』를 헌책방에서 우연히 발견하고 우주가 새로 열리는 충격을 받았다는 니체는 염세주의를 허무주의로 심화시킨다. "신은 죽었다"는 니체의 주장은 기독교 신앙에 의해 유지되던 모든 가치관과 도덕과 인간관이 더 이상 지탱될 수 없다는 선언이자 허무주의 시대가 도래했다는 선언이다. 니체에 따르면 세상에는 원래 그 자체로 선한 것도 악한 것도 없다. 인간에게 좋은 것과 나쁜 것만이 존재하는 것이다. 그런데도 인간은 선과 악을 절대적인 것 인양 구별하면서 살 수밖에 없다. 이 허상을 진리처럼 여기며 살아야하는 상황이 니체가 주목한 삶의 부조리다. 이런 상황에서 인간이 자기 삶의 주인으로 살기 위해서는 지금까지의 삶의 방식을 벗어나야 한다. 이제 인간은 지금까지 옳다고 믿어 왔던 것이 틀릴 수 있고, 지금까지 틀렸다고 믿었던 것이 사실은 옳은 것일 수 있다는 점을 인식해야 한다. 다시 말해, 부조리를 부조리로 인식하는 자가 되어야 한다. 이것은 도덕의 노예가 되는 것이 아니라

도덕 위에서도 춤출 수 있는 진정한 자유인이 되는 길이다. 쇼펜하우어는 "모든 인생은 고통이다"고 규정하고, 이런 인생에서 해탈할 것을 주장했다. 그런데 니체는 모든 인생이 고통이라는 사실은 인정하면서도 해탈을 거부한다. 해탈은 자신의 한번뿐인 삶에 주인으로 서지 못하고 소극적으로 대응하는 것이기 때문이다. 운명을 사랑하라!(amor fati!) 니체는 반복되는 일상과 죽음과 같은 고통을 포함한 피할 수 없는 모든 필연적인 일들을 운명으로 인정하고 사랑해야 한다고 주장한다. 운명을 거부하는 것은 자기 삶을 부정하는 것이기 때문이다. 피하고 싶은 것을 피하는 것이 아니라 오히려 사랑할 때 자기 삶의 주인이 된다는 니체의 이 역설적 해결책 속에는 상식적으로는 납득할 수 없는 또 다른 차원의 부조리성이 존재한다. 이때의 부조리성은 주어진 부조리성을 의지적으로 헤쳐 나가려는 인간의 적극적 대응이다. 이런 대응을 통해 인간은 운명에 의해 규정된 자기 자신을 초월한 자가 되고, 부조리성은 부정적인 성격을 탈피하게 된다. 니체가 시도한 이런 대응방식을 나중에 카뮈는 철학적 에세이 『시지프스 신화』에서 부조리에 맞서 휴머니즘이 나아가야 할 유일한 길로 제시한다.

## 1) 사르트르와 부조리 체험

쇼펜하우어, 키르케고르, 니체가 파악한 철학적 부조리를 소설과 수필 등 대중적인 글쓰기를 통해 시대적인 화두로 만든 이들은 양차 세계대전으로 인류가 삶의 비극성과 냉혹함을 절감한 후 등장한 사르트르와 카뮈다. 사르트르는 소설 『구토』의 주인공 로캉탱을 통해 "마로니에 나무의 뿌리와 같은 사물 그 자체를 직시할 때에 발견된 그 우연한 사실성 그것이 부조리이며, 그런 때에 인간은 불안을 느낀다"고 주장한다. 프랑스 어느 지방 도시에 사는 젊은 역사학자인 로캉탱은 어느날 갑자기 자신이 누구인지, 왜 사는지를 이해할 수 없게 되었다. 그전까지 로캉탱은 18세기에 살았던 롤르봉 후작이라는 무명의 역사적 인물에 대한 전기를 쓰는 데 몰두하고 있었는데, 객관적으로 인정될 수 있는 확실한 근거가 충분하지 않은 자신의 작업이 아무런 의미가 없다고 여겨졌기 때문이다. 그러던 중 그는 공원에 있는 마로니에의 나무뿌리에 주목하며 구토를 느낀다. 평소에 로캉탱은 일정한 규칙성과 확실한 존재 이유를 추구하며 살았다. 그러던 그가 본 나무뿌리는 누군가에 그것을 "뿌리"라고 부르는 것과 무관하게 그리고 누군 가 그 뿌리의 본질을 어떻게 규정하는 것과 무관하게 그리고 그 어떤 쓰임새나 목적과 무관하게 우연히 지금 여기 이렇게 존재한다. 인간이 그것에 부여한 모 든 명칭들을 괄호 친 채 사물 그 자체로서만 볼 때는 인간이 만든 모든 어휘와 본질규정에서 빗겨난 채 "괴상하고 무질서한 덩어리"로서만 그곳에 있었다. 우 리가 부여해온 허망한 의미를 단숨에 벗어던지고 그것이 그 자체로 지금 여기 이렇게 그저 존재한다는 사실은 모든 것을 자신을 중심으로 보던 인간에게는 매 우 낯설고 섬뜩한 것이다.

나무뿌리를 보고 통찰한 이러한 사실은 그대로 로캉탱 자신의 존재에도 적용 이 된다. 그가 누구의 설계에 의해 무엇을 위해 태어났는지, 그의 탄생이 무슨 가치가 있는 등 확인할 수 없는 이런 초월적 규정들이 맞는지 틀린지와 무관하 게 확실한 사실은 그가 우연히 이 우주 한가운데 그저 존재한다는 것이다. 해변 에서 발견된 조약돌 역시 마찬가지다. 그것은 물수제비뜨기를 하기 위한 도구로 서의 돌도 아니며, 돌이라는 본질을 나타내는 어휘나 존재 이유와 무관하게 그 냥 그 자리에 있는 것이다. 본질을 규정하기 전에 무엇이 존재한다는 사실은 변 함없기 때문에 로캉탱이라는 인물도, 물수제비뜨기를 하기 위한 돌도 그 자체로 서는 모두 아무런 존재 이유나 목적도 없이 그저 존재하는 공연(空然)한 존재일 뿐이다. 이 냉혹한 현실은 인간이 신에 의해 특별한 목적을 지니고 태어났으며, 그런 인간을 둘러싼 햇빛이며 나무며 물 등 모든 것도 의미와 목적이 있다고 믿 었던 자에게는 낯설고 충격적이며 납득할 수 없는 부조리로 드러난다. 그러자 로캉탱은 자기 자신을 포함하여 모든 것이 허공 속에 둥둥 떠다니는 듯하고 속 이 뒤집히는 느낌을 받는다. 기존에 알던 세계로부터 떨어져 나가는듯한 심한 현기증과 구토증이 그를 덮친 것이다. 사르트르는 이때 로캉탱의 심정을 다음과 같이 표현한다. "모든 것이 무의미하다. 공원도 도시도 나 자신도 마찬가지다. 이러한 것들을 분명히 알게 되면 속이 울렁거리고 모든 것이 가물거리기 시작한 다. 그리고 구토가 치민다." 이런 인식이 과연 실제로 구토증을 유발할지는 의문 이다. 로캉탱의 '구토'는 자신을 지탱하던 관념이 와해되며 낯선 사막 같은 세상 에 던져진 자가 느끼는 혼란과 불안에 대한 문학적인 표현으로 봐야할 것이다.

로캉탱처럼 구토증을 느끼지 못했다고 해서 철학적 부조리성을 체험하지 못했다고 단정할 필요는 없는 것이다.

그런데 인간은 우연히 던져진 무의미하고 목적 없는 세계 속에서 끊임없이 표류하기만 하는가? 사르트르는 오히려 세계의 우연성과 존재의 부조리성에서 희망을 발견할 수 있다고 주장한다. 그 어떤 선험적 본질이나 삶의 목적에도 구속되지 않는 로캉탱은 자유로운 존재다. 존재라는 것은 본디 허무하고 반복적인 것이다. 인간은 존재의 허무와 권태에도 불구하고 살아가고 있다. 로캉탱은 존재가 가져다주는 공연함에 분노하면서도 여기저기 되는대로 널려있는 존재들 속에서 본능적으로 느끼는 메스꺼움을 '정상적'인 것이라 여기게 된다. 이제 그는 사물이란 순전히 보이는 그대로의 것이며 그 뒤에는 아무것도 없다고 말하게 되었다. 이것은 인간을 포함한 모든 존재하는 것들과 그것들이 있다는 사실 자체 즉 존재 자체에 대해서도 마찬가지이다. 인간에게 희망은 존재의 무상함을 똑바로 바라보고 그것을 끌어안는 데서 시작된다. 인간은 그의 의지와 무관하게 이미 규정된 무엇으로 존재하는 것이 아니기 때문에 자유로운 자이고, 그래서 자신이 '본질'을 스스로 만들어 갈 수 있는 존재이다. 로캉탱은 과학혁명이후 와해된 존재에 대한 초월적인 규정들에서 해방되어 스스로 새로운 본질을 만들어 나갈 수 있는 의식을 갖추었다.

## 2) 카뮈와 부조리에 대한 인식

카뮈는 『시지프 신화』에서 "부조리란 본질적인 관념이고 제1의 진리이다"고 선언한다. 그는 또 "삶의 끝이 결국 죽음이라면 인생은 부조리한 것이다. 하지만 비록 인간의 삶이 부조리한 것이라 해도, 난 계속해서 '오직' 인간이기를 원한다. 다시 말해, 난 인간에게만 주어지는 '생각하는 능력'을 포기하지 않을 것이며, 내 이성을 사용해 끊임없이 세계를 이해하기 위해 노력할 것이다. 그리고 이처럼 어처구니없는 상황에서 벗어나기 위해 '인간적이지 못한' 신의 구원을 기대하지도 않을 것이며, 미래나 영원에 대해 희망이나 기대를 갖지 않을 것이다. 다만 나는 바로 지금, 바로 여기의 삶에 충실할 것이다"고 선언한다. 육체적 고통과 인간관계의 균열은 생명(Leben)과 삶(Leben)을 지탱해주는 힘이 소진된다는 징후이며, 그 징후가 최종적으로 가리키는 것은 죽음이다. 고통과 불안이 비극이듯이 그것의 최종적 결과인 죽음을 우리는 비극의 절정으로 볼 수 있다. 비극작품의 주인공이 황금빛 찬란한 시기를 보내다 나락으로 떨어질 때 그 운명의 비극성이 더욱 선명하게 드러난다. 행복한 시간이 있었더라도 그 결말이 생애의 모든 노력과 성취를 끝장내는 죽음이라면, 그 인생은 해피엔딩이 아니라 비극이라는 것이다. 죽음이라는 한 순간의 사건이 생애의 전 과정을 성공과 실패, 가치와 무가치로 결정짓지는 않는다는 입장을 견지하거나 현세의 고통을 내세에 보상받는다는 신앙을 갖지 않는 자에게 "삶의 끝이 결국 죽음이라면 인생은 부조리한 것이다"는 카뮈의 주장은 설득력 있게 들린다.

그런데 많은 이들은 부조리한 상황 속에서 부조리를 직시하며 그것에 맞서서 자신의 삶을 지키려 하지 않고, 부조리를 보지 못하고 휩쓸려가며 습관적으로 삶을 이어간다. 간혹 삶의 부조리성을 충격적으로 통찰한 자들은 그로 인한 혼란과 절망을 견디지 않고 죽음을 선택한다. 따라서 이런 이들이 감행한 자살은 삶이 부조리하다는 것을 고발하는 상징적 사건이다. 그렇다면 왜 어떤 이들은 부조리의 체험으로 인해 스스로 죽음을 선택하는 걸까? 부조리의 성격에 대해 좀 더 살펴보아야만, 자살에 이르게 하는 부조리의 심각성을 이해할 수 있을 것이다. 자살과 관련해서 카뮈는 『시지프 신화』에서 다음과 같이 말한다. "자살은 어떤 의미에서 그리고 멜로드라마에서처럼 하나의 고백이다. 그것은 삶을 감당할 길이 없음을, 혹은 삶을 이해할 수 없음을 고백하는 것이다." 삶 자체는 종교나 윤리 등 인간이 만들어낸 이데올로기가 주장하는 것과 같은 특별한 이유도 목적도 실제로는 갖지 못 하면서 그저 습관에 의해 유지되고 있다. 반드시 살아야할 심각한 이유가 없다는 점과 그런데도 법석을 떨며 사는 일상이 어처구니없어 보일 때 습관에 의해 이끌려가던 삶은 자신의 것이 아니라 낯선 것으로 느껴진다. 습관에 의해 반복되는 비주체적인 삶 속에서 인간은 자신을 이방인으로 느끼며, 삶에 대한 권태와 모욕감과 수렁에 빠진듯한 감정에 휩싸이게 된다. 이것이 바로 자살에 이르게 하는 부조리의 감정이다.

이처럼 살아야할 아무런 이유나 의미도 없는 삶을 살아야만 하는 인간의 절망적 상황을 카뮈는 '시지프의 형벌'에 비유한다. 그 형벌은 높은 바위산 위로 거대한 바위를 계곡으로부터 밀어 올리는 것이다. 그런데 시지프가 온 힘을 다해 밀어 정상에 올린 바위는 제 무게로 인해 다시 반대편 계곡으로 굴러 떨어져 버리게 되어 있다. 이때 노동은 무의미해진다. 그러나 시지프는 추락을 예견하면서도 다시 그 돌을 밀어 올려야한 한다. 추락의 순간 즉 그간의 분투가 무가 되어 버리는 죽음과 같은 허무의 순간을 반복해서 겪게 하는 것이 형벌의 주목적이다. 고군분투하던 삶이 결국에 가서 맞게 될 무의미성과 허무를 통찰한 자는 절망과 혼란 속에서 부조리의 감정에 휩싸여 자살을 선택할 수 있다. 카뮈에 따르면 이런 '부조리의 사막'에 던져진 인간은 무력함에 빠져 다음과 같이 절규한다. "그것이 지닌 유일한 뜻을 이해하지 못하는 내게 이 세계는 엄청난 비합리의 덩어리에 불과하다. 단 한번만이라도 '분명하게 알겠다'고 말할 수만 있다면, 모든 것은 구원될 수 있으리라. 그러나 열망뿐인 사람들은 어느 것 하나 분명한 것이 없고 모두가 혼돈이며, 인간이 가진 것이라고는 오직 스스로의 명증성과 자신을 에워싸고 있는 벽에 대한 명확한 인식뿐임을 공언한다."

그런데 분명하게 말할 수 없다는 사실은 인간의 삶 자체만이 아니라 인간을 둘러싸고 있는 자연에 대해서도 마찬가지다. 내가 확신할 수 있는 것은 만져볼 수 있는 세계가 그저 존재한다는 사실뿐이다. "나의 모든 지식은 여기서 멈춘다. 그밖의 것은 조작이다." "내 것인 이 마음 자체조차 나에게 영원히 정의될 수 없는 것으로 머물 것이다." 내가 나의 마음에 대해 확실하게 규정할 것이 아무것도 없다. 따라서 "영원히 나는 나 자신에게 이방인일 것이다. 심리학에서든 논리학에서든, 여러 가지 진리들은 있으나 유일한 진리는 없다." 카뮈는 나 자신의 마음뿐만 아니라 우리가 일상에서 만나는 자연적 풍경들에 대해서도 내가 확신할 수 있는 것은 그것에 대한 나의 직접적 체험뿐이지, 그것들의 존재 이유와 목적, 방식 등을 탐구한 자연과학적 지식은 아니라고 말한다. "여기 나무들이 있다. 나는 그 꺼칠꺼칠한 촉감이나 물기를 알고 있으며 그 맛을 느낀다. 여기 이 풀잎과 별들의 냄새, 밤, 마음이 느긋해지는 저녁나절들, 내가 이토록 저력과 힘을 실감하는 터인 이 세계의 존재를 어찌 부정할 수 있겠는가? 그러나 지상의 모든 지식은, 이 세계가 나의 것이라고 확신시켜줄 만한 것이라곤 아무것도 제공하지 못할 것이다. (중략) 이렇듯 나에게 모든 것을 다 가르쳐줄 것 같던 과학은 가설로 끝나고, 저 명증성은 비유 속으로 가라앉고 저 불확실성은 예술작품으로 낙착되어버린다. "따라서 인간은 과학을 통하여 제반 현상들을 파악하고 열거할 수 있다 할지라도 그것은 이론적 차원에 머물고 구체성과 친숙함을 지닌 나의 체험이 되지 못한다. 자연 속의 사물들이 나에게 낯선 것으로 존재하는 것이다. 이처럼 부조리한 삶의 현실 밑바탕에는 있는 것은 인간을 둘러싼 자연의 낯설음이다. 이때 우리는 한동안 더이상 세계를 이해하지 못한 채 사막에 던져진 느낌을 갖게 된다. 이것은 또 다른 차원의 부조리의 감정이다.

그렇다면 카뮈 자신도 자살이라는 방식을 사막에 던져진 부조리한 삶에서 벗어날 수 있는 탈출구로 본 것일까? 카뮈는 단호히 아니라고 대답한다. "인생이 살만한 보람이 없기 때문에 자살한다는 것, 그것은 필경 하나의 진리이다. 그러나 너무나 자명하기에 아무 데도 쓸모없는 진리이다." 자살은 문제가 되는 상황을 죽음으로써 소멸시키는 것일 뿐 문제 자체를 해결하는 것은 아니기 때문이다. 카뮈는 우리의 선택과 무관하게 우연히 우주에 던져진 삶이 그 자체로는 무의미하기 때문에 오히려 의미가 있다고 본다. 삶에는 아무런 고정된 의미가 없기 때문에 각자가 자신의 삶을 스스로 의미 있는 것으로 만들 수 있는 자유가 우리에게 주어진 것이기 때문이다. 그래서 카뮈는 자신의 삶이 무의미하다는 것을 알아차리는 순간을 '위대한 의식의 순간'이라고 칭한다. 그런데 삶의 무의성을 깨닫고 자신에게 주어진 자유를 이용해 부조리에 저항하는 깨어있는 인간은 신과 같은 객관적으로 확인할 수 없는 존재로 지탱되는 초월적 존재 이유나 의미에 기대는 자가 아니다. 그는 삶의 부조리성과 내 지식의 한계를 벗어나 존재하는 자연의 낯설음과 혼란스러움을 있는 그대로 받아들이면서도 삶을 견디는 자이다. 부조리를 깨달은 자는 거짓 의미와 가치와 목적을 제공하던 모든 형이상학적 신념체계를 해체시키고, 그 신념체계에 의해 유지되던 죄의식과 미래를 위해 현재를 희생하라는 가치관 등 모든 억압적인 장치들을 제거한다. 사막의 밤을 견디며 걷는 자유인의 길로 들어서는 것이다.

그는 인생이 죽음으로 끝난다고 해서 즉 삶이 부조리하다고 해서 그런 삶을 살만한 가치가 없는 것으로 보고 자살을 선택하지 않는다. 그는 자신이 갖고 있는 생각하는 능력을 발휘하며 세상을 이해하기 위해 노력하며, 종교가 제시하는 사후세계에 대해 기대하지 않으며 지금 여기의 삶에 충실한 자다. 카뮈가 말하는 '부조리 인간(l'homme absurde)'은 이렇게 '부조리를 의식하며 거기에 맞서서 살아가는 인간'을 뜻하는 것이지 그 자신이 '부조리한 인간'이라는 뜻은 아니다

## 2. 돌파

부조리를 인식하며 반항하는 카뮈의 방식은 인간이 만든 거짓들을 해체하여 사막과 같은 삶을 견디는 적극성과 용기를 보여준 것은 사실이다. 그러나 그런 방식은 거짓을 유발한 삶의 부조리성과 자연의 불확실성 자체를 극복한 것이 아니라 그대로 견디는 것이다. 따라서 이런 방식은 카뮈가 비판했던 현실을 있는 그대로 직면하지 않고 초월하는 형이상학적인 방식처럼 결국은 그저 심리적 위안만을 주는 염세적인 세계관이 아닐까? 만약 이것이 사실이라면 인간은 결코 부조리의 늪에서 벗어날 수 없고, 오로지 일상의 번잡함에 몰두하며 부조리한 현실을 외면하거나, 일상의 권태를 자살로 끝내거나, 쳇바퀴 안의 다람쥐가 포기하지 않고 쳇바퀴를 돌리듯 탈출구 없는 반항만 할 수밖에 없는 존재란 말인가? 부조리에 대한 철학적 통찰은 염세적 세계관을 극복할 수 없는 것인가?

이런 한계에도 불구하고 사르트르와 카뮈가 제시한 부조리에 대한 해결책은 사상사적 관점에서 다음과 같이 평가될 수 있을 것이다. 그들이 시도한 실존철학적인 해결책은 흔히 말하듯 실존철학 특유의 감상주의적이고 주관주의적 반응에 불과한 것이 아니다. 실존주의 사상가들은 오히려 인간을 특별한 존재로 만들었던 신의 존재가 부정되고 과학적 세계관이 지배하게 된 시대적 상황을 직시하고, 그 세계 속에서 가능한 인간다운 삶을 모색하였다. 실존주의 사상가 중 키르케고르는 과학적 지식에 대한 맹신을 비판하며 개인적 신앙으로 다시 회귀하였지만, 사르트르나 카뮈 등 대다수 실존주의 사상가들은 코페르니쿠스의 지동설로 시작된 과학혁명 후 와해된 인간중심적 세계관에 주목한다. 화이트헤드는 『과학과 근대세계』에서 자연과학적으로 볼 때 이 세계는 무의미, 무목적, 무가치를 특징으로 한다고 선언한다. 기독교와 같은 이데올로기에 의해 유지되던 인간중심주의가 해체되자 자연세계에 존재하는 모든 사물들이 그 자체로는 아

무런 목적도 가치도 의미도 없는 것으로 드러났다는 것이다. 실존주의 사상가들은 이런 허무주의적이고 비극적인 현실을 직시하고, 신이 죽은 시대에 인간이 혼자서 살아갈 수 있는 길을 탐색한 것이다.

# 5장

# 야스퍼스 - 온전함을 향한 사유 운동[1]


칼 야스퍼스(Karl Jaspers)는 1883년 2월 23일 법률가 출신으로 은행장이 된 아버지와 부농의 딸이던 어머니 사이에서 3남 1녀 중 장남으로 북해가 보이는 독일 서북부 올덴부르크에서 태어났다. 중고등학교 시절 야스퍼스는 철학에 관심을 가지고 스피노자를 읽었다. 어린 시절부터 기관지 확장증과 이차적 심부전증으로 병약했던 야스퍼스는 늘 건강을 염려하며 겨우겨우 학창시절을 보냈다. 그러다 18살이 되던 해에 야스퍼스는 당시에는 치료가 불가능한 희귀성 폐결핵 판정을 받는다. 담당 의사는 그가 20살을 넘기기 힘들 것이라고 진단했다. 한창 왕성한 생명력을 발산해야 할 시기에 죽음이라는 한계상황 앞에 선 것이다. 건강상의 문제로 6개월을 쉬고, 1901년 고교를 졸업한 야스퍼스는 아버지의 권유로 하이델베르크 대학 법학과에 입학한다. 얼마 후 뮌헨대학으로 옮겼으나 야스퍼스는 법학에는 흥미를 느끼지 못했다. 그렇게 3학기를 보낸 후 법학 공부를 중단하고 베를린 대학에서 의학을 전공한다. 그 후 괴팅엔 대학을 거쳐서 하이델베르크 대학으로 옮긴 야스퍼스는 그곳에서 1908년 의과대학을 졸업한다. 이때 야스퍼스는 고향에 대한 그리움과 범죄행동의 관계를 탐구한 『향수와 범죄』로 의학박사 학위를 받는다. 이 후 야스퍼스는 하이델베르크 정신과 병동 일을 도우면서 현상학적인 방법으로 정신병리학적 연구를 진행한다. 정신병리학에 관한 체계적인 이론서가 없던 때라 스프링거 출판사는 의대생들을 위한 정신병리학 교재를 저술해 줄 것을 야스퍼스에게 제안한다. 이 제안에 따라서 야스퍼스는 그의 출세작인 『정신병리학 총론』을 1913년 출간한다. 같은 해 이 책은 하이델베르크 대학 철학부에서 심리학 교수자격 논문으로 받아들여진다. 1916년부터 야스퍼스는

---

[1] 이 책의 저술을 위해 구상된 이 논문은 『철학논집』 제63집(2020)에 「야스퍼스의 다원주의와 '형식적 지시'로서 철학상담 방법론 연구」로 발표되었다.

하이델베르크 대학에서 심리학을 가르치는 객원교수가 된다. 이 강의내용을 바탕으로 야스퍼스는 1919년『세계관들의 심리학』을 출간한다. 이 책은 일반적인 의미의 심리학책이라기 보다는 다양한 형태의 세계관들을 비교하며 그 한계와 의미를 분석한 철학적 저술이다. 야스퍼스는 이 책에서 실존, 결단, 자유, 한계상황, 형식적 지시, 주-객-분열 등 실존철학의 주요 개념들을 제시한다. 하이데거 등 당대의 철학자들은 철학을 전공하지 않은 야스퍼스가 쓴 이 책을 철학적으로 중요한 저술로 인정한다. 이런 성과 덕분에 야스퍼스는 이듬해인 1920년 하이델베르크 대학 철학과 정교수가 된다. 강단철학에 진입한 야스퍼스는 철학적 연구에 집중하면서 1932년에 그의 실존사상을 집대성한 대작『철학』을 출간한다. "철학적 세계정위", "실존조명", "형이상학"으로 구성된 이 책을 통해서 야스퍼스는 철학이 과학을 닮아가려 하던 당대의 철학이 철학함의 장애가 되었다고 주장한다. 철학은 과학이 될 수 없고, 과학이 될 필요도 없다고 선언하면서 야스퍼스는 과학과 구별되는 철학의 고유한 역할을『철학』에서 새롭게 제시한다.

> "철학적으로 삶을 이끌어가려는 의지는 개인이 처한 어둠 속에서 시작하며, 그가 사랑 없이 마치 공허함으로 딱딱하게 굳어버릴 때의 상실 속에서 출발하며, 갑자기 깨어나 숨이 막혀서 '나는 무엇인가?', '내가 헛되이 매달린 것은 무엇인가?', '나는 무엇을 행해야만 하는가?'라고 물을 때 혼란에 의해 와해되는 자기망각에서 출발한다."
>
> - 칼 야스퍼스, 『철학입문』(1950)

야스퍼스의 주요저서로는 다음과 같은 것이 있다. 이성과 실존을 공조 관계로 재정립한『이성과 실존』(1935), 나치의 전쟁범죄를 계기로 독일국민과 인류가 짊어져야할 다양한 책임의 차원을 밝힌『죄와 책임의 문제』(1946), 과학이나 형식논리와는 다른 철학적 논리학과 포괄자 존재론을 전개한『진리에 대하여』(1947), 이성과 조화를 이룰 수 있는 신앙을 탐구한『철학적 신앙』(1948), 역사철학과 문명비판을 담은『역사의 목적과 기원』(1949) 등이 그것이다.

나치 정권 시절 야스퍼스는 유대계 부인 때문에 대학에서 쫓겨난다. 이 시절 야스퍼스는 사랑하는 아내와 자신의 존엄성을 지키기 위해 만약의 경우 죽을 각

오로 극약을 품고 살았다. 2차 대전 후 독일 지성계와 점령국 미국의 요청으로 야스퍼스는 독일이 과오를 털어버리고 정상국가로 들어서는 일에 관여한다. 이 때를 전후에 정치철학적인 저술도 남긴다. 그러나 당시 독일은 나치에 부역했던 정치인을 총리로 선출하는 등 야스퍼스의 기대와 다른 모습을 보인다. 이에 실 망한 야스퍼스는 1948년 스위스 바젤 대학의 초빙을 받아들여 독일을 떠난다. 남은 생을 바젤에서 보내던 야스퍼스는 아내 게르투르트(Mayer Gertrud)가 90 세 생일을 맞던 1969년 2월 26일 86세의 나이로 세상을 떠난다.

## 1. 존재의 다원성과 삶의 길 안내로서 철학함

단 하나의 근본 원리로 인간과 그의 세계를 설명하고, 이를 체계적인 지식으로 확정할 수 있다고 주장하는 사상이 있다. 사변적 관념론이나 유물론적 공산 주의, 신체 중심 심신상관론, 유전자 결정론 등이 그런 사상이다. 그런 사상 중에는 객관적으로 입증된 몇 가지 사실을 근거로 객관적으로 입증할 수 없는 현상을 확정적으로 설명하기도 한다. 종교와 윤리, 문화 등 정신적인 현상을 생물학적으로 환원해서 설명하려는 윌슨이나 도킨스의 최근 시도나 신체 중심 심신 상관론을 전개했던 야스퍼스 당대의 바이제커(Weisäcker V. V.)나 마이어 (Meyer A.)가 그런 시도를 했다. 야스퍼스는 '과학이 될 수도 없고, 과학이 될 필요도 없는 철학'을 통해서 '과학주의'와 모든 절대화 시도에 맞서며 인간과 그의 세계의 개방성과 다원성을 밝히려 한다. 야스퍼스에 다르면 인간은 자신이 알고 있는 지식을 초월한 존재이며, 과학적으로 대상화할 수 없는 차원도 지닌 채 자기 자신과 세계를 창조하는 존재이기 때문이다. 이런 통찰을 받아들인다면, 우리는 인간의 존재와 그의 세계가 단일한 차원의 고정된 사실로만 존재한다고 볼 수 없다. 이런 사유에 들어섰을 때 우리에게 진리는 추상화된 인간의 소유물이 아니라 열린 길로서 드러난다.[2]

그런데 방법론적 일원론자들은 사회 문화 현상도 자연 현상처럼 인과의 법칙

---

2) Jaspers K., *Von der Wahrheit*, München/Zürich, Serie Piper, 1991, 1참조. "[...]" 는 필자가 첨가한 것. 이하에서는 "VW"로 약칭.

으로 설명될 수 있기 때문에 사회 문화 현상 역시 자연 과학과 같은 방법론을 적용해 탐구해야 한다고 주장한다. 방법론적 일원론자인 알베르트는 영역 구분에 근거한 세계에 대한 다원론적 접근방식을 단호히 거부한다. 감성적으로 경험 가능하고 객관적으로 확정할 수 있는 세계를 제외한 그 밖의 것들은 인간이 손을 델 수 없는 섬과 같은 영역들이라서 '과학'(Wissenschaft)의 탐구대상이 아니라고 보기 때문이다.[3] 야스퍼스도 '과학'의 대상을 감성적으로 경험 가능하고 객관적으로 확정할 수 있는 대상으로만 국한한다. 그러나 인간은 이러한 과학적인 탐구에만 머물지 않고 사유를 전개한다. 야스퍼스는 인간의 이러한 사유의 근원을 "온전히 되려함(Ganzwerdenwollen)"[4]이라는 인간의 존재 성격에서 찾는다. 그에 따르면 온전히 되려하는 사유의 본성이 곧 철학함의 출발점이다. 온전함을 향한 사유 운동은 존재의 각 영역의 경계를 초월해 전개된다. 즉, 온전함을 향한 사유 운동은 대상적으로 규정되고 고착된 지식을 철학적 반성을 통해 넘어섬(Transzendieren)으로써 우리의 존재의식과 사물에 대한 내적 태도를 변형하고 확장할 수 있다. 이런 확장을 통해 우리는 감성적 세계에 대한 '지식'을 부정하는 것이 아니라, 지식의 명증성 차원을 넘어서 만나는 실존적이고 초월적인 현실(Wirklichkeit)도 하나의 진리로 수용하게 된다.

그런데 야스퍼스는 과학주의에 무비판적으로 휩쓸려가거나 그와는 반대로 자기 폐쇄적으로 고립되는 철학이 아니라 과학과 권역적 독립성과 연계성을 갖는 철학을 새롭게 세우려 한다. 야스퍼스의 이러한 학문적 기획은 『세계관의 심리학』(1919), 『철학』(1931) 등으로 실현되고, 『진리에 관하여』(1947)의 작업으로까지 이어진다. 특히 『진리에 관하여』에서는 야스퍼스의 다원론적 철학함의 특성이 분명히 드러난다. 과학기술시대에 고답적 문헌학의 일종이나 논리 중심적인 개별과학의 하나로 전락하려는 철학을 야스퍼스가 『진리에 관하여』에서 존재의 다양한 차원을 균형있게 주제화하여 "포괄적 존재론"(Periechontologie)으로 재정립하려 시도했기 때문이다. 이제 『진리에 관하여』에서는 야스퍼스의 실존철학은 개별자의 내면성이라는 좁은 의미의 실존에만 초점을 맞춘 것이 아니

---

3) Albert H., *Traktat über kritische Vernunft*, 5rd ed., Tübingen, Paul Siebeck, 1995, p.105.

4) Jaspers K., *Die Idee der Universität*, Heidelberg/Berlin, Springer Verlag, 1961, p.31.

라 논리학에 대한 형이상학적인 분석과 초월자까지를 고려한 존재론적 지평 위에서 전개된다. 잘라문은 야스퍼스의 이러한 포괄자론이 역동적이고 열려있으면서도 균형 잡힌 인간 존재의 다원성을 나타내는 것을 목표로 한다고 평가한다.[5]

아직 철학과 교수가 아닌 정신병리학자 시절에 발표한 "정신병리학에서 현상학적 연구 방향"(1912)과 『정신병리학 총론』(1913),[6]에서도 야스퍼스는 정신질환의 원인을 다원론적으로 판단한다. 야스퍼스에 따르면 정신질환은 해석에 따라 달라질 수 있는 문제가 아니라 하나의 객관적 실체이다. 하지만 이 질환은 무차별적인 대상성을 지닌 사물에게 발생하는 것이 아니라 감정과 자유를 지닌 개별적 인간에게 발생한다. 따라서 정신적 문제를 적절히 다루기 위해서는 생물학과 같은 객관적 지식뿐만 아니라 개별자로서 인간의 고유한 존재성격을 이해해야 한다. 이러한 존재성격을 드러내기 위해서는 인간이 체험하는 모든 것을 그 나름의 존재 현상으로 인정하고 그 의미를 찾아보려는 현상학적인 관점이 요구된다. 야스퍼스가 인간 전체를 구성하는 다양한 요소들에 맞는 접근법을 사용한다는 점에서 정신의학자 걔미는 그를 다원주의적 방법론자로 분류한다.[7] 정신과 의사이자 철학자인 보르무트는 기존의 실증적 심리치료에 대한 야스퍼스의 비판을 면밀히 검토한다. 이런 과정에서 그는 야스퍼스의 다음과 같은 진술에서 정신분석을 대체하며 "삶을 길 안내"(Lebensführung)하려는 의도를 읽어낸다.[8] "업무에 의해 갈기갈기 찢겨져 자신을 망각한 상태에서부터 [...] 철학적으로 삶을 길 안내하려는 의지가 시작된다. [...] 철학함이란 근원을 깨어있게 하는 결단이며, 자신을 다시 발견하려는 결단이자, 내적인 행위를 통해 활력을 찾으려 할 때 스스로를 도우려는 결단이다."[9]

이상에서 살펴본 대로 야스퍼스의 다원론적 사유는 인간 존재의 온전성을 밝히려는 철학적인 작업으로 전개되었다. 이하에서 필자는 다원론적 관점에서 인

5) Salamun K. 저, 정영도 역, 『칼 야스퍼스』, 이문출판사, 1996, pp.109-112, 이하 "『칼 야스퍼스』"로 약칭.

6) Jaspers K., "Die phänomenologische Forschungsrichtung in der Psychopathologie", *Zeitschrift für die gesamte Neurologieund Psychiatrie*, Vol. ix, Berlin, Springer Verlag, 1912.

7) Ghaemi S. N., "On the Nature of Mental Disease The Psychiatric Humanism of Karl Jaspers", *Existenz*, Volume 3, No 2, 2008, p.9.

8) Bormuth M., *Lebensführung in der Moderne*, Stuttgart-Bad Cannstatt, frommann-holzboog, 2002, p.330.

9) Jaspers K., *Einführung in die Philsophie*, München/Zürich: Serie Piper, 1971, p.92. "[...]"는 필자가 첨가.

간의 역동성과 개방성, 개별성과 고유성을 밝히기 위한 그의 철학함은 '형식적 지시'의 형태로 전개되었다는 사실을 밝힐 것이다. '한계상황', '실존적 소통', '포괄자 존재론'은 야스퍼스의 형식적 지시 개념들인데, 필자는 이 개념들을 철학상담에 적용될 수 있게 재구성할 것이다. 나아가 필자는 야스퍼스의 형식지시적 개념을 통한 철학함이 정신분석 등 기존의 치료법이나 상담을 대체할 수 있는 '삶의 길 안내'로서 철학상담의 방법이 될 수 있다고 주장할 것이다. 끝으로 필자는 야스퍼스의 형식적 지시가 철학상담의 방법으로서 임상에 적용되기 위해서 보완되어야 할 점들에 대해서 살펴볼 것이다.


## 2. 철학상담의 방법론과 '제대로 철학함'

초창기에 철학상담사들은 방법론의 필요성에 대해서 논쟁했다. 이 논쟁은 "철학실천"(Philosophische Praxis)이라는 명칭으로 현대적 철학상담을 창시한 아헨바흐가 '철학상담은 심리치료처럼 특정한 방법에 의존하지 말아야 한다'고 주장한 데서 시작되었다. 아헨바흐는 메리노프의 PEACE 모델이나 라베의 4단계론처럼 정형화된 절차나 방법론을 제시하지 않는다. 그는 철학상담[10](철학실천)만을 위한 방법론을 별도로 제시하지 않고 철학함 자체로 상담을 이끌고 간다. 이러한 사실은 다음과 같은 그의 주장에서 확인된다. "철학실천은 자유로운 대화다 [...] 철학실천은 철학적 체계들에 개입하지 않고 [...] 사유를 운동상태에 놓는다, 즉 철학하는 것이다".[11]

그런데 아헨바흐는 '모든 내담자를 같은 방법으로 대하지 말라'는 등의 철학상담사가 지켜야 할 네 가지 '규칙'은 제시한다. 철학상담이 그 정체성을 유지하면서 상담으로 실현되기 위해서는 최소한의 규칙은 필요하다는 사실을 아헨바흐 역시 인정한 셈이다. 이 점에 주목한 라베는 '방법론'의 개념을 확대해서 아

---

10) 아헨바흐는 '철학상담'으로 번역되는 'Philosophische Beratung' 대신에 '철학실천'으로 번역되는 'Philosophische Praxis'라는 표현을 사용했다. 그런데 독일어 'Praxis'는 '실천'이라는 뜻도 있지만 '임상(활동)'이라는 의미도 지닌다. 아헨바흐가 심리치료나 심리상담의 대안을 철학에서 찾았다는 점과, '철학적 임상'(Philosophische Praxis)이 '철학상담'을 뜻한다는 점을 고려하여 필자는 여기서 'Philosophische Praxis'를 '철학상담'으로 번역하였다.

11) Achenbach G. B., "Philosophie als Beruf", *Philosophische Praxis. Vorträge. Aufsätze*, Köln, Verlag für Jürgen Dinter, 1987, p.32.

헨바흐의 철학상담 방법론을 "방법 초월적 방법(The 'Beyond-Method' Method)"이라고 특징짓는다.[12] 필자도 아헨바흐의 철학상담 방법론에 대한 라베의 이러한 규정에 동의한다. 구체적이고 확정적인 방법을 사용하지 않더라도 상담이라는 '행위'를 실행하는 한, 그 행위수행의 원칙이나 특징이 있을 수밖에 없고, 그런 것을 넓은 의미의 '방법'으로 볼 수 있기 때문이다. 다른 한편으로 아헨바흐는 소크라테스의 철학적 산파술을 철학상담에서 상담의 기본적인 대화방식으로 삼는다. 이런 관점에서 아헨바흐는 배의 항로나 상태를 알려주는 도선사와 같은 역할을 철학상담사가 해야 하고, 도선사의 조언에 따른 결정은 자기 삶의 선장인 내담자가 해야 한다고 말한다.[13] 상담사와 내담자의 관계설정에 대한 아헨바흐의 이런 입장은 앞으로 우리가 살펴볼 형식적 지시의 방법과 그 방향이 같다. 사유를 특정한 틀에 넣어 고정시키지 않고 늘 운동하게 하는 철학함 자체가 아헨바흐의 방법 초월적 방법이며 형식적 지시로서의 철학함의 길이기 때문이다.

쉬탐어도 심리상담이나 정신치료와 차별화될 수 있는 철학상담의 고유성을 철학함 자체에서 찾는다. 즉, 그에 따르면 철학상담의 본질이 철학함이며, 그것은 "또한 어떤 특별한 종류의 철학이 아니라, "제대로 철학함(Richtiges Philosophieren)"[14]이다. 쉬탐어의 이런 입장은 야스퍼스의 실존철학적 주요 개념과 함께 표현되기도 한다. 즉, 그에 따르면 '제대로 철학함'으로서의 철학상담은 죽음, 투쟁, 사랑, 우연, 죄 등 한계상황에 대한 내담자의 이해상태를 검토하며 실존적 이해에 도달하도록 돕고, 그런 실존적 이해가 가져올 긍정적인 결과를 명료하게 하는 것이다.

쉬탐어에 따르면 제대로 철학함으로서 철학상담을 행하는 상담사는 지식의 우위에 근거해서 내담자에게 조언을 주는 역할을 하지 않는다. 그 대신에 철학상담사는 지식이나 사회적 지배력 등의 배경들을 괄호 친 채 내담자가 자신들의

---

12) Raabe P., *Philosophical Counseling - Theory and Practice*, Westport, Praeger, 2000, pp.43-44. 이하 "Raabe(2000)"로 약칭.

13) Raabe(2000), p.57.

14) Stamer G., "Bildung bei Reflex", *Berufung und Bildung*. T. Gutknecht/B. Himmelmann/ G. Stamer(eds.), *Jahrbuch der Internationalen Gesellschaft für Philosophische Praxis*(IGPP), Band 2, Berlin, LIT Verlag 2008, p.34.

신념이나 바람직한 사회상이나 인간에 대해 통속적 차원을 넘어서 철학적으로 함께 탐구할 수 있도록 한다. 쉬탐어가 행하는 이런 상담사와 내담자의 관계설정 역시 형식적 지시로서의 철학상담과 방향이 같다는 사실을 필자는 이 글 중반부 이하에서 야스퍼스의 소통론을 철학상담에 적용할 수 있게 재구성하면서 확인할 것이다.

라하브는 철학상담의 방법으로 '세계관해석'을 사용하고 있다. 그에 따르면 세계관해석으로서의 철학상담은 문제 하나하나를 해결하려고 하는 것이 아니라 문제를 바라보는 내담자의 시야를 검토하며 확장하는 것을 목표로 한다.[15] 라하브의 이런 철학상담 방법은 야스퍼스가 『세계관의 심리학』에서 보여준 형식적 지시적 방법이나 이 방법의 목적과도 유사하다. 지금까지의 논의를 통해서 필자는 야스퍼스의 형식적 지시로서의 철학상담 방법은 라하브, 쉬탐어, 아헨바흐와 같이 '방법초월적 방법'이자 '제대로 철학함' 자체를 상담방법으로 삼는다는 점을 밝혔다.

그런데 아헨바흐의 방법론적 입장을 비판하는 고어드나 융스마는 철학상담이 인생에 관한 명확한 가정과 관념에 근거한 공통적인 방법론을 갖추어야만 상담이라는 전문직업 현장에서 성공할 수 있다고 주장한다.[16] 하지만 이들의 이런 철학상담방법론은 역동성과 개방성, 자기 책임성을 강조하는 실존적인 철학함과는 상반된 것이다.

하이데거와 야스퍼스의 철학적 인간 이해를 상담에 적용하는 실존주의 상담사 두어젠의 다음과 같은 진술은 정형화된 상담절차나 상담법과 관련하여 많은 시사점을 준다. "증거에 기반하고 매뉴얼화된 과학 아래에서 치료의 예술은 상실될 위험이 있다. 누구라도 만들 수 있는 4단계 또는 12단계 개입으로 인간의 만남을 나눠놓을 때, 우리는 한 사람의 삶에서 정말로 중요한 것을 보지 못할 위험이 있다."[17] 이 인용문에서 두어젠은 매뉴얼화된 상담절차 자체가 내담자 중

---

15) Lahav R., "A Conceptual Framework for Philosophical Counseling – Worldview Interpretaion", *Essay on Philsophical Counselling*, R. Lahav · M. Tilmann(ed.), Lanham: University Press of Amemica, 1995. p.5.

16) Raabe(2000), p.25.

17) E. v. Deurzen, 윤희조 · 윤영선 역, 『심리치료와 행복추구』, 서울: 씨아이알, 2017, 340쪽. 이하 "『심리치료와 행복추구』(2017)"로 약칭.

심의 열린 대화를 방해하는 '개입'이 될 수 있다는 점과, 검증된 과학적 방법론의 틀에서 벗어난 상담사와 내담자의 인간적인 소통과 그 창조물이 배제될 수 있다는 점을 지적하고 있다. 입문자들은 최대한 구체적인 상담의 절차를 원하는 경우가 많다. 그런데 상담의 절차가 구체화 될수록 방법론 자체가 내담자나 상담사의 의지와 무관하게 상담을 특정한 결론으로 몰아갈 위험성도 커진다. 야스퍼스의 다원주의와 형식적 지시로서의 철학함을 토대로 한 상담방법론은 이런 위험을 최소화할 수 있다. 어떤 근거에서 이렇게 주장할 수 있을까?

야스퍼스에 따르면 철학은 완결된 체계와 독단에 반대하여 개방성, 자기성찰, 개인의 자유, 이성적 소통, 자기선택의 모험, 삶과 존재에 대한 개인의 책임을 확장하는 데 기여할 수 있다.[18] 형식적 지시로서의 철학상담은 이런 실존적 덕목들에 방향을 맞추어 진행될 수 있을 것이다. 이하에서 우리는 철학상담의 정체성이 제대로 철학함에서 확인된다면, 철학상담다운 상담은 제대로 철학함의 이념이자 방법론인 형식적 지시로서 전개될 수 있다는 사실을 확인할 것이다.

## 3. 철학함의 이념이자 방법론으로서 형식적 지시

야스퍼스에 따르면 범주적 사고를 하는 의식 일반으로는 파악할 수 없는 비대상적이고 본래적인 존재를 확실하게 하는 것이 철학의 사명이다.[19] 하지만 '실존'이나 '초월자'처럼 우리에게 대상으로 드러나지 않는 것을 확실하게 하는 것이 과연 가능할까? 야스퍼스는 이것이 단지 간접적 전달 방식으로만 가능하다고 말한다. 간접적 전달의 방법은 에피쿠로스학파나 스토아학파처럼 특정한 삶의 지혜를 가르치거나 아리스토텔레스나 헤겔처럼 완결된 체계를 형성하는 일과는 대조적이다. 간접적 전달 방법은 사람들의 고정된 지지대를 흔들고, 문제의식을 일으키며, 불안 속으로 몰아가기 때문이다.[20] 소크라테스, 칸트, 키르케고르가

---

18) Jaspers K., *Philosophie* II, München/Zürich, Serie Piper, 1994, p.273. 이하에서는 "PhII"로 약칭.

19) PhII, p.28.

20) Jaspers K., *Psychologie der Weltanschauungen*, 4. Auflage, München/Zürich: Serie Piper, 1985, p.376ff. 이하에서는 "PW"로 약칭.

이런 방법의 대표자다. 그중 소크라테스는 산파술이라는 간접적 지시의 방법을 사용했다. 이 방법으로 철학자는 어떤 지혜도 직접 교육하지 않고, 대화 상대자가 반성과 자기성찰로 스스로 깨달을 수 있도록 그의 사유의 힘을 길러준다.[21] 야스퍼스는 자신의 철학함도 이와 같은 간접적 지시를 따른다고 본다. 이런 생각에서 그는 실존에 대해서 직접 기술하는 대신 '조명'했고, 보편적이고 대상적인 내용의 지식을 전달하는 대신 각자가 자기의 실존의 가능성과 초월자를 의식할 것을 '호소'한다.

하이데거는 야스퍼스가 『세계관의 심리학』에서 소크라테스식의 '간접적 지시'로 전개한 철학함을 "형식적 지시"(formale Anzeige)[22] 라고 새로 이름을 붙인다. 또, 하이데거는 형식적 지시로서의 철학함만이 존재에 대한 근원적이고 철학적인 파악을 가능하게 한다는 이유에서 그것을 참된 철학함의 유일한 방법이라고 주장한다.[23] 구체적이고 내용적인 것을 파악하려 할 때 그것은 철학이 아니라 개별과학이 된다. 객관화되고 이론적으로 규정되기 이전의 근원-사태(Ur-sache)는 어떻게 밝혀질 수 있을까? 이를 위해 우선 우리는 지식이나 이론을 판단중지해야 할 것이다. '형식적 지시'에서 '지시'는 모든 이론적 태도로부터 거리를 취하는 것을 의미하기도 한다. 이론적이고 객관화된 개념은 실제로 삶이 수행되고 있는 근원적인 삶의 체험과의 연관성을 배제한 것이다. 객관화된 개념과는 대조적으로 근원적이고 역사적인 삶을 나타내는 표현들이 있다. '나', '실존', '체험', '죄책'(Schuld), '본래성', '거기 곁에'(dabei), '각자성'(Jeweiligkeit) 등과 같은 개념들이 그것이다. 그리고 이 개념들 자체가 형식적 지시이다. 그렇다고 형식적 지시가 구체적이고 개별적인 어떤 것을 제시하는 것이라고 오해하면 안 된다. 형식적 지시는 인간의 근원적 체험과 관련된 구조나 형식 등을 보여주는 것이기 때문이다. 형식적 지시의 이런 역할이 바로 철학이 해야 할 일이다. 따라서 형식적 지시

---

21) 소크라테스의 산파술이 곧 소크라테스의 대화법이다. 철학상담에서는 소크리테의 대화법을 활용한 소크라테스적 대화법을 중요한 상담방법으로 사용한다. 소크라테스의 대화법이 간접적 지시의 일종이고, 간접적 지시가 곧 형식적 지시라면, 철학상담에서는 이미 형식적 지시와 유사한 방법을 사용하고 있던 셈이다. 하지만 소크라테스적 대화법에 대한 논의에서는 이 논문에서 고찰하고 있는 형식적 지시가 갖춰야할 실존철학적인 철학함의 성격이 고려되지 않고 있다.

22) Heidegger M., "Anmerkungen zu Karl Jaspers' *Psychopathologie der Weltanschauugen*", *Wegmarken*, Gesamtausgabe Band 9. Frankfurt am Main, Vittorio Klostermann, 2004, pp.1-44.

23) 김인석, 「하이데거에 있어서 형식 지시적 해석학」, 『해석학연구』, Vol. 3, 1997, 93-98쪽.

로서의 철학함은 가령 내담자의 구체적인 윤리적 결단에 관여하는 것이 아니라 이론화되기 이전의 윤리적인 것의 구조나 형식을 탐구한다. 야스퍼스는 형식적 지시로서의 철학함의 목표를 『세계관들의 심리학』에서 제시한다. 그것은 실존적 결단이 단행될 수 있는 공간인 한계상황에 대해서 해명하고, 이로써 독자들에게 실존적으로 결단할 수 있는 동기를 부여하는 것이다.24) 이런 실존적 결단을 위한 동기부여로서의 철학함은 어떻게 살아야 할지에 대해서 구체적으로 대답을 주는 것이 아니다. 그 대신 독자들 자신이 다양한 세계관들을 철학적으로 비교하면서 자연스럽게 그런 다양한 세계관을 가지고 한계상황 앞에 서게 되는 자기를 스스로 성찰하며 선택의 가능성을 찾아야 한다.

## 1) 실존적 소통에서 형식지시적 철학함

그렇다면 한계상황에 선 내담자에게 삶의 길 안내 역할을 할 수 있는 야스퍼스의 철학함은 구체적으로 어떻게 전개되는가? 야스퍼스가 제시한 '실존적 소통(existentielle Kommunikation)'에서 다원론적이고 형식지시적 철학함에 근거해서 삶을 길 안내할 방법이 발견된다. 야스퍼스에 따르면 인간의 참된 만남은 실존적 소통에서야 비로소 가능해진다. 이런 소통에서 사람들은 자신의 믿음을 상대방의 믿음을 향해 호소하거나 검토하기 위해 서로를 드러내기(Offenbarwerden) 때문이다.25) 인간의 고유성과 존엄성은 대화 참여자들이 서로 실존적으로 소통할 때 지켜진다. 야스퍼스는 치료를 목적으로 만나는 의사와 환자의 소통도 이런 실존적 소통이 되어야 한다고 주장한다.26)

상담은 상담사와 내담자가 함께 대화하며 탐구하고 해결책을 찾아가는 과정이다. 철학상담에서의 탐구와 대화는 철학적 문헌이나 개념을 화제에 올리는 것만으로 완성되는 것이 아니라 내담자와 상담사가 서로의 다양한 존재의 차원을 넘나들며 교류하는 철학적인 소통이어야 한다. 이런 소통을 통해서 당면 문제에 대한 새로운 이해는 물론이고 내담자의 근본적인 변화를 기대할 수 있다. 이런

---

24) PW, p.12.

25) PhII, p.64.

26) Jaspers K., *Allgemeine Psychopatologie*, Berlin/Heidelberg/New York, Springer Verlag, 1946. p.668. 이하 "AP"로 약칭.

소통의 특징은 무엇이고 또 가능한 것일까?

야스퍼스에 따르면 소통이란 인식작용에 의해 추가적으로 따라 나오는 것이 아니다. 오히려 인식작용이 나와 타자가 소통하는 과정에서 형성되는 것이다. 이때 "진리란 원래 소통에 결합되어 있는 것이고, [...] 완결되지 않는 것이다. [...] 진리란 우선 소통으로서 존재하고 소통을 통해 현실적으로(wirklich) 된다."27) 진리란 하나의 완결된 형태로 존재하는 것이 아니라 우선은 소통으로서 존재하다가 소통을 통해 우리에게 현실(Wirklichkeit)이 되는 것이다. 다른 한편으로 이처럼 소통과 결합 되어 생성되는 진리는 그 심연에 있어서 독단적인 것이 아니라 소통적인 것이다.28)

그런데 소통에 의해서 현실이 된 진리라고 해서 항상 동일한 의미를 지니는 것은 아니다. 각각의 소통 양상의 타당성이 다르기 때문이다. 실존적 소통이 가능하기 위해서는 일반적으로 통용되는 진리만을 절대화해서는 안 된다. 실존적 소통에 의한 진리를 포함한 다양한 차원의 진리에 열려있어야 한다. 야스퍼스는 진리의 타당성을 현존, 의식 일반, 실존, 정신이라고 하는 인간 존재의 양상에 따라 구분한다. 그에 따르면 소통의 타당성은 네 가지다. 첫째, 현존으로서의 인간에게 진리는 "전형적이지만 주관적인"29) 타당성을 지닌다. 여기서는 현존을 유지하거나 확장하려는 서로의 "비사교적 사교성(ungesellig-geselligen)에 의한" 관심에서 소통이 유지된다. 의사전달은 서로의 이익이 일치되었다는 표현이다. 그렇지 않을 경우에 소통은 싸움이 된다.30) 둘째, 의식 일반을 통해 사유하는 존재로서의 인간에게는 "보편타당성"을 지닌 진리가 지배적이다.31) 이런 상태에서 소통은 개별자들의 주관성을 배제한 채 객관적으로 검증될 수 있는 사태에 방향이 맞춰진 채 진행된다. 셋째, 특정한 이념에 이끌려 역사적인 공동체로 살아가는 정신으로서의 인간에게는 "정신적 공동체에게 통용되는 보편타당성"을 지닌 진리가 있다.32) 여기서 소통은 집단이 수용한 가치나 신념

---

27) VW, 972. [...]는 필자가 첨가한 것.

28) Jaspers K., *Vernunft und Existenz*. München, Piper, 1973, 74. 이하에서 "VE"로 약칭.

29) VW, p.649.

30) VW, p.375, p.646.

31) VW, p.724ff.

등에 의해 주도된다. 넷째, 시간 속에서 스스로를 창조하는 가능 실존으로서의 인간에게는 앞의 세 가지 진리의 양상을 넘어서는 "무조건적 타당성(unbedingte Geltung)"[33]을 지닌 진리가 있다. 여기서 소통은 아무도 대신할 수 없는 개별자들이 각자의 믿음을 상대방의 믿음을 향해 해명해 보거나 의문시해 볼 목적에서 서로를 개방하면서(Offenbarwerden) 이루어진다.[34]

실존철학상담의 궁극적인 목표는 내담자가 본래적 자기를 실현할 수 있게 돕는 것이다. 그런데 '본래적 자기 실현' 곧 '실존의 실현'은 이상에서 살펴본 것과 같은 다양한 차원의 진리를 이해하고 무엇보다도 실존이 체험하는 무조건적 타당성에 개방되어야만 한다. 이런 개방성은 실존적인 소통에서 의해서만 가능하다. 그런데 실존적 소통은 그 전 단계의 소통을 매개로 하지 않으면 불가능한 것이다. 실존이 실현되려면 단지 실존적 소통만으로는 불가능하고, 다원론적 차원에서의 소통을 전제하는 것이다. 따라서 실존의 실현을 위해서는 다양한 소통의 양상을 살펴볼 필요가 있다.

## 2) 현존의 소통 대 실존적 소통

소통이란 다름 아니라 "인간 존재의 보편적 조건"[35]이다. 이런 이유에서 야스퍼스는 소통의 양상을 인간의 존재 양상에 따라 구분한다. 이때 소통은 크게 "현존의 소통(Daseinskommunikation)"과 "실존적 소통(existentielle Kommunikation)"[36]으로 구분된다. 현존의 소통은 실존 이전 인간의 존재 양상인 '현존', '의식 일반', '정신'에 따라 그 각각의 소통방식이 존재한다. 현존으로서의 인간은 원초적 공동체(primitive Gemeinschaftlichkeit) 안에서 삶을 보존해야 한다는 맹목적인 목적을 충족시키기 위해 소통한다. 모든 것이 이 목적에 부합하는지에 따라 평가되고, 이런 목적과 관심이 일치하는 사람들끼리 공동체를 형성한다. 이때 나는 모든 일을 나의 현존을 촉진시킬 목적에서 전개하

---

32) VW. p.649.

33) VW, p.649.

34) VW, p.377, p.647.

35) VW, p.371.

36) PhII, p.50.

고, 이 목적에 부합하는 상대에게는 공감하고 그렇지 않은 상대에게는 반감을 느낀다.[37] 원초적 공동체에서 소통에서는 각자가 자신의 관심과 욕구충족만을 중요시하기 때문에 각자 자기의 관심과 욕구가 충족되면 소통도 끝난다. 현존을 보존하고 확대하려는 목적에서 침묵, 교활함, 거짓, 기만 등도 투쟁의 수단으로서 정당화된다.[38] 이런 소통에서는 성과와 유용성에 대한 관심이 지배하며, 나와 타자의 관계는 '나의 현존을 지킨다는 목적을 위한 수단'이라는 형태를 띤다. 그리고 바로 이것이 원초적 공동체에서의 현존적 소통의 문제점이다.

의식 일반으로서의 인간은 "사실적인 합목적성과 합리성"[39]을 기준으로 사회적인 관계를 맺으며 소통한다. 여기서 인간관계는 자기 존재를 개입시키지 않고 순전히 객관적인 태도로 진행된다. 동일한 규칙과 표준들에 따르기만 한다면, 대화의 상대는 누구든 괜찮다. 누구든 대체될 수 있는 것이다. 이런 상황에서 인간은 자기의 대리불가능한 인격적인 부분들을 소통에 투입하지 못한다. 이런 제한된 소통에서는 사람들 사이에 황량함이 자란다.

정신으로서의 인간은 이념적으로 규정된 내용을 중심으로 소통한다. 이 정신적인 차원의 소통은 생명보존의 욕구와 사실적 합리성을 초월하지만, 대화의 상대방들은 공유된 이념에 의해 규정된 내용을 중심으로 객관적인 관계를 맺을 수 있다. "이념적으로 규정된 내용의 정신성"[40]은 앞의 두 가지 소통에서와는 달리 내용이 풍부한 소통을 가능하게 한다. 이 국가, 이 사회, 이 가족, 이 대학, 이 직업과 같은 공동체 안에서 나는 처음으로 내실 있는 소통을 경험한다. 그런데 여기서 내가 소통이 내실 있다고 느끼는 것은 공동체를 묶어주는 이념에 의해 대화 상대와 상호이해를 하고 있다는 사실 때문이다. 하지만 이때도 나는 대체불가능한 본래적인 자기 존재를 개입시키지는 못하고 전체의 일부로 존재하기 때문에 소통의 불충분함을 발견한다. 앞의 세 가지 소통 방식을 포함한 현존의 소통이 한계를 드러내는 곳에서 실존적인 소통이 시작되는 것이다. 다른 한편으로 인간은 자기보존 욕망이나 합리적 대응, 이념 공동체의 토대 없이는 자기실

---

37) VE, p.32.
38) VW, p.548.
39) PhII, p.54.
40) PhII, p.54.

현을 할 수도 없다. 따라서 현존의 세 가기 소통 방식 없이는 실존적 소통도 불가능하다.

자기성찰을 위한 고독의 시간을 갖고, 외부의 힘에 휩쓸리지 않는 자주적 용기를 지닌 나는 현존의 소통을 넘어 실존적 소통으로 나갈 준비가 됐다. 그런데 본래적 자기생성은 나의 존재가 나뿐만 아니라 타자에게도 실존적 소통에서 드러남(Offenbarwerden)으로써만 실현된다. 이 드러남의 과정에서 나는 견해, 확신, 가치관을 탁 터놓고 전달하면서 의문시될 것을 각오하고, 타자에게는 이기심을 버리고 명철하게 통찰하며 관여할 것을 호소해야 한다.[41] 이 호소가 받아들여지면, 나와 타자는 '사랑하는 투쟁'의 관계 속에서 소통한다.[42] 그럼에도 둘 사이의 실존적 소통을 가로 막는 장애가 생긴다. 이해타산에 따른 억제, 가면, 안전을 구축하려는 욕망뿐만 아니라 모든 소통의 전제로 전면에 내세워지는 확실성이 자기 드러남을 방해하는 것이다. 따라서 나와 타자의 실존적인 소통을 가로막는다면, 그 어떤 것도 확실한 것으로 고정해서는 안 된다. "제한 없이 관점을 바꾸면서 고정되는 것을 포기할 때에만 참된 소통"을 생각할 수 있기 때문이다. 그런데 획득한 모든 것을 의심스러워하며 불확실한 모험을 감행하는 소통에서는 참여자들의 위엄이 상실될 수 있다. 위엄이란 인간을 이성 존재로 신뢰할 때 즉, 그의 지식과 의견이 확고할 때 있는 것인데, 모든 것이 의심되는 상황에서는 위엄이 설 수 없기 때문이다. 그러나 실존적 소통의 드러남에서 본래적 자기생성을 하기 위해서는 이런 위엄 상실을 회피하지 않고 겪으며 넘어서야 한다.[43] 말을 해도 무시당하고 비웃음을 받고 심지어 이용을 당하더라도 소통을 감행해야 하는 것이다. "왜냐하면 헛수고도 안 해 보고, 수치스럽게 물러설 수밖에 없는 경험을 한 번도 안 해본 사람은 실존적 소통에 결코 성공하지 못하기 때문이다."[44]

실존적 소통에 참여하며 참된 자기를 실현하기 위해서는 자신의 존재를 전 존재 차원에서 온전히 드러내야 한다. 그렇지 않으면 실존을 실현하려는 시도가

---

41) PhII, p.54, p.55.

42) PhII, p.64.

43) PhII, p.77.

44) PhII, p.78.

감상주의나 유아적 관념론으로 흐를 위험이 있다. 부버 역시 대화가 전체적 존재 차원에서 자기 드러남을 실현시키는 것이어야 된다고 말한다.[45] 그런데 야스퍼스는 대화가 인간과 인간의 실제적이고 생동하는 소통에 집중되어야 한다는 점을 강조한다. 이런 이유에서 야스퍼스는 자연이나 예술에 대한 언어나 초월자에 대한 사변적 언어를 남용하는 것을 경고한다. 특히 부버와 달리 야스퍼스는 '신이 직접적인 당신'이 되는 신앙관계가 인간들 사이의 관계를 부차적인 일로 격하시킬 위험이 있다고 본다.[46] 실존적 소통은 인간이 개별자로서 고유성을 지닌 채 자유롭게 감행하는 무제약적 행위를 토대로 한다. 그런데 이 실존적 소통은 현존, 의식 일반, 정신에 의해 체험된 세계에 대한 내용이 매개 역할을 함으로써 가능한 것이지, 이런 매개 없이 실존적 소통이 실현되는 것은 아니다. 세계에서 체험하는 내용들을 매개하지 않는 모든 직접적 관계라는 것은 공허하고 무의미할 뿐이다.[47] 이런 생각에서 야스퍼스는 부버처럼 초월자와 내가 직접적으로 소통할 수 있다는 주장에 대해서 부정적인 태도를 취한다.

야스퍼스의 다원론적 인간 존재론에 근거한 상담에서 상담사는 소통의 네 차원 중 내담자의 소통이 어느 한 곳에 편중된 것은 아닌지 살펴보아야 한다. 상담은 각 차원에서 내담자가 겪는 고뇌와 투쟁의 순간에 비약의 가능성을 탐색하며 내담자의 자기실현을 목표로 전개되어야 한다. 인간은 자기 존재의 다양한 차원을 챙기면서도 궁극적으로는 참된 자기를 실현할 때 존재의 심원한 의미를 발견하지만, 그럴 수 없을 때 삶은 공허해지고, 마음은 병드는 존재이기 때문이다.[48]

최근 커뮤니케이션학에서도 야스퍼스의 소통론이 자본주의 사회에서 도구화된 인간관계를 비판적으로 성찰하게 하면서 소통의 주체들의 참된 자기(실존)와 동시에 이상적인 공동체를 구현할 수 있는 내면적이고 단계적인 모델을 제시한다고 평가한다.[49]

---

45) 『칼 야스퍼스』, 99쪽.

46) PhII, p.272 참조.

47) PhII, p.69 참조.

48) 이진오, 「하이데거, 야스퍼스, 그리고 랭의 실존현상학적 정신증 연구」, 『현상학과 현대철학』, Vol. 82, 2019, 09, 1-48.

49) 김진웅, 「야스퍼스의 현존재(Dasein) 커뮤니케이션에 관한 연구」, 『커뮤니케이션학 연구』, 제20권 3호, 2017 가을, p 5. 비교

## 3) 다원론에 근거한 형식적 지시로서 포괄자 존재론

존재의 양상 중 어느 하나를 절대화하지 않고 전체성에서 이해하기 위해서는 실존적 소통에 도달하는 것만으로는 충분하지 않다. 나의 존재(실존)은 현존, 의식 일반, 정신 등 나의 존재 차원에 의해서만 떠받쳐지는 것이 아니라 전체 존재 차원에 둘러싸여 역동적으로 운동하기 때문이다. 따라서 나의 존재를 포함한 모든 존재가 거기 있는 "포괄자"(包括者, das Umgreifende)[50]를 탐구해야 한다. 포괄자는 "우리가 인식가능한 대상을 규정하려 할 때 항상 포괄해버리는 그 것"[51]으로 있기 때문이다. 그런데 포괄자라는 형이상학적 주제에 대한 탐구는 자칫 신비주의에 빠질 수도 있다. 이런 위험에도 불구하고 우리는 포괄자의 다양한 양태를 살펴볼 필요가 있다. 왜냐하면 "포괄자를 철학적으로 생각해내는 것은 근원적인 것이 우리를 맞이하는 모든 공간들을 드러내는 일"[52]이기 때문이다. 이 근원적이고 전체적인 지평에서 '나'와 나의 세계 그리고 당면 문제는 창조적이고 다차원적인 해석에 열린다.

포괄자 존재론은 포괄자로서의 존재의 다양한 양상을 인정하고 탐구한다는 점에서'다원론적 존재론'이라 부를 수 있다. 야스퍼스는 포괄자의 다양한 양상을 다음과 같이 형식적으로 제시한다.

> 포괄자는 그것 안에서 그리고 그것을 통해서 우리가 존재하는 그 *일체인* 존재거나 혹은 *우리 자신*으로 존재하며 그리고 그 안에서 우리에게 모든 규정된 존재양태가 즉 모든 세계존재가 나타나는 존재다. 이 두 개의 길 중에 자연적이고 그래서 항상 최초로 간 길이 있다. 이 길은 우리 없이도 있는 존재 즉 존재 자체인 존재에의 길이다. 이 존재는 *세계*로서 그리고 *초월자*로서 사유된다. [...] 다른 길은 우리 자신으로 존재하는 포괄자로 나간다. [...] 그러나 우리는 세 가지 양태로 포괄적 존재이다. 우리는 시간 내의 *현존*이다. 우리는 보편타당한 지식의 소재지로서 *의식 일반*의 매개체다. 우리는 우리에게 생명을 불어넣는 내용을 한데 묶고, 방향을 주고, 질서 지우는 힘들로서 정신적 *총체성*의 공간이다. [...] 포괄자의 셋째 양태는 우리가 포괄자의 이 모든 양태의 *지반*과 *끝*에 대해서 물을 때, 우리에게 조명된다. 우리는 우리의 가능

---

50) VW, p.26.

51) VW, p.26.

52) VW, p.158.

적 *실존*이라는 즉 본래적 자기존재라는 지반을 만나고, *이성*이라는 즉 일자에로 부단한 집결이라는 끈을 만난다.[53]

야스퍼스는 위의 내용을 다음과 같이 정리한다.

| 우리인 포괄자 ↓ | 존재 자체인 포괄자 ↓ |
|---|---|
| 현존 의식 일반 정신 | 세계 |
| 실존 | 초월자 |

내재적인 것 →

초월적인 것 →

이성
_____

↑
우리 안의 포괄자의 모든 양태의 끈

　우리가 이상과 같이 정리된 **<포괄자 존재론을 형식적 지시로 삼아 상담>**을 진행한다면, 그것은 상담사의 시선이 포괄자로서 내담자의 네 가지 존재 양상과 존재 자체인 포괄자의 두 가지 양을 이들 일곱 개의 존재 양상을 묶어주는 이성을 길잡이로 내담자와 함께 두루 살펴보는 것을 의미한다. 이때 상담을 이끄는 이성은 객관적인 대상이 될 수 없는 실존과 초월자까지도 다룰 수 있는 이성이다. 따라서 내담자와의 이성적 탐구가 객관적 대상을 다루는 의식 일반으로서의 지성과는 다른 것임에 주의해야 한다. 또한, 상담사는 내담자의 시선이 현존이나 의식 일반, 집단 이념으로서의 정신, 세계 등 내재적 차원에만 머물러 있는지, 그렇다면 그 이유는 무엇인지 밝힐 수 있어야 한다. 그런 고착화 때문에 내담자가 자신의 존재를 대상화하고 사물화하거나 타자의 시선으로만 평가하면서 실존으로서의 고유성과 역동성을 망각한 채 불안과 집착을 일으킬 수 있기 때문이다.

　'실존'과 '초월자'라는 포괄자의 양상은 나의 본래적 자기 존재이자 무제약적 행위의 계기라는 점에서 다른 포괄자 양상들보다 존재의 가치가 높다. 내담자의 존재를 초월적 차원까지 확대했을 때 상담이 어떤 힘을 갖게 되는지 두어젠

---

53) VW, p.47.

이 잘 보여준다. 두어젠은 내담자의 다양한 삶의 차원을 드러내기 위해서 야스퍼스의 철학적 개념들을 상담에 적용한다. 그 중 대표적인 것이 "초월세계"(Überwelt)[54]다. 그런데 내담자의 시선이 초월적인 것에만 집중되는 것도 문제다. 실존과 초월자라는 초월적 차원의 포괄자 양상도 현존, 의식 일반, 정신, 세계와 같은 내재적 차원에 근거해서만 존재할 수 있기 때문이다.

## 4. 형식적 지시에 따른 상담과정

야스퍼스의 다원주의와 형식적 지시로서의 참된 철학함을 상담에 적용했을 때, 상담은 다음과 같이 진행될 수 있다. 내담자는 당면 문제를 가지고 상담실을 찾지만, 실존철학 상담의 궁극목표는 참된 자기됨이다. 궁극목표인 실존의 실현을 향해서 상담사와 내담자는 다양한 차원의 소통을 시작한다. 내담자가 가져온 당면 문제는 그의 존재의 네 가지 차원과 포괄자 존재론의 관점에서 해석되어야 하지만, 당면 문제를 직접 해석하지 않은 채 내담자의 다원적 존재의 차원과 포괄자의 양태를 지시하는 개념들을 길잡이로 그에 상응하는 소통을 진행할 수도 있다. 상담의 단계를 명료하게 하며 각 회기를 구성하고 싶다면, **<현존적 소통>**, **<의식 일반의 소통>**, **<정신적 소통>**, **<실존적 소통>**으로 단계를 나눌 수 있다. 여기까지는 아직 초월자와의 관계성 속에서 철학적 성찰이 진행된 것은 아니다. 내담자의 자기 존재는 최대한 개방성을 확보한 채 조명될 필요가 있으므로, **<실존적 소통>**은 **<포괄자존재론의 초월적 관점>**으로 나가도록 상담과정이 구성될 필요가 있는 것이다.

미리 짜인 상담계획에 따라 각 소통의 단계가 다음 단계로 넘어가는 것이 아니라 철학적인 성찰로 단계의 의미와 한계가 드러나며, 자연스럽게 다음 단계로의 비약의 계기가 마련이 되어야 한다. 상담사는 내담자가 당면 문제를 새로운 차원에서 해석해 볼 수 있는 비약의 기회를 갖게 됐을 때, 상담의 궁극목표를 고

---

54) E. v. Deurzen 저, 이정기·윤영선 역, 『실존주의 상담과 심리치료의 실제』, 부천, 상담신학연구소, 2010, 167쪽. 이 책의 역자는 "Überwelt"를 "영적 세계"로 옮겼으나, 필자는 그 본래의 독일어 의미를 고려하고, 이것이 야스퍼스의 "초월자"나 "초월적인 것"에 상응한다는 점도 고려하여 "초월세계"로 번역한다.

려하면서 다음 단계를 향해 스스로 결의할 수 있게 이때까지의 대화 내용들을 내담자와 함께 실존철학적으로 정리해야 한다. 이러한 과정은 다음과 같이 전개될 것이다. 즉, 소통은 현존에서 의식 일반으로, 의식 일반에서 실존으로 내담자의 자기 존재의 양상과 그 각각의 양상에서 당면 문제의 의미를 철학적으로 검토하는 과정으로 진행된다. 현존적 소통에서는 내담자가 현존에만 무비판적으로 몰입하고 있는 것은 아닌지 일, 교우관계, 성, 가족, 꿈, 가치관, 도덕의식 등에 대한 내담자의 생각을 철학적으로 성찰하면서 살펴본다. 만약 내담자가 현존에만 매몰되었다면, 그로 인해 은닉되거나 상실되는 것들은 무엇인지 살펴봐야 한다. 내담자가 당면 문제나 그로 인한 부정적인 감정에 사로잡혀서 다른 존재의 차원으로 시선을 돌리지 못 한 채 실질적인 철학적 탐구가 어려워지고 대화가 겉돈다면, 일단 내담자의 당면 문제는 괄호를 쳐둔 채 내담자의 관심을 의식 일반의 합리성이나, 정신으로서의 공동체적 이념이나 가치, 본래적 자기로 돌려야 한다. 이때 그 각각의 존재 양상에서 내담자 자신이 갖고 있는 구체적인 주제를 다루면서 내담자의 다원적이고 역동적인 존재성격을 확인시켜 주어야 한다. 이렇게 네 가지 존재 양상이 내담자의 전체 모습임을 확인한 후, 내담자가 현존이나 의식 일반, 정신 등 어느 하나에만 집착하는 것은 자기 존재의 은닉일 뿐만 아니라 당면 문제에 대한 다양한 해결책을 찾는 데도 장애가 된다는 사실을 환기시킨다. 무엇보다도 문제 상황이 내담자 자신에게 존재의 다른 양상으로의 비약을 요청한 것은 아닌지 살펴본다. 비약은 포괄자 존재론에서 초월적 지평을 향해서까지 전개될 수 있게 방향이 잡혀야 한다. 만약 내담자가 초월자를 전혀 인정하지 않는 경험적 실재론자일 경우일지라도 모든 '확실성'과 '고착화'의 한계를 이론적인 지식의 한계와 난파의 경험으로 밝히며 소통이 초월적 지평까지 나갈 수 있게 방향을 맞춰야 한다.

현세적 세계관과 경험적 실재론만을 고집하는 내담자일지라도 한계상황 앞에 던져진다. 내담자가 죽음, 고뇌, 죄책, 투쟁, 우연, 사랑과 같은 한계상황을 경험했다면, 내담자는 자기 존재의 네 차원 각각에서 한계상황에 대한 해석과 초월자를 포함한 포괄적 차원에서의 해석을 시도할 계기를 갖는다. 내재적 차원과 초월적 차원에서 한계상황은 다르게 해석될 수 있고, 그런 해석에 따라 한계상황에 대한 태도는 물론이고, 나의 자기 존재에 대한 이해와 당면 문제에 대한 대응이 다양하고 창조적으로 될 수 있음이 밝혀지도록 한다. 내담자는 그가 처한 상황에 따라 반응하는 존재이기도 하지만 자유롭게 무조건적인 결단을 할 수도 있는 존재임을 직업이나 동반자 선택과 같은 일상적 상황이나 한계상황에서의 다양한 선택의 사례를 들어 확인할 필요가 있다.

이때 선택은 항상 내담자의 몫이다. 내담자가 자기 존재의 다차원을 검토한 끝에 내린 선택이라면, 상담사는 그 선택의 의미와 한계에 대해서 '싸우면 사랑하는 실존적 소통'의 자세로 검토할 수 있고, 어떠한 선택이든 그의 몫이며 그 선택이 주체적인 실존 실현의 일부임을 확인할 수 있다. 하지만 삶에 활력을 줄 특정한 선택과 그 의미가 어떠한 상황에서라도 발견될 수 있는 것처럼 전제하고 상담하는 것은 실존적 현실에 맞지않다.[55] 또한, 그런 접근방식은 모든 확실성과 고착화에 대항하며 참된 자기를 향해 탐험하는 실존적 철학함의 길도 아니다. 실존철학적 탐험은 내재적 세계에서도 초월자의 암호를 읽으며 포괄자 안에서 자신을 성찰하는 열린 태도를 취하지만, 행복을 보장해줄 특정한 목적지를 향하는 것은 아니다. 유한한 인간이 한계상황에서도 자기를 일으켜 세워 철학적인 탐험을 감행한다는 것은 그 자체로 자유와 자존감을 체감할 수 있는 특별한 성취다.

현존, 의식 일반, 정신, 실존, 실존적 소통, 비약, 한계상황, 포괄자 등의 실존철학적인 개념들은 이상과 같은 과정에서 상담을 이끄는 형식적 지시의 역할을 한다. 형식적 지시가 철학상담의 방법으로서 역동적이고 개방적인 철학함으로 전개될 수 있으려면, 상담사는 인간을 대상적으로 객관화하고 표준화하는 관점들과 대조하며 형식지시적 개념들을 먼저 내담자의 자기 이해를 위한 방법으로 수용하고, 인간 전체를 이해하는 기본 관점으로 내면화시켜야 한다.

그런데 우리가 실존이 되기 위해 노력하더라도 실존적 소통은 도달하기가 쉽지 않은 목표다. 다른 한편, 우리가 진지한 자기성찰과 본래적 자기실현의 노력으로 실존에 도달한다 할지라도, 그 상태가 지속되는 것도 아니다. 현존과 의식

---

55) 이런 관점에서 야스퍼스는 프랑클이 삶에 확정된 의미가 이미 있다고 전제하고 로고테라피에서 그것을 찾도록 내담자를 돕는 것을 비판한다. Fintz A., *Frankl mit Jaspers verstehen Logotherapie und Existenzphilosophie*, 2002, Konstanz Universität, Ph. D. Dissertation. p.205.

일반 그리고 정신으로서의 나는 안정을 원하지만, 실존으로서의 나는 하나의 변증법적 운동으로 존재하기 때문이다. 그렇다면 실존적 소통을 목표로 한 야스퍼스의 소통론을 상담에 적용하는 것은 도달하기도 힘들고, 도달해서도 다시 상실하게 될 목표를 설정하고 시작하는 것이고, 따라서 일정한 상담의 성과를 기대하기 힘들지 않을까? 실존철학상담은 내담자가 실존적 소통을 통해서 참된 자기를 실현할 수 있게 돕는 것을 궁극목표로 한다. 그러나 실존적 소통 전의 소통의 단계에서도 실존을 지시하는 '가능적 실존', '자유', '무조건적 행위', '확실성 앞에서의 난파', '한계상황' 등과 같은 실존철학적 주요개념들로 자기 존재의 다양한 차원과 그에 상응하는 각 소통의 특징과 한계를 드러낼 수 있다. 그러면서 동시에 실존적 소통 전에도 내담자의 자기 존재 이해는 실존을 향해 열리고, 실존적 소통으로의 이행의 가능성을 지시할 것이다. 이러한 과정에서는 다음과 같은 점이 주제화되며 드러날 수 있다. 즉, <소통의 성격>이 현존적 소통에서는 생존적이고 본능적이며, 의식 일반의 소통에서는 객관적이고 논리적인데 반해서, 정신적 소통에서는 공동체의 이념임이 드러난다. <자아의 성격>은 현존적 소통에서는 현재적이고 맹목적이며, 의식 일반의 소통에서는 지성적이지만 정신적 소통에서는 이념 종속적이라는 사실이 밝혀진다. <소통의 목표>는 현존적 소통에서는 안전과 행복이고, 의식 일반의 소통에서는 합목적적 정의이지만 정신적 소통에서는 공동체의 연대라는 사실이 드러난다. <자기 존재의 네 가지 양상> 중현존적 소통에서는 육체가 중심이 되고, 의식 일반의 소통에서는 지성이, 정신적 소통에서는 공동체적 이념이 중심이 된다는 사실이 밝혀진다. 이 세 가지 소통 양상에서는 내담자의 실존적 존재 성격이 은닉되거나 평가절하되어 있다. 즉, 대상화될 수 없는 개인의 내면성과 고유성, 자유와 무조건적 행위의 가능성이 제대로 밝혀지지 않고 있는 것이다. 따라서 실존적 소통에 앞서 세 가지 소통에서 드러난 이상과 같은 특징과 한계는 실존적 소통의 필요성을 간접적으로 지시하는 것이기도 하다.

## 5. 비판적 검토와 긍정적 전망

그런데 형식적 지시로서의 철학함과 '초월적 지평에서의 철학함'은 애매성과 비합리주의로 미끄러질 위험성을 안고 있다. 가령 야스퍼스는 '가능적 실존'과 '현실적 실존'의 관계를 뚜렷하게 구분해주지 않고, 따라서 두 개념의 관계는 애매해 보인다. 또 야스퍼스는 '비본래적 존재'와 '본래적 존재'를 비교하며 상세히 분석해주지 않는다. 이런 상황에서 독자는 이 두 개념의 그 의미를 파악하기 매우 힘들다. '말로 표현할 수도 없고 객관적으로 인식할 수도 없는 무언가가 되어야 한다'는 그의 실존적 '호소'는 현실을 버텨내기도 바쁜 우리를 이해불가능한 과제로 억지로 몰아가고 있는 것은 아닐까? 이런 비난에 대해서 야스퍼스는 비합리적이고 비대상적인 존재를 대상적인 표상으로 고정시키는 것을 막기 위해서 의도적으로 애매하고 미결정적인 형태로 사유를 전개했다고 주장한다. 그러나 잘라문은 야스퍼스의 이런 방어의 논리가 그의 철학함이 지닌 애매성과 비합리주의의 위험을 제거할 수 있을지 의문이라고 평가한다.[56]

야스퍼스의 철학함에서 드러난 애매성이 전적으로 그의 철학적 표현능력의 한계 때문일까 아니면 탐구주제의 특성 때문일까? 야스퍼스는 자연과학이나 정신병리학 등 객관적인 지식과 관련해서도 『철학』과 『정신병리학 총론』 등에서 자주 언급한다. 그런데 이때의 서술들은 건조할 정도로 분명한 경우가 많다. 서술이 복잡해지고 이해하기가 어려워지는 경우는 과학적 지식과 같은 주제라도 실존이나 초월자와 관련해서 철학적으로 성찰할 때다. 이런 점에서 볼 때는 비합리적이고 미결정적인 존재인 실존과 초월자를 대상적인 표상으로 고정시키는 것을 막기 위해 애매하고 비합리적으로 보이는 서술을 할 수밖에 없었다는 그의 주장도 설득력이 있어 보인다.

프랑클은 야스퍼스의 실존조명을 활용해서 실존분석치료법(로고테라피)을 시도한다. 실존조명을 프랑클이 이렇게 응용하는 데 대해서 야스퍼스는 우리가 방금 살펴본 이유를 들며 매우 부정적인 의견을 표명한다.[57] 프랑클은 야스퍼스의 만류에도 불구하고, 그의 철학을 임상에 활용하였다. 프랑클이 로고테라피에 응

---

56) 『칼 야스퍼스』, 49쪽, 51쪽.

57) Fintz A., *Frankl mit Jaspers verstehen Logotherapie und Existenzphilosophie*, pp.202-207.

용한 실존철학적 개념들도 애매성과 비합리주의의 의심에서 자유롭지 않다. 하지만 실존철학적 개념들의 이런 '애매성'과 '비합리성'은 실존주의 치료로서의 열린 성격을 유지시켜주는 것은 아닐까?

심리치료는 구체적인 지식을 응용하는 기술인가 아니면 창조성을 본질로 하는 예술인가? 이 물음에 프랑클은 한 사람의 환자를 치유하기 위해서 심리치료는 이 중에 어느 하나만을 선택해서는 안 되고 양자를 조합해야만 한다고 대답한다. 그러면서 프랑클은 야스퍼스의 실존적 소통은 아주 드물게 실현될 수 있는 "예술적 극한치"[58]라고 표현한다. 그런데 야스퍼스의 실존철학을 소수 엘리트를 위한 철학으로 한정하는 그의 입장은 야스퍼스의 형식적 지시로서의 실존적 철학함을 대중들을 위한 상담법으로 적용하려는 시도에 비관적이다. 프랑클은 야스퍼스가 말하는 실존적 소통이라는 것이 너무나 이상적이라서 극히 드물게 실현될 수 있을 뿐이기에 소수 엘리트에게나 가능할 것이라고 평가하고 있기 때문이다.

그런데 꼭 철학적인 개념으로 표현하진 못하더라도 누구나 크고 작은 실존적 체험을 한다. 실존철학상담사는 실존철학에 대한 사전지식이 없는 내담자의 체험이라도 그것을 실존적으로 함께 해석해야 한다. 한계상황에 대한 성찰은 상담사와 내담자에게 이런 계기를 제공한다. 한계상황은 인간이 일상적인 태도를 벗어나서 자기를 성찰할 것을 촉구하는 것이고, 이러한 성찰은 참된 자기실현을 지시하며 실존으로 '비약'시키는 것이기 때문이다. 다른 한편, "실존은 소통에서만 실현이 가능한 것"[59]이므로, 한계상황이 인간을 실존으로 비약시킨다는 것은 한계상황이 인간을 실존적 소통으로 비약시킨다는 말과 같다. 그것은 다음과 같이 전개된다.

'죽음', '고뇌', '죄책', '사랑', '투쟁', 합리적 방책을 비웃듯 덮쳐오는 '우연' 등의 한계상황은 누구도 나를 대신해서 체험해 줄 수 없다. 우리는 생존본능을 따르는 현존적 소통에 몰두하거나, 객관적으로 판단하는 의식 일반의 소통에 집중하거나, 혹은 집단적 이념을 추구하는 정신적 소통에 의존함으로써 한계상황

---

58) Frankl V. E., *Ärztliche Seelsorge. Grundlagen der Logotherapie und Existenzanalyse*, München, Deutscher Taschenbuch Verlag, 2007, p.16.

59) PhII, p.242.

을 잠정적으로 회피할 수는 있다. 그러나 결국은 누구나 한계상황 앞에 홀로 서야 한다. 이때 현존과 의식 일반과 정신이 지탱해주던 단단한 지반이 흔들린다. 한계상황에 홀로 던져진 나 자신의 삶은 오롯이 스스로 짊어져야 할 몫으로 드러나며, 이런 자기 존재의 운명이 근본적으로 성찰된다. 한계상황의 체험이 실존 철학적인 자기 탐구를 촉발한 것이다. 이런 의미에서 야스퍼스는 "한계상황을 체험한다는 것과 실존한다는 것은 동일하다."[60]고 말한다. 이처럼 누구나 한계상황을 겪을 수밖에 없는 것이라면, 굳이 교양과 학식을 갖춘 엘리트가 아닐지라도 누구나 한계상황을 통해서 크고 작은 실존적 체험을 할 수 있다는 뜻이다. 상담사는 내담자의 일상적 체험에 녹아있는 한계상황에 대한 의식을 찾아내 그의 삶 전체를 실존적으로 해석할 수 있어야 한다. 생물학적 탄생은 과학적으로는 필연적 과정을 거쳤겠지만 나 자신에게는 우연이다. 그 우연에 의해 누구는 태어나면서부터 고뇌의 굴레를 쓰고 또 누구는 영광과 안녕을 누릴 수 있다. 그런데 이런 운명은 내 것이면서도 내 손으로 만든 것은 아니다. 누구도 피할 수 없는 한계상황 앞에서의 실존적 각성은 내 삶을 내 손으로 만들 계기를 준다.

실존주의 상담사 두어젠은 죽음이라는 한계상황에서 실존적인 대응방식이 무엇인지 자신의 체험으로 보여준다. 그가 저술에 열중하던 시기에 부친은 죽음을 눈앞에 두고 있었다. 이 일로 그의 마음은 무겁게 짓눌렸다. 하지만 애도의 순간에도 그는 정원의 나무를 비추는 햇살의 아름다움을 보았고, 순환하는 자연이 "특별한 의미와 심오한 진지함"[61]을 지닐 수 있다는 생각을 하게 된다. 그는 부친과 자신이 그런 자연의 일부라는 사실에 감사함을 느끼며, 자연에 저항하는 것이 아니라 조화가 되도록 마음을 추스를 수 있었다. 생명 안에 죽음이 있다는 사실은 역설이다. 그러나 우리는 이런 상황이 달라지기를 요구할 수 없다. 우리는 무상한 삶에서도 자신의 몫에 최선을 다할 수 있을 뿐이고, 죽음에 직면해서는 삶을 새롭게 발견할 수 있다. 이런 깨달음은 그를 평안하게 해주었다.

한계상황의 체험은 인간이 경직된 세계관에서 벗어나 자기 존재의 심원한 차원으로 나갈 것을 지시한다. 이 깊은 차원에서 인간은 보편타당성을 요구하는

---

60) PhII, p.204
61) 『심리치료와 행복추구』, 349쪽.

객관적인 세계관에 의해서가 아니라 자기 존재에 대한 책임을 수용하면서 무제약적 결단을 감행할 수 있다. 이때 인간은 "생동하는 힘"(lebendige Kräfte)[62]을 얻는다. 위에서 살펴본 두어젠의 이야기는 한계상황에서 체험할 수 있는 실존적 자기 이해와 그에 따른 힘이 무엇인지를 보여준다.

그런데 야스퍼스의 실존적 탐구를 상담에 적용할 때 상담사와 내담자가 넘어서야 하는 장애는 철학함만으로는 극복하기 힘든 또 다른 차원에서 존재한다. 몸과 마음을 장악할 수 있는 육체적이고 신경생리학적인 결손이 그중 하나다. 또한, 심리적 질병도 우리의 이성을 무력하게 하며 철학적인 탐구를 막아설 수 있다. 치열한 실존적 성찰로 한계상황을 체험한 사람이 또다시 비슷한 상황에 던져진다면, 그는 이전보다는 더 잘 대처할 수 있을 것으로 기대된다. 그러나 한계상황에서 체험한 고뇌가 트라우마로 남아 그런 체험을 해보지 않은 이들의 경우보다도 강한 힘으로 그를 지배할 수 있다. 상담사는 이런 장애들에 대해서 그 문제 자체에 대한 지식과 전문가의 조언을 참조하며 대처하며 최종적으로는 철학적인 소통이 가능하도록 상황을 만들어야 가야 한다. 스물을 못 넘긴다는 병든 육체와 그로 인한 심리적 불안에도 불구하고 철학적인 자기성찰로 실존을 실현하며 86년의 세월을 살아낸 야스퍼스의 삶은 그런 가능성을 보여준다.


## 6. 남은 과제

하지만 인간 존재의 다차원성과 초월적 지평까지를 고려하는 야스퍼스의 철학함의 이상을 실현하며 내담자의 당면 문제를 상담하더라도 철학함 자체의 특징으로 인한 한계가 존재한다. 인간 존재의 다차원성과 초월적 지평까지도 포괄할 수 있는 철학함을 시도했으나 야스퍼스는 사회적 존재로서의 인간에 대해서 충분히 고려하지 못했다. 그는 참된 실존이 타자와의 소통에서만 가능하다는 점과, 현존적 세계와 의식 일반의 세계, 이념적 공동체에서의 소통이 참된 실존의 매개체로 필수적이라는 점은 지적하였다. 그러나 이때 그는 정치, 경제, 문화 등 사회적 존

---

62) PW, 241.

재로서의 인간의 구성물이 인간 자신을 어떻게 규정하고 변화시킬 수 있는지는 주목하지 않은 것이다. 따라서 야스퍼스의 철학은 자칫 인간이 사회적 여러 제약 앞에서도 '나'라는 단독자가 철학적 성찰과 대응만으로 자유롭고 주체적으로 참된 자기를 만들어 갈 수 있다는 착각을 일으킬 수 있다. 야스퍼스도 자신의 철학함이 지닌 이런 한계를 극복하기 위해서 후기에는 개인의 사회적 연대성과 책임에 대해 강조하기도 했다. 앞에서 살펴본 야스퍼스의 철학함을 상담에 적용할 때는 야스퍼스 자신이 시도한 이러한 보완작업을 참조할 필요가 있다.

이상과 같이 정리된 야스퍼스의 형식적 지시로서의 철학함을 상담 현장에 실제로 적용하기 위해서는 그밖에도 많은 것들이 요구된다. 즉 형식적 지시를 임상에 적용하기 위해서는 이론적 학습과 임상 실습 말고도 익혀야 할 것들이 많은 것이다. 특히 정신병리학과 심리학의 기본지식과 상담심리학의 경험적 지식을 배우는 것은 야스퍼스가 강조한 다원론적 접근법을 고려할 때 필수적이다. 이런 학습 이외에도 상담사는 실존적인 자기성찰로 스스로 실존을 실현하도록 꾸준히 노력해야 한다. 상담사 자격증을 얻기 위해 쌓은 지식과 경험을 권력 삼아 현실에 안주하려는 순간, 그는 기능적으로 상담을 진행할 수는 있겠지만 더 이상 창조적 활력과 개방성을 지닌 실존적인 상담사는 아니다. 상담을 위한 지식을 갖춘 상담사라도 그것을 내담자에게만 기능적으로 적용하고 자신의 삶에 스며들게 하지 않는다면, 그는 내담자의 신뢰를 얻기 힘들 뿐만 아니라 자기 확신을 잃고 혼란에 빠지기 쉽다. 이런 점에서 실존주의에 기반한 상담은 단지 내담자의 문제만 해결하면 되는 기술이 아니라 상담사 자신의 내면화된 실존적 인간관과 세계관 안에서만 전개될 수 있는 것이다. 틸리히는 소크라테스가 "죽음의 불안을 정복할 본질적 자아의 힘"을 보여주었다고 말한다. 실존철학상담사는 실존조명을 통해서 내담자에게뿐만 아니라 자기 자신에게도 이런 자아의 힘을 보여줄 수 있어야 한다.

야스퍼스에 따르면 철학함이란 어떤 것도 확정하지 않은 채 참된 것을 찾는 모험이다. 철학상담에서 상담사와 내담자는 이런 모험의 동반자다. 따라서 그의 '형식적 지시'를 철학상담의 원칙으로 적용할 때 우리는 대화의 상대방이나 내담자의 자율적인 판단능력과 주체적 문제해결 능력을 무시한 채 상담사 주도적으로 그들의 문제를 직접 해결해 주겠다는 태도를 버려야 한다. 상담사는 근본적으로 내담자와 똑같은 미완의 실존으로서 내담자를 대하며 함께 문제의 해결의 방향만을 제안하는 역할을 한다. 그런데 상담사가 어느 것도 확정하거나 직접 지시하지 않은 열린 태도로 내담자와 함께 그의 문제를 철학적으로 탐구한다고 해서 망망대해를 무한정 표류해야 한다는 뜻은 아니다. 어떤 것도 확정하지 않고 참된 것을 탐구하는 일은 그 자체만으로도 철학적인 가치가 충분하다. 그러나 구체적인 문제로 고뇌하는 내담자는 순수한 철학적인 탐구만으로 소통을 지속할 수는 없다. 따라서 상담사는 내담자와 함께 야스퍼스의 철학함 안에 있는 당면 문제 해결을 위한 긍정적인 방향과 힘을 확인하며 철학적인 탐구를 유지할 필요가 있다.

야스퍼스의 실존철학의 긍정성은 그의 철학함 자체에서 발견된다. 모든 확정성을 거부하고 철학적인 탐험을 감행하면서도 그 과정에서 야스퍼스는 인간을 '가능적 존재'로 보는 것이고, '자유롭게 무조건적인 행위'를 할 수 있는 존재로 보는 것이며, '현존의 소통'에 몰두하면서도 그 한계를 깨닫고 '본래적 자기'를 향해 '비약'할 수 있는 존재로 본 것이다. 이런 형식지시적 개념들이 밝혀줄 실존의 가능성을 내담자가 처한 구체적인 상황이나 과제와 연결해서 확인하는 일은 철학적 탐구를 촉진하고, 당면 문제를 창조적으로 해석할 계기가 된다.

---

핵심어

야스퍼스, 가능적 실존, 현존, 의식 일반, 실존, 정신, 온전성, 현존적 소통, 실존적 소통, 한계상황, 난파, 실존조명, 호소, 다원론적 형식적 지시로서 포괄자 존재론, 고착화, 절대화, 초월, 초월자, 비약

1. 야스퍼스에게 '실존'이란 한편으로는 개인으로서 인간의 고유한 존재 성격을 의미한다. 이런 실존의 의미는 모든 실존사상가들이 공유한다. 다른 한편으로 야스퍼스에게 '실존'이란 개인이 '참된 자기로 존재함'을 의미하기도 한다. 이때 '참된 자기'는 한 가지 성격으로 고정된 존재가 아니라 변화하는 역사 속 존재의 네 차원에서 소통하면서 자기를 만들어 가는 열린 존재다. 야스퍼스는 이런 의미의 실존을 '가능적 실존'이라 칭한다.

  1) 야스퍼스는 '실존'을 또 어떻게 규정하는지 찾아 정리하고, 다른 실존사상가들의 그것과 비교해 보라.
  2) 야스퍼스의 실존 개념이 인간을 '이해'하는 데 어떤 기여를 할 수 있을까?
  3) 야스퍼스의 실존 개념은 내담자를 이해하는 데 자연과학적 인간론에 비해 어떤 새로운 관점을 제공하는가?

2. 야스퍼스가 분류한 인간 존재의 네 가지 차원과 그에 상응하는 소통의 네 가지 차원을 정리해 보라. 그리고 각 차원 중 하나의 차원만을 유일한 것으로 절대화할 경우 어떤 문제가 발생할지 검토해보라.

3. 실존적 소통에 성공하기 위해서 극복해야만 할 문제들을 모두 말해 보라.

4. 실존적 소통을 통해서 기대할 수 있는 것은 무엇인가?

5. 정신병리학자 개미(Ghaemi)는 야스퍼스를 다원주의자라고 평가하고, 이런 관점이 정신과적 문제를 이해하는 데도 필요하다고 말한다. 야스퍼스의 다원주의의 핵심은 앞에서도 정리해 보았듯 인간을 현존적 차원, 의식 일반의 차원, 정신적 차원, 실존적 차원을 지닌 존재로 본다는 데 있다. 취업을 준비하다 몇 번의 고배를 마신 후 주변의 시선과 진로의 불확실성 때문에 불안해하는 내담자가 당신을 찾아왔다. 이와 유사한 주변의 실제 사례를 참조해서 그의 문제를 현존,

의식 일반, 정신, 실존과 관련해서 조명해 보라.

6. 야스퍼스는 개별성을 지니고 끊임없이 변화하는 인간을 하나의 관점이나 이론으로 확정하려는 시도를 비판한다. 그런 접근법은 인간의 참다운 모습을 간과하거나 왜곡시키기 때문이다.

   1) 수 천 년이 흐르는 동안 인간의 삶은 어떻게 바뀌었나? 남녀의 역할, 계급이나 신분, 개인과 집단의 관계, 동물과의 관계, 죄목과 처벌, 소통방식, 가치관, 지식의 내용 등을 고려하여 정리해 보라.

   2) 변화된 한 영역을 선택해서, 무엇이 그 변화를 가능하게 했는지 말해보라.

   3) 변하지 않은 부분을 찾아보고, 그 부분을 인간의 어떤 본질 때문이라고 말할 수 있는지 생각해보라.

   4) 인간의 모습 중 '변하지 않는 것이 인간의 어떤 본질 때문이다'는 주장을 반박해보라.

   5) 살아오면서 확실하다고 믿었는데, 흔들리거나 난파된 것은 무엇이 있는가?

7. 야스퍼스는 '인간은 자기가 아는 것 이상이다'고 주장한다.

   1) 이 말의 의미는 무엇인가?

   2) 여러분이 알고 있는 여러분 자신은 누구인가? 그리고 그렇게 생각한 기준은 무엇인가?

   3) 만약 여러분이 알고 있는 그 이상의 누구라면, 그런 '나'는 누구이며 그렇게 생각해 볼 수 있는 근거는 무엇인가?

8. 죽음, 투쟁, 사랑, 고통, 죄책 등은 어느 시대 누구나 겪을 수밖에 없는 한계상황이다. 누구도 벗어날 수 없는 이 한계상황의 체험은 인류 역사에서 모든 인간에게 끊임없이 반복되지만, 그 구체적인 내용은 시대마다 사람마다 다르다. 아직 특정한 누군가의 죽음, 투쟁, 사랑, 고통, 죄책으로 체험되지 않는 한, 이 한계상황은 인간이 누구나 겪는 삶의 '형식'만을 말해줄 뿐이다. 누군가에게 체험되는 순간, 그것은 그만의 유일무이한 체험이 된다. 구체적인 내용과 그 의미

는 각자가 자신의 상황에서 삶을 살아내면서 처음으로 채워야한다. 한계상황이 지닌 이런 특징을 고려하면서 여러분의 한계상황 체험 중 하나를 선택하여 동료들과 공유해보라. 그때 공감하기 쉬운 부분과 누구도 대신할 수 없는 부분은 무엇인지 이야기해보자.

9. 『아주 편안한 죽음』에서 보부아르는 죽음을 맞이하는 엄마의 모습을 다음과 같이 전한다. "하지만 그게 아니었다. 사람은 태어났기 때문에 죽는 게 아니었다. 다 살았기 때문에 죽는 게 아니었다. 늙었기 때문에 죽는 것도 아니었다. 사람은 '그 무엇인가'에 의해서 죽을 뿐이다. 엄마도 연세가 있었기 때문에 죽음의 날이 멀지 않을 거라고 알고 있었지만 그렇다고 엄마가 암에 걸렸다는 사실에 대한 끔찍한 충격은 줄어들지 않았다. 암, 혈전증, 폐렴 따위의 병은 하늘 높이 날아가던 비행기의 엔진이 갑자기 멈춰 추락하는 것만큼이나 예상할 수 없었던 무시무시한 일이다. 엄마는 침대에 꼼짝하지 못하고 누워 죽어가는 상태에서, 한 순간 한 순간 속에 깃들인 무한한 가치를 확인했고, 희망을 가지고 용기를 냈다. 하지만 엄마의 헛된 집념과 마음을 달래주는 일상의 휘장은 찢겨지고 말았다. 자연사란 없다. 인간에게 닥쳐오는 어떤 일도 결코 자연스러운 것이 아니다. 인간이 존재한다는 사실이야말로, 세상에 그들의 문제를 제기하는 것이기 때문이다. 모든 인간은 죽는다. 그러나 개인에게 자신의 죽음은 하나의 돌발 사건이다. 죽음은, 그가 인식하고 받아들인다 할지라도 무엇으로든 정당화할 수 없는 폭력이다."

　1) 이 글에서 "자연사란 없다"는 말은 무슨 뜻일까?

　2) 생명의 본성과 우주에서 나의 존재 의미는 일상에서와 달리 죽음 앞에서
　　어떤 모습으로 나타날 수 있나?

10. 법정에서 최후 진술하고 사약을 받기 전의 소크라테스, 『이방인』의 뫼르소, 『안나 카레니나』를 저술하던 중 삶의 의미와 목적을 상실한 톨스토이가 한계상황을 맞이하는 태도는 어떠했나? 그들의 대응은 지나온 그들의 삶에 어떤 의미를 지니는가?

11. 야스퍼스는 보편타당성을 지닌 과학적 지식을 '강제력있는 지식'(das zwingende Wissen)이라 칭한다. 가령 '물 분자는 수소 둘과 산소 하나가 결합된 물질이다'나 '인체에 심각한 출혈이 있으면 수혈을 해야지 물을 주입해서는 안 된다'와 같은 명제는 강제적 지식이다.

1) 인간의 정신적 문제에 대해서는 어느 정도까지 강제적 지식으로 설명이 가능할까?

2) 어떤 사람이 소위 비정상적인 언행을 보인다면, 그와 관련된 것들은 어떤 것들이 있을까? 비정상적이 언행을 수준별로 나누고, 관련된 것들도 뇌 병변, 호르몬 변화, 사회 환경, 가치관, 태도, 목표, 과거의 경험, 자기 존재에 부여한 의미, 생명애, 신앙 등의 차원을 고려해서 답해보라.

3) 보편타당한 지식이나 사회의 평균적 상식으로 판단할 때는 받아들이기 힘들지만, 내 상황이나 신념, 목표 등과 관련해서 '그런 객관적 지식이나 사회적 관점과 독립해서 즉 무조건적으로 내가 선택했거나 선택할 수 있다'면 그것은 무엇인가? 그리고 그것이 지닌 의미를 현존, 의식 일반, 정신, 실존의 차원에서 말해보라.


12. 야스퍼스는 『진리에 관하여–철학적 논리학』에서 먼저 합리적인 것이 철학적인 근본문제를 파악하는 데는 불충분하다는 사실을 보여주고, 그런 다음 합리적인 것으로는 밝힐 수 없는 철학적인 근본문제를 합리적인 원리를 파괴하지 않으면서도 다룰 수 있는 사유로 성찰한다. 이런 사유는 과학적인 지식이나 합리적인 관점에서 볼 때는 반논리적이고 때로는 순환논증처럼 보이지만 역사적인 현실과 인간의 실존적인 삶의 맥락을 고려할 때는 철학적인 근본문제들을 이해할 수 있는 것으로 받아들여진다.

1) 과학적인 지식이나 합리적인 원리만으로는 충분히 대답할 수 없는 철학적인 근본문제에는 어떤 것들이 있는가? 상담에서 주로 다루는 문제를 참조해서 정리해 보라.

2) 하이데거의 현존재분석론이나 야스퍼스의 실존적 소통론과 포괄자 존재론은 철학적인 근본문제를 살펴볼 수 있는 사유방식이다. 이런 사유방식은

과연 과학적이고 합리적으로 밝히기 힘든 것들을 드러내는 데 도움이 되는 가?


13. 양극성 장애로 오랜 기간 정신과 치료를 받았고, 최근에는 조현병이 의심된다는 임상심리검사를 받은 30대 중반 여성이 실존철학상담사인 당신을 찾아왔다. 그녀는 세상과 자신을 파악하는 자신의 사고방식이 철학적으로 보았을 때도 비정상처럼 보이는지 확인하고 싶어했다. 정신과 치료를 정기적으로 계속 받고, 철학상담을 받는다는 사실을 정신과 의사에게도 알린다는 조건으로 철학상담을 시작했다.

1) 이 사례에 대해 형식적 지시를 방법론으로 한 실존철학상담을 진행할 경우 당신이 넘지 말아야 할 선은 무엇이고, 해야 할 일과 내세울 수 있는 목표는 무엇인가?

2) 이 내담자의 문제를 현존적 차원, 의식 일반의 차원, 정신적 차원, 실존적 차원에서 조명하며 진행할 상담과정을 방금 정리한 내용을 참조해 도표로 제시해 보라.

3) 그의 삶이 가질 수 있는 의미를 현존적 차원, 의식 일반의 차원, 정신적 차원, 실존적 차원에서 찾아보라. 어느 한 차원만을 절대화할 경우에는 어떤 문제가 있을까? 만약 그가 어느 한 차원에만 몰입해서 다른 차원을 간과하고 있다면, 이로 인해서 발생하게 되는 문제는 무엇일까? 그리고 그의 시선을 다른 차원으로 '비약'시킬 필요성과 가능성은 무엇인가?

4) 내담자의 실존적 차원을 조명하며 상담을 실존적 소통으로 전개하고, 이런 차원의 소통을 상담이외의 일상에서도 발현하거나 유지하는 데 필요한 것들은 무엇인가?

5) 실존적 소통을 일상화했을 때는 그렇지 않을 때와 삶이 어떻게 달라질까?

## 1. 『철학』, 야스퍼스 저, 이진오·최양석 외 역, 학이시습, 2017년.

야스퍼스는 하이데거와 더불어 독일 실존철학의 양대 산맥을 이룬다. '실존철학'이라는 말을 처음으로 사용한 철학자가 바로 야스퍼스다. 실존의 의미를 강조하는 데 그치지 않고 야스퍼스는 실존을 다양한 연관성에서 탐구할 수 있는 철학의 주제로 만든 것이다. 그의 이러한 작업은 『세계관의 심리학』(1919)에서 기초가 잡히고, 『철학』(1931)에서 완성된다. 실존사상이 자기 몰입적 감상주의나 비합리주의로 오해되는 것을 막기 위해서 그는 실존을 다원론적 관점에서 조명한다. 그 결과 『철학』은 크게 세 부분으로 구성된다. 그 첫 부분은 실존하는 인간이 살아가는 세계에 대한 객관적이고 과학적인 지식의 의미와 한계를 살펴보는 '철학적 세계정위'다. 둘째 부분은 '가능적 실존'으로 살아가는 인간의 다양한 존재 방식과 소통방식 그리고 한계상황 앞에서의 난파와 비약, 자유와 초월의 가능성을 다룬다. 셋째 부분은 실존적이면서 이성적인 인간의 초월에 대한 의지와 초월자와 관계하는 방식을 밝힌다. 원래 한 권으로 출간된 『철학』은 이 세 내용 각각의 중요성과 내용의 방대함으로 나중에는 『철학I』, 『철학II』, 『철학III』으로 나뉘어 출간된다. "철학적 세계정위"라는 부제가 붙은 『철학I』에는 『철학』 전체의 주요 내용이 총괄되어 있고, 1955년에는 저술 배경과 의도를 설명하는 '후기'(Nachwort)가 추가되었다. 세 권의 방대한 분량과 난해함 때문에 선뜻 접근할 엄두가 안 나는 독자는, 일단 『철학I』을 통해서 야스퍼스 실존철학의 전체적인 모습을 파악해 보는 게 좋다. 그러나 죽음, 투쟁, 고통, 자유, 불안, 실존적 소통, 무조건성, 비약 등 실존적 상담의 주요 주제들을 자세히 파악하기 위해서는 "실존조명"이라는 부제가 붙은 『철학II』를 붙잡아야 한다. "형이상학"이라는 부제가 붙은 『철학III』은 왜 야스퍼스의 실존주의를 소위 '유신론적 실존주의'라 칭하는지 짐작할 수 있게 해준다. 『철학III』을 통해서 독자들은 실존이 신앙의 독단성이나 과학의 편협성에 빠지지 않고 초월적인 차원으로 확장되어 조명될 때, 실존의 문제와 가능성이 온전히 조명될 수 있다는 점을 이해할 수 있을 것이다.

## 2. 『카를 야스퍼스』 쿠르트 잘라문 저, 정영도 역, 지식을만드는지식(지만지), 2014년

야스퍼스의 다원주의적 실존철학은 그의 삶과 학문적 여정에서 형성된 것이다. 고등학생시절 의사로부터 심폐혈관 질환 때문에 스물을 못 넘긴다는 진단을 받고 야스퍼스는 죽음이라는 한계상황을 직접 절실히 체험했다. 치료를 위해 고등학교 졸업을 늦추다 대학에 입학한 그는 먼저 법학을 공부했다. 그러나 법률가가 되는 것은 자신의 길이 아니라고 판단한 야스퍼스는 의학으로 전공을 바꾸었고, 정신병리학 교과서를 저술할 정도로 그 분야에서 인정을 받는다. 그러나 정신병리학자로서 대학에서 심리학을 가르치면서 그의 학문적 관심은 철학적인 질문으로 모아졌다. 그 결과 야스퍼스는 철학을 전공하지 않았음에도 그가 다루는 내용과 문제의 철학적인 성격 때문에 철학과 교수가 된다. 이 책은 야스퍼스의 이런 삶과 학문적 여정 그리고 실존철학의 주요 내용을 짧은 시간 밀도 있게 살펴볼 수 있는 평전이다. 야스퍼스 연구의 대가인 저자는 야스퍼스 학회 회장을 지냈을 정도로 그의 인격과 학문에 대해서 우호적이지만, 실존철학적 쟁점에 대해서 야스퍼스의 입장에서 해명할 뿐만 아니라 비판적인 분석도 설득력 있게 제시한다. 『철학』의 방대함과 난해함 때문에 야스퍼스에 쉽게 다가서지 못하는 독자들은 이 책을 통해서 생생한 그의 삶과 사유 속으로 들어가 볼 수 있다. 그러면서도 독자들은 그 속에 매몰되지 않고, 밖에서도 바라볼 수 있는 안목을 키울 수 있을 것이다. 독자들이 이런 기회를 가질 수 있게 된 데에는 야스퍼스의 많은 저술들을 번역하고 이 책의 저자 잘라문과 오랜 기간 학술적인 교류를 이어온 역자의 역량 덕분이기도 하다.

## 3. 『철학적 생각을 배우는 작은 수업』, 야스퍼스 저, 한충수 역, 이학사, 2020년

『정신병리학 총론』, 『세계관의 심리학』, 『철학』은 야스퍼스의 대표 저서다. 이 세 책은 분량이 많고 내용이 전문적이라 읽기가 버겁다. 그런데 야스퍼스는 대중들의 눈높이에 맞는 서술방식과 분량으로 된 책도 꽤 출간했다. TV 대학강의 프로그램으로 방송된 내용을 책으로 편찬한 이 책도 그중 하나다. 그렇다고 통속적인 관심사를 흥미 위주로 서술하거나 입문수준의 가벼운 철학적 지식을 담고 있는 책은 아니다. 야스퍼스는 인간이 인간으로서 존재하는 한, 누구든 본격적으로 철학을 할 수 있다고 말한다. 그런데 누군가 철학을 하고 있다면, 그는 이미 중대한 문제를 다루고 있는 것이다. 따라서 만약 시시콜콜한 것을 다루고 있다면, 그는 철학을 하지 않는 셈이다. 이 책은 단순한 지식을 전달하는 것이 아니라 독자가 스스로 사유할 수 있게 길을 연다. 철학을 전공하지 않은 독자라도 우주와 역사, 인간과 정치, 인식과 가치판단, 죽음, 투쟁과 사랑, 초월, 정신분석과 자연과학의 특징과 한계 등에 대해서 근본적으로 사유해 볼 수 있다. 철학상담은 세계와 인간에 대한 철학자들의 통찰과 사유방식을 길잡이로 내담자의 문제를 탐구하는 작업이다. 따라서 철학상담이 원활히 진행되려면, 상담사뿐만 아니라 내담자도 철학적으로 사유하는 일에 익숙해지는 것이 좋다. 이 책은 실존적으로 세상을 보는 방식과 삶의 중대한 문제들을 철학적으로 사유하는 방법을 가르쳐준다.

# 6장

# 한나 아렌트와 칼 야스퍼스 - 고립된 실존을 넘어서 정치적 실존으로

과학혁명과 산업혁명 이후 인류는 이성과 과학기술을 이용해서 전 시대에는 상상할 수 없던 물질적 풍요와 공간적 팽창을 성취했다. 이 거대한 문명의 흐름 속에서 자연뿐만 아니라 인간도 지배와 조작의 대상이 되기도 하고, 개인은 대체 가능한 하나의 부품처럼 취급될 수도 있다. 실존주의는 이런 위험으로부터 개인의 독자성과 가능성, 의미를 지키려 했다. 이를 위해서 실존철학자들은 객관적으로는 설명할 수 없는 개별적 인간의 내면세계를 밝히는 데 집중하였다. 실존철학은 객관적인 사실이나 외부세계를 부정하는 것이 아니라 그것이 실제로 인간에게 어떻게 체험되는지 그리고 인간 각자가 어떻게 그 세계와 관계를 맺으며 자신만의 삶을 짊어지고 가는지를 보여주었다. 이와 중에 실존철학자들의 탐구 작업은 외부의 세계를 분석하는 일보다는 그런 세계와 관계를 맺고 있는 '나'의 존재 성격을 밝히는 데 집중된 것도 사실이다. 실존철학자들의 이런 경향은 외부세계와 단절된 유아론적인 감상주의에 빠질 위험성도 지닌다. 이런 위험성에서 벗어나기 위해서는 실존이 처해있는 상황이나 역사적 현실을 고려하여 실존에 대한 분석을 전개해야 한다. 그러나 이렇게 하더라도 개별적 인간의 내면세계가 여전히 실존적 탐구의 중심이다. 그렇다면 실존적 탐구를 진행하던 시선은 개별적 인간의 독자적 체험에 집중하는 것을 넘어서서 외부세계의 문제로 나갈 수는 없을까? 우리는 이러한 가능성을 2차 세계대전 후 야스퍼스와 아렌트의 정치철학적 활동을 중심으로 확인해 볼 것이다. 정치가 실존에 대한 탐구를 저해한다고 주장하던 야스퍼스는 어떤 계기에서 정치적인 현안을 다루게 되었을까? 야스퍼스는 내면에만 집중하는 실존철학적 탐구를 벗어나 현실의 문제를 다루는 데로 나아가는 데 성공했을 뿐만 아니라 당대의 정치적 현상을 해결하는 데도 기여했다. 필자는 이러한 기여가 정치학이나 법학 등 현실의 문제에 집중하는 기존의 관점들이 상상하기 힘든 인간 존재에 대한 철학적 통찰과 실존적 소통 때문에 가능했다고 본다. 야스퍼스와 그의 제자 아렌트와 주고받은 실존적 소통은 두 사람의 정치철학적인 견해를 심화시키면서 집단적 상처를 철학적 통찰로 치유하는 데 기여했다. 이하의 논의는 내면에만 집중하는 실존적 탐구의 한계를 깨닫게 해주고, 실존철학을 포함한 철학적 탐구의 시선이 현실의 문제를 해결하는 데로 발전해갈 수 있다는 사실을 확인시켜 줄 것이다.

2차 세계대전 직후 실존철학자 야스퍼스와 그의 제자인 정치사상가 아렌트는 나치의 전쟁범죄를 심판하려는 과거사 청산 작업에 소환된다. 이렇게 하여 두 사람은 내면세계에 대한 성찰이나 텍스트 중심의 이론적 사유에서 벗어나 첨예한 현실의 문제를 다루게 된다. 두 사람은 나치 정권에 의해 주도된 집단폭력과 그에 대한 '죄와 책임'[1]의 문제를 다루기 위해서 '정치적 책임', '형이상학적 책임', '악의 평범성'이란 개념을 제시한다. 철학적 상상력이 발휘된 이 개념들은 기존의 정치적 문법이나 법률적 사고방식으로 볼 때는 지나치게 이상적이거나 애매해 보인다. 하지만 이 개념들은 인간 존재에 대한 실존적 통찰과 정치에 대한 철학적 해석으로 현실의 문제를 풀 수 있는 실마리가 되었다. 즉, 이 개념들은 과거와는 다른 관점으로 집단범죄와 그 죄와 책임을 이해하고 그 범죄로 인한 상처를 치유할 수 있는 새로운 길을 제시한 것이다. 한 시대의 집단상처를 치유하는 데 철학적 사유가 어떤 역할을 할 수 있는지 살펴보자.


## 1. 집단광기의 시간

유럽에서 반유대주의 역사는 상당히 오래되었다. 혹자는 그리스도의 수난 이후 유대인에 대한 반감과 차별이 지속되다가 19세기 우생학적 연구로 노골화됐다고 보기도 한다. 반유대주의의 가장 큰 원인을 유대인들만의 독특한 종교적

---

1) 독일어 'Schuld'는 우리말 '죄'와 '책임'의 의미를 모두 포함하고 있다. 이런 점을 고려하여 필자는 독일어 'Schuld'에 해당하는 부분을 '죄'나 '책임' 혹은 '죄와 책임'이나 '죄책'으로 표기하였다.

관습과 문화에서 찾기도 한다. 그러나 반유대주의가 독일의 나치 정권에 의해서 전면적이고 계획적인 인종청소로 전개된 계기는 좀 아이러니하다. 여타 유럽지역에서 박해를 받던 유대인들은 인류역사상 가장 자유롭고 개방적이라는 바이마르 헌법에 의해서 통치되던 독일에 자유를 찾아 몰려들었다. 독일에 이주한 유대인들은 잘 적응해 살았다. 1919년 제1차 세계대전이 끝나고 독일인들은 막대한 전쟁보상금으로 생활고를 겪다 회복기를 맞고 있었다. 그런데 1929년에 발생한 세계 대공황은 독일인들의 삶을 다시 극단까지 몰아붙였다. 초인플레이션과 대량 실업, 서민층의 몰락으로 굶어 죽는 사람이 속출했다. 이런 와중에도 독일의 유대인들은 상업과 금융업에서 성공하여 상대적으로 고통을 덜 받고 있었다. 많은 독일인들이 그런 유대인들에게 원망의 화살을 돌리기 시작했다. 인구 중 3 퍼센트에 불과한 유대인이 독일 경제의 40 퍼센트를 차지하고 있다는 분석도 있었다. 독일인들은 초인플레이션을 일으킨 주범이 유대인 금융자본가들이라고 추정했다. 이런 분위기에서 유대인들을 돼지, 고리대금업자, 부르주아 자본가 등으로 묘사하며 공공연히 분노를 표출하는 일이 잦았다. 이때 반유대주의를 주창하며 대중들의 정서에 영합한 히틀러가 독일 경제를 위기에서 구출할 게르만 민족의 구원자로 등장한다. 1932년 선거로 다수당이 된 히틀러의 나치 정권은 수권법을 제정하여 바이마르 헌법을 무력화시키고 1933년부터 1938년 사이에 박탈과 몰수, 대학살로 유대인의 정치적, 경제적 기반을 철저하게 무너뜨렸다. 이제는 유대인에 대한 폭력이 주저 없이 자행되었다. 언론의 선동과 일상화된 거리의 폭력에 세뇌당한 독일인들은 유대인들이 볼셰비키 혁명파와 한통속이 되어 독일을 뒤집어엎을 수도 있다고 걱정하기도 했다. 심지어 유대인들이 독일 여성들의 순결을 더럽힐 수 있다는 자극적인 선전도 횡행했다. 2차 대전 발발 후 자행된 나치 정권의 유대인에 대한 가공할 반인륜적 집단학살은 끊임없이 자행되던 이런 흐름의 결과물이다. 나치 독일에 의해 조직적으로 자행된 홀로코스트로 약 600만명의 유대인이 살해됐다. 나치 독일은 이들뿐만 아니라 사회적 약자이자 혐오의 대상이었던 장애자와 동성애자도 집단학살했다.

그런데 패전 후 많은 독일인은 나치 시대 자행된 집단학살에 대해서 반성하기보다는 자신들을 전쟁의 피해자로 생각했다. 아렌트와 야스퍼스는 이런 독일국민들에게는 어두운 과거를 청산하고 새로 출발할 기회가 주어질 수 없다고 판단한다. 하이델베르크 대학에서 철학을 가르치고 배운 사제지간이자 40년 넘게 서신을 주고받은 철학적 동지인 두 사람은 나치즘과 같은 전체주의의 위험성과 현대 기술 문명의 폐해에 대해 근본적인 성찰을 제시하였다. 두 사람은 나치의 집단범죄로 인류의 현대사에 거대하게 파인 상흔을 극복하는 데도 앞장선다. 집단폭력을 합법화시킨 나치 정권의 등장 이후 두 사람은 철학이 이론적인 성찰에만 머물러서는 안 되고, 현실의 문제를 다루며 그 해결 방안을 공적으로 제시할 수 있어야 한다고 확신한다. 더 나은 세상을 실현하기 위해서는 무엇보다도 정치행위가 필요하지만, 정치행위가 지향하는 목표나 이념, 가치와 관련하여 철학적으로 성찰하는 것도 필요하다. 집단범죄와 그 책임을 규명하는 데 대한 아렌트와 야스퍼스의 철학적 성찰은 이 점에서 효력을 발휘한다.

아렌트는 그의 사상 초기에 박사학위 논문 『어거스틴의 사랑의 개념- 철학적 해석 시도』[2])에서 '사랑'이라는 인간의 핵심감정을 다룬다. 여기서 아렌트는 '신에 대한 사랑(유대감)'을 강조하고 '세속적인 것에 대한 사랑'을 폄하는 기독교 교리를 분석하였다. 훗날 아렌트는 세계에 대한 사랑이 인간의 세계를 탄생시켰다고 생각하며 '세계사랑'(amor mundi)을 정치철학의 핵심개념으로 제시하기도 한다.[3]) 이처럼 아렌트는 '감정'을 철학적으로 재해석하며, 그것이 인간의 삶에서 갖는 중요성을 강조하였다. 야스퍼스는 아렌트의 상기 박사학위 논문을 지도했다. 그 자신은 교수자격논문으로 인정된 『정신병리학 총론』[4])이나 의학 박사학위 논문인 『향수와 범죄』[5])에서 병리적 정신이나 폭력성에 결부된 다양한 정동에 대해서 사례를 중심으로 분석하기도 했다. 첫 번째 철학적 저작인 『세계관의 심리학』[6])이나 대표작인 『철학』[7])에서 야스퍼스는 '사랑'이라는 감정을 '죽음', '투쟁',

---

2) Arendt H., *Der Liebesbegriff bei Augustin. Versuch einer philosophischen Interpretation.* Berlin, Springer, 1929.

3) Hannah Arendt · Karl Jaspers, *Hannah Arendt Karl Jaspers Briefwechsel* 1926-1969, München, Piper, 1985, p.264. 이하 "Briefwechsel"로 약칭.

4) Jaspers K., *Allgemeine Psychopathologie. Ein Leitfaden für Studierende, Ärzte und Psychologen.* Berlin, Springer, 1913.

5) Jaspers K., *Heimweh und Verbrechen*, Leipzig, Vogel, 1909.

6) Jaspers K., *Psychologie der Weltanschauungen.* Berlin, Springer, 1919.

7) Jaspers K., *Philosophie*, Band I, II, III. Berlin, Springer, 1932.

'우연', '죄책', '고통'과 함께 한계상황으로 규정하며, 인간의 실존적인 존재성격을 밝히기 위해 탐구하기도 했다. 주지하듯 '한계상황'이란 인간이 극복하고 변경시킬 수 있는 일반적인 상황과 달리, 받아들여야만 하는 상황이다. 이성적으로는 납득할 수 없는 모순적인 인간의 운명이 극적으로 그 모습을 드러내는 한계상황에 대해서 인간은 각자 태도를 취할 수 있을 뿐이다. 어떤 태도를 취하느냐에 따라서 가능적 실존이던 사람이 실존을 현실화시키며 참된 자기가 될 수도 있다. 그런데 '사랑'이 왜 누구나 겪어야만 하는 한계상황이란 말인가? 사랑은 운이 좋거나 노력하면 경험할 수 있는 달콤한 감정이고, 고독을 선택하면 피할 수 있는 것이 아닐까? 그러나 현실화시키건 마음속에 가슴앓이로만 품고 있건 사랑은 누구도 피할 수 없다. 이뿐만 아니라 내가 누군가를 사랑하는 크기만큼 그 사람을 쟁취하고 지키기 위한 공격성도 자란다. 또 사랑하는 사람과 틀어질 때 발현되는 증오도 사랑의 순간 그 크기만큼 자란다. 야스퍼스는 사랑의 이런 부조리성과 운명성에 주목하며 그것을 한계상황으로 규정한 것이다.

그런데 아렌트와 야스퍼스는 사랑과 같은 '감정'이라는 현상 그 자체의 본질이나 발생과정을 독립적인 주제로 부각시켜서 심리학적으로 다루지는 않았다. 이런 점을 감안하여 이하에서 필자도 혐오나 증오심, 분노 등 나치 시절 독일인들이 유대인에 대해서 품었을 집단감정 자체를 살펴보지는 않았다.

## 1) 서재에서 광장으로

관념론적인 철학이 지배적이던 독일에서 철학자가 현실 문제에 정치적으로 관심을 갖는 일은 드물었다. 가우스(Gunter Gaus)와 인터뷰에서 언제부터 정치적인 문제에 관심을 갖게 되었느냐는 그의 질문에 아렌트는 1933년 2월 27일 나치의 음모로 독일 제국의회가 불타던 날부터라고 대답한다.[8] 세속회된 유대계 독일인으로 당시 27세였던 아렌트는 제국의회가 불타고 불법적인 체포가 이루어지는 야만적인 장면을 보고 큰 충격을 받았고, 그 순간 이후 정치적인 책임을 느꼈다고 말한다.[9] 이 사건 후 아렌트는 자신이 나치에 의해서 고초를 겪은

---

8) *Hannah Arendt im Gespräch mit Günter Gaus. Zur Person – Porträts in Fragen und Antworten. Gespräch*, BR Deutschland, 30 Min. Erstsendung: ARD, 28. Oktober 1964.

것은 독일인으로서도 아니고 세계시민이나 인권을 지지하는 사람으로서가 아니라 유대문화에 속했다는 이유 때문이었고, 따라서 자신의 문제는 순전히 정치적인 것이었다는 사실을 깨달았다고 말한다.[10] 아렌트는 타 인종에 대한 혐오감과 그에 동반되는 폭력을 인종적 차이를 빌미로 자기 집단의 목표나 이익을 관철하기 위한 정치적인 행위로 판단한 것이다.

야스퍼스가 정치에 관심을 가진 것은 베버(Max Weber)를 공부하면서부터이지만, 정치적인 문제를 주제로 본격적으로 글을 쓰게 된 것은 나치 정권의 폭정과 침략전쟁이 시작되면서부터다. 이때 야스퍼스는 자신의 조국을 '범죄국가'로 여기고 몰락을 기원했지만 직접 저항하지는 못했다. 그 대신 야스퍼스는『진리에 관하여』[11] 집필에 몰두했다. 유대계 부인 게르트루트 (Gertrud Mayer)가 이 책의 원고를 정리하고 의견을 내는 식으로 함께 작업하면서 두 사람은 세상과 동떨어진 가장 추상적인 주제에 전념함으로써 안정을 얻었다고 한다.[12] 나치가 패망한 후에야 야스퍼스는 독일민족의 전쟁책임과 새로운 출발 등을 주제로 정치철학적인 저서를 본격적으로 출간한다.[13] 그런데 히틀러 등장 초기에 야스퍼스는 파시즘이나 나치즘에 대해서는 거의 아는 것이 없었고, 파시즘의 광기가 독일 사회에서 가능할 것이라고는 상상을 못 했다고 고백한다.[14] 나치즘은 배타적인 사고방식과 우월감과 혐오감, 증오심 등의 감정이 혼합된 정치적 이데올로그다. 이러한 나치즘이 정권을 잡고 폭압적으로 권력을 휘두르기 시작하자 야스퍼스는 다음과 같은 정치적인 각성을 하게 된다. "정치적 사유 없는 위대한 철학이란 없다. [...] 내가 정치에 의해 심하게 휘둘린 뒤에야 내 철학은 충분히 의식적인 것이 된 것 같다. [...] 그 이후로 나는 모든 철학자들을 그의 정치적

9) Lambrecht L., "Philosophy against National Socialism: Hannah Arendt and Karl Jaspers", *Discussion Papers*, Hamburg, 2009, 이하 "Lambrecht(2009)"로 약칭.

10) Lambrecht(2009), p.3.

11) Jaspers K., *Von der Wahrheit*, Philosophische Logik Band1, München,Piper,1947.

12) Jaspers K., *Philosophische Autobiographie*. München, Piper, 9장 "철학적 논리".

13) 이후 야스퍼스가 쓴 정치적 글들은 다음과 같다. 『죄의 문제』(*Die Schuldfrage*, 1946), 『역사의 기원과 목표』(*Vom Ursprung und Ziel der Geschichte*, 1949), 『변명과 전망』*Rechenschaft und Ausblick*, 1951), 『원자탄과 인류의 미래』 *Die Atombombe und die Zukunft des Menschen*, 1957), 『자유와 통일』(*Freiheit und Wiedervereinigung*, 1960), 『독일은 어디로 가는가?』(*Wohin treibt die Bundesrepublik?*, 1966).

14) Lambrecht(2009), p.3.

사상 및 행동과 연관해서 탐구한다."[15] 야스퍼스의 정치철학적인 저서들은 공허한 사변의 결과물이 아니라 그가 겪었던 시대적 고난과 그에 얽힌 감정을 배경으로 한다. 야스퍼스는 나치 정권에 협조하지 않았을 뿐만 아니라 유대인 부인과 헤어지라는 명령을 거부하였다. 이 때문에 그는 대학에서 쫓겨났으며, 출판 금지 처분을 받았다. 나치의 위협 속에서 야스퍼스와 그의 아내는 고립감과 완전히 버려진 느낌을 받았다. 나치의 전체주의적 폭력을 경험한 후 야스퍼스는 집단화된 형태의 인간성을 도저히 믿을 수가 없었고 오로지 개인들만을 믿으려 했다.[16] 대중에 대한 불신이 야스퍼스 철학적 사유의 특징 중 하나가 된 것도 이런 배경 때문이다.

영향사적으로 볼 때 야스퍼스의 소통론은 과학주의적이고 도구적인 사유방식의 절대화에 대항한 사회철학자 하버마스의 의사소통이론의 전형이다.[17] 야스퍼스에게 소통이란 다름 아니라 "인간 존재의 보편적 조건"[18]이다. 앞 장에서 이미 살펴본 대로 소통의 양상은 인간의 존재 방식에 따라 구분된다. 이때 소통은 크게 "현존의 소통(Daseinskommunikation)"과 "실존적 소통(Existentielle Kommunikation)"[19]으로 구분된다. 현존의 소통은 실존 이전 인간의 존재 양상인 '현존', '의식 일반', '정신'에 따라 그 각각의 소통방식이 존재한다. 실존적 소통은 현존의 소통이 한계를 드러내는 곳에서 이 시작된다. 야스퍼스는 실존 대 실존 사이의 소통을 강조함으로써 실존철학을 유아론적인 성격에서 벗어나게 했다. 하지만 이때의 소통도 공적인 소통이 아니라 두 인격체 사이의 개인적인 대화를 의미한다. 정치철학적 전회 전에 야스퍼스는 정치가 이러한 실존적 소통을 은폐시킨다고 비판했다. 야스퍼스 소통이론의 반정치적인 성격이 바뀐 계기도 나치 정권의 집단폭력과 2차 세계대전을 겪고 나서다. 그는 개인적 소통의 한계와 공적 소통의 필요성을 통감했으며, 더 나아가 철학과 정치가 공조해

---

15) Jaspers K., *Schicksal und Wille.* Autobiographische Schriften. München, Piper, 1967, p. 97. 이하 "Jaspers(1967)"로 약칭. "[...]"는 필자가 첨가.

16) Jaspers(1967), p.146, p.149.

17) Habermas J., Theorie kommunikativen Handelns, Bd. 1, Frankfurt am Main, Suhrkamp Taschenbuch 1175, p.28.

18) Jaspers K., *Von der Wahrheit.* München, Piper, 1947, p.371.

19) Jaspers K., *Philosophie,* Band II, München, Piper, 1994(초판 1932), p.50.

야 한다는 사실을 깨달았다. 이런 판단에서 야스퍼스는 전후에 대중들을 대상으로 라디오 대학강의도 하고, 독일 정치와 역사에 관한 저서를 출간하거나 핵무기와 인류의 미래에 대한 자신의 견해를 밝히기도 했다.

## 2) 정치적 실존주의

서유경은 우린(Richard Wolin) 등이 주창한 "정치적 실존주의"[20](political existentialism)라는 개념을 실마리로 아렌트의 정치철학을 재해석한다. 서유경의 연구에 따르면 아렌트는 아리스토텔레스가 토대를 놓은 서구의 정치존재론에 실존주의적 관점을 투사하여 두 사상의 한계를 극복했다. 인간을 정치적 동물(zoon politikon)로 규정하는 아리스토텔스 전통의 정치존재론은 개인을 정치공동체의 목적에 필요한 부수적인 존재로 볼 위험성을 않고 있고, 실존주의는 사회적 관계를 간과하며 유아론적으로 내면세계에 집중할 위험이 있다. 그런데 "아렌트는 아리스토텔레스의 공동체주의적 계기와 실존철학의 개인주의적 계기를 연계시킴으로써 현대적 의미의 정치존재론을 수립하고 있는 것처럼 보인다."[21]

"실존 자체는 그 성격으로 인해 결코 고립적일 수 없다. 그것은 소통 속에 존재하며, 타인들의 실존에 대한 자각 속에 존재한다."[22] 실존에 대한 이런 이해를 토대로 아렌트는 소통을 정치행위의 핵심으로 본다. 일찍이 야스퍼스는 소통을 사유의 본질로 규정했다. 아렌트는 야스퍼스의 이러한 소통론에 의지해서, "정치행위와 사유행위를 본질상 동일한 것"으로 이해한다. 따라서 아렌트에게 사유한다는 것은 일반적인 정치행위와 마찬가지로 정치적이다. 정리하여 말하자면, 아렌트에게 "정치행위는 다양한 입장과 시각을 가진 정치행위자들 사이에 일어나는 소통의 과정이며, 사유행위는 이러한 정치행위의 형식을 사유함 속에 재현시킨 것에 불과하다."[23] 그런데 아렌트의 실존철학적 상상력은 '정치'에 대한

---

20) Wolin R., *Heidegger;s Children: Hannah Arendt, Karl Löwith, Hans Jonas, and Herbert Marcuse*, Princeton, Princeton Universtity, 2001, p.66.

21) 서유경, 「아렌트 정치적 실존주의의 이론적 연원을 찾아서: 성 어거스틴, 마틴 하이데거, 그리고 칼 야스퍼스」, 『한국정치학회보』 36(3), 2002, p.72. 이하 "서유경(2001)"으로 약칭.

22) Arendt H., *"What is Existenz Philosophy?"*, Partisan Review, XVIII/1, 1946, Essays in Understanding, ed. by J. Kohn, 1994, p.186. 이하 "Arendt(1994)"로 약칭.

23) 서유경(2001), 87쪽.

개념에서 두드러지게 작동한다. 일반적으로 정치는 지극히 공적인 것으로, 개인이 자기다움을 실현하는 문제와는 관련이 없는 것으로 여겨진다. 그러나 아렌트는 이런 고정관념을 깨고 '정치'를 자기 실존을 실현하는 양식으로 이해한다. 아렌트에 따르면 이전의 실존철학자들은 자기성(Selbst-ness)에 함몰되어 세계와의 연관성을 상실한 철학을 고집했다. 이와는 대조적으로 야스퍼스는 유아론적이고 자기몰입적인 경향에서 벗어난 새로운 유형의 인본주의 철학으로 실존철학을 전개했다.24) 아렌트는 야스퍼스의 이런 개방적 실존철학과 실존적 소통론을 자신의 실존적 정치철학에 수용한다. 실존적 자기실현과 연결시킨 정치와 정치행위에 대한 아렌트의 해석은 기존의 주류 정치학적 시각에서 볼 때는 비현실적인 이상이라고 비판받을 수 있다. 그럼에도 아렌트의 이러한 실존주의적 정치론은 정치행위를 세력과 세력 간의 권력투쟁으로 해석하는 데 머물지 않고, 시민 각자를 정치행위의 또 다른 주체로 세울 수 있는 변혁적 관점을 제공한다.

기존의 정치학적 관점에서는 나오기 힘든 새로운 통찰은 '책임'과 '용서'에 대한 아렌트의 정치철학적 분석에서도 확인된다. 아렌트는 '책임'과 '용서'를 정치적 행위개념으로 정의하며 정치적(집단적) 범죄와 그로 인한 책임의 문제에 대한 새로운 해결책을 찾는다. 이와 관련해서 아렌트는 개인의 사적 책임과 집단의 정치적 책임도 명확히 구분한다. 이러한 구분을 우리는 다음의 명제에서 확인할 수 있다. "인간의 활동에 대한 도덕적 고려의 중심에는 자아가 있으며, 활동에 대한 정치적 고려의 중심에는 세계가 있다."25) 여기서 아렌트는 도덕적 책임은 자아에 관심을 갖는 개인의 문제로 보지만, 집단의 정치적 책임은 세계에 대한 관심에서 생긴다고 보고 있다. 아렌트에게 '세계'는 그 총량이 정해진 객관적 대상이 아니라 세계에 관심을 갖는 사람들의 행위와 언어에 의해서 만들어지는 것이다. 아렌트에 따르면 소크라테스 이후 철학이 관조에 함몰됨으로써 세계에 대한 무관심을 낳고, 이는 결국 세계소외를 낳았다. 다른 한편으로 근대과학을 이용해 인간이 지구로부터 우주로 비상한 것도 세계소외를 야기한 원인이다.

---

24) Arendt(1994), p.186.

25) Arendt H., *Responsibility and Judgement*, New York, Schocken Books, 2003, p.153. 이하 "Arendt(2003)"로 약칭.

『인간의 조건』에서 아렌트는 이상과 같은 두 계기를 지닌 세계소외를 '근대성의 병리적 현상'으로 묘사한다.[26] 아렌트는 데카르트 이후 '자아'(Selbst)에 대한 과도한 관심이 세계소외를 가속화시켰다는 의미에서 다음과 같은 주장도 한다. "영혼이나 인격 혹은 인간 일반과 구분되는 자아에 대한 배타적인 관심은 세계나 다른 사람에 대한 경험을 인간과 자신 간의 경험으로 환원시키려는 시도였다."[27] 하지만 자아에 대한 성찰 자체나 사유 자체를 아렌트가 부정적으로 본 것은 아니다. 사회적 존재이자 생각하는 존재로서 인간에게는 자아에 대한 관심과 세계에 대한 관심은 서로 연계되어 있다. 그렇지만 사유, 의지, 판단으로 구성된 인간의 정신활동이라는 것은 일단은 나의 시선이 현상세계와 거리를 두면서 전개된다. 이런 정신활동이 세계에 대한 관심을 유지하는 한, 사유활동 자체는 세계에 대한 비판적 사랑일 수 있다. 문제는 세계와의 관련성을 끊고 자아에 대해서만 과도하게 관심을 갖는 것이다.

## 2. 집단범죄에서 개인과 집단의 책임

『예루살렘 아이히만』[28]은 죄와 책임 문제에 대한 아렌트의 생각을 구체적으로 확인할 수 있는 자료다. 이 책에서 아렌트는 유대인을 수용소에 집결시키는 일의 총책임자였던 아이히만의 유죄를 확신하면서도, 그를 이해하는 태도로 보인다. 전쟁 전 아이히만은 성실하고 평범한 가장이었다. 전쟁이 발발하자 평범했던 그는 생존하기 위해서 독재자의 명령에 따라 정치적인(집단적인) 범죄에 가담했다. 아렌트는 평범한 누구라도 생존욕구가 다른 모든 이성적 사유를 압도하고, 타인을 배려하는 도덕성이 집단적으로 결핍된 전쟁이라는 상황에서는 아이히만과 같은 선택을 할 수 있다고 주장한다. 이런 주장을 납득시키기 위해 그녀는 '악의 진부성'(banality of evil)이라는 개념을 만들어낸다. 이 개념으로 아렌트는 홀로코스트와 같은 반인륜적 범죄가 악마와 같은 특별한 존재가 저지른 일이 아

---

26) Arendt H., *The Human Condition*. University Press, Chicago 1958, p.254. 이하 "Arendt(1958)"로 약칭.

27) Arendt(1958), p.254.

28) Arendt H., *Eichmann in Jerusalem: A Report on the Banality of Evil*. New York, Viking Press, 1963.

니라 상황에 따라 누구든 저지를 수 있는 짓이라는 점을 강조하려 했다. 그런데 '악의 진부성'으로 아렌트가 아이히만과 같은 반인륜적 범죄를 이해하자고 주장하는 것으로 받아들인 유대인들은 크게 분노했다.

하지만 아렌트는 인간 아이히만을 그가 처한 상황과 관련시켜서 이렇게 이해하는 일과 그가 저지른 범죄에 대해 책임을 묻는 일은 별개의 문제로 보았다. 정상을 참작하는 일과 범죄행위에 가담한 만큼의 책임을 묻는 일은 별개의 일이기 때문이다. 아렌트는 2차 대전 직후에 발표된 "집단적 범죄"[29]라는 논문에서 나치 시대 자행된 집단범죄의 책임을 캐묻는다. 이 논문에서 아렌트는 유대인 집단학살에 직접적으로나 간접적으로 참여한 모든 독일인들을 똑같이 취급하며 단죄하는 것은 모든 독일국민이 나치를 따른다고 주장하는 나치이데올로기를 옹호하는 꼴이 된다고 말한다. 집단적 범죄에 대해서 집단 구성원의 개별적 행위나 의도, 상황을 고려하지 않고 모든 구성원들을 동일하게 '처벌'하는 것은 부당하다는 것이다. 하지만 구성원 모두에게 정치적인 책임을 묻는 일은 다른 문제다. 집단의 정치적 '책임'은 시민으로서 누린 혜택과 의무와 관련되기 때문이다. 용서의 대안은 처벌이고, 그 정반대는 복수이다. 그런데 복수는 복수를 낳고 결국 복수는 세계를 파멸시킬 수 있다.[30] 따라서 복수는 피해야 한다. 다른 한편으로는 개별적인 범죄에 대한 처벌은 가능하지만 집단적 범죄에 대해 처벌하는 일은 쉽지 않다는 점도 고려해야 한다. 선거에 의해 선출된 나치 정권이 독일국민들의 협조나 묵인, 방조 하에 집단학살을 저질렀기 때문에 독일국민들에게 책임을 물을 수는 있지만, 모든 독일 국민들이 나치 정권 때 똑같이 행동한 것은 아니기 때문이다. 아렌트는 이러한 사정을 고려하여 집단적 범죄에 대해서는 처벌 대신 정치적 '책임'을 해결책으로 제안한다. 나치와 같은 '전체주의'[31]는 모

---

29) Arendt H., "Organisierte Schuld", 1946, *Die verborgene Tradition. Acht Essays (1932-1948)*. Frankfurt a. M., Suhrkamp, 1976. 이하 "Arendt(1946)"로 약칭.

30) Arendt H., *The Human Condition*. University Press, Chicago 1958, p.240-241.

31) 1951년 발표된 아렌트의 『전체주의의 기원』(The Origins of Totalitarianism)은 오늘날까지도 전체주의에 대한 중요한 연구로 평가받고 있다. 그런데 1970년 이후 브로샤트(Martin Broszat) 등이 진행한 일상사(Alltagsgeschichte) 연구에 따르면 히틀러의 통치가 일사불란하고 강압적인 것만은 아니었다고 한다. 많은 독일 국민들이 자신의 이익에 부합한다고 생각하며 자발적으로 히틀러를 지지했다는 것이다. 이 새로운 관점은 전체주의 체제하의 집단 범죄나 아이히만에 대한 아렌트의 해석을 평가하는 데 중요하다. 그러나 그 점에 대한 상세한 분석은 다음 기회로 넘긴다.

든 구성원에게 전쟁이나 대량학살에 어떤 형태로건 참여할 것을 강요하기 때문에, 생존을 위해 이에 응한 자들은 "조직의 톱니바퀴"[32] 중 하나와 같은 존재다. 그는 전쟁이 끝나고 법정에 출두하는 순간 한 명의 개인이 된 것이다. 이런 그에게 개인으로서 범죄에 대해 그의 참여 정도와 역할을 따지지 않고 법적인 처벌을 가하는 것은 부당하다. 법률적인 책임은 독일인들 중 소수의 사람들에만 물을 수 있다. 이런 현실을 감안한 아렌트는 나치 시대 전쟁범죄를 독일인들이 부정하고 회피하지 말고 정치적 책임을 질 것을 강조한다. 그리고 아렌트는 집단적 범죄와 책임의 문제를 정당하게 다루기 위해서 책임의 두 가지 형태를 다음과 같이 뚜렷이 구분한다. "내가 여기서 추척하는 것은 정치적(집단적) 책임 그리고 법률적(개인적) 범죄이며 나는 이 둘을 명료하게 구분했다."[33] 다른 한편으로 아렌트는 집단의 구성원으로서 개인이 져야할 정치적 책임의 근거를 다음과 제시한다. "일반적인 질문은 '독재 정권 아래 개인적 책임'이라는 제목의 둘째 부분과 관련된다. 개인적 책임이라는 이 용어는 정치적 책임과 완전히 다르게 이해되어야 한다. 개인적 책임 문제와 다르게 모든 정부는 조상들의 선행이나 악행에 대해 정치적 책임을 지는 것이며, 모든 민족은 과거의 선행이나 악행에 대해 책임을 진다."[34] 그런데 한 집단이 다른 집단에 대해서 가한 범죄에 대해서 구성원 전체에게 무차별적으로 처벌을 가하기보다는 이렇게 정치적 책임을 묻는 것은 피해자 집단에게 용서를 구할 수 있는 현실적인 방법이면서 가해자 집단이 새롭게 출발할 수 있는 기회를 주는 것이기도 하다.

그렇다면 정치적 책임은 구체적으로 어떤 정치적 행위로 이행될 수 있을까? 정치적 책임이라는 것이 공허한 선언이 구호로 끝난다면, 그것은 책임을 이행한 것이 아니다. 독일의 사례를 놓고 볼 때 정치적 책임은 정치적 행위를 통해서 이행될 수 있고, 정치적 행위는 법률과 제도, 교육 등으로 구현될 수 있다. 전후에 독일은 나치 전쟁범죄에 가담한 자를 공소시효 없이 끝까지 추적해 처벌하고 있다. 또한, 독일은 나치를 찬양하거나 소수자를 차별하는 행위를 법적으로 금지하

---

32) Arendt(2003), p.145.
33) Arendt(2003), p.150-151.
34) Arendt(2003), p.27.

고, 이를 어겼을 때는 엄하게 처벌한다. 대중들이 정치적으로 각성되었을 때 나치와 같은 잘못된 정치이데올로기가 힘을 쓸 수 없다. 이런 생각에서 독일은 학교 교육을 기본으로 국가, 정당, 지방자치단체, 시민단체, 기업 등이 정치교육을 지속적으로 실시하고 있다. 1955년 오스트리아가 다시 주권을 갖는 공화국이 되었을 때, 독일과 오스트리아는 두 나라가 영원히 합병하지 않는다는 조건을 받아들였다. 독일의 이런 조치들은 아렌트가 주장한 '정치적 행위'에 부합한다.

## 3. 집단과 개인, 그 경계와 넘나듦

전후 아렌트는 독일의 전쟁범죄와 책임 문제에 대해서 공개적으로 의견을 개진할 기회가 많았다. 나치에 부역하지 않은 소수의 독일 지식인 중 한 명이었던 야스퍼스도 역사청산 작업에 자주 소환됐다. 야스퍼스의 집단범죄와 그 책임에 대한 철학적 통찰은 법제사적으로 중요한 변화의 계기가 되기도 했다. 전후에 진행된 '제2차 아우슈비츠 재판'(1963-1965)에서는 '공소시효'가 전쟁범죄를 처벌하는 데 걸림돌로 제기된다. 이 문제에 대해서 야스퍼스는 "집단 살해에는 시효가 없다"는 선구적인 주장을 한다. 야스퍼스의 이 주장은 1968년 '전쟁범죄와 인도적 범죄에 반한 범죄의 공소시효 부적용 조약' 체결에 반영이 되었다. 또한, 그의 주장에 영향을 받아 이듬해인 1969년에는 서독에서 '공소시효 연장'을 결정하게 되고, 1979년에는 '살인죄와 집단살해죄의 공효시효폐지'라는 법적 조치로 이어지게 된다.[35]

전쟁범죄에 대한 야스퍼스의 정치철학적 성찰은 『죄의 문제』에 잘 반영되어 있다. 1946년 출간된 이 책은 야스퍼스가 전쟁 직후 하이델베르크 대학에서 행한 강연집이다. 이 저서에서 야스퍼스는 죄와 책임에 대해 기존의 법률적 관점이나 정치적 관점에서는 생각하기 힘든 정치철학적인 해석을 시도한다. 이를 통해서 한편으로는 그는 나치의 전쟁범죄에 대해서 변명과 회피로 일관하려던 당시 독일인들 전체의 반성과 갱생을 촉구하고, 다른 한편으로는 독일은 전체에게 가해지

---

35) 카를 야스퍼스 저, 이재승 역, 『죄의 문제 : 시민의 정치적 책임』, 앨피, 2014. 40쪽. 독일어 원전: *Die Schuldfrage*. Heidelberg, Lambert Schneider, 1. Auf. 1946. 이하 "『죄의 문제』"로 약칭.

는 무차별적 저주와 비난을 중지시키려 한다. 이런 점에서 『죄의 문제』는 역사청산은 물론이고 집단적 용서와 치유를 위한 정치철학적인 시도라 할 수 있다.

　『죄의 문제』는 크게 '제1부 구별의 도식'과 '제2부 독일인의 문제'로 구성되어 있다. 야스퍼스는 제1부에서 먼저 형사적 범죄, 도덕적 죄, 정치적 죄, 형이상학적 죄라는 4원적 구분을 제시하고, 이어서 각 죄의 결과, 폭력, 법, 사면(Gnade)에 대해서 간략히 언급한다. 이런 준비작업 후 야스퍼스는 '누가 심판하고 심판받는가'라는 주제에 매달린다. 여기서 야스퍼스는 과연 독일민족 전체가 집단적으로 도덕적 책임까지 져야만 하는지 묻는다. '민족'이란 어떤 규범적 실체가 될 수 없다는 이유를 들어서 야스퍼스는 독일 구성원 전체에게 집단적으로 도덕적 책임과 형이상학적 책임을 묻는 것은 부당하다고 주장한다. 도덕과 형이상학적 신념은 개인의 영역에 속한다. 이를 근거로 야스퍼스는 도덕적 책임과 형이상학적 책임은 오로지 독일인 자신의 성찰과 반성으로 수행될 일이지 외부의 압력에 의해서 수행될 일은 아니라고 주장한다.

　'제2부 독일인의 문제'에서는 독일인들의 전쟁범죄에 대한 판결을 시도한다. 먼저 '형사적 범죄'에 대해서 야스퍼스는 '평화에 반한 죄', '전쟁범죄', '인도에 반한 죄'라는 뉘른베르크 재판부의 분류를 따른다. 이 분류에 따르면 '형사적 범죄'는 집단적 죄가 아니라 개인적 죄다. 이 '형사적 범죄'의 기준으로는 독일민족 전체는 범죄자가 아니다. 특정한 행위를 저지른 독일인들만이 형사적 범죄자로서 법적 책임을 져야 한다.

　이렇게 결론을 내린 후 야스퍼스는 '정치적 죄'에 대한 판결을 시도한다. 야스퍼스에 따르면 이 '정치적 죄'는 독일의 구성원 모두가 짊어져야만 하는 죄다. 왜냐하면 나치당에 투표하거나 유대인 학살에 관여하지도 않은 채 매우 비정치적인 삶을 산 사람일지라도 독일국민으로서 독일이라는 정치공동체에 속하여 살아온 이상, 그에 따른 정치적인 책임을 면할 수는 없기 때문이다. '도덕적 죄'는 개인의 양심의 문제와 관련되기 때문에 다른 사람이나 집단이 그 죄에 대한 책임을 요구할 수는 없고 오직 개인이 자신의 양심의 법정에서 심판할 수 있다. 야스퍼스는 독일인들 대다수가 도덕적 죄에서 자유롭지 않다고 생각한다. 전시에 부여받은 임무에 충실했던 사람이나 나치에 의한 독일민족의 부흥과 혁명을 내심 기대했던 사람은 물론이고, 부화뇌동하거나 무기력하게 굴종을 견디며 살아남은 사람도 도덕적 책임을 함께 져야한다. 이런 생각에서 야스퍼스는 전체 독일인들의 도덕적 반성을 촉구한다. 끝으로 '형이상학적 죄'에 대해서 야스퍼스는 집단폭력이 자행되던 시대에 살아남은 모든 독일인들이 책임을 져야 할 범죄라고 주장한다. 나치의 강압에도 불구하고 이에 저항하고 힘든 상황에 있는 이웃을 도운 이도 있다. 이런 사람들에게 '도덕적 죄'를 묻기는 어려울 것이다. 그러나 이런 사람들도 '살아남았다는 사실 자체' 때문에 죽은 사람들에게 미안함과 책임감을 느낄 수 있다. 그것은 죽어간 자들이 자기와 같은 인간이었다는 사실 때문에 느끼는 죄책감이다. 나치 정권하에서 야스퍼스는 살아남기 위해서 최대한 눈에 띄지 않는 방식을 선택했다. 그런데 유대계 부인을 둔 남편으로서 반유대주의가 폭력으로 표출되는 시대를 살아남기 위한 자신의 이런 처신을 훗날 야스퍼스는 "죄스러운 수동성"이었다고 고백한다. 이런 반성 끝에 야스퍼스는 "우리가 살아남았다는 사실이 우리의 죄다"[36]고 선언한다.

야스퍼스가 얼핏 보아 애매해 보이는 형이상학적 죄와 책임을 생각하게 된 배경을 우리는 다음과 같은 그의 고백에서 짐작해 볼 수 있다. "우리들 살아남은 자들은 죽으려 하지 않았다. 유대인 친구들이 잡혀갈 때, 우리는 거리로 나아가 그들과 마찬가지로 몰살될 때까지 소리치지 않았다. 우리가 죽어도 도움이 될 수 없다는 나약하지만 적당한 이유를 들어 살아남으려 했다. 우리가 살아남았다는 것이 죄다."[37] 자녀(Hans Saner)의 연구에 따르면 야스퍼스는 파시즘에 반대했음에도 자신과 아내의 죽음을 초래할 수 있는 그 어떤 위험도 감행하지 않았다고 한다. 이런 합리적인 조심성 때문에 그는 그와 아내의 목숨이외에는 그 누구의 생명도 구하지 않았다.[38] 그는 나치에 붙잡혀 수모를 당하느니 개인으로서 존엄성을 지키며 죽는 것이 낫다는 실존적 결단에 따라서 그와 아내에게 사용할 독극물을 품고 다녔다. 하지만 그는 다른 사람을 위해서 나서지는 않았다. 그리고 이것이 파시즘에 반대한 야스퍼스의 정치적 대응의 한계였다. 나치에 전혀

---

36) Jaspers(1967), p.35.

37) Jaspers K., *Hoffnung und Sorge - Schriften zur deutschen Politik 1945-1965.* München, Piper, 1965, p.32.

38) Saner H., *Errinern und Vergessen, Essays zur Geschichte des Denkens,* Basel, Lenos, 2004, p.129-130.

부역하지 않고 다양한 형태로 저항하다 살아남은 사람들에는 이런저런 이유로 희생자에 대해서 죄의식을 느끼는 이들이 있었다. 야스퍼스도 그런 죄의식을 느꼈다. '형이상학적 죄'는 이런 이들이 느끼는 죄의식을 나타내려는 철학적 성찰이 창조한 개념이다. 그런데 야스퍼스는 왜 하필 '형이학적'(metaphysische) 이라는 수식어를 붙인 것일까? 아마도 그 이유는 살아남은 이들이 느낄 수 있는 죄의식이 상식이나 법률적 관점만으로는 설명이 되지 않고, 그런 기존의 관점을 초월해서(meta) 인간 존재의 본질적 특성을 성찰할 때라야 이해될 수 있기 때문일 것이다.

그런데 『죄의 문제』 전반부에서 야스퍼스는 '도덕적 죄'가 순전히 개인의 양심의 문제에 달렸다고 주장했다가 이 책의 후반부에 가서는 독일인들 전체가 '도덕적 죄'에 책임이 있다는 주장을 펴기도 한다. 야스퍼스의 이러한 입장 변화에 대해서 사안을 명확히 판단하지 못한 탓이라고 비판할 수도 있다. 그렇지만 대학생들을 앞에 두고 실존적인 대화형식으로 진행된 강의에서 야스퍼스가 개방적인 상호소통을 실현하면서 자신의 관점을 성숙시켰다고도 평가할 수 있을 것이다. 강의가 진행되며 야스퍼스는 '무관심과 무책임으로 훈련' 받고 '정치적으로 부자유한 문화' 속에서 별 문제의식 없이 사는 데 익숙했던 독일의 문화적 배경에 주목한다.[39) 도덕적인 문제를 지극히 개인적인 차원의 일로 생각하던 야스퍼스는 이런 문화적 배경 속에서 독일인들 전체가 도덕적 책임에서 둔감해졌고, 따라서 비도덕적 행위에 대해서 별다른 문제의식도 없이 쉽게 휩쓸릴 수밖에 없었던 독일인들 전체가 도덕적인 책임에서 자유롭지 못하다는 생각을 갖게 된 것이다.

야스퍼스가 나치의 전쟁범죄에 대해서 모든 독일인들이 집단적으로 책임을 져야 한다고 주장한 데 대해서 아렌트도 공감을 표시한다.[40) 한 정치공동체에 속한 시민들은 그들이 그 공동체에 정치적으로 결속되어 있다는 이유로 그들의 선조들

---

39) 『죄의 문제』, 157쪽.

40) Schaap A., "Guilty Subjects and Political Responsibility: Arendt, Jaspers and the Resonance of the 'German Question' in Politics of Reconciliation.", *Political Studies* Vol. 49, 2001, p.249.

이 이룩한 업적의 혜택을 누린다. 마찬가지 이유로 그들은 선조들이 저지른 범죄에 대해서도 대리책임을 져야만 한다. 이와 관련하여 아렌트는 다음과 같이 주장한다. "우리가 행하지 않거나 우리와 전적으로 무관해 보이는 일의 결과를 우리에게 떠넘기는 것, 즉 대리적 책임은 우리가 홀로 삶을 영위하지 않고 동료 시민들 사이에서 삶을 영위한다는 사실 때문에 지불해야만 하는 대가다."[41] 아렌트는 선조들의 죄책을 후손들이 짊어져야 하는 근거를 이렇게 제시함으로써 대리책임을 강조했을 뿐만 아니라, 구성원들의 정치적 행위로 대리책임을 실현함으로써 용서받을 수 있는 길도 제시한 셈이다.

그런데 아렌트는 야스퍼스가 전쟁과 유대인 학살을 뒷받침한 나치의 정책을 법을 위반하여 유죄선고를 받은 경우에 해당하는 형사범죄로 분류한 것에 대해서는 문제가 있다고 본다. 아렌트는 나치의 범죄를 여느 형사범죄와는 달리 모든 법체계의 한계를 넘어서고 붕괴시킨 것으로 여겼기 때문이다. 또한, 야스퍼스가 '형이상학적 죄'를 동료 인간들에 대한 그리스도의 사랑과 같은 절대적인 유대감을 나타내지 못해서 생겼다고 분석한 것에 대해서도 아렌트는 조심스럽게 의문을 제기한다.[42] 현실의 그 어떤 재판관도 다룰 수 없는 사적인 영역으로 형이상학적인 책임을 분류하면, 독일인들이 책임을 벗는 데 기여하면서 동시에 죄에 대해 구체적으로 책임을 이행할 수 있는 정치적 노력의 중요성이 희석될 우려가 있기 때문이다.

아렌트의 이 둘째 지적은 야스퍼스가 '정치적 죄'라는 개념으로 독일국민 전체가 책임져야할 죄를 강조를 했다는 점을 고려해 볼 때 설득력이 떨어진다. 야스퍼스는 독일인들 전체의 책임은 '정치적 죄'로 물을 수 있다고 보았다. 그가 '형이상학적 죄와 책임'를 제기한 것은 앞에서도 살펴보았듯 '형사적 범죄와 책임', '도덕적 죄와 책임', '정치적 죄와 책임'에서는 면책이 될 수 있는데도 죄의식을 느끼는 사람들이 있다는 인간의 실존적 체험을 대변하기 위해서다. 앞의 세 가지 죄를 저지른 사람은 그 죄에 해당하는 책임을 져야지, 그 책임이 형이상

---

41) Arendt(2003), p.157-158.
42) Briefwechsel, p.54.

학적 죄를 짊어진다고 면죄되지는 않는다.

나치의 범죄가 모든 법체계의 한계를 넘어선 것이기 때문에 형사적 범죄로 분류하는 것이 적합하지 않다는 아렌트의 첫째 지적은 오히려 집단범죄에 연루된 사람들에 대한 처벌의 실효성을 약화시킬 수 있다. 1946년『죄의 문제』를 읽고 나서 아렌트는 스승 야스퍼스에게 보낸 서신에서 다른 모든 범죄와 달리 나치 범죄는 괴물성이 보인다고 말한다.[43] 이에 대해서 야스퍼스는 나치의 범죄를 일반적인 범죄를 능가하는 악마적인 범죄로 보는 것은 히틀러를 악마로 묘사하는 것만큼이나 범죄와 범죄자의 현실을 제대로 파악하지 못하는 것이라고 답한다. 야스퍼스가 볼 때 그들은 평범함과 무미건조한 사소함 속에서 그런 범죄를 저질렀다.[44] 어떠한 악도 인간 세상에서 일상을 살던 사람들에 의해 저질러지는 것이다. 그런 악은 인간적인 것이지 악마적인 것이 아니고, 그렇기 때문에 처벌과 극복의 대상이 되는 것이다. 그들의 범죄를 악마화하는 것은 그들에게 악마적 위대성을 부여하며, 인간의 처벌을 무의미한 것으로 만들 수 있다. 그런데 아렌트도 '악의 평범성'에 대해서 야스퍼스와 유사한 생각을 갖기도 했다. 1945년 발표한『독일인의 죄』(German Guilt)[45]에서 아렌트는 의무에 따라 과업을 수행하던 성실한 시민들이 의무에 따라서 집단범죄에 가담할 수 있다는 점을 지적하고 있기 때문이다. 아렌트는 야스퍼스와 서신 교환 등을 통해서 '악의 평범성'에 대한 자신의 성찰을 심화하고, 1963년에 『예루살렘 아이히만』에서는 자신의 정치사상의 핵심개념으로 확정한다.

---

43) Briefwechsel, p.90.

44) Briefwechsel, p.98-99.

45) 1945년 *Jewisch Frontier* No.91에 발표됐던 이글은 야스퍼스 등이 창간한 월간지 *Die Wandlung*(전환)에 1946년 "Organisierte Schuld"(집단화된 죄)라는 제목으로 다시 발표되었다.

## 4. 철학적 상상력과 세계철학

칸트의 『영구평화론』46)이 출간된 이후 '인류'라는 개념은 국가, 민족, 인종, 종교의 차이에도 불구하고 지구촌 사람들을 하나의 정체성으로 묶어서 볼 수 있는 '규제적 이념'의 역할을 했다. 칸트에게 규제적 이념이란 '세계', '신'과 '단일성을 지닌 나'와 같이 객관적으로 그 실재를 증명할 수는 없지만 어떤 현상을 인식할 때 그 인식의 통일성을 확보하기 위해서 우리가 전제하는 것이다. 이런 규제적 이념들은 그 실재 여부를 증명할 수 없는 것이기에 객관적 실재성을 다루는 자연과학이나 사회과학에서는 주창될 수 없고, 객관적 실재성을 넘어서 인식의 토대와 가능조건을 따지는 철학적 사유가 제시할 수 있다. 그런데 역사적이고 공적인 당면문제를 새로운 지평에서 해결하려 한 이 창조적 개념은 뉘른베르크에서 전범 재판이 열리기 전까지는 현실의 문제를 푸는 실질적 규준으로 적용되지는 않았다. '인류'가 정치적 실재가 된 것은 무엇보다도 뉘른베르크 전범 재판에서 '인류에 반하는 범죄'라는 처벌의 준거점을 제시하면서부터다. 아렌트는 야스퍼스의 『철학적 신앙』47)이 유대-기독교 신앙을 상대화시키면서 그것을 포괄하는 신앙의 가능성을 제시함으로써 실질적으로 '인류'라는 개념의 확고한 토대를 제공했다고 평가한다.48) 야스퍼스도 아렌트를 내적 독립성을 유지하면서도 인류의 보편성에 주목하는 세계시민이라고 평가한다.49) 두 사람이 인류의 보편성에 주목했다고 해서, 각 주권국가의 독립성이나 시민들의 개별성을 부정한 것은 아니다. 주권국가들의 독립성과 시민들의 개별성을 부정하는 것은 인류 기원의 다양성을 부정하는 전체주의적 태도다. 전후 야스퍼스는 참된 자기완성에 집중하는 실존주의에서 공적인 소통과 행위의 중요성을 놓치지 않는 정치적 실존주의로 발전해 간 것이지, 다양성과 다원성을 부정하는 세계제국이나 세계시민을 추구한 것은 아니다. 다른 한편으로 전체주의의 위험성에 대한 아렌트의 분석은 현대 정치철학의 가장 의미 있는 통찰 중 하나이며 야스퍼스에게도 큰

---

46) Kant I., *Zum ewigen Frieden. Ein philosophischer Entwurf*, (1. Auf. 1795). Germany, Anaconda Verlag, 2018.

47) Jaspers K., *Der philosophische Glaube. Fünf Vorlesungen*. München, Piper, 1948.

48) Briefwechsel, p.113.

49) Jaspers K., *Philosophische Autobiographie*. München, Piper, 1977, p.67.

영향을 주었다. 아렌트는 인류의 다양한 기원을 부정하는 세계제국을 "괴물"[50]과 같은 존재라고 비판한다. 그녀에 따르면 세계시민은 전체주의의 위험성을 피할 때 등장할 수 있다. 왜냐하면 세계시민이란 "인류의 통합이나 유대를 단순히 하나의 종교, 하나의 철학 혹은 하나의 정부 형태에 대한 보편적 합의에 기반하기 보다는 집합체가 다양성을 드러내면서도 은폐하는 일종의 일원성과 연계되어 있다는 신념"[51]을 지닌 자여야 하기 때문이다.

이처럼 2차 대전 후 아렌트와 야스퍼스가 전체주의의 위험성을 피하면서도 다양한 구성원들이 소통하며 현실의 문제를 풀 수 있도록 전개한 정치철학적 사유를 우리는 "세계철학"(Weltphilosophie)[52]이라 칭할 수 있을 것이다. 여기서 세계철학이란 대화의 주체들이 각자의 정체성과 자율성을 잃지 않으면서 인종, 국가, 종교의 차이로 인한 원초적 적대감을 극복할 수 있는 '소통적 이성'에 기반을 둔 미래지향적 사유방식이다. 집단적 죄책에 대한 아렌트와 야스퍼스의 변혁적 정의도 세계철학으로서 전개된 것이지 특정한 집단의 일회적인 문제를 해결하기 위한 임시방편이 아니다. 집단적 범죄와 죄책 문제를 해결하기 위해 아렌트와 야스퍼스가 제시한 정치철학적 통찰들은 오늘 우리의 당면 문제를 푸는 데도 충분히 고려될 수 있을 것이다.

핵심어

한나 아렌트, 칼 야스퍼스, 2차 세계대전, 전쟁범죄, 집단범죄, 집단감정, 죄와 책임(죄책), 정치철학, 법률적 범죄, 도덕적 죄, 정치적 죄, 형이상학적 죄, 악의 평범성, 실존적 소통, 정치적 행위, 세계사랑, 철학적 상상력

---

50) Hannah Arendt, *Men in Dark Times*, San Diego, New York and London< Harcourt Brace & Company, 1968, p.89. 이하 "Arendt(1968)"로 약칭.

51) Arendt(1968), p.90.

52) Lambrecht L., "Das 'wandlose Leben' als Herausforderung für eine Weltphilosophie(Carlotte Beradt, Hannah Arendt und Karl Jaspers)", *Discussion Papers*, Hamburg, 2013.

1. 아렌트에 따르면 실존은 정치적이거나 공적인 문제와 결부될 수밖에 없다. 따라서 우리가 실존의 문제를 온전히 다루기 위해서는 한 개인의 내면만을 탐구해서는 안 되고 그가 처한 정치적 현실까지 관련시켜서 살펴봐야 한다. 실존에 대한 아렌트의 이런 태도에 주목하며 우리는 그녀의 실존에 대한 생각을 '정치적 실존'이나 '정치적 실존주의'라 칭할 수 있다.

  1.1. 아렌트와 야스퍼스는 어떤 계기에서 당대의 정치적인 문제에 주목하며, 그 문제를 풀기위해서 정치철학적인 탐구와 제안을 하게 되었나? 그것은 순전히 정치적인 판단과 선택이었는가 아니면 개인의 존재에 대한 실존적인 깨달음과 선택이 결합되어 있는가?

  1.2. 당신과 내담자는 언제 어떤 문제로 '실존'에 주목하게 되었는가?

  1.3. 실존적인 문제를 개인적인 차원에서만 해결하려 할 때 한계는 무엇인가?

2. 개인은 순전히 실존적이고 개인적인 문제뿐만 아니라 공적이고 정치적인 문제를 겪을 수도 있다. '형사적 죄책', '윤리적 죄책', '정치적 죄책', '형이상학적 죄책', '악의 평범성', '세계사랑'을 실존적이고 개인적인 영역이나 공적이고 정치적인 영역으로 나누고, 그렇게 분류한 근거를 제시해 보라.

3. '불안', '고독', '허무감', '무력감', '무의미감', '죄책감', '권태' 등 실존적이고 수동적인 감정이나 '분노', '증오', '혐오', '공격성', '원한' 등 타자와 관련된 폭력적인 감정을 적절하게 다루기 위해서는 개인적 차원과 시대의 공적인 차원을 모두 고려해야 할 것이다.

  3.1 이러한 감정들을 개인적 차원에서만 이해할 때와 시대적인 상황을 고려하며 이해할 때는 어떻게 다를까?

  3.2. 두 차원을 모두 고려하여 이상과 같은 감정을 다룰 때 심리학이나 사회과학과 다르게 실존철학이나 철학이 제시할 수 있는 길잡이 개념은 어떤 특징을 지니는가? 아렌트와 야스퍼스는 '악의 평범성', '세계사랑', '한계상

황', '실존적 죄책', '정치적 죄책', '형이상학적 죄책' 등을 길잡이 개념으로 제시했다. 야스퍼스가 말한 인간 존재의 네 가지 차원과 그에 상응한 네 가지 소통방식 그리고 한 차원의 소통에서 다른 차원의 소통으로 넘어갈 때의 철학적 상상력을 고려하고, 그 밖의 철학자들이 감정을 다룰 때 제시한 개념들을 찾아보며 대답해 보라.

4. 실존적 소통은 소통하는 각 개인들이 자신의 독자성과 자기완성뿐만 아니라 상대방의 그것을 실현할 목적으로 전개된다. 개인의 문제를 다룰 때나 공적인 문제를 다룰 때나 선입관이나 사회적 관습에 매이지 않고 소통의 상대방을 독립된 주체로 인정하면서 창조적이고 미래지향적인 해결책을 찾는 것, 이것이 실존적 소통의 핵심일 것이다. 2차 세계대전 직후 야스퍼스가 하이델베르크 대학생들을 대상으로 집단폭력과 그 죄와 책임에 대해 한 강의는 확정된 내용을 일방적으로 발표하는 식의 강의와는 달랐다. 이 강의를 진행하며 야스퍼스는 참석한 학생들의 의견을 듣고 토론하며 생각을 수정하기도 했다. 아렌트와 그 스승 야스퍼스가 40년 넘게 주고받은 서신에서는 두 사람이 스승과 제자라는 사회적 신분에 매이지 않고 정치적 현안에 대해서 서로 다른 철학적 입장을 표명하며 소통했다. 이러한 과정을 통해서 두 사람은 서로의 생각을 심화시킬 수 있었다. 당신이 내담자와 실존적으로 소통하기 위해서 극복해야 할 것들에는 무엇이 있을까? 개인적 문제와 공적인 문제를 다룰 때로 나누어 항목별로 정리해보라.

5. 야스퍼스와 아렌트의 인간 존재에 대한 실존철학적 통찰은 이들이 정치적 현안을 다루는 데 어떻게 작용하였는가? 본문의 내용을 찾아보며 구체적으로 대답해보라.

6. 실존적 소통으로 기대할 수 있는 상담의 결과는 무엇인가? 구체적인 개인의 당면문제나 사회적 현안을 예로 들면서 대답해 보라.

# 7장

# 하이데거 - 실존에서 존재로의 사유 운동[1]

하이데거(Martin Heidegger)는 1889년 독일 남부의 보수적인 시골 마을 메스키르히(Meßkirch)에서 태어났다. 술통 제조 장인인 그의 아버지는 그곳에 있는 성 마르틴 성당에서 건물 관리를 맡았다. 어린 시절 하이데거는 아버지를 대신해서 때에 맞추어 성당의 종을 울리곤 했다. 경제적으로 넉넉하지 않았지만, 신앙심이 깊었던 그의 부모는 평안한 분위기에서 하이데거와 그의 두 동생을 키웠다. 그의 아버지는 하이데거가 성직자가 되길 원했지만, 가정 형편 때문에 고등교육을 시킬 엄두는 못 냈다. 브란트후버(Camillo Brandhuber) 신부는 성당에서 운영한 초등학교를 다니던 하이데거의 재능을 눈여겨보았다. 1903년 그의 추천으로 지방장학금을 지원받은 하이데거는 독일 남부 콘스탄츠(Konstanz)에 있는 콘라트하우스(Konradihaus)에 들어간다. 미래의 가톨릭 성직자를 양성하는 이곳에서 하이데거는 대학진학을 위한 고등학교 교육과정을 받을 수 있었다. 1906년부터 하이데거는 가톨릭 사제가 된다는 조건으로 장학금을 받고 프라이부르크(Freiburg)의 베르트홀트(Berdhold) 신학교로 전학해 고등학교 과정을 마친다. 1909년 베르트홀트에서 고등학교 졸업시험을 통과한 하이데거는 오스트리아 서쪽 끝 펠트키르히(Feldkirch)에 있는 예수회 수도원에 가톨릭 수련 수사로 들어간다. 하지만 심장 장애가 생겨 한 달 만에 수도원을 나와야 했다. 수도원을 나온 하이데거는 프라이부르크 대학교 신학부에 입학하여 철학과 신학을 공부한다. 신학생 기숙사에 들어간 날 하이데거는 앞으로 그의 행로를 예고하듯 후설의 『논리연구』 (1900-01)를 도서관에서 빌린다. 가톨릭 잡지에 여러 편의 논문과 논평을 발표하

---

[1] 이 책의 저술을 위해 구상된 이 논문은 『의철학연구』 제31집(2021)에 「하이데거의 현존재분석론과 형식적 지시에 근거한 상담-치료」로 발표되었다.

며 대학공부를 하던 그는 1911년 천식으로 인한 신경성 심장 장애 진단을 받고 휴학한다. 한 학기 전체를 메스키르히에서 쉬는 동안 하이데거는 신학 공부 자체를 중단하라는 권고를 받는다. 이 권고를 수용한 그는 신학을 포기하고 대신 철학부로 옮겨 수학, 사학, 자연과학을 함께 공부한다. 이 당시 철학과의 세미나는 신칸트주의가 지배적이었고, 칸트 이전의 존재론은 거부되는 분위기였다. 이런 분위기가 가톨릭 철학을 공부했던 하이데거에게는 무척 낯설었다. 이 시기 하이데거는 스콜라철학의 주제를 이어받은 것으로 보이는 브렌타노(Franz Brentano)의 『아리스토텔레스 이후 존재자의 다양한 의미에 관하여』(1862)와 프라이부르크 대학 신학부 교수이자 신부였던 브라이크(Carl Braig)의 『존재에 관하여; 존재론 개요』(1896)를 탐독하며 자신만의 사유를 키운다.

철학의 길에 들어선 하이데거는 객관적으로 검증된 사실만을 절대시하려는 과학과 삶의 체험이 제거된 철학에 맞서 생생한 인간의 삶과 거기서 직접 드러나는 진리를 탐구하려 한다. 이를 위해서 그는 후설(Edmund Husserl)의 현상학과 딜타이(Wilhelm Dilthey)의 생철학 그리고 키르케고르(Søren Kierkegaard)의 실존철학을 비판적으로 수용한다. 자신만의 존재론을 전개하기 위한 첫 시도로 하이데거는 1913년 철학박사 학위논문인 『심리학주의에서의 판단론』을 발표한다. 1914년 7월 제1차 세계대전이 발발하자 하이데거는 같은 해 10월 군에 소집되었지만, 심장 발작 때문에 소집이 해제되고 예비역으로 편입된다. 이듬해인 1915년 초에 하이데거는 『둔스 스코투스의 범주론과 의미론』을 완성하여, 이 책을 같은 해 여름 학기에 교수 자격 논문으로 철학부에 제출한다. 1915년 겨울 학기부터 하이데거는 프라이부르크 대학 철학부의 사강사가 되었지만, 1917년 여름학기부터 1918년 겨울학기까지는 전쟁으로 강의를 못했다. 전쟁이 확대되면서 하이데거는 1918년 기상학 훈련을 받고 서부 전선에서 복무했다. 그의 박사학위와 교수자격 논문을 심사했던 리케르트(Heinrich John Rickert)가 1915년 하이델베르크로 옮겨가자, 이듬해에 그 자리에 후설이 부임한다. 1919년부터 하이데거는 후설의 조교로 일하며 그의 현상학에 영향을 받는다. 1923년 하이데거는 마르부르크 대학에 조교수로 부임한다. 새롭고 도발적인 그의 강의는 젊은 학생들에게 큰 관심을 받았다. 아렌트(Hannah Arendt)도 그들 중 한 명이었다.

1927년에는 20세기 서양철학사에서 가장 중요한 저술 중 하나로 평가되는 그의 대표작『존재와 시간』(Sein und Zeit)이 현상학의 기관지『철학 및 현상학 연구 연보』제8권에 게재되고 별쇄본으로도 출간된다. 이 책에서 하이데거는 서양철 학사 2천년 동안 망각되었던 존재에 대한 물음을 다시 전개한다. 이 때 그는 존 재 일반의 의미를 밝히기 위해서 존재가 드러나는 터(Da)로 있는(Sein) 인간의 고유한 존재를 먼저 탐구한다. 그것이 인간을 존재의 드러남의 터인 현존재 (Dasein)로 분석하는 '현존재분석론'이다. '현존재분석론'은 인간의 고유한 존재 성격인 실존의 구조와 의미를 밝혀주는 실존론적인 탐구일뿐만 아니라 존재 일 반의 의미를 밝히기 위해 필요한 준비단계인 '기초존재론'이다. 현존재는 인간 자신의 존재뿐만 아니라 그 밖의 존재자의 존재가 드러나는 터이기 때문에, 그 런 인간에 대한 탐구는 존재 일반의 탐구를 위한 기초작업인 것이다.

『존재와 시간』으로 철학계에 새로운 바람을 일으킨 직후인 1928년에 하이데 거는 후설의 후임으로 프라이부르크 대학의 교수가 된다. 나치가 권력을 장악하 고 강압적인 통치를 시작한 1933년에 그는 이 대학의 총장에 피선되었다. 프라 이부르크 대학교 총장에 취임하면서 하이데거는 학생들에게 나치에 참여를 독 려하는 연설을 했다. 이때부터 그는 나치에 부역했다는 비난을 받기 시작한다. 그런데 하이데거가 나치당에 가입하게 된 것은 프라이부르크시가 속한 바덴 (Baden)의 문교부 장관의 권고 때문이었다. 그는 총장으로서나 개인으로서나 당 의 직무나 활동은 하지 않는다는 조건으로 그 권고를 받아들였다. 총장이 된지 1년 후인 1934년 주 정부가 의학부장과 법학부장의 파면을 요구하자 하이데거 는 이를 거부하고 사직한다. 따라서 하이데거가 나치 정권에서 총장으로 부임한 기간은 1년 정도다. 하이데거가 나치에 어느 정도 충성했는지 논란의 여지는 남 아 있다. 하지만 그의 친 나치 행보는 그의 철학사상을 배우려는 이들이 한번은 정리하고 넘어가야 할 큰 장애물이다.

『존재와 시간』이후 하이데거는 현존재에 대한 실존론적이고 존재론적인 탐 구에서 존재 자체를 조명하는 데로 방향을 전환한다. 이후 하이데거는 슈바르츠 발트의 토트나우베르크(Todnauberg) 산장에 기거하며 존재 자체에 이를 수 있 는 철학함의 길을 모색한다. 그 결정판이 새로운 철학함의 방향을 다룬『철학에의 기여』(Beiträge zur Philosophie)다. 1936-38년 동안 산장에 칩거하며 저술한 이 책은 하이데거 탄생 100년이 되던 1989년이 되어서야 그의 전집 제65권으로 출간되었다. 1954년 출간된 『강연과 논문』(Vorträge und Aufsätze)은 니힐리즘과 현대 과학기술 문명의 본질을 다룬 그의 1936년에서 1953년 사이의 강연과 논문을 담고 있다. 1957년 출간된 논문집『숲길』(Holzwege)은 낡은 틀에 얽매이지 않은 채 새로운 방식으로 존재 자체의 진리를 근원적으로 밝히려는 하이데거의 고뇌와 숙고를 보여준다. 이 책에 실린 논문들 중「예술작품의 근원」은 예술의 본질과 진리 사건에 대한 독창적이고 생생한 통찰을 담고 있다. 1967년에 출간된 논문집인『이정표』(Wegmarken)는 존재자와 존재의 존재론적 차이를 망각한 채 전개된 전통 형이상학의 한계를 넘어 존재 문제를 제대로 다룰 수 있는 사유의 길을 제시한다. 그의 저술과 강의원고, 유고, 비밀일기인『검은 노트』(Schwarze Hefte) 등 100권에 이르는 전집이 계속 간행되고 있다. 철학자로서나 실존한 한 인간으로서도 그를 상세하고 깊이 있게 살펴볼 수 있는 충분한 자료를 우리에게 남긴 것이다. 일생을 철학에 바친 하이데거는 1976년 5월 26일, 프라이부르크에서 심장마비로 세상을 떠나 고향 메스키르히 교외의 묘지에 잠들어있다.

  이하에서 필자는 하이데거의 '현존재분석론'이 상담과 치료에 응용되는 근거를 '형식적 지시'와 '형식지시적 개념'을 중심으로 살펴볼 것이다. 자연과학이나 전통 형이상학에 의해 왜곡되고 협소화되기 이전의 인간의 존재방식과 실제 삶의 사실을 담아낼 수 있는 새로운 철학함의 방법으로 개발된 것이 '형식적 지시'다. '형식지시적 개념'은 현사실성에 대한 철학함인 '형식적 지시'의 결과물이다. 하이데거 철학을 응용한 상담과 치료는 주로 그의 '현존재분석론'에서 제시된 '세계-내-존재', '본래성', '각자성', '개시성' 등과 같은 형식지시적 개념을 길잡이로 진행된다. 따라서 이러한 '형식지시적 개념'의 성격을 밝힌다는 것은 현존재분석론을 준용하는 상담과 치료의 토대를 밝히는 작업이다. 그런데 형식지시적 개념들 중 '개시성'은 특히 주목할 필요가 있다. '개시성'은 현존재에게 세계와 자기 자신이 드러나는 일차적 방식이기 때문이다. '개시성'에 대한 탐구는 기존의 상담과 치료에서 전제하는 내담자의 세계와 자기 이해가 내담자가 실제로 체험한 것과는 달리 이론적으로 추상화됐다는 사실을 보여줄 것이다.

## 1. 현존재분석론과 상담 치료

실존주의적 상담과 치료는 인과적이고 실증주의적인 자연과학의 관점으로 설명될 수 없는 인간의 고유한 존재 방식에 주목하여 내담자의 정신적 고통을 이해하고 해결책을 찾는다. '인간이 실제로 체험하는 사실'을 배제한 채 모든 것을 측정가능한 대상으로 보는 자연과학적 관점은 삶의 모든 영역을 설명하며 장악하려 시도한다. 하이데거는 이런 자연과학을 "정신적 독재자"2)로 규정한다. 인간 존재에 대한 이론적 편견과 왜곡을 저지하고 인간이 실제 체험 속에서 이해하는 자기 존재와 세계를 그런 사태 자체에 따라 엄밀히 밝히려는 것이 하이데거의 해석학적 현상학이다. 현존재분석론은 그 작업의 결과물이다. 인간의 고유한 존재 방식과 그 구조를 해석학적 현상학으로 밝힌 하이데거의 현존재분석론은 자연과학이 간과한 인간의 고유한 존재에 대한 이해를 제공할 것으로 기대된다. 현존재분석론이 상담과 치료에서 자주 응용되는 것은 이런 기대를 반영한 것이다. 철학상담과 심리치료의 관점에서 고대에서 현대까지 철학자들을 정리한 하워드(Alex Howard)는 하이데거가 상담사들에게 중요한 이유를 다음과 같이 정리한다. "하이데거는 개인의 정체성, 의미, 선택, 본래성과 관계 등 상담사에게 실제로 중심이 되는 일에 연관된 문제들에서 결정적이고 근본적으로 중요하다."3) 하워드가 하이데거를 이렇게 평가하는 근거는 다름 아니라 『존재와 시간』의 '현존재분석론'에서 제시된 실존론적 인간 이해다.

현존재분석론을 정신치료에 처음 응용한 것은 의사들이다. 그들 중 독일어권에서는 '현존재분석론(Daseinsanalytik)'을 정신과 치료를 위해 재구성해 '현존재분석'(Daseinsanalyse)이라는 치료법을 창안한 빈스방거(Ludwig Binswanger)

---

2) Heidegger M., *Zollikoner Seminare. Protokolle-Gespräche-Briefe*, Boss M., ed., Frankfurt am Main, Vittorio Klostermann, 1987, p.139. 이하 "Heidegger(1987a)"로 약칭.

3) Howard A., *Philosophy for Counselling & Psychotherapy-Pythagoras to Postmodernism*, New York, PALGRAVE, 2000, p.328. 이하 "Howard(2000)"로 약칭.

와 보스(Medard Boss)가 대표적이다. 영미권에서는 '거짓 자기'를 벗어나서 '참된 자기'를 회복하는 것을 조현병 치료의 핵심 목표이자 방법으로 삼았던 랭(Ronald D. Laing)에게서 하이데거의 현존재분석론의 영향을 확인할 수 있다.4)

빈스방거는 하이데거의 현존재분석론을 정신의학에 최초로 적용했을 뿐 아니라 "1960년대 실존분석의 무대를 여는 데"5) 중심적인 역할을 했다. 그는 하이데거의 현존재분석론에 영향을 받아 인간 존재를 다양한 부분들로 구성된 자연적 대상물로 보기보다는 실존의 전체성 속에서 이해하고 설명하려 했다. 하이데거와 빈스방거는 1928년부터 1966년까지 직접적 만나거나 서신을 교환하며 철학과 정신의학의 관계에 대해 논하곤 했다. 초창기 두 사람은 이 문제에 대해 겉으로는 공감대가 큰 것처럼 보였다. 그러나 발표되지 않은 서신을 보면, 두 사람은 처음부터 서로 관점 차이가 상당했다. 1942년 빈스방거가 현존재분석론을 정신의학에 적용한 주저 『인간 현존재의 근본형식과 인식』(Grundformen und Erkenntnis menschlichen Daseins)을 발표했을 때, 하이데거는 빈스방거가 현존재분석론을 근본적으로 왜곡했다고 비판한다.6)

현존재분석론에서 제시된 현존재에 관한 개념들은 현존재의 전체성을 지시해주는 개념이다. 그런데 빈스방거는 그 개념들을 정신의학에서 실제로 적용할 때는 그것을 인간 존재의 일면을 나타내는 것으로 설명했다. 가령, 하이데거의 현존재분석론에서 '염려'(Sorge)는 현존재의 존재성격을 그 시간성격과 전체성에서 보여주는 삶의 구조(형식)지만, 빈스방거는 인간 실존의 일면을 나타내는 부정적인 감정으로 설명한다. 빈스방거도 자신이 하이데거의 이 개념을 잘못 해석했다는 사실을 인정한다. 그러면서도 그것이 치료적 목적을 위한 "긍정적인 해석오류"7)였다고 주장한다. 그는 '염려'뿐만 아니라 '불안', '죽음', '죄책'과 같은 실존적 체험도 인간의 정신적인 결함을 보여주는 부정적인 것으로 해석한다. 그런데 이런 해석은 실존적 체험의 일면에 상응하지만, 그 전체적 성격과 의미를

---

4) 이진오, 「하이데거, 야스퍼스, 그리고 랭의 실존현상학적 정신증 연구」, 『현상학과 현대 철학』, Vol. 82, 2-26쪽. 이하 "이진오(2019)"로 약칭.

5) Frie R,, "Interpreting A Misinterpretation: Ludwig Binswanger and Martin Heidegger", *Journal of the British Society for Phenomenology*, 30(3), 1999, p.244. 이하 "Frie(1999)"로 약칭.

6) Frie(1999), pp.244-247.

7) Frie(1999), p.252.

배제하는 것이다.

이런 협소화된 이해는 빈스방거에게만 발견되는 것이 아니다. 자아 분열증에 시달리는 조현병 환자를 현존재분석론을 중심으로 치료한 랭은 환자의 어린 시절 환경세계를 분석하는 것으로 치료를 시작한다. 이때 랭은 극단적으로 기존의 자연과학적 정신의학의 질병론을 부정하고, 환자를 실존적이고 전인적인 인격체로 보려고 한다. 그는 이해하기 힘든 환자의 언행을 환자 나름의 세계와 자기 이해를 위한 실마리라고 평가한 후, 단절된 내면세계나 자기 상실을 강요하는 외부세계 중 어느 한쪽에 환자가 치우치지 않게 세계-내-존재로서 전인성을 회복하는 방향으로 치료를 진행한다. 랭에게 최종과정은 '거짓 자기'에 의해 은폐된 '참된 자기'(본래성)를 밝혀주고, 그런 '자기'를 환자 스스로 인정하며 살아가게 돕는 일이다. 이런 점에서 랭의 치료법은 현존재분석론에서의 '본래성' 개념을 목표로 전개된다고 평가될 수 있다. 하지만 그는 존재론적인 차원의 개념들을 존재적으로 협소하게 이해하거나 자연과학적 질병론으로 환자의 상태를 규정하는 혼선을 보이도 한다.[8]

적지 않은 철학상담사가 현존재분석론을 상담에 활용하고 있다. 그들 중 교육과 명상 그리고 상담을 결합한 '철학친교'(Philosophical Companionship)라는 독특한 상담법을 만든 이스라엘 출신의 라하브(Ran Lahav)는 키르케고르나, 니체, 야스퍼스, 사르트르, 부버, 마르셀 등 대표적인 실존철학자들뿐만 아니라 아도(Pierre Hado), 카뮈, 이 가세트(Ortega y Gasset) 등 실존철학적인 사상가들 대부분을 그의 상담과 저술에서 명시적으로 준용한다. 그러나 하이데거는 그의 저술 어디에서도 거명되지 않는다. 하지만 그의 상담을 이끄는 핵심 개념은 '참된 자기'와 '거짓 자기', '순간'(Augenblick) 등 하이데거의 현존재분석론에서 제시된 개념이다.[9] 라하브는 이 개념들을 존재론적이고 실존론적인 차원에서 이해하고 있지만, 현존재분석론에서 전개된 철학함의 방법론에 대해서는 주제화시키지 않는다.

김재철은 기존의 상담치료의 대안으로서 하이데거의 철학함의 방법론적 특징

---

8) 이진오(2019), 23-29쪽.

9) Lahav, R., *Der Schritt aus Platons Hölle*, Heide H. Translator, Loyev Books, Vermont, 2017, pp.151-157. 이하 "Lahav(2017)"로 약칭.

을 밝히고, 현존재분석론의 주요 개념들을 중심으로 상담을 전개한다. 현존재분석론적 철학상담이 그 형식지시적 개념들을 길잡이로 해서 어떻게 진행되는지는 김재철의 사례연구가 잘 보여준다. 그에 따르면 현존재분석론적 철학상담의 첫 단계는 ① 내담자가 자신의 '내던져져 있음'을 이해하면서 자신의 존재가능에 방향을 맞추게 하는 일이다.[10] 이때 상담사는 내담자가 던져져 있음을 자기존재의 운명으로 수용하여 그 '상황'에서 자기의 가장 고유한 존재가능을 향해 방향을 맞추게 해야지, 자신의 '처지'를 벗어나려고 분투하며 세계에 몰입하게 해서는 안 된다. ② 일상에 빠져있음(Verfallen)의 한계를 깨닫고, 존재가능을 향한 양심의 부름을 듣게 방향을 잡아가는 일이 두 번째 단계다.[11] 보통 내담자들은 자신의 '내던져져 있음'을 있는 그대로 수용하지 못하고 남을 탓하거나 자학하기 쉽다. '그들'로서 내담자는 일이나 쇼핑, 잡담, 호기심과 같은 일상에 빠져서 자기의 고유한 존재가능을 회피한다. 하지만 그럴수록 그의 내면으로부터 불안은 커진다. 상담사는 이러한 불안을 내담자가 자기 존재가능을 향한 양심의 부름으로 이해할 수 있게 방향을 잡아가야 한다. 일상으로의 도피에서 벗어나 처음으로 자기 존재 앞에 섬으로써 생기는 섬뜩함과 혼란도 자기다운 삶으로 향해가는 긍정적인 운동으로 이해할 수 있게 상담사는 현존재분석을 진행한다. ③ 내담자가 양심의 부름에 따라 자신의 고유한 정체성을 확인하고 자신의 본래적 존재가능을 이해하며 실현할 수 있게 상담하는 일이 마무리 단계다.[12] 이상과 같이 현존재에 대한 하이데거적 사유를 중심으로 상담을 진행했다는 점에서 김재철의 상담은 철학함 자체로서 전개됐다고 볼 수 있다. 그러나 그는 형식적 지시가 현존재의 체험을 사유할 수 있는 철학함이라는 사실은 다루지 않았다.

내담자가 특정한 일과 관련해서 '염려'나 '불안', '죄책'에 대해 말하면, 상담사는 그것의 존재론적 의미를 파악하기보다는 구체적인 문제와 관련시켜서 존재적으로 이해하며 해결해야 할 '문제'로 여기기 쉽다. 하지만 존재론적으로 볼 때 염려, 불안, 죄책과 같은 실존적 체험은 내담자의 삶 전체를 일별할 수 있는

---

10) 김재철(2015), 「철학상담의 이론과 실천을 위한 현존재분석론의 적용 —한국 중년여성들의 사례와 함께」, 『존재론연구』, Vol. 37, 2015, 120-123쪽. 이하 "김재철(2015)"로 약칭.

11) 김재철(2015), 123-124쪽 참조.

12) 김재철(2015), 124-125쪽 참조.

계기이자 참된 자기를 향해 결의할 수 있는 계기이기도 하다. 이렇게 넓어지고 심화된 자기 이해의 지평에서 내담자의 당면문제도 새롭게 이해될 수 있다. 그런데 이런 차원의 새로운 이해는 단지 현존재분석론을 표방한다고 해서 제대로 전개될 수 있는 것은 아니다. 현존재분석론을 존재론적 차원에서 임상에 적용하지 못하는 가장 큰 원인은 상담사에게 익숙해진 기존의 방법론 때문이다.

이미 살펴보았듯 현대적 철학상담을 창시한 아헨바흐에 따르면 철학상담이란 심리치료와 달리 특정한 방법론이나 체계를 제시하지 않고, 철학함 자체로 상담을 이끌고 가는 것이다.13) 이때 철학상담사의 역할은 배의 항로나 상태를 알려주는 도선사와 같다. 도선사의 조언에 따른 결정은 자기 삶의 선장인 내담자가 해야 한다. 쉬탐어도 심리치료나 심리상담과 차별화될 수 있는 철학상담의 고유성을 철학함 자체에서 찾는다. 그에게 철학상담의 본질은 어떤 특별한 종류의 철학이 아니라, "제대로 철학함"14)이다. '제대로 철학함'으로서의 철학상담에서 상담사의 역할은 가령 실존적 성찰과 실존론적 개념을 길잡이로 내담자가 자신의 상황을 이해하도록 돕고, 그런 실존적 이해가 가져올 결과를 명료하게 하는 것이다. 이것은 하이데거가 현존재분석론에서 전개한 형식적 지시라는 새로운 철학함과 그 결과물인 형식지시적 개념으로도 구현될 수 있다.

이하에서 우리는 형식적 지시와 그 결과물인 형식지시적 개념들이 현존재의 체험을 사유할 수 있는 새로운 철학함이자 그 결과물이라는 사실을 규명할 것이다. 철학함 자체가 상담의 본질이라면, 그 철학함 자체와 그 결과물이 규명될 때, 그것을 토대로 한 상담의 성격도 명확해질 것이다.


## 2. 현사실성과 형식적 지시

하이데거의 철학적 작업에서 형식지시적 개념들, 특히 현존재의 '개시성'은

---

13) Achenbach B. G., "Philosophie als Beruf", *Philosophische Praxis: Vorträge. Aufsätze*, Köln, Verlag für Jürgen Dinter, 1987, p.32.

14) Stamer G., "Bildung bei Reflex", *Berufung und Bildung: Jahrbuch der Internationalen Gesellschaft für Philosophische Praxis*, Band 2, Berlin, LIT Verlag, 2008, p.34.

자기 자신과 세계를 이미 항상 열린 채 이해하고 관계를 맺고 있는 '현존재'(Dasein)가 이론화 전에 실제로 체험하는 것을 밝혀주는 방법론적 개념이자 논리다. 즉, '내-존재', '세계-내-존재', '현-존재', '각자성'(Jemeinigkeit), '존재해야 함'(Zu-sein), '본래성'(Eigentlichkeit), 본래성을 은닉하는 '퇴락'(Verfallen)과 '일상성'과 '공공성', '그들'(das Man), '존재해야 함'을 하지 않은 채 내버려둔 상태인 '비성'(Nichtigkeit), 자기 존재의 비성의 분출인 '양심의 부름', 그로 인한 존재론적 '불안'과 같은 개념어들과 현존재의 '개시성'은 인간의 고유한 세계와 존재방식을 그것에 맞게 담아내기 위해 하이데거가 제시한 표현이며 동시에 그 존재방식에 맞는 사유의 법칙을 보여주는 논리인 것이다. 하이데거는 이러한 표현과 논리를 '형식적 지시'나 '현사실성의 해석학'15)이라 총칭한다. 현존재분석론에 근거한 상담과 치료는 현존재의 존재방식을 지시해주는 이러한 형식지시적 개념들과 현존재가 세계와 자기를 만나는 일차적인 방식인 개시성을 길잡이로 전개된다. 그런데 이 형식적 지시라는 새로운 철학함의 방법론과 그 결과물인 형식지시적 개념들은 어떤 근거에서 제시된 것일까?

청년시절부터 하이데거는 실증주의적 '과학'(Wissenschaft)과 이성 중심적 철학을 비판한다. 이들 학문은 실증적 지식과 보편타당한 이론으로 실제 우리가 체험하는 세계를 편집하고, 고착화하기 때문이다. 철학은 그런 지식과 이론으로 편집되기 전의 근원적인 현상(Urphänomen)을 드러내는 역할을 해야 한다. 이때 철학은 세계(Welt)가 생기며 드러나는 거기(Da)인 현존재(Dasein)와 그의 생생한 삶의 사실성(현사실성)을 밝혀주고, 모든 개별과학의 근거를 정초해 주는 근원학(Urwissenschaft)이 된다. 이런 철학함의 이념16)을 염두에 두고 하이데거는 『존재와 시간』(1927년)이 출간되기 전인 1919년부터 이미 인간이 체험하는 생생한 삶의 사실인 '현사실성'(Faktizität)을 담아낼 표현과 논리를 찾는다. 삶의 체험에서 일차적으로 개시된 현사실성은 주(관찰자)-객(대상)의 분리를 전제한 전통철

---

15) 하이데거는 1923년 여름학기에 '현사실성의 해석학'이라는 강의를 개설한다. 그는 처음에 이 강의를 '논리학'이라는 이름으로 개설했으나, 다른 교수가 개설한 동명의 강의가 있어서 '현사실성의 해석학'으로 명칭을 바꾼 것이다. 이런 사정을 고려할 때 현존재분석론에서 전개된 '현사실성의 해석학'은 (현사실성의) '논리학'과 같은 의미로 볼 수 있다.

16) 초기 하이데거의 철학함의 이념과 방법론에 대해서는 Imdahl G., *Das Leben verstehen: Heideggers formal anzeigende Hermeneutik in den frühen Freiburger Vorlesungen, 1919 bis 1923*, Würzburg, Königshausen & Neumann. pp.49-68.

학과 과학에서 파악한 객관적인 사실(Fakt)과는 달라서, 그것에 적합한 언어와 논리가 필요했기 때문이다. 과학적 '사실'과 달리 '현사실성'은 이론에 의해 보편화되고 일반화되기 이전의 "선-세계적 삶 자체의 어떤 것"(das vor-weltliche Etwas des Lebens an sich)[17]이다. 이 근원적인 어떤 것은 이론화되기 이전의 모습이고 (선이론적), 각자에게 그때마다 '나'의 무엇으로서 체험되며(그때마다 나의 것 즉 각자성), 역사성과 시간성에서 체험된다. 그런데 현사실성의 이런 성격은 보편화와 불변적 확정을 목표로 하는 과학이나 전통 형이상학으로는 밝힐 수 없다. 다른 한편으로 현사실성은 각자가 체험하는 일차적인 사실일 뿐만 아니라 모든 이론적인 활동이 파생되어 나오는 근원이다. 또, 근원적인 어떤 것인 현사실성은 그것을 체험하는 각자가 자신의 상황과 세계에서 존재가능을 향해 역동적으로 기투할 수 있는 토대라는 점에서 "삶의 최상의 잠재성의 지표"(Index für die höchste Potentialität des Lebens)[18]이기도 하다. 따라서 특정한 이론에 의해서 취사선택되고, 고정되고, 유형화되기 이전에 사람들 각자가 체험하는 현사실성을 밝힌다는 것은 동시에 삶의 최상의 잠재성을 밝히는 작업이 될 수 있다.

그렇다면 삶의 체험 내용이 지닌 각자성(그때마다 나의 것임), 역사성, 시간성을 손상하지 않고 삶의 최상의 잠재성인 현사실성을 드러낼 수 있는 표현과 논리는 무엇일까? 이때 그런 표현과 논리가 해야 할 역할은 비-이론적으로 현사실적 삶과 그 운동성(Beweglichkeit)에 접근하여 실제 삶을 이해할 수 있게 하는 것이다.[19] 초기 프라이브루크 강의 때부터 탐구된 현사실성에 대한 철학함을 가능하게 하는 이러한 논리와 표현은 『존재와 시간』의 '현존재분석론'에서 '형식적 지시'라는 형태로 집약적으로 제시된다. '형식적 지시'라는 이러한 철학함은 비합리적인 것이라 무시되었던 삶 자체로부터 삶을 규정하며 개념화한다. 즉, 그것은 현존재의 삶을 삶 밖에 있는 관점이나 개념으로 인식하는 것이 아니라 삶

---

17) Heidegger M., *Zur Bestimmung der Philosophie*, GA 56/57, Frankfurt am Main, Vittorio Klostermann, 1987, p.116. 이하 "Heidegger(1987b)"로 약칭.

18) Heidegger(1987b), p.115.

19) 피갈에 따르면 이론적으로 편집되기 이전의 사태 자체를 이해할 수 있는 철학함의 방법론에 대한 하이데거의 관심은 그의 후기 철학까지 이어진다. "내버려 두는 사유"(gelassenes Denken)나 "존재의 역사"(Seinsgeschichte)는 이론 없이 철학함을 가능하게 해보려는 그의 숙고의 결과물이다. Figal G., "Vollzugssinn und Faktizität", *Der Sinn des Verstehens. Beiträge zur hermeneutischen Philosophie*, Stuttgart, Reclam, 1996, p.35. 이하 "Figal(1996)"로 약칭.

의 표현 속에 담긴 유의미성을 이해할 수 있는 개념으로 만든다.[20] 그리고 이 개념을 매개로 '삶'이 실제 삶 안에서 이해된다.[21]

그런데 하이데거에 따르면 '형식적 지시'의 이러한 기능은 '형식화'(Formalisierung)에 의해 가능하다. 예를 들어 우리가 강의실에서 갈색 교탁을 체험했다고 치자. 과학의 이론화 과정에서 이 교탁의 갈색은 색채라는 관점, 이 색채에 대한 감각, 그 물리적 성질, 감각자료를 수용하는 생리 작용 등의 차원에서 파악된다. 이런 이론화 단계에서는 우리가 실제로 체험했던 많은 부분은 배제된다. 하지만 이론화로 확정된 내용들은 이제 우리가 직접 체험할 수 없는 것이 된다. 그리고 이론화에 의해 제시된 것은 우리가 체험할 수 없다는 의미에서 "사람이 살 수 없는 영역"[22]이다. 이에 반해서 '형식화'는 '하나의 갈색 교탁'과 관련해서 우리가 일차적으로 체험할 수 있는 것을 이해할 수 있는 형태로 '일반화'한다.[23] 따라서 이론화의 각 단계에서 체험 불가능한 형태로 변질되는 근원적인 어떤 것들은 형식화를 통해서는 "체험 가능한 일반"(Erlebares überhaupt)[24]이 된다. 가령, 형식화에서 '갈색'은 파장이나 채도, 명도가 아니라 우리가 이론화 이전의 고유한 이해 방식으로[25] 체험한 색으로, 그 감각은 그것에서 체험한 감각 내용이나 느낌 등에 근거해서 일반화된다.

이러한 '일반화'는 특정 개인의 일회적 체험만을 표현하는 것이 아니라 이론화 이전에 누구든 그렇게 체험할 수 있었던 것을 표현한다. 따라서 여기서의 '일반화'는 이론적으로 객관적이지는 않지만, 삶 속에서는 가장 포괄적인 것이다. 그리고 현존재가 체험하는 근원적인 현상들인 현사실성을 이러한 의미에서 체

---

20) Heidegger M., *Die Grundprobleme der Phänomenologie*, Martin Heidegger Gesamtausgabe Bd. 24, Frankfurt am Main, Vittorio Klostermann, 1975, p.228.

21) Heidegger M., Ontologie(Hermeneutik der Faktizität)-Frühe Freiburger Vorlesung (Sommersemester 1923), GA 63, Frankfurt am Main, Vittorio Klostermann, 1987, p.15.

22) Heidegger(1987b), p.112.

23) 교탁(Katheder)에 대한 예시는 Heidegger(1987b), p.113.

24) Heidegger(1987b), pp.114-115.

25) 현존재 자신의 존재 방식인 개시성이 '이론화 이전의 고유한 이해 방식'이다. 현존재는 자기와 세계가 드러나는 일차적 개시성으로 존재하기에, 자기와 세계를 이론화되기 이전에 이해하고 있다. 따라서 어떤 이론에도 의존하지 않고도 현존재의 이 개시성과 이해 방식에서 '형식화'가 가능하다. 개시성으로 존재하는 현존재에게 이해된 '근원적인 어떤 것'은 '의식'에 '주어진' 어떤 것이 아니다. '의식'에 무엇인가가 '주어졌다'고 보는 것은 '의식'과 '대상'을 분리해서 보는 이론화된 관점이다. 개시성은 의식(나)과 대상(세계)이 분리되지 않은 세계-내-존재로서 현존재의 존재방식이다.

험 가능한 일반으로 표현한 것이 '형식지시적 개념'이다. 하이데거가 초기부터 추구한 이러한 형식화는『존재와 시간』의 '현존재분석론'에서 집중적으로 전개된다. 그 결과 '세계-내-존재', '던져져 있음', '상황', '비성', '양심의 부름', '죄책', '죽음으로의 존재, '불안', '빠져있음', '공공성', '기투', '개시성', '결의성', '각자성', '본래성' 등과 같은 형식지시적 개념이 현존재분석론에서 제시된다. 각자성과 운동성을 지닌 현존재의 삶을 표현해주는 형식지시적 개념들은 객관적이고 확정적인 것이 아니라 인격적이고 역사적인 것이다. 이런 이유에서 현사실성은 '인식'의 대상이 아니라 그때마다 현존재에 의해서 그 구체적인 내용이 자기를 갱신하며 새롭게 채워지면서 '체험'되는 것이다.[26]

그런데 '형식적 지시'(formales Anzeigen)라는 술어는 1919/20년 겨울 학기에 개설된 '현상학의 근본문제들'에서 처음 등장했다. 이때 '형식적 지시'[27]의 '형식'(Form)은 이론적이고 객관적인 개념들과는 다른 '근원적인 어떤 것'이면서 '구체적인 내용으로 확정되지 않은 어떤 것'을 가리키는 표현이다.[28] 그리고 '형식적 지시'에서 '지시'(Anzeigen)는 모든 이론으로부터 거리를 두면서 현존재 각자가 실제로 삶 속에서 체험 가능한 근원적인 형식이나 틀(구조)에 주목하도록 그 방향을 가리킨다는 뜻이다. 형식적 지시의 기능은 1920/21년 겨울 학기에 개설된 강의 '종교 현상학 입문'에서 명확해진다. 예를 들어 종교 문제와 관련하여 형식적 지시로서의 철학은 구체적인 교리나 결정에 관여하는 것이 아니라 체험가능하고 근원적인 종교적인 삶의 차원을 그 형식이나 틀(구조)에 주목해 지시할 뿐이다. 이 무렵 하이데거는 1919년 발간된 야스퍼스의『세계관의 심리학』에 대한 1920년 '서평'에서 형식적 지시를 철학함의 이상적인 방법론으로 제시하기도 했다. 여기서 '형식적 지시로서의 철학함'이란 구체적이고 확정된 내용을 다루는 것이 아니라 객관화할 수 없지만 역사적이고 체험 가능한 것의 형식에 주목시키는 작업을 뜻한다.

---

26) Heidegger M., *Phänomenologie der Anschauung und des Ausdrucks – Theorie der philosophischen Begriffsbildung* (Sommersemester 1920), GA 59, Frankfurt am Main, Vittorio Klostermann, 1993. pp.43-59.

27) "형식적 지시"를 일상적인 우리말 용법에 가깝게 바꾸면 '삶의 틀 가리킴'이나 '존재 틀 가리킴' 정도가 적당할 것이다.

28) Heidegger M., *Grundprobleme der Phänomenologie(Wintersemester 1919/20)*, GA 58, Frankfurt am Main, 1993, p.248.

1921/22년 겨울 학기에 개설한 '아리스토텔레스에 대한 현상학적 해석'에서는 '형식적 지시'에서 '형식'이 무엇을 의미하는지가 좀 더 분명해진다. 즉, '형식적 지시'에서 '형식'은 전통적인 의미의 '형상'과는 무관하고, 자기를 감추면서 동시에 드러내는 삶의 의미를 지시하는 비어있는 형식이다.[29] 이런 형식은 고정되지 않은 채 자기를 감추면서 동시에 드러내는, 역사적이고 시간적인 인간의 존재와 그 의미를 이해하는 데 적합한 것이다. 그리고 이 형식으로 '지시'한다는 것은 특정한 내용을 구체적으로 제시하는 것이 아니라 감추면서 드러내는 진리의 운동을 하는 삶의 의미를 "일별할 방향"(Richtung des Hinblicks)[30]만 주는 것을 의미한다.

이러한 형식적 지시에 따른 상담은 이론적 추상화 없이 그리고 구체적인 문제에 매이지 않고 내담자의 실제 삶과 그 의미를 일별할 수 있는 방향을 잡아주며 진행될 수 있다. 그런데 이런 형식적 지시에 따른 상담에서 내담자의 삶과 그 의미를 실존론적 차원에서 일별할 수 있게 방향을 잡아주는 것은 형식지시적 개념들이다. 하이데거에 따르면 형식지시적 개념들은 어떻게 이론적으로 편집되지 않은 내담자의 실제 삶에 접근하여 이해할 수 있게 해주고, 자기다운 삶의 요청과 그 실현의 근본적 가능성을 보여준다. 그것은 어떻게 가능한 것인가? 이하에서 우리는 형식지시적 개념들의 성격을 밝힘으로써 이 물음에 답해 볼 것이다.

---

29) Heidegger M., *Phänomenologische Untersuchungen zu Aristoteles - Einführung in die phänomenologische Forschung (Wintersemester 1921/22)*, GA 61, Frankfurt am Main, Vittorio Klostermann, 1985, p.61. 이하 "Heidegger(1985)"로 약칭.

30) Heidegger(1985), p.141.

## 3. 현존재분석론의 형식지시적 개념들

### 1) '던져져있음'과 '처해있음', 일차적 이해와 개시성의 근원으로 서 '내-존재'

현존재분석론에서 제시된 형식지시적 개념 중 현존재의 실존론적 존재성격을 가장 극명하게 보여주는 것은 '던져져 있음'(Geworfenheit)[31]과 '처해있음'(Befindlichkeit)이다. '던져져 있음'이란 현존재가 자신의 의지와 무관하게 이미 어떤 상황에 던져져 있다는 사실을 나타낸다. 그런데 그가 던져진 곳은 심리적 주관으로서의 내가 나의 의식 밖으로 나가야 만나는 그런 세계가 아니라 이미 내가 마치 나의 일부처럼 친숙하게 여기는 곳이다. 하이데거는 '세계'와 '나'의 이 공속적 성격에 주목해서 현존재를 '세계-내-존재'(In-der-Welt-sein)라고 칭한다. 그런데 '세계-내-존재'는 현존재를 떠받들고 있는 존재의 구조라는 의미에서는 '존재틀'(Seinsverfassung)이다. 그리고 '세계-내-존재'라는 현존재의 존재틀을 충분히 이해한다는 것은 현존재의 존재를 떠받치는 구조계기들 하나하나를 파악한다는 뜻이다. 하이데거에 따르면 '세계-내-존재'의 구조계기들은 1) '세계 내'(in der Welt), 2) 세계-내-존재의 방식으로 있는 '존재자'(das Seiende), 3) '내-존재'(In-Sein) 자체다. 이 세 구조계기들은 따로따로 존재하는 것이 아니라 현존재 자신의 존재이자 전일적 현상으로 나타난다. 그런데 사물의 존재방식과 구분되는 현존재 방식을 파악하기 위해서는 세 구조 계기 중 '내-존재'가 우선적으로 밝혀져야 한다. '내-존재'는 현존재가 누구인지를 가장 특징적으로 보여주기 때문이다.[32] 그리고 이 '내-존재'는 '정황성'(처해있음), '이해'(Verstehen), '말'(Rede)이라는 등근원적인 세 계기로 구성된 현존재의 개시성의 실존론적이고 존재론적인 근원이다. 이런 점에서도 '내-존재'에 대한 분석은 현존재 파악의 핵심이다.

그런데 '내-존재'는 바구니 속의 공처럼 전재자(Vorhandenes)의 공간적 상호 내속을 의미하는 것이 아니다. 하이데거는 '내'(In)의 어원을 추적함으로써 통속적 이해나 전통 형이상학이 놓치고 있는 '내-존재'의 존재론적 의미를 밝힌다.

---

[31] 김재철은 " '던져져있음'(피투성)에 의해 운명적으로 인수되는 '처해있음'이 우리의 내면을 형성하고 삶의 방향을 지배한다"는 사실을 중년여성 상담에서 확인한다. 김재철(2015), 113-132쪽.

[32] Heidegger M., *Sein und Zeit.* 15. Aufl. Tübingen: Max Niemeyer, 1986, pp.52-53. 이하 "Heidegger(1986)"로 약칭.

그에 따르면 'in'은 '어디에 산다', '거주한다', '체재한다'는 뜻의 'innan-'에서 유래한다. 'innan'에서 'an'은 '나는 익숙하다, 친숙하다', '나는 어떤 것을 돌본다'는 뜻이다. 그리고 상황이나 세계 안에 '내가 있다'(Ich bin)라고 할 때의 'bin'(있다)은 '~곁에', '~에 몰입해', '~에 기대어'라는 의미를 지닌 'bei'와 연관을 가진다. 'innan'과 'bin'이 지닌 이상과 같은 어원과 내가 사는 곳이 '세계'(Welt)라는 사실에 주목해서 볼 때, '내가~안에 있다'라는 것은 '나는~에 몰입해서 거주하고 있다'거나 '이러저러하게 친숙한 세계에 몰입해서 머무르고 있다'는 뜻이다.[33] 따라서 현존재가 '어떤 상황이나 세계에 던져져있다'는 것은 사물처럼 어떤 공간 안에 던져진 채 그냥 있는 것이 아니라 '이러저러하게 친숙한 세계에 몰입해서 머무르고 있다'는 뜻이다. 그리고 이때의 친숙함은 나와 세계가 분리된 것이 아니라 '세계-내-존재'로 공속되어 있음을 의미한다.

　세계와 분리되지 않은 채 그 속에서 친숙하게 살아가고 있는 현존재는 다른 한편으로는 그때마다 어떤 상황에 있는 자신을 발견하며(Befindlichkeit) 존재한다.[34] 따라서 현존재는 자신이 던져져 있는 '상황'과 그 속의 '자기'를 발견하며 사는 자다. 무언가를 '발견'하고 있다는 것은 그것을 그때마다 '이해'하고 있음을 의미한다. 현존재는 그가 던져진 상황(세계)과 자기를 이해하는 존재인 것이다. 그런데 이때의 '발견'과 '이해'는 '나'와 '세계'가 '주체 대 객체'나 '의식 대 대상'으로 분리되기 이전에 '세계-내-존재'로서의 내가 가진 것이다.[35] 따라서 이때의 이해나 발견은 어떤 대상적인 지각이나 인식에 의한 것이 아니다. 그것은 주-객이 분리되기 이전에 그리고 객관적인 지각이나 인식이 형성되기 이전에 내가 세계-내-존재로서 던져져 있는 상황에 처해있음 자체에 의해서 조율됨(gestimmt)으로써 생긴 것이다. 따라서 이 차원의 '이해'는 아직 명료하게 분절되지 않은 존재론적 의미의 기분(Stimmung)의 형태로 나타난다.[36]

---

33) Heidegger(1986), p.54.

34) Heidegger(1986), p.135-137.

35) 보스도 세계-내-존재로서의 인간이 그의 세계와 근본적으로 전체로서 통일되어 있다는 점을 강조한다. 현존재분석론적 관점이 제시하는 이 전체성에 대한 이해는 '나'와 '세계'를 분리된 것으로 보는 자연과학과 심리학의 관점에서 발생하는 '가짜 문제'(pseudo-problem)를 제거할 수 있게 해준다. Boss 저, 이죽내 역, 『정신분석과 현존재분석』, 원전: *Psychoanalysis and Daseinsanalysis*, 1. edt. 1963, 하나의학사. 2003, 156쪽. 이하 "보스(2003)"으로 약칭.

36) 보스는 하이데거가 '현존재분석론'에서 밝혀낸 이러한 '이해'를 "객관화할 수 없는 인간 현존재의 기본적인 차원인, 존재의 일차적인 이해"라고 정의한다. 보스(2003), 134쪽.

그런데 무언가를 이해한다는 것은 그것과 관련된 문제나 대응방식도 알고 있음을 함축한다. 현존재가 상황과 자기에 대해 이해한다는 것은 던져진 상황에서 벗어나 새로운 상황에 들어설 가능성에 열려있음을 의미한다. 즉, 현존재는 '상황에 던져져 있음'이라는 과거의 일에만 고착된 것이 아니라, 이런 상황 속의 자신을 그때마다 발견하고 이해함으로써 자기의 가능성을 이끌어 내고 미래적인 계기와 연결시킬 수 있는 존재인 것이다.37) 다른 관점에서 생각해 볼 때 현존재가 그의 상황과 자기를 이해하며 가능성에 열려있다는 것은, 그가 그 상황과 자신에 대해서 어떤 태도를 취하고 있다는 뜻이다. "현존재는 자기 자신의 존재에서 자기를 이해하면서 이 존재에 태도를 취하는 존재자다."38) 그런데 이 태도는 변할 수 있다. 이런 이유에서 "현존재는 항상 자신의 실존에서 즉, 그 자신으로 존재하거나 그 자신으로 존재하지 않을 가능성에서 자신을 이해한다."39) 그런데 바로 이것이 현존재분석론을 통해서 밝혀진 '실존'의 존재론적이고 형식적인 의미다. 즉, "현존재가 이러저러하게 태도를 취하고 있고 이미 어떤 식으로건 태도를 취하고 있는 그 존재 자체를 우리는 실존이라 칭한다."40) 현존재가 실존한다는 것은 자기 존재에 어떤 식으로건 이미 태도를 취하며 자기 자신으로 존재하거나 그렇지 않을 가능성에 열려있는 자신을 이해하고 있다는 뜻이다. 그리고 이런 태도설정과 자기이해는 현존재(Dasein) 자신이 드러남의 '터'이자 '빛'41)으로써 존재하기 때문에 가능한 것이다. 현존재분석론적 상담과 치료는 현존재인 내담자 자신의 이러한 존재성격을 문제해결의 출발점으로 삼는다.

---

37) Heidegger(1986), 31절.

38) Heidegger(1986), pp.52-53.

39) Heidegger(1986), p.12.

40) Heidegger(1986), p.12.

41) 독일어 'Lichtung'은 울창한 나무들에 시야가 가려졌다 나타나 방문객의 시야를 여는 '숲속의 빈터'나 '밝게 하기'라는 의미를 지닌다. 이런 의미에 따라서 현존재(Dasein)는 드러남의 '터'(Da)이자 '빛'(Licht)이라 칭할 수 있다. Heidegger(1986), p.133.

## 2) 존재해야 함, 각자성과 본래성

그런데 인간은 사물처럼 물질의 법칙에 의해서만 존재하거나 동물처럼 본능에 지배를 받으며 살아가지 않고, 어떻게 살아갈지를 생각하고 챙기며 살아간다. 이런 의미에서 인간은 무언가를 향해 '존재해야 함'(Zu-sein)이 관건인 존재다. 그런데 '존재해야 함'이 관건이기 때문에 현존재에게는 모든 것이 '그때마다 나의 일'로서 이해된다. 과학적으로 확정된 것은 공동세계에서는 객관적인 대상으로 통용되지만, 내가 그것을 만날 때는 결국 나의 상황에서 그때마다 나의 것으로 관계를 맺는다. '그때마다 나의 것'이라는 이 실존론적 사실을 하이데거는 '각자성'(Jemeinigkeit)이라 칭한다. "현존재에게 그의 존재에서 관건이 되는 존재는 '그때마다(je) 나의 것(meines)'이다." 현존재의 체험은 '누구에게나 늘 그렇게 존재하는' 보편적인 것의 한 "사례"(Fall)나 "예시"(Exemplar)가 아니다. 현존재의 체험을 그렇게 취급하는 것은 현존재를 자기 존재가 문제시되지 않는 "전재자"42) 처럼 여기는 것이다. 나는 내가 체험한 것들을 '그때마다 나의 것'으로 만난다. 나에게 체험된 것은 나의 상황에서 내가 만나는 내 문제이며, 따라서 나의 삶과 존재와 관련된 것이다. 이런 이유로 각자성은 나의 존재를 문제시하며 어떻게 살아야 할지를 결의할 수 있는 계기가 된다. 즉, 모든 것을 나의 것으로 여기며 결의할 수 있는 각자성 때문에 현존재는 공공성에 매몰된 채 비본래적으로 살거나, 궁극 목적인 자기 존재에 집중하며 본래성(Eigentlichkeit)을 선택할 수 있다. 이런 맥락에서 하이데거는 각자성을 본래성과 비본래성의 가능조건이라고 말한다. "현존재는 실존한다. 나아가 현존재는 그때마다(je) 나 자신으로 있는 존재자다. 실존하는 현존재에게는 본래성과 비본래성의 조건으로서 각자성(Jemeinigkeit)이 속해있다."43)

---

42) Heidegger(1986), p42.

43) Heidegger(1986), p.53. '본래성'과 '각자성'은 하이데거 철학에 대한 신랄한 비판의 표적이 되기도 한다. '본래성'을 "횡설수설"(Jargon)이라고 규정한 아도르노는 '본래성'이나 '참됨', '의미' 등 실존철학적 개념들이 숭고해 보이는 개인적인 삶에 대한 기대를 불러일으키며 자본주의 사회의 구조적 문제점을 덮는 이데올로기로 작용한다고 말한다. Adorno T. W., *Jargon der Eigentlichkeit. Zur deutschen Ideologie.* Frankfurt am Main, Suhrkamp, 1967, p.7, p9 p.40; 하이데거의 제자인 뢰뷔트는 '본래성'과 '각자성'이 현존재분석론에서 강조된 또 다른 개념인 '함께함'(Miteinandersein)이라는 현존재의 존재의 의미를 말살한다고 비판한다. 현존재가 본래적으로 그때마다 나의 것으로 실존하는 한, 이러한 현존재에게는 타인과의 함께함도 결국은 공적인 것이 아니라 사적인 것이 되기 때문이다. Cera A., "Mitmensch contra Dasein. Karl Löwiths anthropologische Kritik an der Daseinsanalytik", *Deutsche Zeitschrift für Philosophie*, Vol. 66(4), pp492-493.

그런데 각자성을 계기로 현존재가 선택할 수 있는 참된 자기인 '본래성'은 데카르트의 '생각하는 나'처럼 신체와는 독립적으로 존재하면서 변함없고 단일한 성질을 지닌 하나의 실체 자아가 아니다.44) '본래성'은 고정되고 단일한 어떤 것이 아니라 현존재가 '그때마다 나임'에 직면하여 가장 독자적으로 자기 존재를 향해 '삶을 실행'(Lebensvollzug)할 때 성취될 수 있는 것이다.45) 이런 점에서 '본래성'으로 표현된 '참된 자기'는 데카르트적 실체 자아와는 오히려 대척점에 있는 역사적인 것이다. 역사적인 실제 삶의 실행에서 인간은 각자가 그때마다 자기 것으로 주어진 존재를 각자 홀로 떠맡아 짊어지고 가야 한다. 이런 각자의 존재는 전통 형이상학이 말하는 인간의 보편적 본질이나 자연과학이 객관적으로 정리한 인간의 공통적 성질로서는 파악되지 않는다. 인간의 고유한 존재성격이 '각자성(그때마다 내 것)'이라는 것은 그것이 보편적 본질로든 공통적 성질로든 환원될 수 없다는 뜻이다.

모든 것을 '그때마다 나의 것'으로 문제시하며 살아가더라도 일상에서 우리는 타인과 만나는 '공동세계'(Mitwelt)에 산다. 이 '공동세계' 역시 세계-내-존재로서 현존재가 친숙하게 살아가는 '세계'를 이루고 있다. '공동세계'는 개인의 고유한 관심이나 자기 진정성이 아니라 '공공성'과 '평균성', '잡담'(Gerede), '호기심'이 지배하는 세계이기 때문에 나답게 사는 것을 방해한다. 현존재가 무차별적인 '그들'(das Man)로서 공동세계에 빠져(Verfallen) 살다 보면, '비본래성'(Uneigentlichkeit)이 '나'를 지배한다. 따라서 나의 가치관이나 사고방식, 언행은 내 맘대로만 할 수 있는 게 아니다. 설령 내가 나 자신의 독자적인 존재의 미를 생각하면서 나답게 살아보자고 결의한다고 해도 그렇게 살기 힘들다. 이런 점을 고려할 때, 나답게 살지 못하는 것도 내 탓만은 아니다. 그럼에도 나답게 사는 일은 한 인간의 삶에서 가장 중요한 과제이자 희망으로 나타난다. 죽음에 대한 의식과 그로 인한 불안은 삶이 끝나기 전에 나답게 살아보자는 내 안의 부름으로 나타난다. 현존재가 '그들'로서 일상성과 공공성에 빠져 살다가도 자기

---

44) 하워드는 '심-신 이원론'이라는 잘못된 전제 위에 서 있는 데카르트의 자아론이 현대의 상담 시장에서 우리가 체험하지도 않는 가짜 문제를 양산한다고 비판한다. 그에 따르면 '자기'와 '세계'를 공속적으로 보는 하이데거의 관점은 이런 가짜 문제를 해소하는 데 도움이 된다. Howard(2000), p.136, p.327.

45) '본래성'을 실마리로 상담을 진행하면, 흔히 내담자들은 고정되고 단일한 자기의 모습이 무엇인지 탐색하곤 한다. 상담사는 '본래성'에 대한 이런 오해를 먼저 불식시켜야 한다.

존재의 본래적 의미에 대한 물음 앞에 설 수 있는 것은 현존재에게 자신의 본래적 존재의미를 일깨워 주는 '양심의 부름' 때문이다.[46] 현존재는 자신의 존재가능을 실현해야만 한다는 '양심의 부름' 앞에 언제든 설 수 있는 존재다. '그들'로서의 일상에서 현존재 자신의 독자적인 삶은 없고, 이 상태에서 삶이 공허하다는 깨달음의 순간(Augenblick)이 그들을 덮칠 수 있다. 그때마다 나임으로서의 본래성을 향한 양심의 소리 없는 부름이 그들을 흔들며 실존적 불안에 빠지게 한다.[47]

각자성과 본래성, 존재해야 함과 양심의 부름 등 형식지시적 개념을 길잡이로 현존재의 이러한 실존론적 성격을 밝혀주는 하이데거의 현존재분석론은 현존재에게 자신의 존재 전체를 성찰하며 자기다운 삶의 방향을 탐색할 기회를 제공한다.[48] 그리고 현존재분석론을 준용하는 상담사의 중요한 역할 중 하나는 현존재인 내담자 자신에게 일차적으로 개시된 그의 본래적 존재가능을 추상적 이론이나 평균성과 공공성을 판단 중지한 채 '그 자체로 드러나게(현상하게) 해주는 일'이다. 따라서 이때 상담사의 작업은 현상학적이다.

## 3) 본래적이고 탁월한 개시성인 결의성-
현존재에 내재한 변화의 근본 조건

상담은 내담자가 직면한 당면 문제든 그 내담자 자신이든 변화를 목적으로 한다. 그런데 변화는 앞에서 살펴본 것처럼 현존재가 던져져 살아가는 세계 때문에 마음대로 되는 것이 아니다. 그런데도 현존재는 모든 것을 그때마다 자기 것

---

46) Heidegger(1986), p.123. 현존재분석론적 상담은 내담자 각자의 이런 존재성격을 드러내 그것을 내담자 안의 변화를 위한 출발점으로 본다.

47) Heidegger(1986), p.251. 실존론적 차원에서 '양심의 부름'이란 '이미 발생한 범죄나 계획된 범죄'에 대해서 가책을 느끼는 것이 아니다. '양심의 부름'은 통상적 의미의 도덕과 관련된 것이 아니라 자기 존재의 '비성'(Nichtigkeit) 즉 '자기답게 존재하기(Zusein)를 실행하지 않음'으로 인한 울림이다. 이러한 울림에 의한 '불안' 역시 신경증적 불안이나 특정한 대상으로 인한 존재적 불안과는 다르다. '양심의 부름'이란 현존재가 처지에 매몰되어 자기 존재를 문제시하지 못했음을 깨닫고 자신을 존재가능을 향해 개방하며 자신의 존재를 독자적으로 책임지려는 태도이다. 이 실존론적이고 근원적인 양심에서 통상적인 의미의 도덕적인 양심도 파생될 수 있다. Heidegger(1986), p.300.

48) 일상에 바쁜 우리에게 '본래성'이나 '참된 자기'는 막연하고 공허한 말장난으로 들릴 수 있다. 그런데 임사체험을 한 사람들에게 '죽음 직전 무엇이 후회스러웠는지' 물어보면, 많은 이들이 '남의 눈치를 보느라 내 인생을 살지 못한 것'이 제일 후회스럽다고 답한다. 이런 대답은 아마도 누구에게나 내재해 있는 '자기다운 삶'이나 '본래성'에 대한 소박한 표현일 것이다.

으로 체험하고 자기 존재를 문제 삼으며 '존재해야 함'의 과제를 지닌다. 이로 인해 현존재는 변화를 위한 구체적인 행동 전에 이미 그가 던져져 있는 곳에서 자신의 처해있음을 이해하며 미래의 자기 자신을 '기획투사'(Entwurf)한다. 현존 재의 이러한 성격은 '결의성'(Entschlossenheit)에서 잘 드러난다. 결의성에 대한 실존론적 분석은 현존재의 자신의 존재성격에 내재된 변화의 근본조건이 무엇 인지 밝혀준다.

그런데 하피터는 하이데거의 결의성을 분석하면서, 사르트르와 레비나스가 전 통 형이상학에서의 주체의 의지적 행위라는 의미에서 능동적 행위로 결의성을 오 독했다고 지적한다. 하이데거는 능동적이고 파생적인 행위인 '결정'(Beschluß)과 '결의성'을 구분하는데, 사르트르와 레비나스는 '결의성'을 '결정'과 동일시하며 능동적 행위로 오독했다는 것이다. 또한, 그에 따르면 ① "하이데거에게 '결의성' 은 능동적 주체로부터 벗어난 수동성에 기초한다."[49] ② 하이데거의 『존재와 시 간』에서의 '결의성'의 의지개념은 『형이상학 입문』에서의 수동적 의지개념에 함 축된 내버려둠(Lassen)에 있다.[50] 이 주장이 곧 '결의성은 수동적이다'라는 주장 과 똑같지는 않지만, 능동성과 수동성이라는 이분법적 사유에서 전개된 것은 분 명해 보인다. 그런데 결의성을 이분법적으로 판단하는 것은 적절한가?

하이데거에 따르면 결의성은 개시성의 일종인데, 개시성 중에서도 "본래적이 고 탁월한 개시성"[51]이다. 여기서 개시성이란 현존재가 '근원적으로 자기와 세 계의 드러남으로 있다'라는 현존재의 존재방식을 말한다. 결의성은 이런 개시성 중 "본래적이고 탁월한" 개시성인 것이다. 결의성이 '본래적이고 탁월한' 개시 성인 근거는 무엇인가? 그것은 개시성이 "현존재 자체 안에서 그의 양심을 통해 서 입증된 것이고, 가장 독자적인 책임존재를 향해 말없이 불안을 각오한 자기 기투"[52]이기 때문이다. 그런데 이런 의미의 '결의성'은 현존재가 구체적으로 무 엇을 '결의했다'라는 뜻은 아니지만, "수동적 의지개념이 함축된 내버려둠"은

49) 하피터, 「철학에 있어서 "내버려둠"으로서의 결단성(Entschlossenheit) 개념-탈 -주관적인 의지개념에 관하여」, 『존 재론연구』, Vol. 13, 2006, 123쪽, 이하 "하피터(2006)"로 약칭.

50) 하피터(2006), 104쪽.

51) Heidegger(1986), p.296.

52) Heidegger(1986), pp.296-297.

아니다. 결의성은 현존재가 불안을 각오한 채 가장 독자적으로 자기 존재를 책임지는 방향을 향하고 있는 상태라 할 수 있다. 따라서 현존재가 기투하는 결의성으로 존재한다는 것은 '내버려둠'이라는 수동적 태도와는 다르다.

결의성은 개시성의 일종이다. 그런데 개시성은 '내-존재'에 대한 앞에서의 논의에서도 확인했듯 인식주체와 대상이 분리되기 이전의 이해이며 현존재의 존재방식 자체다.53) 주-객이 분리되기 이전의 개시성으로서의 이해에서는 현존재가 던져진 수동적이고 과거적 '상황'에서 지금의 자기를 발견하는 일과 거기서 자기를 기투하는 장래적이고 능동적인 '행위'가 분리되지 않은 채 등근원적으로 일어난다. 따라서 개시성에서 시간의식은 '과거'-'현재'-'미래'가 제각각 단절되지 않은 채이고, '주-객'이라는 인식론적 이분법뿐만 아니라 능동 대 수동이라는 행위적 이분법도 아직 일어나지 않은 상태인 것이다. 그렇다면 개시성의 일종인 결의성에 '능동-수동'이라는 행위의 이분법을 적용하는 것은 부적절하다.

그런데 '결의성'은 아직은 어떤 '결의'가 단행되어 그 내용이 무엇인지 말할 수 없기 때문에 아직은 "무규정"(Unbestimmtheit)54) 상태다. 하지만 이 결의성은 그때그때 상황 속에서 자기 존재를 가장 독자적으로 책임지는 결의를 할 수 있는 방향으로 서 있는 상태라는 의미에서는 '규정성'(Bestimmtheit)을 지닌다. 이를 하이데거는 다음과 같이 표현했다. "그런데 그때그때 결의 속에서 비로소 자기를 규정하는 이 결의성의 실존적 무규정성은 그럼에도 실존론적 규정성을 가진다."55) 즉 '실존'을 통상적인 관점으로 그리고 존재자의 차원에서 고찰할 때(실존적 고찰)는 결의성이 무규정성을 지닌 것 같지만, '실존'을 현존재의 존재와 그 구조에 주목하며 고찰할 때(실존론적 고찰)는 '그때그때 결의 속에서 자기를 규정하는 방향으로 서 있음'이라는 규정성을 지닌다.

결의성을 이상과 같이 이해할 때, '결의성이 무규정성을 지닌다'는 것은 '현존

53) 투겐트하트가 보기에 하이데거는 결국 개시성을 명제적 진리의 근거로 제시하며 진리의 의미를 확대하고 있다. 그의 이런 시도는 진리가 갖춰야 할 특별한 의미를 상실하게 만든다고 투겐트하트는 비판한다. Tugendhat E., *Der Wahrheitsbegriff bei Husserl und Heidegger*, 2. Aufl., Berlin, de Gruyter. 1970, p.3, p.260, p.350: 이에 대해 게트만은 투겐트하트가 진리 개념을 너무 협소하게 규정한 나머지 하이데거의 진리 개념이 지닌 의미를 오해한다고 반박한다. Gethmann C. F., "Zum Wahrheitsbegriff", Gethmann C. F ed., *Dasein: Erkennen und Handeln. Heidegger im phänologischen Kontext*, Berlin, de Gruyter, 1993, pp.115-136.

54) Heidegger(1986), p.298.

55) Heidegger(1986), p.298.

재가 결의성에 의해 가장 독자적인 자기 존재(참된 자기를 향해)를 향해 기투하고 있다고 할지라도, 구체적으로 어떤 결의를 할지는 정해야 한다'라는 점을 함축한다. 현존재는 어떤 상황 속에 있는 '그때마다 나의 것'(각자성)에 직면하여 가장 독자적으로 자기 존재를 짊어지고 가겠다는 결의를 할 수 있다. '그때마다 독자적 현존재'일 때 현존재는 공공성 속에 자기를 상실한 '그들'(das Man) 중 한 명인 상태에서 벗어날 수 있다.56) 그때마다 나임(각자성)에 근거하여 현존재는 공공성 속에서 '그들'이 아니라 가장 독자적 자기로서 삶의 방향을 가리키는 본래성을 향해 결의할 수 있는 것이다. 여기서 '본래성'은 이미 어떤 구체적이고 확정된 무엇이 아니라 '그때마다 가장 독자적인 나의 것'이라는 형식으로 존재하면서 현존재가 독자적 자기를 향해 결의할 수 있게 한다. 그리고 이런 이유에서 '본래성'도 형식지시적 개념 중 하나인 것이다. 또, 이상과 같이 결의성과 관련해서 '본래성'을 이해해 볼 때, 왜 하이데거가 "현존재의 본래성이란 이제 공허한 명칭이 아닐뿐더러 날조된 이념도 아니다"57)고 주장하는지 납득이 된다.

"결의한 현존재는 스스로 선택한 존재가능이라는 궁극목적에 입각해서 세계를 향해 자기를 열어 놓는다."58) 그런데 "결의 역시도 '그들'과 그 세계에 여전히 의존하고 있다"59)라는 사실 또한 간과되어서는 안 된다. 결의할 준비가 된 현존재에게는, 즉 본래적이고 두드러진 개시성인 결의성 속에 있는 현존재에게는 자기의 가장 독자적 존재가능이 관건이지만, 그렇다고 자기가 던져져 있는 처지와 무관하게 자기 존재를 실현할 수는 없기 때문이다. 이런 맥락에서 하이데거는 "이 존재가능은 피투적 존재가능으로서 일정한 현실적 가능성들을 향해서만 자기를 기투할 수 있을 뿐인 것이다"60)고 말한다. 여기서 우리는 본래적 자기를 향한 현존재의 결의가 "현실적 가능성"에서 '현실'로 인한 '한계'를 지니지만 동시에 "현실적 가능성"에서의 '현실'에 기반해서 '가능성'이라는 미래적 방향을 향해 '윤곽이 그려져 있다'라는 사실도 알 수 있다.

---

56) Heidegger(1986), p.297.
57) Heidegger(1986), p.301.
58) Heidegger(1986), p.287.
59) Heidegger(1986), p.299.
60) Heidegger(1986), p.299.

## 4) 결의성과 상황

앞에서 우리는 결의성이 현존재의 본래적이고 두드러진 개시성이라는 사실을 확인했다. '상황'(Situation)은 결의성이라는 이 두드러진 개시성 속에서 현존재가 자기의 존재를 문제시하는 곳이다. 그런데 대개 현존재는 두드러진 개시성으로 있지 않다. '그들'로서의 현존재는 자기 존재 자체가 아니라 의식주와 입신양명을 먼저 챙기며 산다. 이런 현존재가 던져진 곳을 하이데거는 '처지'(Lage)라고 칭한다. '그들'은 '처지'에 머물며 자기의 고유한 존재가능을 상실한 채 살아가는 현존재다.[61] '그들'로서 현존재는 일반적인 '처지'만을 알고, 생존과 입신양명의 기회를 탐닉하며 살아간다. 이런 삶은 자기 존재가 관건인 현존재에게는 공허하다.

현존재분석론적 상담사는 현존재의 은닉된 결의성과 본래성을 향한 존재가능을 드러내며 내담자 안에 이미 이러한 공허를 극복할 가능성과 존재에 대한 부름이 현사실성으로 존재한다는 점을 확인해 줄 수 있다. '참된 자기'를 목표로 현존재분석적 상담사를 찾아온 내담자는 이미 '처지'가 아니라 '상황' 속에서 자기를 만날 준비가 됐다고 볼 수 있다. 반면에 어떤 내담자는 생존의 문제나 입신양명과 관련된 문제만을 해결하려고 철학상담사를 찾기도 한다. 상담사는 '처지'에 매몰된 내담자를 그의 내면에서 말없이 외치고 있는 '양심의 부름'에 귀를 기울이게 하면서 그의 실존론적 '상황'에 직면하게 하고, 당면문제 뒤에는 궁극목적인 자기 존재가 놓여있음을 함께 밝힐 수 있다. 이때 전체 상담의 과정은 내담자의 **'처지' 확인 → '각자성'과 '양심의 부름' 탐색 → '상황', '결의성', '존재가능을 향해 열림' → '본래성을 향한 결의'**라는 형식지시적 개념들로 전개될 수 있다.

## 4. 현존재분석론과 정신분석

이하에서 우리는 보스의 작업을 근거로 현존재분석론과 정신분석을 비교하면

---

61) Heidegger(1986), p.300.

서 현존재분석론에서 전개된 '형식적 지시'와 '개시성'에 근거한 상담과 치료의 특징을 좀 더 명료화해 볼 것이다.[62]

현존재분석론과 정신분석은 인간의 일차적 개시성에 주목했다는 점에서 유사성이 크다고 보스는 주장한다. 하지만 두 분석이 현존재의 일차적 개시성이라는 존재성격을 그 자체로 드러내려 했느냐 아니면 이론화를 시도했느냐에 따라 차이가 난다고 평가한다. 보스에 따르면 "하이데거의 사고의 근본과 핵심은 객관화할 수 없는 인간 현존재의 기본적 차원인, 존재의 일차적인 이해에 대한 통찰이다."[63] 이러한 통찰을 하이데거는 현존재분석론에서 체계적으로 밝힌다. 즉, 그는 현존재 분석론에서 현존재로서 인간이 존재하는 모든 것을 비추어 드러내는 '빛'이라는 사실을 해석학적 현상학의 방법을 통해서 실존론적으로 보여준다. 보스는 이러한 현사실성을 환자 중심적인 치료의 출발점으로 삼는다. 그런데 이때 '빛'으로서 현존재에서 존재하는 것들이 드러날 때는 기존의 관점들이 흔히 전제하듯이 '어떤 주관적 과정'이 '외부 대상'에 관계하는 것이 아니라는 사실을 이해하는 것이 중요하다. 실존현상학적으로 볼 때, 어떤 이론적 관점에 의해 주객으로 분열되어 파악되기 전에 '빛'으로서 현존재에서 일차적으로 개시되며 존재하는 것들은 실제로 존재하는 대로 직접적으로 나타난다. 밝히고 노출시키는 것이 현존재의 본질이기 때문에 현존재는 그가 만나는 것과 원초적으로 '함께' 존재한다. "일단 인간실존의 이러한 조명하고 드러내는 본성을 이해한다면, 뇌와 마음속 주의를 맴도는 관념과 표상 같은 입증될 수 없는 개념들은 더 이상 필요치 않다."[64] 치료에서 그러한 관념과 표상들은 내담자가 체험하는 일차적 사실과 맞지 않을 뿐만 아니라 내담자를 이해하고 치료하는 데 방해가 될 것이다.

보스에 따르면 프로이트 역시 현존재분석론이 밝혀낸 세계에 대한 인간의 일차적 '개현성'과 유사한 통찰을 환자의 체험을 관찰하면서 갖게 됐다.[65] 그러나

---

62) 보스와 그의 스승 빈스방거의 현존재분석은 프로이트의 정신분석을 하이데거의 현존재분석론을 지침삼아 실존적이고 존재론적으로 수정한 것으로 평가된다. 따라서 이들의 현존재분석에서는 정신분석과의 접점과 분기점이 확인될 수 있다. 이상 Craig E., "The History of Daseinsanalysis", *The Wiley World Handbook of Existential Therapy*, Deurzen E. v. ed., Chichester(UK): John Wiley & Sons, Ltd, 2019, p.35. 이하 "History"로 약칭.

63) 보스(2003), 134쪽.

64) 보스(2003), 171쪽. 인용구 중 "조명하고 드러내는"는 이 책의 역자가 "조명적이고 개현적인"이라고 표한 것을 필자가 수정한 것이다.

65) 보스(2003), 136쪽. 이죽내는 필자가 '개시성'으로 번역한 'Erschlossenheit'를 '개현성'으로 번역함.

프로이트가 그것을 이론적으로 정형화하면서 그의 정신분석은 환자가 실제로 체험한 사실(현사실성)이 아니라 자연과학적 인과론과 '무의식', '이드', '초자아', '리비도' 등과 같은 가설적 개념들을 내세우게 된다.[66) 프로이트는 객관화되기 힘든 개현성과 그때 현존재의 이해내용(앎)을 이론적으로 정형화하기 위해 인과적인 관점에 다시 의존했고, 꿈과 같은 일차적 개현성과 앎의 인과적 원인을 설명하기 위해 '무의식'이라는, 내담자의 의식을 넘어선 영역을 억지로 가정한다.[67)

프로이트가 자신의 정신분석을 이론적으로 형식화하기 위해 입증될 수 없는 개념들을 전제했다는 사실을 우리는 그가 전개한 다음과 같은 꿈의 해석에서 확인할 수 있다.

어느날 경련성 틱과 히스테리성 구토 때문에 14세 남자아이가 정신분석 치료를 위해 프로이트를 찾았다. 프로이트는 환자가 눈을 감고 있을 때 떠오른 심상을 가지고 치료를 시작하기로 했다. 평소에 소년은 성기를 가지고 논다고 아버지에게 비난과 위협을 받았다. 소년은 기억을 되살려 삼촌과 체커를 두는 꿈을 기억하며 프로이트에게 이야기했다. 이 이야기를 듣고 프로이트는 말을 손으로 잡고 움직이는 체커놀이는 성기 장난을 의미한다고 해석한다. 꿈에서 소년은 체커판 위에 놓인 아버지의 단검을 보았다. 그리고는 체커판 위에 큰 낫과 작은 낫이 떠올랐고, 곧이어 한 늙은 농부가 큰 낫으로 풀을 베는 심상이 떠올랐다. 프로이트는 자상한 엄마를 버리고 재혼한 아버지에 대한 소년의 억압된 분노가 신화에서 재료를 빌려와 꿈으로 표현된 것으로 해석한다.[68) 즉, 작은 낫은 그리스 신화에 등장하는 크로노스가 아버지 우라노스를 거세할 때 쓰던 것인데 이는 아버지에 대한 복수심을 나타내고, 큰 낫과 늙은 농부는 자식들을 삼켜버린 크로노스신으로서, 포악한 아버지에 대한 비난을 나타낸다고 본 것이다.[69) 프로이트의 이러한 해석에는 성적 '억압'과 억압이 저장된 장소인 '무의식', 그리고 억압

---

66) 보스(2003), 174쪽.

67) 보스(2003), 168쪽, 169쪽.

68) Freud S., *The Interpretation of Dreams*, 1. ed. 1913, Brill A. A. Translator, The Macmillan Company. Stuttgart, 2018, 598 참조. 이하 "Freud(1913)"로 약칭

69) Freud(1913), p.618, p.619.

된 것이 꿈이라는 우회적인 방식을 통해서건 히스테리성 증상을 통해서건 '회귀'한다는 정신분석의 주요 개념들이 가정됐다.

보스는 소년의 꿈에 대한 프로이트의 해석학적 추론은 소년의 심상에 직접 나타난 꿈의 현상을 위한 것이 아니고, "꿈이 무의식적인 소원들로부터 나온다는 이론을 위해서 만들어졌다."[70]고 비판한다. 소년이 실제로 체험한 꿈이 지닌 의미를 이해하기 위해서는 프로이트가 해석학적 추론을 위해 사용한 이론적 가정들은 괄호를 쳐두고, 소년이 실제로 처한 상황과 체험한 기분, 그리고 심상에 대한 소년의 생각을 충분히 살펴보아야 한다.[71] 이러한 탐구 전에는 소년의 꿈이 억압된 분노와 불안을 표현했다는 프로이트의 해석이 맞는지 혹은 틀린지도 확인하기 어렵다.

프로이트가 자신의 가설적 이론을 증명하기 위해 내담자들의 실제상황과 체험을 의도적으로 외면했다는 사실은 Freud Archives에서 공개한 아이슬러(Eissler K. R.)[72]의 인터뷰 문건을 참조한 한 연구에서 확인된다. '꼬마 한스의 말공포증에 대한 분석'[73]은 프로이트가 주장한 오이디푸스 콤플렉스를 입증하는 사례로 거론되곤 한다. 그런데 오이디푸스 콤플렉스설을 사례로 입증하기 위해 프로이트는 한스(본명 Hebert Graf)의 성적인 행동에 주목한 반면, 그의 공포증과 관련될 수 있는 부모의 불화, 모친의 모성장애와 파괴적인 양육방식 등에 대해서는 언급을 피했다.[74] 나중에 결국 이혼할 정도로 부모의 불화는 심각했고, 한스의 누이동생은 어른이 된 후 자살할 정도로 엄마로부터 학대를 받았다. 프로이트는 한스의 사례를 다루기 전에 그의 모친의 심한 정신증을 치료하고 있었다.[75] 프로이트는 정신과 의사이자 그의 추종자였던 한스의 아버지에게 자신이

---

70) 보스(2003), 176쪽.

71) 보스(2003), 176쪽. 여기서 프로이트의 정신분석적 꿈의 해석과 다른 현존재분석론적 꿈의 해석의 윤곽이 드러났다. 정해진 이론이나 전승적 지식이 아니라 현존재 자신의 일차적 개시성에 따라 어떻게 꿈을 해석하며 내담자를 치료하는지에 대한 상세한 논의는 다음 기회로 넘긴다. 그러한 논의는 보스가 현존재분석론적 꿈의 해석을 소개한 *Der Traum und seine Auslegung*(1953), *Es träumte mir vergangene Nacht*(1975) 등을 참조한 후 가능하다.

72) 아이슬러는 오스트리아 출신의 정신과 의사로 뉴욕시에 Freud Archives를 세운이다. 그는 성년이 된 한스와 그의 부친과 인터뷰하여 꼬마 한스의 상황과 프로이트의 접근방식을 판단할 자료를 남겼다.

73) Freud, S. *Analyse der Phobie eines fünfjährigen Knaben*, Fischer-Taschenbuch, Frankfurt a. M., 1995.

74) Stuart J., "Little Hans and Freud's Self-Analysis: A Biographical View of Clinical Theory in the Making", in *Journal of the American Psychoanalytic Association*, Vol. 55(3), Los Angeles, CA: Sage Publications, 2007, 799 참조. 이하 "Stuart(2007)"로 약칭.

75) Ross J. M., "Trauma and Abuse in the Case of Little Hans: A Contemporary Perspective:, in *Journal of the*

세운 치료계획에 따라 아들 한스를 치료하게 할 정도로 두 사람도 친분이 있었다. 이혼 후에 엄마는 성장한 한스를 데리고 프로이트를 면담하기도 했다. 따라서 프로이트는 꼬마 한스를 치료할 때나 그 후에도 한스 가족사를 잘 알고 있었지만, 이를 외면한 채 자신의 이론을 확립하는 데 도움이 되는 부분만 강조했다.[76] 한스의 사례처럼 치료자가 내담자의 실제상황과 생각을 배제한 채 가설적 이론에 의존한다면, 사태 자체가 아니라 가상이 치료를 이끌 위험이 있다.

그런데 하이데거의 형식지시적 개념들도 결국 프로이트의 정신분석의 개념들처럼 하나의 "이론적 정형화"[77]일 수 있다는 비판이 가능하다. 하지만 보스가 지적했듯이 하이데거의 형식지시적 개념들은 프로이트의 정신분석의 개념들과 유사성이 있지만, 다음과 같은 점에서는 본질적인 차이를 지닌다. ① 프로이트의 개념들은 개별성과 역사성을 넘어서 인간 정신에 관한 모든 것을 설명해보려는 목표에서 시도된 이론적 정형화의 결과다. ② 프로이트는 이런 목적의식에서 '정신의 지형학'(무의식 전의식 의식)이나 '역동학'(이드 에고 슈퍼에고 리비도 억압)과 같은 '가설'을 세운다. ③ 이런 가설을 확정하기 위해 프로이트는 꿈을 그의 정신분석의 개념들에 따라 정형화하여 해석한다. 그러나 꿈은 정형화된 틀이 아니라 내담자의 실존과 그의 상황에 맞게 해석되어야 한다. ④ 하이데거의 현존재분석론에서의 개념들은 내담자의 존재나 상황을 확정짓는 그의 본질을 나타내는 것이 아니다. 그 개념들은 현존재가 일차적으로 체험할 수 있는 현상들을 형식화한 것이다. 따라서 우리는 이 개념들의 지시로 그때그때 내담자가 체험한 현상을 이론화하고 정형화하기 이전의 형태로 이해할 수 있는 방향에 선다. 현존재분석론적 탐구에서는 모든 이론적인 가설과 편견을 판단중지하고 내담자가 체험한 그의 세계와 자기이해가 드러날 수 있는 것이다.

---

*American Psychoanalytic Association*, Vol. 55(3), Sage Publications, Los Angeles, 2007, p.779, p.780 참조.

76) Stuart(2007), p.800.

77) 보스(2003), 132쪽.

## 5. 현존재분석론적 상담과 치료의 방법론적 과제

이상에서 우리는 어떻게 형식적 지시와 형식지시적 개념들이 현존재의 실제 삶과 그 운동성에 이론적 편집 없이 접근하여 이해할 수 있게 해주는지에 대해서 중점적으로 살펴보았다. 새로운 철학함으로 전개된 형식적 지시와 그 개념들은 한편으로는 이론적으로 추상화된 인간관의 한계를 드러내고, 다른 한편으로는 일상에서 '그들'로서 살아가는 현존재에게 자기다운 삶의 요청과 그 실현 가능성을 보여준다. 이때 가령 불안, 양심의 부름 등은 특정한 문제와 관련된 극복이 가능한 감정이 아니라 현존재의 존재 의미를 삶 전체의 맥락에서 지시해주는 것이다. 현존재분석론을 토대로 한 상담과 치료는 이러한 형식적 지시에 따른 상담사와 내담자의 사유로 전개된다.

그런데 현존재분석론을 상담이나 치료에 준용할 때 숙고해야 할 방법론적 난점이 있다. 『존재와 시간』은 통속적 의미에서 '실존'이 아니라 존재 일반이 드러나는 터이자 빛으로 현존재의 고유한 존재인 실존을 분석한 것이다. 존재 일반에 대한 기초작업으로서 실존에 대한 이러한 분석은 주로 『존재와 시간』 전반부에서 집중적으로 전개된다. '기초존재론'으로서 전개된 이 부분은 이후 상담과 치료에 적용되는 "현존재분석의 기초"[78]가 된다. 그런데 현존재에 대한 실존론적 분석은 9절에서 44절까지로 이루어진 "제1편. 현존재의 예비적 기초분석"에서 뿐만 아니라 "45절. 현존재의 예비적 기초분석의 성과와 이 존재자의 근원적 실존론적 해석의 과제"에서부터 마지막 절인 "83절. 현존재의 실존론적 – 시간적 분석론과 존재 일반의 의미에 대한 기초 존재론적 물음"으로 구성된 "제2편. 현존재의 시간성"까지 계속된다. 이런 점을 고려할 때, 현존재분석론에 등장하는 형식지시적 개념들을 길잡이로 한 상담과 치료가 보다 충분한 현존재에 대한 실존론적 분석을 토대로 전개되기 위해서는 이 논문에서 다루어진 개념들뿐만 아니라 '시간성'(Zeitlichkeit)과 '역사성'(Geschichtlichkeit) 등 『존재와 시간』 후반부에 등장하는 개념들까지도 고려되어야 한다. 하지만 후반부에서 하이데거

---

78) History(2019), p.47.

의 탐구는 현존재의 존재를 넘어서 존재 일반에 대한 논의에 점점 가까워진다. 현존재에 대한 실존론적 분석의 이러한 전개과정을 고려할 때, 현존재분석론을 준용하는 상담과 치료는 내담자의 문제를 현존재와 직접 관련되는 개념에 국한시켜 다룰지 아니면 존재론적인 차원까지 확대시켜 다룰지를 방법론적으로 고민해야 한다. 물론 실존론적 분석뿐만 아니라 존재론적 분석도 내담자를 심층적이고 포괄적으로 이해하는 데 도움이 된다. 그러나 당면문제를 가지고 찾아온 현존재로서의 내담자와 존재 일반에 대한 논의를 어디까지 확장할 수 있을까?

현존재분석론을 내담자의 특정한 문제를 다루는 상담이나 치료에 적용할 때 유념해야 할 또 다른 문제가 있다. 하이데거의 현존재분석론의 대상은 상담이나 치료에서 만나는 한 개인의 실존적 특성과 당면문제가 아니라 현존재 일반의 존재 방식과 그 의미다. 현존재분석론에서 밝혀진 현존재의 '본래성', '자기 존재', '세계-내-존재', '죄책' 등 형식지시적 개념들은 이론과 지식에 의해 대상화되기 이전의 현존재 일반의 존재의 방식과 그 의미를 실존론적이고 존재론적인 차원에서 지시해준다. 그런데 가령 상담사가 이 개념들을 구체적인 개인에 적용하다 보면, 내담자의 특정한 실존적 체험이나 고민을 마치 현존재 일반의 존재 방식을 직접 실존론적으로 예시하는 것으로 오해할 수 있다. 촐리콘 세미나에서 하이데거는 이런 오해를 막기 위해 자신의 현존재분석론이 현존재로서의 인간 일반의 존재에 대한 존재론적 해석이지, 구체적인 한 인간만의 특정한 존재 방식을 문제시하는 게 아니라는 사실을 강조하였다.[79] 현존재분석론이 특정한 내담자를 대상으로 한 상담이나 치료에 적용될 때 발생할 수 있는 파편화와 협소화의 위험성을 피하려면, 현존재분석론에서 제시된 개념들은 실존론적 차원에서 내담자를 이해할 방향을 지시해주는 것으로 준용되어야 한다. 실존적 차원에서 드러난 내담자의 특정한 체험이 곧 현존재 일반의 실존론적 사실의 예시인 것처럼 오해되어서는 안 되는 것이다. 그런데 이것은 현존재분석론을 준용하는 상담사가 현존재 일반의 실존론적인 사실과 특정한 내담자의 실존적인 체험을 연관시키면서도 그 차이를 명확히 구분할 수 있을 때라야 가능하다.

---

79) Heidegger(1987a), p.162.

하이데거, 현존재분석론, 형식적 지시, 형식지시적 개념들, 세계-내-존재, 본래성, 각자성, 현존재, 개시성, 결의성, 죽음을 향해 앞서감, 양심의 부름, 불안, 빛, 순간, 존재해야 함, 존재 가능

## 실존철학상담 연습

1. 하이데거는 개별적 인간의 고유한 존재인 '실존'을 '세계와 자기 자신을 이해하며 태도를 취하고 있음'이라고 형식적으로 규정한다. 여기서 '형식적 규정'이란 '단 한 사람이 아니라 다른 개인들로 체험을 통해서 이해할 수 있게 정의함'을 뜻하고, '태도를 취한다'는 것은 '관계를 맺고 있다'는 뜻이다.
   1) '실존'에 대한 하이데거의 다양한 규정들을 찾아 정리하고, 다른 실존사상가들의 그것과 비교해 보라.
   2) 하이데거의 실존 개념이 인간을 '이해'하는 데 어떤 기여를 할 수 있는가?
   3) 하이데거의 실존 개념은 내담자를 이해하는 데 자연과학적 인간론에 비해 어떤 새로운 관점을 제공하는가?

2. 이성 중심의 철학이나 과학과 구별되는 하이데거의 세계관과 인간관의 특징은 무엇인가?

3. 하이데거의 인간관은 '세계-내-존재', '현존재', '개시성', '각자성', '결의성', '공공성', '그 사람', '빠져 있음' 등의 형식지시적 개념들로 잘 표현된다. 이 개념들 각각을 간단명료하게 설명해 보라.

4. 앞에서 살펴본 형식지시적 개념으로 내담자와 그의 문제를 이해한다면, 객관적으로 검증되고 유형화된 방법을 기준으로 할 때와 어떤 점에서 다른가? 강

점과 한계를 중심으로 정리해 보라.


5. '본래성'이나 '참된 자기'에 대한 갈망, '양심의 소리', '(실존적) 불안'이나 '(참된 자기 상실로 인한 실존적) 우울'을 짐작할 수 있는 내담자의 언행을 최대한 찾아보라. 그리고 그런 언행이 왜 '실존적'인지 말해보라.

6. 내담자의 실존적인 언행을 '현존재분석론'에서 제시된 형식지시적 개념들을 길잡이로 '실존론적으로' 분석한다면, 그렇지 않을 때와 달리 어떤 차원이 밝혀질 수 있는가? 그것은 프로이트의 '정신분석'이 보여주는 것과 어떤 점에서 유사하고 어떤 점에서 다른가?


7. 결혼 후 가족 뒷바라지에 매달려 자신을 잊고 살아온 40대 후반 여성이 문득 '나는 누구인가?'라는 질문과 함께 우울감과 무기력에 빠졌다. 이 여성내담자를 '각자성'과 '본래성'이라는 형식지시적 개념을 중심으로 상담한다면, 실존적이 차원에서 언급될 수 있는 것은 무엇인가? 그것을 실존론적인 차원에서 분석한다면 실존적 차원에서 논의할 때와 어떤 다른 점이 드러날 수 있는가?


8. '우울증'으로 오랜 기간 정신과 치료와 심리상담을 받았으나 일시적인 변화나 증상억제만 경험했을 뿐, 끝내 세상과 자기에 대한 우울한 시선을 벗지 못한 내담자가 실존철학상담을 받기 위해 당신을 찾아왔다.

1) 당신은 정신과 의사와 심리상담사의 진단이나 검사, 처방과 조치를 어떻게 평가할 것인가?

2) 그들의 진단과 검사, 처방과 조치를 무시할 때 발생할 수 있는 위험은 무엇인가?

3) 그들이 했던 작업을 인정하면서 현존재분석론적 상담을 진행할 때 유념해야 할 점은 무엇인가?

4) 이 내담자에게 정신과 의사나 심리상담사와 달리 현존재분석론적 철학상담사가 해줄 수 있는 것은 무엇인가?

5) 현존재분석론적으로 볼 때 이 내담자에게 내재한 변화의 가능성은 무엇인

가? '결의성', '존재해야 함', '각자성', '본래성', '존재가능', '양심의 소리', '(깨달음의) 순간', '일차적 개시성', '빛(Lichtung)' 등의 형식지시적 개념을 참조해서 말해보라.

6) 이 내담자가 스스로에 대해 가질 수 있는 인간으로서의 자존감의 근거는 무엇일까? 방금 언급한 형식지시적 개념을 참조해서 말해보라.

7) 이러한 변화의 가능성과 자존감의 근거는 상담과 치료에 어떤 힘이 될까? 『정신분석과 현존재분석』에서 보스가 소개한 코블링 박사의 사례를 참조하여 대답해 보라.

---

실존철학상담 활용 문헌

## 1. 『존재와 시간』, 마르틴 하이데거 저, 소광희 역, 경문사, 1998년. 마르틴 하이데거 저, 이기상 역, 까치글방, 1998년.

하이데거는 실재성과 이성을 절대시하는 과학과 철학이 주도한 탐구의 과정을 '존재망각의 역사'로 규정한다. 그는 왜곡되고 협소화된 존재를 그것이 우리에게 나타났던 그대로 파헤쳐서 새롭게 조명하는 것을 철학함의 방법이자 목표로 삼는다. 이를 성취하기 위해서 그는 이 책에서 2500년의 서양철학사를 해체하고 재구성한다. 기존의 철학적 지식이나 과학을 당연시하던 독자들은 이 책을 읽는 것만으로도 낯설고 심원한 세계에 들어서는 체험을 할 것이다. 그런데 이 책은 학문에 의해서 이론화되기 이전의 우리가 실제로 체험하는 사실을 나타난 모습대로 추적하며 기술했다. 따라서 선지식과 선입관을 판단중지하고 독자들 자신이 실제로 체험했던 일차적인 현상들에 주목해서 이 책을 읽는다면, 낯설고 난해한 독서가 근본적인 세계체험과 참된 자기와의 만남을 성사시킬 것이다. 특히 이 책에서 존재 일반의 탐구를 위한 기초 작업으로서 전개된 현존재분석론은 기존의 인간론이 지닌 한계를 해체하며 인간에 대한 가장 '실제적'(현사실적)이면서도 창조적인 전망을 열어줄 것이다. 많은 상담사들과 의사들이 『존재와 시간』의 '현존재분석론'에 주목하는 것도 바로 이런 기대 때문이다.

소광희 역은 단어의 구성요소 각각에 뜻이 있는 독일어의 특징을 한자로 새겨서 원전의 뉘앙스를 살린 경우가 많다. 이기상 역은 쉬운 우리말로 최대한 풀어썼기 때문에 젊은 세대가 읽기에 편하다.

## 2. 『하이데거의 '존재와 시간' 강독』, 박찬국 저, 그린비, 2014년.

난해하고 방대한 『존재와 시간』의 독자들을 위한 해설서다. 저자는 국내 하이데거 연구의 대부인 소광희 선생의 지도로 대학원시절부터 『존재와 시간』의 원전을 꼼꼼히 읽으며 그 문맥 하나하나를 우리말로 사유했다. 그후 교수로서 학생들과 함께 『존재와 시간』을 강독하면서 역자는 이 책의 핵심과 깊은 흐름을 좀 더 정치하게 이해하고 조리 있게 전달할 수 있는 토대를 다졌다. 이런 노력의 결과물인 이 해설서는 『존재와 시간』의 목차에 따라 구성되어 있다. 『존재와 시간』 옆에 이 책을 나란히 놓고 읽는다면, 철학을 전공하는 이들은 물론이고 비전공자들에게도 하이데거 철학이라는 거대한 숲을 안정적으로 탐방할 수 있는 지도가 될 것이다. 저자는 하이데거뿐만 아니라 니체나 야스퍼스 등의 실존철학과 형이상학도 밀도 있게 연구해왔다. 그리고 이런 이론철학적인 작업을 토대로 저자는 심오한 철학을 삶의 문제와 연관시키는 저술도 꾸준히 해오고 있다. 『존재와 시간』을 읽다가 이해의 벽에 부딪쳐 좌절할 때 저자의 다른 책들이 독자들을 다시 일으켜 세워줄 것이다.

## 3. 『하이데거 독일의 철학 거장과 그의 시대』, 자프란스키 저, 박민수 역, 북캠퍼스, 2017년.

하이데거의 학문적 여정과 삶의 궤적을 따라 그의 사상과 인간에 대해서 실존소설을 읽듯 흥미 있게 탐험할 수 있는 평전이다. 일반적으로 평전은 주인공의 업적과 매력에 방점을 두고 이야기를 전개한다. 그런데 이 책은 하이데거의 사상과 삶에 관련된 자료들을 객관적으로 분석하면서 사유의 거장 하이데거를 눈앞에 다시 불러 세운 느낌을 받게 한다. 독자들이 이런 느낌을 체험할 수 있는 것은 원저자와 번역자의 남다른 능력과 노력 덕이다. 원저자와 번역자 덕분에 독자들은 어렵고 멀게만 느껴지는 하이데거를 입체적이고 깊이 있게 공부할 수 있다. 철학자 하이데거와 밀접하게 관련된 후설, 야스퍼스, 아렌트 등과 주고받은 서신이나 일화를 과장 없이 그리고 치밀하게 전달하여, 그의 철학과 삶을 생생하게 이해할 수 있게 했다. 그런데 하이데거 철학에 관심을 갖는 이들은 그의 나치 부역 사실을 접하고는 발걸음을 주춤거린다. 이 책은 나치 부역과 관련된 하이데거의 혐의점을 엄중히 고발하는 동시에 그의 철학적 기여를 수용할 수 있는 방법을 예시해준다. 가령 이 책 후반부에 소개된 유대계 시인 파울 체란이 하이데거를 만나면서 갖게 된 그의 정치적 행적에 대한 반감과 그의 철학 사상에 대한 경외심은 이 두 사람을 따라서 역사의 급류에 동승한 독자들이 헤쳐 나갈 물길을 알려준다.

그밖에도 『정신분석과 현존재분석』(보스 저, 이죽내 역, 하나의학사, 2003년)과 『실존주의 상담과 심리치료의 실제』(두어젠 저, 한재희 역, 학지사, 2017년)는 하이데거 철학이 상담과 치료에 적용되는 이론적인 근거와 과정을 사례를 통해서 보여준다.

# 8장

## 랭의 실존현상학적 정신증 연구[1]

## 1. 반-정신의학 운동

1920년대 이후 독일어권 정신의학계에서는 전통의 체계화된 정신병리학에 대한 불만과 프로이트의 정신분석과에 대한 비판에서부터 인간의 실존과 실존을 방해하는 것들에 대한 연구운동이 일어난다. 이 당시 특히 자연과학에 경도된 정신의학과 정신치료법에 대한 강한 비판이 있었다. 이런 배경에서 소위 '인간학적(anthropologische)' 정신의학이 탄생한다. 인간학적 정신의학은 빈스방거(Ludwig Binswanger), 바이제커(Viktor von Weizsäcker), 스트라우스(Erwin Straus), 겝자텔(Victor-E. von Gebsattel), 쿤츠(Hans Kunz) 등에 의해 창안된 실존주의 정신치료다. 이들은 이미 1927년 이전부터 키르케고르, 후설, 하이데거, 야스퍼스, 사르트르 등의 철학에서 과학주의적 의학을 보완할 새로운 치료법의 철학적 토대를 발견했다. 그들 중 빈스방거는 후설의 현상학과 하이데거의 '현존재분석론'을 토대로 '현존재분석'(Daseinanayse)이라는 치료법을 만들었고, 그의 제자인 보스(Medard Boss)는 스승의 현존재분석론을 좀 더 하이데거 철학에 맞게 재구성한다. 프랑클(Victor-E. Frankl)은 야스퍼스의 '실존조명'(Existenzer hellung)을 토대로 '실존분석'(Existenzerhellung)을 창안했다가 '의미치료'(Logotheraphie)로 발전시킨다. 자연과학적 인간론을 토대로 한 기존의 정신병리학을 비판하며 등장한 이 새로운 치료법은 "실존적 정신분석"(existential psychiatry)[2]으로 분류되기도 한다. 이런 흐름을 이어받은 랭(Ronald D. Laing)은 1960년 이

---

1) 이 책의 내용으로 구성된 이 글은 『현상학과 현대철학』 제82집(2019)에 「하이데거, 야스퍼스 그리고 랭의 실존현상학적 정신증 연구」로 발표되었다.

2) May, R., · Angel E. · Ellenberger,H. F. (ed.), *EXISTENCE*, ROWMAN & LITTLEFIED PUBLISHERS, 2004(first Ed. 1958), vii.

후 영국에서 진행된 '반-정신의학운동'을 이끈다. 랭은 『정신질환의 신화』(1972)를 저술한 스자츠(Thomas Szasz)와 『광기의 역사』(1961)를 저술한 푸코(Michel Foucault)와 함께 이 당시 반-정신의학 운동의 대표자다. 신좌파 운동이자 대항문화의 한 흐름이기도 했던 반-정신의학 운동은 기존의 자연과학에 정향된 정신의학이 내세운 목표, 정신 질환의 기본 개념, 온전한 정신과 광기를 구별하는 근거 등 정신의학의 토대 자체를 의문시했다.[3] 이런 이유에서 랭을 1960~70년 유럽에서 전개된 혁명적인 반-정신의학 운동가로서 조명하는 사회과학적 연구가 많다. 그러나 랭이 이런 혁명적 관점으로 사회를 보게 된 것은 철학을 정신의학에 적용했기 때문이다. 따라서 랭의 활동을 근본적으로 이해하기 위해서는 그의 정신증 연구에 응용된 철학적 방법론에 대해 살펴보아야 한다.

랭은 조현병과 같은 정신질환을 다룬 자신의 임상사례에서 이해가 불가능해 보이던 조현병적 언행을 실존현상학적으로 이해해 볼 수 있는 길을 제시했다. 우리가 이해에서 배제시켰던 한 인간을 이해할 수 있게 하는 관점은 그를 다시 태어나게 하는 것 일뿐만 아니라 우리 자신을 새롭게 정립시킨다. 랭이 제시한 새로운 이해가능성에 대해 영미 학자들의 연구는 의학과 심리학에서뿐 아니라 철학에서도 꾸준히 진행되었다. 그러나 랭에 대한 국내의 연구는 철학에서는 물론이고 의학이나 심리학에서도 전무하다. 랭의 실존현상학적 정신증 연구의 핵심적인 내용을 국내에 소개하는 것은 이 글의 목적 중 하나다.

랭은 1960년 출간된 그의 첫 저서인 『분열된 자기』[4]에서부터 '실존현상학적'(existential-phenomenological)[5] 관점을 새로운 정신증 연구의 핵심적인 방법론으로 표방한다. '실존현상학'은 실존주의와 현상학을 결합하여 임상에 적용할 때 랭이 선택한 개념이다. 『분열된 자기』의 초판 서문에서 랭은 실존주의와 현상학을 어떻게 받아들이고 있는지 다음과 같이 말한다.

---

3) Nick, C., *"R. D. LAING AND THE BRITISH ANTI-PSYCHIATRY MOVEMENT: A SOCIO-HISTORICAL ANALYSIS"*, *Soc. Sci. Med.* Vol, 47, Great Britain, 1988. 878, 882, 884.

4) Laing, R. D., *The Divided Self - An Existential Study in Sanity and Madness*, Harmondsworth, England, Penguin, 1965(first ed. 1960). 이하 "Laing(1965)"으로 약칭.

5) Laing(1965), p.20f. 여기서 랭은 실존현상학을 정신증을 이해하기 위한 토대로 규정한다.

"실존주의 문헌과 현상학적 문헌에 정통한 독자라면, 이 연구가 확립된 실존주의 철학을 그대로 적용한 것이 아님을 금방 알아챌 것이다. 예를 들어 나는 이 연구에 키르케고르, 야스퍼스, 하이데거, 사르트르, 빈스방거, 틸리히의 저작과는 서로 불일치하는 중요한 논점들을 포함시켰다. 모든 세부사항에서 접점과 분기점을 논하려고 했다면, 당면한 과제에서 벗어났을 것이다. 그러나 그런 논의는 다른 책에서 다루는 것이 맞다. 그렇더라도 실존주의 전통에 가장 중용한 개념을 빚졌음을 나는 인정하지 않을 수 없다."[6]

위 인용문에서 알 수 있듯이 랭은 임상적 필요성에서 실존주의와 현상학을 그 철학적 원전에 매이지 않고 자기 나름대로 수용하였다. 그는 정신증에 관한 자신의 임상사례를 통한 연구에서 실존주의의 문헌이나 현상학의 문헌의 내용을 어떤 의미로 사용하고 있는지는 산발적으로 언급할 뿐 체계적으로 주제화시켜 보여준 적이 없다. 철학적 문헌을 제시하며 랭 자신이 응용하는 개념과 비교하는 작업도 그의 연구에서는 발견되지 않는다. 이런 사정으로 인해서, 랭이 조현병과 같은 정신증 연구에 실존철학과 현상학을 원뜻에 맞게 적용한 것인지 아니면 원뜻과는 상관 없이 변형하여 과연 그의 임상사례에 철학이 중요한 역할을 하고 있다고 볼 수 있는지 파악하기가 쉽지 않다. 이런 상황을 감안하여 필자는 실존철학과 현상학이 랭의 정신증 임상사례에 어떻게 응용되고 있는지 임상에 응용된 철학적 문헌을 검토하며 확인하는 작업을 진행했다. 만약 임상에 적용된 철학적 개념이 이 개념을 전개한 철학자가 의도한 뜻과 본질적으로 다른 의미로 사용된다면, 그 개념을 포함하는 철학이 임상에서 실질적인 역할을 하고 있다고 단정하기 어렵다. 필자의 이 글은 철학이 어떤 형태로 그리고 어느 정도로 임상에 응용되는지 짐작할 수 있게 할 것이다.

이 작업은 다음과 같은 내용으로 수행될 것이다. 1. 랭이 자신의 연구의 길잡이로 수용한 '실존현상학'이 무엇인지 살펴본다. 2. 실존현상학은 조현병과 같은 정신증을 겪는 사람을 새롭게 이해할 수 있는 인간론을 제시한다. 이 인간론의 특징을 살펴볼 것이다. 3. 그런데 실존현상학적 인간론은 정신증 자체를 새롭게 규정한다. 실존현상학적 관점이 조현병적 성격을 지닌 광인을 어떻게 규정하는

---

6) Laing(1965) p.10.

지 살펴볼 것이다. 4. 실존철학과 현상학을 정신증 임상에 적용한 랭의 연구는 임상사례가 실존현상학적 방법론의 타당성을 좌우한다. 이런 이유에서 우리는 랭이 다룬 사례를 재구성해 살펴볼 것이다. 5. 다음으로 우리는 랭의 실존현상학적 정신증 연구에 철학적 개념들이 구체적으로 어떤 형태로 적용되었는지 확인하기 위해 하이데거 원전의 '현존재분석론'의 주요개념들을 그것들에 상응하는 랭의 개념들과 비교했다. 이때 우리는 랭의 임상사례에서의 '세계-내-존재', '존재론적 불안정'과 그로인한 '불안', '참된-자기와 거짓-자기'를 하이데거의 현존재분석론에서의 '근본정황성', '불안', '세계-내-존재', '본래성과 비본래성'과 비교 분석할 것이다. 랭의 연구에는 후설, 사르트르, 부버, 야스퍼스, 하이데거 등 다양한 철학자들이 등장하지만, 방금 언급된 하이데거의 현존재분석론의 개념들이 핵심이다. 따라서 이상의 다섯 가지 작업들 전체는 하이데거를 준용하며 전개될 것이다.

스피겔베르그는 야스퍼스의 선구적인 작업이 훗날 빈스방거, 보스(Boss M.), 스트라우스(Strauss E.) 등 현상학적 정신병리학자들에서 결실을 맺게 되었다고 평가한다.[7] 랭 또한 이 정신병리학자들에 속한다는 것은 야스퍼스와 빈스방거를 언급하는 그의 저술들에서 확인할 수 있다. 『옥스퍼드 정신의학 교과서』의 저자들에 따르면 현상학은 전제된 이론을 피하면서 마음의 비정상적인 상태를 객관적으로 기술할 수 있는 방법이며, 야스퍼스는 현상학적 정신병리학을 의미하는 "기술적 정신병리학(descriptive psychopathology)"의 방법을 최초로 보여줌으로써 임상 정신의학의 발전에 기념비적인 역할을 했다.[8]

랭과 하이데거에 대한 비교연구는 랭의 정신증 임상에 철학이 어떤 역할을 하고 있는지 확인시켜주지만, 그 철학이 의학적으로 어떤 평가를 받고 있는지는 알려주지 않는다. 정신병리학자이자 실존철학자인 야스퍼스는 설명과 이해, 기술현상학의 방법론으로 정신병리학을 체계화했다. 그의 철학적 정신병리학은 1913년

---

7) Spiegelberg, H., *The phenomenology in psychology and psychopathology*, Evanston, Ill.: Northwestern University Press, 1972, p.171, p.191.

8) 이상 Gelder M., Gath D., Mayou R., Cowen P., ed., *Oxford Textbook of Psychiatry*, 3rd ed. Oxford, UK, Oxford University press, 1996, p.2.

『정신병리학총론』으로 집대성되고, 이 책은 랭이 활동하던 1960 년대까지 의대에서 교과서로 사용될 정도로 의학적인 타당성을 인정받았다. 이에 비해서 조현병에 대한 랭의 혁명적인 주장은 의학적 의미를 거의 인정받지 못했다. 이런 점을 감안하여 우리는 이 논문 후반부에서 6. 랭과 야스퍼스의 철학적 정신증 연구를 비교하고, 철학이 어떤 한계설정을 통해서 임상현장에서 의미 있게 수용될 수 있는지 살펴볼 것이다.

## 2. 랭의 정신증 연구와 실존현상학

### 1) 새로운 정신의학에서 실존현상학적 방법론

후설은 그의 초기 저작『논리연구』(1900/01) 이후 후기작『위기』(1937)에서 인간의 삶을 자연과학적 관점으로만 설명하려는 학문의 경향을 문명의 위기로 규정한다. 과학의 인과적인 설명과 계량적 평가만으로 인간을 알 수 없다. 자연과학적 관점만으로 인간을 파악 하려는 과학주의적 분위기에 문제의식을 느낀 이들이 후설 현상학에 관심을 가졌다. 인간의 정신적인 문제는 단지 인간의 생리적인 과정에 의해서만 인과적으로 발생하는 것이 아니라 그 고유한 존재성격과 전체성과 관련이 있다고 보는 정신의학자도 현상학에서 새로운 치료법을 찾았다.

실존현상학적 치료자는 현상학적 방법을 사용하여 환자가 가진 이러한 근원적인 이해를 명료하게 만드는 데 도움을 주는 역할을 한다. 치료자가 현상학으로 이런 역할을 할 수 있는 것은 현상학의 특성 때문이다.『존재와 시간』(1927)에서 하이데거는 '현상학'의 개념을 그리스어로부터 어원적으로 설명한다. 그에 따르면 후설이후 현대적 현상학도 서양철학이 뿌리를 두고 있는 이 그리스적 의미에 닿아있기 때문이다. 주지하듯 그리스어로 '현상학'은 'λέγειν τά φαινόμενα'인데, 그 뜻은 '현상들을 말한다.'이다. 그런데 여기서 'λέγειν'은 'άποφαίνεσθαι' 즉 '어떤 것을 그 자신으로부터 보이게 한다.'를 뜻한다. 이런 의미에 따라서 '현상학'을 간략히 정의하자면, 그것은 '스스로 드러내는 것을 그 자신으로부터 드러나는 그대로 그 자신으로부터 보이게 하는 일'9)이다. '있는 그대로 드러남' 즉 '있는 그대로 현상함'은 참된 모습이 드러나는 것이며, 따라서 현상학은 이런 의미에서 진리를 보여주는 방법이다. 하이데거는 현존재가 개시성으로 존재하며, 그에게 진리가 개시될 수 있다고 본다. 하지만 현존재에게 항상 모든 것이 있는 그대로 드러나는 것은 아니다. '현상'은 아직 발견되지 않았다는 의미로 은폐되어 있을 수 있다. 나아가 현상은 이미 발견되었으나 다시 은폐된 것으로써 파묻혀 보이지 않을 수도 있지만 '가상'이나 '위장'의 모습으로 드러날 수도 있다. 현존재가 어떤 것을 존재하는 그대로 드러남 즉 '현상'으로 발견했건, 아니면 미처 발견하지 못했거나 발견과 동시에 은폐되었건, 또 아니면 어떤 것이 그에게 '가상'이나 '위장'으로 드러났건 그것은 넓은 의미에서 어떤 형태로건 현존재에게 드러나 있다. 따라서 이렇게 개시된 그것은 현존재와 이미 관계를 맺고 있고, 그런 의미에서 현존재에게 이해되고 있는 것이다. 현상학은 은폐와 가상, 위장을 벗겨내고 참된 모습을 그 자신으로부터 보이게 한다.

현상학적 관점을 사용하는 치료자는 은폐와 가상, 위장의 토대가 되는 일사성과 공공성, 평균성, 이론적 선입관, 두려움 등을 넘어서 환자가 '참된 모습' 즉 그의 실존을 볼 수 있게 돕는다. 인간의 고유한 존재 성격인 실존에 초점을 맞춘 이러한 현상학을 우리는 '실존현상학'(existence-phenomenology)이라 칭할 수 있을 것이다. 하이데거는 존재와 시간의 '현존재분석론'에서 실존에 대한 현상학적인 분석을 존재 일반의 탐구를 예비하는 기초존재론으로서 깊이 있게 전개한다. 이런 의미에서 '현존재분석론'은 존재 일반의 탐구의 토대가 되는 '실존현상학'이라 볼 수 있을 것이다.

정신의학계에서 빈스방거와 보스 등은 후설의 현상학과 하이데거의 현존재분석론을 실존현상학의 형태로 수용한다. 랭도 그들 대열에 합류한다. 그런데 랭은 정신증에 관한 자신의 연구는 19세기 이후 시작된 자연과학적 정신의학과 프로이트의 심층심리학과의 만남에서 시작됐다고 밝힌다.10) 그러나 최종적으로 그의

---

9) Heidegger M., *Sein und Zeit*, Tübingen, Max Niemeyer Verlag, 1986(1st. ed. 1927),p.42f.

10) Laing(1965), p.9.

연구의 핵심을 이룬 것은 실존철학과 현상학이다. 그는 이 둘을 통합해서 "실존적-현상학"(existential-phenomenology)[11]이라 칭한다. 랭은 '실존을 대상으로 현상학적인 탐구를 한다'는 의미로 '실존현상학'(existence-phenomenology)이라는 명칭을 사용한 것은 아니다. 그는 인간에 대한 실존적(existential) 관점과 현상학적(phenomenlogical) 방법론을 함께 적용한다는 의미에서 자신의 연구를 "실존적-현상학"(existential-phenomenology)이라 칭한 것이다. 그러나 인간의 고유한 존재 성격인 실존을 밝히는 데 현상학적 방법이 적용되었다는 점에 주목하여 우리는 그의 연구방법론을 '실존현상학(existence-phenomenology)'라 칭할 수 있을 것이다. 따라서 우리는 랭의 실존적-현상학"(existential-phenomenology)을 '실존현상학'(existence-phenomenology)와 같은 뜻으로 사용하고, "실존적-현상학적"(existential-phenomenological)이란 표현은 '실존현상학적'(existence-phenomenological)으로 해석할 수 있을 것이다.

랭에 따르면 실존현상학은 자연과학적 정신의학이 설명할 수 없는 인간 존재의 고유성과 전체성을 밝혀준다. 『분열된 자기』의 "1장 - 인간과학을 위한 실존현상학적 기초"[12]와 "2장 - 정신증을 이해하기 위한 실존현상학적 기초"에서 랭은 조현병 환자에 초점을 맞춰서 실존현상학적인 인간론과 질병론을 기존의 정신의학의 입장과 비교하며 소개한다. 『분열된 자기』의 1장과 2장에서의 실존현상학적 연구에서는 사르트르, 야스퍼스, 딜타이 등 다양한 철학자들이 언급되고 있다. 그러나 랭이 실존현상학적 정신증 연구의 토대로 삼는 것은 철학적 인간론으로 수용된 하이데거의 현존재분석론과 환자의 망상 체험[13]을 환자 자신에게는 의미 있는 것으로 볼 수 있게 한 후설의 기술현상학적 분석방법이다.

일반적으로 임상의학에서는 정신질환을 생리적인 질환으로 간주하고, 광기

---

11) Laing(1965), p.20f.

12) Laing(1965) p.28.

13) 현상학에서 '체험'은 '경험'과 구별되어 특별한 의미를 지니는 개념이다. '체험'은 객관적으로 확인할 수 있느냐와 무관하게 인간이 살면서 겪는 것들을 의미한다. '경험'은 객관적으로 확인할 수 있는 삶의 내용이다. 가령 예를 들어 조현병 환자의 망상은 체험이긴 하지만 경험은 아니다. 자연과학은 객관적으로 확인이 가능한 경험에 주목하지만 현상학은 인간의 삶을 이해하기 위해서 체험에도 주목한다. 독일어에서는 '경험'과 '체험'을 나타내는 표현이 다르다. '경험'에 상응하는 독일어 표현은 'Erfahren'이고, '체험'에 상응하는 독일어 표현은 'Erleben'이다. 영어에서는 '경험'과 '체험' 모두에 동일한 단어인 'Experience'를 사용한다. 필자는 랭에 저서에서 'Experience'가 현상학적 의미로 사용될 때는 '체험'으로 번역할 것이다.

(madness)를 질병의 증상으로 여긴다. 랭은 임상의학의 광기(madness)에 대한 이러한 규정을 부정한다. 랭은 광기를 인간 실존의 한 양태로서 이해할 수 있다 본다. 랭에게 그 이해의 출발점은 환자를 생리적 현상의 덩어리인 유기체(organ)으로 보는 것이 아니라 인간으로(as person) 보는 데 있다. 이와 관련해서 랭은 "정신질환자는 그 무엇보다도 단지 인간일 뿐이다."14)라고 말한다.

한 인간이 인격체로서(as person) 체험하는 그 만의 고유한 세계와 그 자신이 누구인지를 밝혀주는 것이 실존현상학이다. 실존현상학은 한 사람이 경험하는 객관적인 대상을 묘사하기보다는 그가 사는 세계 속에서 이루어진 그의 개별적인 체험들을 그의 전체 존재라는 배경 속에서 드러내준다. 조현병 환자의 미친 행동과 말은 그의 이러한 실존적인 배경 속에서만 이해될 수 있다. 또한 랭은 '조현성 성격장애'(schizoid)와 '조현병'(schizophrenic)이 환자에게 어떤 의미가 있는지 보여주기 위해서도 기존의 임상정신의학이 아니라 실존현상학적 방법이 필요하다고 본다. 정신과 의사는 이 두 병의 유형에는 정통하지만, 이 두 병에 걸린 환자를 사람으로 보는 데는 익숙하지 않은 경우가 많은데, 실존현상학은 환자를 인격체로 보게 해주기 때문이다.15)

같은 대상이라도 그것을 어떤 관점에서 보느냐에 따라서 완전히 다르게 묘사될 수 있다. 우리는 인간을 자연과학적 관점에서 '유기체(organ)'로 볼 수도 있고, 실존현상학적 관점에서 '인격체(person)'로 볼 수 있다. 이와 관련해서 랭은 다음과 같이 말한다.

> "한 인간을 유기체로 묘사하는 것과 인격체로 묘사하는 것은 다르다. [중략] 연구자는 사람을 유기체로 보느냐 아니면 인격체로 보느냐에 따라 인간 현실의 다른 측면을 보게 된다. 방법론적으로 양쪽 관점 모두 가능하다. 하지만 둘을 혼동할 가능성이 있으므로 주의해야 한다. 인격체로서의 타인은 책임감 있고 선택할 수 있는 사람, 즉 스스로 행동하는 주체로 보인다. 하지만 그 타인을 유기체로 보면, 유기체 안에서 이루어지는 모든 일은 원자계, 분자계, 세포계, 체계, 유기체같이 어떤 복잡계의 단계에서도 개념화할 수 있다. 한

---

14) 원문은 다음과 같다. "The psychotic is more than anything else. simply human", Laing (1965), p.34. 필자는 Laing (1965)의 한국어 번역의 많은 부분을 신장근의 번역본 『분열된 자기』을 참조했다. 이 역서를 인용하거나 참조할 때 이하에서는 "신장근(2018)"으로 표기.

15) R. D. Laing(1965). p.11f.

행동을 인격체의 행동으로 보면, 그 사람의 체험과 의도라는 관점에서 보게 된다. [중략] 유기체로 볼 때, 인간은 사물들의 복합체 즉 그것-들(its)의 복합체다. [중략] 사람을 그것과정들로 설명하면 인간을 인격체로 보는 이론은 길을 잃는다. 이것이 내 주장이다."[16]

사람을 유기체로만 설명하려는 기존의 정신병리학은 인과적이고 환원론적인 성격을 지닌다. 랭은 기존의 정신병리학이 지닌 이런 이론적 전제로 인해서 개인의 존재가 곡해될 수밖에 없다고 본다. 그 역도 성립한다. 즉 유기체적 과정을 인격체를 관찰할 때의 방식으로 설명할 수 없다. 예를 들어서, 한 사람의 언행이 전개되는 유기체적 과정을 자연과학적으로 설명할 수 있다고 해서, 그의 언행이 의미하는 것을 이해할 수 있는 것은 아니다. 반대로, 누군가 무슨 말을 하는 지 이해한다고 해서, 이런 이해를 위한 관점으로 그가 말하는 행위와 관련된 유기체적 과정을 '설명'할 수 있는 것은 아니다.[17]

치료적 관점에서 볼 때 실존현상학은 환자가 자신의 세계 속에서 자기 자신이 되는 데 필요한 방식을 새롭게 만들 수 있게 돕는 것이다. 환자는 정신과 의사에게 이런저런 불평을 하면서 간접적으로 자기 존재의 일부를 드러낸다. 랭은 하이데거가 만든 '세계-내-존재'라는 개념을 구체적인 인간의 전체성을 나타내는 표현으로 소개한다.[18] 자기 존재는 유아론적 자기가 아니라 '세계', '타자', 그리고 이 둘과 구별되는 '나'를 포괄하는 전일적 존재이다. '세계-내-존재'라는 개념은 이런 자기 존재의 전체성을 나타내는 표현이다. '세계-내-존재'로 있는 자기 존재에서 드러난 측면은 존재 전체 구성요소와 연관되어 있다. 환자가 '세계'에 대해서 말할 때, 그것은 '타자'와 '나'와 관계된 것이고, '나'를 이야기할 때는 '세계'와 '타자'와 연관되어 있는 것이다. 그런데 환자는 드러난 측면들을 이런 전체적 연관 속에서 명확히 표현하지 못한다. 실존현상학적 치료자는 환자가 '체험 세계'와 '타자' 그리고 '자기'를 표현할 수 있게 돕는다. 이에 대해 랭은 다음과 같이 말한다.

---

16) 신장근(2018), 25-30쪽. 이 번역서에서 신장근은 원전의 "Experience"를 "경험"으로만 옮겼으나 필자는 자연과학적 관점에 관련 될 때는 "경험"으로 옮기고 인간의 내면세계와 관련될 때는 "체험"으로 옮겼다.

17) 신장근(2018), 31쪽.

18) Laing(1965), p.12f.

"[중략] 환자는 의도와 상관없이 치료현장에 자신의 존재, 즉 세계-내존재를 끌어들인다. 환자의 존재의 한 측면은 어느 정도 다른 모든 측면과 관련된다. 물론 환자가 이 측면들을 표현하는 방식은 결코 명확하지 않다. 무엇이 타인의 '세계'이며, 무엇이 그 세계 안에서 타인이 존재하는 방식인지 표현하는 것은 실존적 현상학의 과제다."[19]

그런데 치료자가 이런 과제를 성취하기 위해서는 치료자의 관점에서 환자를 대상화시켜 재단하려 하지 말아야 한다. 치료자는 상호주관적 관점에서 환자를 존중하며 선입관과 전제 없이 그의 세계와 자기 존재를 그가 체험하는 대로 밝혀내는 임무를 수행해야 한다. 심지어 치료자는 치료자의 관점에서 볼 때 환자가 '상상'을 이야기 하더라도 그것을 사실이 아니라 상상 일뿐이라고 단정해서는 안 된다. 누구에게나 단일하게 받아들여질 것 같은 시간과 공간도 사람에 따라 다르게 체험될 수 있다는 사실을 이해하고, 이런 시간과 공간을 축으로 구성된 환자의 세계를 하나의 상상으로 치부하지 말고, 환자에게는 '사실'일 수 있다는 것을 이해해야 한다. 이에 대해서 랭은 다음과 같이 말한다.

"내가 만난 한 환자는 삶과 죽음 너머까지 존재의 한계에 대한 생각이 확장되어 있었다. 그 환자는 기본적으로 자신이 하나의 시간과 장소에 매이지 않는다고 말했다. '사실'이었다. '상상'으로 하는 말이 아니었다. 나는 그 환자를 정신증 환자로 생각하지 않았다. 또 그런 일을 좋아하지는 않는다 해도 그 환자가 잘못되었음을 증명할 수도 없었다. [중략] 이럴 경우, 치료자는 타인을 나의 세계 속에 있는, 다시 말해서 나의 전체 참조 체계 안에 있는 대상으로 보는 대신, [치료자가] 타인의 사물 체계 안에 있는 사람이라는 자신의 위치를 확인할 수 있어야 한다. 치료자는 누가 맞고 누가 틀렸는지를 미리 판단하지 않고 이렇게 다시 방향을 잡을 수 있어야만 한다. 이 능력은 정신증 환자를 치료하기 위한 절대적이고 명백한 선행조건이다.[20]

정신질환자들은 그들 나름의 진실성이 있다는 사실에도 주목할 필요가 있다는 점을 랭은 망상의 문제와 관련해서 주장한다. 망상에 빠진 어떤 환자는 자신이 망상에 빠진 것이 아니라 사실을 말한다고 생각한다. 우리에게는 망상이지만

---

19) 신장근(2018), 34쪽.
20) 신장근(2018), 35쪽. "[ ]"는 필자가 첨가.

그에게는 사실로 여겨지는 것이다. 이 점에서 그는 망상 속에서도 진실한 자다. 랭은 정신병 환자가 소위 정상인보다 나은 점이 있다는 사실을 야스퍼스를 준용하며 다음과 같이 표현하기도 한다.

> "조현병 환자의 손상된 마음에는 빛이 들어올 수 있다. 그 빛은 건전한 사람들의 온전한 마음속에는 들어가지 못한다. 마음이 닫혀 있기 때문이다. 야스퍼스는 [구약의 예언자] 에스겔이 조현병 환자였다고 본다."[21]

랭의 이러한 입장은 일찍이 야스퍼스가 하이델베르크 정신과병동에서 일할 때부터 시작한 '현상학적 방향의 정신병리학 연구'[22]에서도 발견된다. 이와 관련해서는 이 글 후반부에서 살펴볼 것이다.

## 2) 광인에 대한 랭의 실존현상학적 규정

랭은 자신의 현상학적 정신병이론이 두 가지 공리를 따른다고 말한다. 첫째 공리는 '한 인간의 행태는 체험과 관련해서만 이해될 수 있다'는 것이다. 둘째 공리는 '세계-내 존재로서 한 인간의 행태와 체험은 그 자신 이외에 타인이나 다른 무엇과의 관련성 속에서만 존재한다'는 것이다.[23] 첫째 공리에 따라 정신증을 겪는 환자의 체험을 실존현상학적으로 해석할 때 그의 언행이 이해되고, 둘째 공리에 따라 정신증 환자를 세계-내-존재로 여길 때 정신증의 원인을 통찰할 수 있게 된다.

『분열된 자기』에서 둘째 공리와 관련해서 랭은 환자가 '세계-내-존재'로서 자기를 그를 둘러싼 세계와 관계를 통해서 형성한다고 본다. 광기의 원인을 랭은 '세계'와 관계에서 잘못 형성된 자기정체감에서 찾는다. 즉, 제정신이 아닌 사람(mad person)은 '세계-내-존재'로서 자기의 세계를 이루던 타인과의 관계에서 매우 낮은 수준의 자기 정체감을 갖게 된 사람이다. 매우 낮은 자기 정체감을 갖

---

21) 신장근(2018), 38쪽. "[ ]"는 필자가 첨가.

22) 야스퍼스가 후설에게 보낸 다음의 논문도 그중 하나다. Jaspers K., "Die phänomenologische Forschungsrichtung in der Psychopathologie", *Zeitschrift für die gesamte Neorologie und Psychiatrie*, Vol. ix, 1912, pp.391-408.

23) Laing, R. D., *The Politics of Experience and the Bird of Paradise*, Harmonsworth England, Penguin Books, 1967, p.21.

게 된 그는 이후 다른 사람과 관계가 이런 자기 정체감을 위협할 수 있다고 여긴다. 자기 위장(거짓-자기)과 같은 겉으로 들어난 그의 행태(behaviour)는 자기 정체감의 위기에 대한 반응이다. 거짓말 등 그의 의도적인 행위(action)는 그의 존재 자체에 대한 위협을 처리하거나 극복하려는 시도다. 타인과의 사회적 관계 속에서도 참된-자기가 될 가능성을 실현시키려는 사람은 '상식에 지배된 제정신'이나 '상식에서 벗어난 광기' 중 어느 한 쪽에 빠지지 않는다. 그런데 현대사회에서 사람들은 자신의 참된 가능성으로부터 멀어졌다. 이런 사회에서는 광기가 완전히 제거될 수도 없고 그렇다고 통용될 수도 없다. '정신이 나간다'는 것은 이런 사회에서 자유로워짐을 의미하기도 하지만 노예상태가 된다는 것을 의미할 수도 있다. 실존현상학적으로 볼 때 그것은 새로 태어나는 것을 의미하기도 하지만 참된-자기의 죽음을 의미하기도 하는 것이다.[24]

둘째 공리에 따라 랭은 환자를 유기체가 아니라 인격체로 보고, 인격체로서 환자의 체험 내용에 주목할 것을 주장한다. 즉, 제 정신이 아닌 사람의 행태는 그를 하나의 인격체(as a person)로 바라보고, 그 인격체의 체험이 지닌 그 나름의 의미에 주목할 때 이해될 수 있지, 그를 단지 생물학적인 차원에서 병든 유기체(as a diseased organism)로 볼 때는 결코 이해될 수 없다는 것이다. 랭은 이러한 실존현상학적인 인간론이 광인을 이해할 수 있는 토대라고 주장한다.[25] 치료자는 낯설고 이질적인 세계관에 자신을 맞출 수 있는 탄력성을 지닐 때만 환자의 실존적 입장을 이해할 수 있다. 치료자가 제정신이 아닌 사람의 특이한 방식의 세계 체험을 이해하기 위해서는 객관적으로 실재하는 세계보다는 광인이 체험하는 세계를 '그에게 실재하며 타당한 것으로' 보아야 하고, 광인의 행태와 체험은 자기 정체성에 대한 탐색 방식으로 보아야 한다. 이때 광기는 실존적인 자기표현으로 이해될 수 있다.

랭은 모든 사람이 각자 자신만의 자율적 정체감을 갖고 있으며, 자기 정체성에 대한 자신만의 정의가 있다는 사실을 상기시킨다. 내가 생각하는 나와 타인이 나에 대해서 인식하는 나의 모습은 '대체로' 일치하지만, 불일치한 점 또한

---

24) Laing(1967), p.12, p.110.
25) Laing,(1965). p.34.

상당한 정도로 존재할 수 있다. 나와 타인은 이런 불일치한 점을 파악하며 서로를 알려고 노력한다. 그러나 이런 노력에도 불구하고 자기정체성과 관련하여 상당한 정도의 불일치가 존재할 경우, 랭은 나 혹은 타인 중 어느 한 쪽은 미쳤다고 볼 수밖에 없다고 말한다. 가령 나는 어떤 남자를 전혀 두려워하지 않고 있다. 그 사람을 두려워할만한 아무런 빌미도 주지 않았기 때문이다. 그런데 그 남자는 자기가 나를 죽일까 봐 내가 두려워하고 있다고 생각한다. 만약 사실 등을 확인하면서 두 사람 사이의 이 불일치를 제거할 노력을 기울였는데도 여전히 불이치가 존재한다면, 둘 중에 어느 한 쪽은 미쳤다고 볼 수 있다. 랭은 두 사람 사이에 존재하는 이런 제거되지 않는 불일치나 괴리를 정신증 환자인지 아닌지를 구별하는 시금석으로 삼을 것을 제안한다.[26]

그런데 정신증 환자가 망상처럼 일반적으로 통용되지 않는 내용으로 자신의 정체성을 주장하는 것과 정신증이 없는 사람이 자신의 정체성을 거짓으로 꾸며서 말하는 것은 근본적이 차이가 있다. 실제적 근거 없이 자신의 정체성을 꾸며서 말하는 사람은 자신의 진짜 모습은 따로 있다는 것을 알고 있다. 그러나 정신증 환자는 실체적 근거가 전혀 없는 자기정체성을 진지하게 진짜 자기로 여긴다. 이와 관련하여 랭은 거짓말 탐지기 조사를 받은 조현병 환자의 일화를 소개한다. 한 조현병 환자는 "당신은 나폴레옹입니까?"라는 질문에 "아니요."라고 대답했다. 그러나 이 대답에 대해서 거짓말 탐지기는 이 환자가 거짓말을 한다고 기록했다. 실제로 환자는 진지하게 자신을 나폴레옹이라고 생각하고 있기 때문에, 나폴레옹이 아니라고 대답할 때는 거짓말을 할 때와 같은 신체적 반응을 나타냈던 것이다.[27] 실존현상학적 관점에 따르면 이 환자는 망상을 통해 자신이 생각하는 '진정한 자기'를 표현하고 있다. 일반적으로 사람들은 논리적이거나 자연현상과 관련된 것만을 진실하다고 여긴다. 이런 관점에서 볼 때 만약 누군가가 '자신은 죽었지만 살아 있다'는 논리적으로도 맞지 않고 자연현상에서도 일어날 수 없는 말을 한다면, 그의 말을 믿지 않거나, 말도 안 되는 소리를 무의미하게 지껄인다고 여긴다. 하지만 정신증 환자가 이렇게 말할 경우에는 단순히

---

26) Laing(1965), p.36.
27) Laing(1965), p.35의 각주.

상징적으로 그렇게 말하는 것이 아니라 실제로 그리고 정말로 자기가 죽었다는 자기 존재의 상황을 알리고 있다고 이해해야 한다.

하지만 일반적으로 사람들은 생물학적 죽음만을 실제 죽음으로 받아들인다. 이러한 '표준적 소통' 환경에서 정신증 환자는 자신의 실존적 진실을 알리기 위해서 '미쳤다'는 사회적 규정 속에 들어가야 한다.[28] 이런 엇갈린 선택으로 인해서 정신증 환자란 그렇지 않은 사람이 일반적으로 이해할 수 없는 상태에 남아 있는 사람이 된다. 그런데 우리는 우리 자신의 세계 안에 머무른 채 우리 자신의 범주로만 그를 판단하려고 한다. 조현병 환자와 같은 정신증 환자를 이해하려면 먼저 우리 자신의 세계와 범주를 판단중지 시켜야한다. 만약 우리가 환자의 현재상태를 환자가 바꿀 수 없는 과거의 기계적인 결과로 설명하려 한다면, 이것은 우리 자신의 사고의 범주를 환자에게 강요하는 경우가 된다. 이렇게 해서는 환자가 이해되지 않는다. 환자를 이해하기 위해서는 그의 현재를 기준으로 그의 과거를 이해해야만 한다.[29] 틀에 박힌 방식으로 그의 개인적 언행을 판단해서는 그를 이해할 수 없다.[30] 환자의 특수성과 차이, 분리와 외로움과 절망을 인식해야만 한다.[31] 랭은 특히 사랑받지 못한 환자의 절망감을 이해해야만 조현병 환자를 이해할 수 있다고 말하며, 키르케고르가 『죽음에 이르는 병』에서 보여준 절망이나 빈스방거가 엘렌 베스트 사례 보고서에서 보여준 절망을 조현병 환자를 이해하는 데 참조할 수 있는 실존현상학적 사례로 소개한다.[32] 그런 후 랭은 이런 사례의 연속선에 자신의 임상사례를 끌어온다.

랭은 기존의 정신병리학 교재에서 배웠던 것과는 달리 실제 임상현장에서는 만성적 조현병 환자를 제외하고는 정신증의 징후와 증상들을 찾기가 정말 힘들다고 고백한다. 그렇지만 정신과 환자를 진단할 어떤 기준은 필요하다. 당시의 정신의학 표준 교과서에 따르면 "표준적인 정신과 환자는 표준적인 정신과 의사와 표준적인 정신병의 함수다."[33] 그런데 이런 관점에서는 환자의 고유한 '세계'와 '자

---

28) 『분열된 자기』에서 랭이 소개하는 사례들은 모두 이점을 보여주고 있다.

29) '환자의 현재를 기준으로 환자의 과거를 이해한다.'는 것은 환자의 과거를 환자를 이해할 때 무시하는 것이 아니라 현재 환자의 상황과 관점으로 그의 과거를 재해석해서 보아야한다는 뜻이다.

30) Laing(1965), p.32f.

31) Laing(1965), p.37f.

32) Laing(1965), p.38f.

기'가 제대로 이해될 수 없다. 이런 표준화된 접근법으로는 환자의 체험과 언행을 이해할 수 없다는 것을 랭은 크레펠린의 강의보고서를 통해 보여준다.

랭이 활동하던 당시까지 영국정신의학계는 블로일러(Eugen Bleuler)와 크레펠린(Emil Kraepelin)의 이론이 지배했다. 블로일러는 소위 표준적인 관점에서 조현병 환자가 자신의 정원에 있는 새보다 더 낯설어 이해할 수 없다고 말한다. 랭에 따르면 당시 독일 등 유럽 임상 정신의학계를 이끌던 크레펠린도 환자의 언행을 이해할 수 없다고 믿었다. 랭은 크레펠린의 환자에 대한 보고서를 소개하면서 기존 정신의학의 환자에 대한 몰이해를 비판한다. 열여덟 살의 남학생인 한 조현병 환자는 크레펠린의 임상정신의학 강의실에 실려 간다. 강의실에 끌려 들어간 그는 의대생들이 보는 데서 갑자기 찬송가를 부르며 "내 아버지, 진짜 아버지!"라고 소리친다. 그러던 그는 크레펠린의 말투를 흉내 내면서 '지금 누가 누구에게 평가받는지 알고 있지만, 말해주지 않겠다'는 등 크레펠린이 도무지 알 수 없는 말을 주절거린다. 크레펠린은 이 무례한 환자가 일반적인 상황과는 무관한 단절된 문장만을 말할 뿐, 단 하나의 유용한 정보도 주지 않았다고 보고한다. 실존현상학적 관점에서 환자의 체험과 행태에 그 나름 의미가 있다 본 랭은 이 환자를 크레린과는 다르게 해석한다. 랭은 기존 의학지식과 선입관에 따른 크레펠린의 환자에 대한 평가가 아니라 그가 전한 환자의 행태에 대한 객관적인 기술에 주목할 때 환자를 이해할 수 있는 단서를 찾을 수 있다고 말한다.

> "이 환자의 행동을 어떻게 해석하느냐의 문제는 우리가 환자와 어떤 관계를 맺느냐에 달려 있다. [중략] 크레펠린의 환자는 50년의 시간을 넘어 우리에게 되살아나고, 책상을 뚫고 나와 우리 앞에 있는 듯하다."[34]

환자를 독자 앞에 다시 소환한 듯 환자의 겉으로 드러난 언행에 대한 크레펠린의 묘사는 상세하다. 랭은 이 자세한 묘사를 근거로 환자에 대한 이해를 시도한다. 랭의 이 기술현상학적 해석은 환자의 체험이 지닌 의미에 주목하고 또 침입당한 환자의 자기(실존)와 이에 따른 자기표현에 주목하며 진행된다. 그 해석

---

33) 신장근(2018), p.39.
34) 신장근(2018), 2018, 42쪽.

에 따르면 이 환자는 의대생들 앞에 강제로 데려와 자신을 평가하고 규정하며 심지어 이름을 물으며 시험하는 크레펠린을 흉내 내면서 크레펠린이 자신을 대하는 반 인격적인 방식에 저항한 것이다. 이 환자의 언행은 두 가지 방식으로 볼 수 있다. 그 중 하나는 크레펠린처럼 환자의 언행을 질병의 징후로 보는 것이다. 다른 하나는 환자의 언행을 환자 자신의 존재에 대한 표현으로 보는 것이다.[35] 그런데 랭에 따르면 실존현상학적 해석은 해석자가 갖고 있는 지식으로 타인을 보는 것이 아니라 타인이 체험하고 느끼고 행동하는 방식을 선입관을 버리고 추론해 보는 것이다.[36] 이렇게 수행된 실존현상학적 해석은 이해 불가능할 것으로 여겨졌던 환자의 행동을 이해 가능하게 만든다.

그런데 어떤 관점으로 환자를 볼 것인가는 인간으로 존재하는 그 환자를 온 힘을 다해 이해하려는 의지에 달려있다는 점을 랭은 강조한다. 다시 말해 단지 어떤 의학적 지식을 따르는가의 문제가 아니라 인간을 대하는 태도에 달려있다는 것이다. 조현병 환자를 포함한 모든 인간은 세계-내-존재이며, 이 존재가 의미하는 전체성을 추구하고 표현한다. 그런데 의사는 단 한 사람의 조현병 환자도 그의 존재 전체성에서 이해하지 못하면서 인간의 특정한 측면에만 주목하는 정신병리학적 지식으로 조현병에 관한 모든 것을 알려고 하는 자가당착에 빠지곤 한다. 하지만 정신증 환자와 의사의 관계는 작가와 해설자의 관계와 유사하다. 둘은 서로 충돌하거나 대립적이지 않다.[37] 정신과 의사는 새로운 작품을 대하는 해설자처럼 "하나의 낯설고 이질적인 세계관 속으로 들어갈 수 있는 유연성을 갖추어야만 한다. [중략] 이렇게 해서만 치료자는 환자의 실존적 입장을 이해할 수 있다."[38] 이하에서 우리는 랭이 실존현상학적 방법론을 토대로 어떻게 조현병 환자의 언행을 이해했는지 살펴볼 것이다.

---

35) Laing(1965). p.38.

36) 신장근(2018), 44쪽.

37) Laing,(1965). p.32f.

38) 신장근(2018), 49쪽. "[중략]"은 필자가 첨가.

### 3) 조현병에 대한 실존현상학적 임상사례

랭이 조현병 환자를 실존현상학적으로 이해할 때 핵심이 되는 것은 '세계-내-존재', '참된-자기와 거짓-자기' 그리고 '존재론적 불안정과 불안'이라는 개념이다. '세계-내-존재' 개념은 하이데거가 자신의 '현존재분석론'에서 인간의 존재 성격인 실존의 구조를 나타내기 위해 만든 표현이다. 랭은 이 표현을 바꾸지 않고 그대로 수용한다. '참된-자기와 거짓-자기'는 현존재분석론의 '본래성과 비본래성'에 상응하는 랭의 표현이고, '존재론적 불안정과 불안'은 현존재분석론의 근본정황성과 불안에 대한 논의에 상응한다. 하이데거의 영향을 받은 이상과 같은 개념들로 랭이 조현병 환자의 행태와 행동을 어떻게 이해하고 있는지 임상사례를 통해서 살펴보도록 하자.

피터는 25세의 조현병 환자다.[39] 건장한 체구의 피터는 환각과 불안발작을 겪고 있다. 그는 남들에게 들켜서는 안 되는 추잡스럽고 변태적인 성적 망상과 그에 따른 감정을 지닌 자기를 진짜 자기로 생각하고 있다. 자기 몸에서 늘 악취가 난다고 믿는 피터는 어린 시절 외롭게 자랐다. 금슬이 남달랐던 부모는 "피터가 그곳에 없는 것처럼 피터를 대했다."[40] 삼촌이 보기에도 엄마는 피터에게 전혀 관심이 없었다. 어린 시절 사랑을 받아본 적이 없는 엄마는 피터를 따뜻하게 안아주지도 않았고, 놀아주지도 않았다. 그녀는 피터를 잉태하여 출산하면서 몸매가 망가지고 아팠다고 불평하면서 피터를 자주 꾸짖었다. 이런 일 때문에 피터는 어머니가 자신의 탄생 자체를 정말 싫어한다고 느꼈다. 그런데 그녀는 다른 사람이 보는 데서는 피터를 잘 먹이고 잘 입혀서 키웠다. 그의 아버지는 매력적으로 생긴 자신의 부인을 다른 사람에게 자랑스럽게 소개하는 것을 좋아했다. 무뚝뚝했던 그는 자기 나름의 방식으로 피터를 좋아하긴 했지만 따뜻하게 애정을 표현하지 않았다. 그 대신 그는 피터의 잘못을 들추거나 아무 이유 없이 호되게 때리기도 했다. "아무짝에도 쓸모없는 놈", "큰 반죽덩어리일 뿐이야" 같은 말로 피터를 무시하기 일쑤였다. 세계-내-존재로서 피터에게는 부모님과의 관계가 자신의 일부였는데, 부모님은 피터의 존재를 존중하지 않았다. 그로 인해 피

---

39) 신장근(2018), 186쪽 이하.

40) 신장근(2018), 105쪽.

터는 '존재론적 불안정' 상태에 빠졌고, 이 불안정은 그럴싸한 자기를 거짓-자기로 여기게 하는 단계에 이른다. 중학교 때 선생님은 피터가 중산층 출신의 모범생처럼 급우들 앞에서 행동하기를 원했다. 그러나 피터는 자신이 쓸모없고 가치없는 존재이고, 뭔가 그럴싸한 모습이 되려고 노려하는 것은 거짓이라고 확신했다. 매우 가난한 가정에서 자랐지만 피터는 공부를 썩 잘했다. 그는 학교를 졸업하자 남들이 부러워하는 사무직 일을 시작했다. 그런데 피터는 어머니가 죽은후 홀로 남겨진 아버지를 떠났다. 이곳저곳을 떠돌아다니며 피터는 남들이 보고싶어 하는 모습을 연기하며 살았다.

"피터는 거의 모든 사람에 대해 사람들의 기대와 야망에 순응하는 것에 기초를 둔 거짓-자기 체계를 작동하기 시작했다. 계속해서 그렇게 하면서 피터는 다른 사람들과 자신을 점점 증오하게 되었다." 피터는 참된-자기라고 느낄만한 요소가 자신에게는 점점 취약해지고 있다고 느꼈다. 피터는 자아 정체감 위기와 그로인하 존재론적 불안정을 느낀 것이다. 그는 다른 사람들이 그의 가면을 뚫고 아무 짝에도 쓸모없는 자신의 실체를 알아챌까 두려웠다. 자아 정체감 위기와 존재론적 불안정은 타자와의 만남에서 불안을 유발한 것이다. 이런 불안 때문에 그는 다른 사람들이 자신의 실체를 알아볼 수 없게 다양한 이름을 사용했으며, 한 곳에 오래 머물지 않고 떠돌며 살았다. 그러는 동안 피터는 스스로를 어색하고 뻔뻔한 존재로 느꼈다. 그는 자신이 애초에 세상에 존재한다는 사실자체에도 죄책을 느꼈다. 이런 죄책감 속에서 지내던 피터는 언제부턴가 자신은 썩은 것으로 만들어졌다고 확신했다. 항문 성교와 배설물로 만든 아이를 만드는환상은 피터의 이러한 확신을 표현하는 것이라고 랭은 해석한다.[41] 그런데 랭은 피터가 느낀 죄책감은 그의 난잡한 욕망이나 충동 그 자체 때문이 아니라 현실에서 사람들과 만나 실제로 일을 하면서 망상으로 꾸민 거짓-자기 대신에 실제사람이 되려는 용기가 없기 때문에 생긴 것이라고 분석한다.

랭은 하이데거가 "현존재분석론"에서 밝힌 '비성' '자기 존재챙김', '양심'과 '죄책' 등의 개념을 피터의 조현병적 행태와 행동에 응용하여 피터의 죄책감을 실존현상학적으로 이해가능하게 만든다.[42] 하이데거에 따르면 "양심"(Gewissen)

---

41) 신장근(2018), 203쪽.

이란 흔히 사람들이 생각하는 비도덕적인 행위와는 직접적으로 관련이 없다. 양심은 현존재(Dasein)가 자기 존재와 관련하여 할 수 있었지만(Seinkönnen) '하지 않은 일(Nichtigkeit)'이 현존재를 불러 세우는 것이다. 이런 의미에서 양심은 현존재가 자신의 존재를 챙기는 부름이다. 간단히 말해, "이 부름은 존재챙김의 부름인 것이다."43) 그런데 존재챙김(Sorge)은 다름 아니라 현존재의 존재이므로44) 이 부름은 인간인 현존재의 존재가 자기존재를 챙기라고 자기를 부르는 것이다. 그런데 자기존재의 어떤 측면을 챙기라는 것이며, 또 이 양심의 부름은 어떻게 죄나 죄의식과 관련이 되는 것인가? 현존재에게는 자기의 실존이 가장 문제가 된다. 살아가면서 현존재는 어떤 일을 선택하게 되면 다른 일은 못하게 된다. 자기존재를 실현하기 위해서 할 수 있지만 하지 않은 일이 실존적인 존재가능성으로 있다. 이것을 하이데거는 "비성"(Nichtigkeit)45)이라 칭한다. 이 비성은 '눈 앞에 무엇이 없는 상태'나 '무엇이 존립하지 않은 상태'를 의미하는 것이 아니라 현존재가 '자기 존재를 위해 할 수 있지만 하지 않는 상태에 처해 있음'이다. 이런 처해있음(피투성 Geworfenheit)은 부정성이 아니라 내가 나 자신의 존재를 챙길 수 있는 가능성이다. 즉 자기다운 자기가 될 수 가능성인 것이다. 할 수 있으나 하지 않은 자기 존재의 일로 인해 현존재는 양심의 부름을 들을 수밖에 없다. 자기 존재와 관련된 비성으로 인해 양심의 부름을 받는다는 것은 현존재자 자기 존재를 죄책(Schuld)으로 짊어지고 살아갈 수밖에 없다는 것을 의미한다.46) 이상과 같은 하이데거의 양심과 죄책 개념을 실마리로 해석할 때 피터의 불안은 거짓-자기에 의해 비성으로 남은 참된-자기의 부름에 대한 양심의 가책으로 이해된다.

그런데 랭은 "하이데거는 죄책감을 침묵하는 대자존재(Für-sich-Sein)의 부름(Ruf)이라고 말했다."47)고 소개한다. "대자존재"(Für-sich-Sein)란 '스스로

---

42) 신장근(2018), 207쪽, 208쪽.

43) Heidegger M., *Sein und Zeit*, Tübingen, Max Niemeyer Verlag, 1986(1st. ed. 1927), 286. 독어원전은 다음과 같다. "Der Ruf ist Ruf der Sorge." 필자는 일반적으로 '심려', '걱정', '존재걱정' 등으로 번역하는 "Sorge"를 이 논문에서는 "존재챙김"으로 번역했다. 이하 "Heidegger(1986)"로 약칭.

44) Heidegger(1986), p.284. 원전의 내용은 다음과 같다. "Das Sein des Dasein ist die Sorge."

45) Heidegger(1986), p.284.

46) Heidegger(1986), p.267f.

47) 신장근(2018), 208쪽.

자신을 의식하는 존재'라는 뜻으로 헤겔이 처음 사용한 개념이고, 랭은 헤겔의 이 개념을 실존현상에 적용한 사르트르의 입장을 하이데거의 입장처럼 소개하고 있는 것으로 보인다. 그러나 '현존재분석론'에서 하이데거는 의식과 대상이 구분되기 이전의 근원적인 차원을 밝히는 것을 목표로 하였고, 의식과 대상의 이분법을 거부한다. 랭이 "대자존재"(Für-sich-Sein)를 하이데거의 개념으로 소개한다는 것은 그가 하이데거의 존재론을 오해했거나 최소한 원형대로 수용하지는 않고 있음을 보여준다. 이 한 가지 예에서 뿐만 아니라 전반적으로 랭이 하이데거를 어떻게 수용했는지 판단하기 위해서는 랭의 정신증 연구를 이끄는 핵심 개념들을 그것에 상응하는 하이데거의 개념들과 좀 더 상세히 비교할 필요가 있다.

## 3. 랭의 실존현상학적 정신증 연구와 하이데거의 현존재분석론

### 1) 랭의 존재론적 불안정과 하이데거의 존재론적 불안

랭은 세계-내-존재로서 모든 사람이 세계와의 관계에서 자신의 존재를 느끼며 산다고 주장한다. 그런데 만약 누군가 자기를 둘러싼 세계의 주요 구성요소인 타자에게서 사랑을 받는다고 느낄 때, 그는 "근본적인 존재론적 안정"(primary ontological security)이라고 부를 수 있는 "실존적 태도"를 취한다. 그러나 사랑을 받지 못하거나 사랑 받을 자격이 없는 무가치한 존재라고 느끼는 사람은 "근본적인 존재론적 불안정"(primary ontological insecurity)"이라는 "실존적 태도[48]"를 취한다. 근본적인 존재론적 불안정을 느끼는 사람의 초기의 대응은 불안정한 자기의 진짜 모습을 감추고 사람들이 호감을 가질만한 모습으로 자기를 꾸미는 것이다. 이때 그가 꾸미는 모습은 사회적으로 바람직한 것이라고 여겨지는 것이다. 하지만 그는 이렇게 꾸며낸 자신의 모습을 '참된-자기'로 체감하지 못한다.

---

48) 신장근(2018), 58쪽.

"존재론적 불안정"은 랭이 조현병 환자의 상태를 규정하는 핵심개념이라는 사실을 우리는 앞에서 피터의 사례를 통해서 확인했다. 그런데 "존재론적"이라는 표현은 하이데거의 철학을 특징짓는 개념이다. 따라서 랭이 "존재론적 불안정"에 대해 언급하면 우리는 하이데거의 현존재에 대한 존재론적 연구와 이 연구 결과를 통해 밝혀진 현존재의 존재론적 불안을 떠올리게 된다. 랭도 이런 연상 작용을 의식한 듯 자신이 "존재론적"이라는 말을 어떤 의미에서 사용하는지 밝힌다. 『분열된 자기』의 3장 제목은 "존재론적 불안정"(ontological insecurity)이다. 랭은 여기서 "존재론적"(ontological)이라는 개념을 하이데거처럼 철학적인 의미로 사용하지 않고, 존재와 관련된 것을 나타내는 부사나 형용사로서 사용하겠다고 명시적으로 밝히고 있는 것이다.

하이데거는 "존재적"(ontisch)과 "존재론적"(ontological)을 엄격히 구분하며 연구를 진행한다. "존재적" 연구는 존재자를 대상으로 그것의 성격이나 속성을 묘사하고 분석하는 것이다. 이에 비해 "존재론적"[49]연구는 존재자가 아니라 존재자를 존재자이게 하는 그 존재를 즉 하이데거식으로 말해 존재자의 존재 의미를 해석하고 그 가능근거를 밝힘으로써 존재 일반을 연구하기 위한 토대를 구축하는 것이다. 이에 비해 랭이 "존재론적 불안정"이라고 말할 때는 특정인이 체험한 그의 존재(실존)의 위기인 자기 정체성의 위기상태(불안정)와 그로 인해 표출되는 감정인 불안에 관한 연구를 지칭한다.

'불안'은 오늘날 상담과 치료에서 중요 문제다. 그런데 하이데거가 존재론적 차원에서 언급하는 '불안'은 랭이 '존재론적 불안정'과 관련해서 언급하는 '불안'과 동일하지 않다. 두 개념이 어떤 점에서 다르며, 어떤 점에서 접점을 이루는지 살펴보는 일은 불안의 문제를 철학적 개념을 활용하여 상담하거나 치료할 때 중요한 지침이 될 수 있다. 하이데거는 존재 일반의 의미를 밝히기 위한 선행 작업으로 존재 일반이 드러나는 터(Da)로서 인간 현존재(Dasein)을 탐구하였고, 그 과정에서 현존재가 겪는 불안(Angst)에 대해서도 존재론적으로 탐구한다. 이 때 존재론적으로 밝혀진 불안은 특정한 대상 때문에 느끼는 정서가 아니다. 특정 대상 앞에서 느끼는 두려움의 감정을 하이데거는 불안과 구분하여 '공

---

49) Heidegger(1986), p.8f.

포'(Furcht)라 칭한다. '공포'와 달리 불안은 죽음을 선취하며 살아가는 모든 인간이 정신적으로 건강하든 그렇지 않든 살아 있는 한 항상 처해 있는 근본상황(Grundbefindlichkeit)이다. 따라서 존재론적으로 밝혀진 이 불안은 치료를 통해 제거할 수 없다. 그런데 랭에게 "존재론적 불안정"은 가족이나 사회적 관계에서 특정한 개인이 자기 정체성을 형성하지 못했을 때 거짓-자기로 사는 그가 겪게 되는 정신적 상태다. 정신적으로 건강한 사람은 "존재론적 불안정" 대신 "존재론적 안정"에 놓여있다. 존재론적 불안정 상태에 있는 사람은 그 불안정한 상태로 인해 자신이 타인에게 삼켜지거나 버림받는다고 생각할 경우 '불안'을 느낀다. 타인이 접근하면 자신의 불안정한 상태가 발각될까봐 불안해하며 그를 회피하거나 거짓-자기로 위장하기도 한다.[50] 그런데 랭은 어린 시절 부모와의 관계에서 참된-자기를 형성할 수 없었던 임상사례에서 소개하며, '존재론적' 불안정으로 인한 불안이 제거 될 수 있음을 보여준다. 즉 환자가 참된-자기를 형성하는 데 부정적으로 작용한 부모와의 관계를 다시 설정하고, 이를 통해서 참된-자기로 살아갈 수 있게 한다면, 환자가 경험한 불안은 제거될 수 있다는 것이다.

랭이 실존현상학적 임상사례에서 말하는 불안이 하이데거가 존재론적 탐구를 통해 밝힌 불안과 어떻게 다른지 근본적으로 이해하기 위해서는 하이데거적 의미의 존재론적 불안을 겪는 인간은 누구인지를 알아야한다. 하이데거는 인간에 대한 전통적인 정의와 구별하기 위해 인간을 '현존재'(Dasein)라 칭했다. '현존재'(Dasein)는 세계와 자기가 드러나는 터(Da)로 있다(Sein)는 것을 나타내기도 한다. 하이데거는 이 현존재의 고유한 존재성격인 실존(Existenz)에 대해서 형식적으로 다음과 같이 정의한다.

> "현존자란 자기의 존재에서 자기를 이해하면서 자기의 이런 존재에 태도를 취하는 존재자다. 이것이 실존의 개념을 형식적으로 나타낸다. 현존재는 실존한다."[51]

---

50) 신장근(2018), 201쪽 이하의 피터의 사례를 참조할 것.

51) Heidegger(1986), p.52-53. 원문은 다음과 같다. "Das Sein selbst, zu dem das Dasein sich so oder so verhalten kann und immer irgendwie verhält, nennen wie *Existenz.*" 여기서 독일어 "verhalten"은 "태도를 취하다"나 "관계를 맺다"는 뜻이다. 우리가 어떤 대상에 대해 특정한 태도를 취한다는 것은 그 대상과 그러한 관계를 맺는다는 말과 같다. 이렇게 볼 때 "태도를 취하다"나 "관계를 맺다"는 같은 뜻인 것이다.

그런데 현존재가 자기의 존재에 대해 어떤 태도를 취하거나 관계를 맺을 수 있다는 것은 그가 자신을 대하는 방식이나 자신과 맺는 관계를 바꿀 수 있다는 것을 의미한다. 하이데거는 이런 자기변화의 가능성으로서 '태도 취하기'나 '관계 맺기'를 실존의 특성으로서 다음과 같이 정의한다.[52]

> "현존재가 이러 저러하게 태도를 취할 수 있고 항상 어떤 식으로건 태도를 취하고 있는 존재 자체를 우리는 실존이라 부른다."[53]

'실존'이라는 개념이 가리키는 뜻을 위와 같이 정의한 후 하이데거는 현존재의 존재인 실존이 다름 아니라 '자기 자신에 대해 이러저러하게 관계를 맺을 수 있는 가능성 자체'라는 사실을 다음과 같이 강조한다.

> "현존재는 자신의 실존에서 즉 현존재가 자신이나 자신이 아닌 것으로 존재할 수 있는 자기의 가능성에서 항상 자신을 이해하고 있다."[54]

세계와 자기 자신이 드러나는 터(Da)로서 거기(Da)에 존재하는(Sein) 현존재(Dasein)가 '자기 자신과 관계하고 있다'는 것은 자기 자신뿐만 아니라 그가 살고 있는 '거기' 즉 그의 '세계'를 '걱정하고'(Sorgen) 살아간다는 뜻이다. '걱정한다'는 것은 '마음을 쓴다'(Sorgen)는 것인데, 인간이 마음을 쓸 수 있는 것은 그의 세계와 자기를 이해하고 있기 때문에 가능한 일이다. 그런데 세계와 자기에 대한 이해는 세계와 자기가 현존재에게 이미 그리고 항상 개시되어 있기에 가능하다. 또한, 인식과 학습으로 경험되기 이전의 이런 근원적인 '개시성'(Erschlossenheit)은 현존재 자체가 개시의 터(Da)로 존재하기 때문에 가능하다.

죽음으로 끝날 삶 속에서 살아가는 현존재가 '처한 상황'(Befindlichkeit)은 그 자신에게 개시되는 것이다. 이때 현존재의 처한 상황은 무의미성과 으스스함

---

52) 필자는 현존재가 학습과 경험이전에 자기 자신과 태도(관계)를 설정할 가능성을 지닌 존재라는 이 사실이 현존재의 자기 치료가능성이며, 랭의 실존현상학적 정신증 치료도 현존재로서 환자 자신이 지닌 이런 가능성에 대한 통찰에서 시작된다고 본다.

53) Heidegger(1986), p.12.

54) Heidegger(1986), p.12.

(Unheimlichkeit)이라는 기분으로 채색되어 드러난다. 하이데거는 이런 기분을 '불안'이라 칭한다. 불안은 현존재가 현존재로서 특정한 상황에 던져진 채 그곳에 처해서 존재한다는 사실 자체에서 생기는 것이다. 하이데거는 이런 존재론적 의미의 불안으로서 드러나는 현존재의 처해 있음을 "근본정황성"(Grund befindlichkeit)[55]이라 칭한다. 현존재의 근본정황성인 불안은 구체적인 대상이 없다. 불안의 이유를 굳이 든다면, 현존재가 세계-내-존재로서 살아간다는 것 자체다. "왜냐하면 불안해하는 것은 정황성으로서 세계-내-존재의 한 근본양식이기 때문이다."[56] 현존재는 세상일에 몰두함으로써 이 불안으로부터 도피하려 시도한다. 바꾸어 말하자면 현존재가 자기 존재 자체를 외면하고 세상일에 몰두하는 것은 이 불안 때문이다. 현존재가 세상일에 몰입하는 것은 본래적 자기의 주요계기인 죽음으로부터 도피하는 한 방식이기도 하다.

근본정황성으로서의 불안은 현존재에게 부정적인 것만이 아니라 현존재의 고유한 존재이자 그의 전체 존재인 실존을 바라 볼 수 있게 한다. 이런 의미에서 하이데거는 "불안의 근본정황성은 현존재의 한 두드러진 개시성이다"[57]고 말한다. 현존재의 부름으로서 양심은 일상에 매몰된 현존재에게 실존적 불안을 촉발해 자기 존재와 그 존재가능성을 실현하는 데 눈을 돌리게 한다.[58] 특정한 대상 때문에 발생하는 '공포'(Furcht)는 현존재가 처해 있는 "정황성(Befindlichkeit)의 한 양상"[59]일 뿐인데, 공포라는 정황성은 불안이라는 근본정황성 때문에 비로소 가능하다. 하이데거는 공포와 불안의 관계를 세속적인 일에 매달리며 자기 존재로부터 도피하는 태도와 연결해서 다음과 같이 말한다.

> "세계일에 매몰되어 자기 존재를 벗어나는 것은 오히려 불안에 근거하고, 이 불안 쪽에서 공포가 비로소 가능하게 만든다."[60]

---

55) Heidegger(1986), p.184.
56) Heidegger(1986), p.187.
57) Heidegger(1986), p.184.
58) Heidegger(1986), p.251.
59) Heidegger(1986), p.140.
60) Heidegger(1986), p.186.

랭이 임상사례에서 실존현상학적으로 다룬 조현병 환자의 존재론적 불안정과 그로인한 불안의 체험은 하이데거적인 의미에서는 불안보다는 공포다. 그것은 특정한 대상이 있고, 제거가 가능한 부정적 감정이기 때문이다.

치료적 차원에서는 불안을 신경증적 불안과 현실적 불안으로 구분한다. 현실적 불안은 정상적 불안이라 칭하기도 한다. 불안에 대한 이런 분류는 프로이트에서 시작되었다. 프로이트는 불안을 현실적 불안, 신경증적 불안, 도덕적 불안으로 나눈다. 현실적 불안은 자아(ego)가 현실의 위협 앞에서 느끼는 정서적 반응이다. 신경증적 불안은 자아가 원초아(Id)의 성욕이나 공격본능을 조절하지 못해 처벌받을지 모른다고 여길 때 발생한다. 도덕적 불안은 자아가 초자아(super ego)의 도덕규범이나 양심을 위반할 때 느낀다. 실존철학에서 주목하는 불안 즉 '실존적 불안'은 현실적인 위협 때문이 생기는 것이 아니기 때문에 위 세 가지 분류에 속하지 않는다. 하이데거의 경우 실존적 불안은 실존론적이고 존재론적으로 탐구될 때는 '죽음을 향한 존재로서 살아간다는 점 자체로 인해서 모든 인간이 살아 있는 한 항상 처해 있는 근본정황성'으로 밝혀졌다. 치료를 통해 제거될 수 없는 이 불안은 '현존재의 부름'으로서 양심이나 죄책과도 관련이 되지만, 구체적인 도덕규범과는 직접 관련이 없기 때문에 프로이트가 말하는 도덕적 불안과 같은 것이 아니다. 이렇게 보면 불안을 좀 더 다양하게 분류할 필요가 생긴다.[61] 랭의 정신증 연구에서 밝혀진 "존재론적 불안정"에 의한 '불안'은 그 원인이 특정하고 치료를 통해서 제거될 수 있다는 점에서는 신경증적 불안으로 분류된다.

그런데 랭은 환자의 존재자적 불안을 다루면서 단지 그것과 관련된 특정 대상이나 사람, 경험에 대해서만 논하지 않았다. 그는 환자가 자기의 전체 존재인 '세계-내-존재'로 살아가려 하고, 참된-자기를 살아가려하고, 참된-자기로 살아가지 못함으로 인해서 죄의식을 느낀다고 본다. 이런 점에서 볼 때 유기체적 질병이론이나 심리학적 불안이론에서는 발견할 수 없는 존재론적 개념들이 변형된 형태로 이긴 하지만 랭이 존재자적 불안(공포)을 해석하고 치료하는 데 어느 정

---

61) 박병준은 정신분석과 철학, 종교, 현대문명 비평 등 전 영역에서 탐구된 불안을 정리한다. 「불안과 철학상담」, 『철학논집』 제46집 2016, 9-39쪽.

도 영향을 주고 있다고 볼 수 있다. 그렇다면 랭의 불안도 실존론적으로 밝혀진 불안과 연관성 속에서 고찰되고 있을 것이다.

## 2) 세계-내-존재의 본래성과 비본래성
   혹은 참된-자기와 거짓-자기

하이데거는 '세계-내-존재' 등 현존재의 존재를 밝혀주는 개념들을 존재 일반을 탐구하기 위한 기초존재론으로서 존재론적 차원에서 탐구한다. 하이데거의 '세계-내-존재' 개념은 랭에게는 인간을 그 전체성에서 이해하기 위한 실마리가 된다. 그런데 랭이 하이데거의 존재론적 관점을 따르지 않음으로써 그에게는 '세계-내-존재'의 의미도 달라진다. 랭은 부모나 주변사람 등 환자의 생애에 영향을 준 구체적인 타인을 '세계-내-존재'의 구성 요소인 '세계'로 여긴다. 그는 첫 저술 『분열된 자기』에서뿐만 아니라 둘째 저술 『자기와 타자들』[62]에서도 환자가 경험한 구체적인 타자들을 '세계-내-존재'의 '세계'를 설명할 때 언급한다. 그런데 하이데거는 '세계-내-존재'에서 '세계'를 "현실적 현존재가 현존재로서 >살고 있는< >그 곳<"이라는 의미로 사용한다고 말한다. 세계의 이런 의미는 "전 존재론적 실존적 의미"이며, 세계의 "전 존재론적 실존적 의미"는 "세계성이라는 존재론적-실존론적 개념"[63]을 밝히려고 그 전단계로서 분석된다. 이 모든 단계에서 '세계-내-존재'에서 '세계'는 타인의 존재를 의미하지 않는다. "현실적 현존재가 현존재로서 >살고 있는< >그 곳<"으로서의 '세계'는 무엇보다도 우선 "환경세계"(Umwelt)다. "일상적 현존재의 가장 비근한 세계는 환경세계인 것이다."[64]

환자가 만나며 자기 정체성 형성의 계기가 되는 구체적인 타인을 자기 존재 전체성을 나타내는 '세계-내-존재'에서 '세계'로 랭이 해석한 것은 아마도 그 타인을 자기 존재를 둘러싼 환경으로 보기 때문인 것으로 추측된다. 하이데거를 전공한 심리상담사 두어젠의 경우에도 '세계-내-존재'에서 '세계'를 "환경세계"로 해석하고, '타자'를 그것에 포함시키며 환자의 상태를 분석한다.[65] 랭과 두어젠처럼

---

62) Laing R. D., *The Self and Others*. London: Tavistock Publications, 1961.

63) Heidegger(1986), p.65.

64) Heidegger(1986), p.66.

특정한 환자의 임상을 위해서 '세계'를 이런 의미로 확대해서 해석할 수는 있을 것이다. 그러나 이런 응용이 하이데거가 현존재에 대한 존재론적 분석을 위해 사용한 '세계'와 직접 관련 있는 것은 아니다. 하이데거에게 '타자'는 나라는 '세계-내-존재'의 일부가 아니라 나와 동일하게 '세계-내-존재'라는 전체성으로 존재한다. 하이데거는 이런 타자를 "공동현존재"(Mitdasein)라 칭한다. 그런데 이 공동현존재는 어떤 구체적인 타자가 실재하건 않건 간에 "함께 존재함"(Mitsein)이 세계-내-존재를 실존론적으로 구성"[66]하고 있기에 나의 전체성의 일부로 이미 존재하며 내가 만날 수 있는 것이다. 이렇게 규정된 '타자'는 랭이 말하는 구체적인 특정인을 포괄할 수는 있지만, 그런 특정인의 개념이 일반적으로 나타내는 존재적 의미차원을 넘어서 존재론적 차원을 드러내고 있는 것이다.

다른 한편, 랭은 하이데거의 '본래성'과 '비본래성'에서 '참된-자기'와 '거짓-자기'라는 대조적 개념을 착안해낸다. 랭은 '세계-내-존재'로서 환자가 경험한 가장 친근한 세계인 부모와의 관계에서 참된-자기를 확립하지 못했을 경우, 존재론적 불안정에 빠지고, 이것이 참된-자기와 거짓-자기를 분열시키며, 이런 상황에 대한 자기표현으로서 불안이라는 조현병 증상이 나타난다고 주장한다. 그리고 이런 불안은 '참된-자기'를 회복시킴으로써 제거할 수 있다. 그는 하이데거의 '비본래성'에 상응하는 '거짓-자기'는 치료를 통해서 버려할 것으로 규정하고, '본래성'에 상응하는 '참된-자기'를 치료의 목표로서 제시한다. 그러나 하이데거는 '본래성'을 공공성과 일상성에 매몰되지 않은 각자의 본래 모습으로 제시하지만 '비본래성'을 제거가 가능한 치료의 대상으로 규정하지는 않는다. 개시성으로 존재하는 현존재에게는 본래적인 삶과 비본래적인 삶 또한 자기에게 개시된다. 본래성은 현존재가 자신의 존재가능성을 스스로 떠맡을 때의 모습이고, 비본래성은 자기의 존재가능성을 실현하며 살려하지 않고 주변 사람들과 세상일에 휩쓸려 살아가는 모습이다.[67] 현존재는 '본래성'과 '비본래성' 둘 다를 삶의 가능성으로 갖기 때문이다. 현존재가 본래성이나 비본래성의 모습으로 살

---

65) Deurzen E. v. Existential Counselling & Psychotherapy in Practice, SAGE, 2002, (『실존주의 상담 및 심리치료의 실제』 한재희 역, 학지사, 2017), "제3장. 개인적 세계관에 대한 명료화" 참조.

66) Heidegger(1986), p.121.

67) Heidegger(1986), p.43.

아갈 수 있는 이유는 그가 '그때그때 마다 나'로 즉 '각자성'(Jemeinigkeit)으로 존재하기 때문이다. 이 각자성은 자기의 존재를 이해하고 자기와 관계하며 사는 현존재 즉 '실존하는 현존재'를 '그때그때'라는 시간성과 '나의 것'이라는 존재 양상에 주목해서 표현한 것이다. 하이데거는 현존재, 실존, 각자성, 본래성과 비본래성의 이러한 사태연관에 대해서 다음과 같이 말한다.

> "현존자란 자기의 존재에서 자기를 이해하면서 자기의 이런 존재에 태도를 취하는 존재자다. 이것이 실존의 개념을 형식적으로 나타낸다. 현존재는 실존한다. 더 나아가 현존재는 그때그때 마다 나 자신인 존재자다. 실존하는 현존재에게는 본래성과 비본래성의 가능조건으로서 각자성이 속해있다. 현존재는 그때그때 마다 본래성이나 비본래성 중 하나로 실존하거나, 두 양상에 대해서 무차별적으로 실존한다."[68]

랭도 '참된-자기'와 '거짓-자기'가 혼재된 삶이 일반적이라고 본다. 소위 정상적인 사람도 '거짓-자기'의 모습을 보이기도 한다. 그러나 문제가 되는 것은 '거짓-자기'에 압도되어 '참된-자기'로는 살아가지 못하는 경우다. 랭은 이런 병적인 경우에 주목하며, 이런 경우의 '거짓-자기'를 치료의 대상으로 규정한다. 따라서 랭이 하이데거의 '본래성'과 '비본래성' 개념을 '참된-자기'와 '거짓-자기'로 대체하고, 병적인 '거짓-자기'를 실존현상학적 치료의 대상으로 규정했다고 해서 하이데거의 개념을 왜곡했다고 볼 수는 없을 것이다. '참된-자기'와 '거짓-자기'는 '본래성'과 '비본래성'과 표현은 다르지만 후자가 의미하는 바를 최대한 수용하며 치료에 적용한 것으로 보인다. 그럼에도 랭의 임상사례에서 나타난 '참된-자기'와 '거짓-자기'는 특정인의 구체적인 모습을 의미한다. 따라서 이것은 하이데거의 관점에서는 존재적이고 실존적인 차원에 머물러 있는 것이다. 따라서 그것은 하이데거가 '본래성'과 '비본래성' 개념 분석으로 목표한 현존재의 존재 일반의 의미를 밝혀주는 존재론적이고 실존론적인 차원까지 진행된 것은 아니다. 그런데 의료적 과제는 환자의 당면문제를 의학적 방법으로 해결함으로써 종결된다. 환자의 구체적인 실존적인 문제에 국한해 다루지 않고, 그 문제를

---

68) Heidegger(1986), pp.52-53.

존재 일반의 차원에서 조명하는 일은 의학의 범주를 넘어선다. 이 작업은 의료적 치료가 아닌 철학적 치료나 상담이 될 것이다. 이런 차원의 철학적 치료나 상담으로 환자의 정신적인 문제는 출발부터 새로운 목표에서 조망되며 해석될 수 있다. 이 해석은 정신과 의사로서 랭이 환자를 대상으로 치료목적으로 적용한 철학적 관점이 이끈 해석과 구분될 것이다.


## 4. 랭의 정신증에 대한 해석과
## 야스퍼스의 철학적 정신병리학

『정신병리학 총론』[69]의 서론에서부터 야스퍼스는 자연과학으로서의 정신병리학이 인간의 정신에 대해 밝힐 수 있는 범위를 제한한다. 개인은 정신병리학적 개념들로는 파악될 수 없는 부분을 지닌 존재이기 때문이다. 모든 인간의 인격 속에는 객관적으로 인식할 수 없는 것이 있다는 것이다. 따라서 이런 점을 간과하는 한 정신병리학이나 심리학에서는 실존으로서 인간은 어떤 비밀스런 존재로 남게 된다. 우도러쥔(Alexander W. Wodolagin)은 실존철학자들이 공통적으로 갖고 있는 인간에 대한 이러한 이해가 야스퍼스가 AP를 전개할 때의 방법론적 출발점이 되었다고 말한다.[70] 그에 따르면 어떤 한 인간의 정신현상을 그의 실존적 고유성과 인간 정신의 특성을 무시한 채 생물학적인 전개과정만으로 규정할 수 없는 경우가 있다는 사실을 야스퍼스가 확인시켜 준다.

야스퍼스의 이러한 철학적 정신병리학은 랭은 물론이고 푸코 등 소위 반-정신의학운동을 전개한 사상가들에게 영향을 미쳤다. 의철학자인 개미(Nassir S. Ghaemi)는 인간 전체를 구성하는 다양한 요소들에 맞는 접근법을 사용한다는 의미에서 야스퍼스를 다원주의적 방법론자라고 칭했다. 그는 야스퍼스가 이처럼 "신체와 정신과의 동일성(mind-brain identity) "[71]을 실증할 수 없다고 본 점에

---

69) Jaspers K., *Allgemeine Psychopathologie*, 1. Auflage 1913, 4. Auflage, Berlin: Springer Verlag, 1946. 이하 "AP"이라 약칭한다.

70) Wodolagin, A. W., "Psychopathologie und Metaphysik des Willens", *Karl Jaspers - Philosophie und Psychopathologie*, Hrsg. von Knunt Eming Tomas Fuchs, Universitätverlag Winter Verlag Heidelberg 2008, p.147.

71) Ghaemi S. N., "On the Nature of Mental Disease The Psychiatric Humanism of Karl Jaspers," *Existenz Volume* 3, No 2, 2008. p.6.

서는 사회구성주의적 입장과 포스트모던한 입장과 유사해 보인다고 평가한다.72)

정신과질환은 무차별적 객관성만을 지닌 사물에게 발생하는 것이 아니라 감정과 자유를 지닌 개별적 인간에게 발생하는 것이다. 이런 인간의 정신적 문제를 적절히 다루기 위해서는 그가 겪는 모든 체험의 의미를 찾아보려는 현상학적인 관점이 요구된다. 객관적으로는 질환이 발견되지 않는데도 환자가 정신적인 문제를 겪을 때는 특히 그렇다. 인간은 개별과학적 관점에서 관찰될 수 있는 차원 이외에도 실존적이고 형이상학적인 이해를 통해서만 밝혀질 수 있는 차원을 지닌다. 야스퍼스는 이런 인간을 치료하는 의사는 이 두 차원 모두에 익숙해야 한다고 말한다. 나아가 야스퍼스는 현대의 의학적 정신치료는 삶의 구체적 문제에 짓눌린 인간을 돕는 것을 그 목적으로 했던 고대철학의 연장선 위에 있다고 본다. 이런 이유에서 야스퍼스는 의학적 정신치료 역시 철학과 마찬가지로 "인간의 존재 전체"에 주목해야 하며 "순수하게 정신병리학적인 차원에 머무는 것과는 근본적으로 다르면서도 포괄적인 관점을"73) 받아들여만 한다고 주장한다. 개미는 신체성과 실존의 자유를 고려한 야스퍼스의 이러한 접근법을 사회 구성주의나 포스트모더니즘 그리고 반-의학주의와 구별되는 "생물학적 실존주의(a biological existentialism)"74)라 칭하기도 한다. 이상과 같이 이해된 야스퍼스의 정신병리학은 반-정신의학 운동을 전개한 랭의 실존현상학적 정신증 연구와는 공통분모뿐만 아니라 차이점도 많다.

밀러(Gavin Miller)의 최근 연구는 랭이 야스퍼스에게 크게 영향을 받았다는 사실을 확인해 준다.75) 그에 따르면 야스퍼스가 AP에서 제시한 관점을 『분열된 자기』에서 랭은 조현병을 이해하는 데 적용한다. AP에서 야스퍼스는 외적인 인과성에 연계된 것과 이런 인과성을 갖지 못한 채 심리적으로 연결된 것을 구분한다. 앞의 연결체는 자연과학적 설명의 대상이고, 뒤의 연결체는 정신의학적 이해의 대상이다. 야스퍼스는 뒤의 연결체는 논리적으로는 설명될 수는 없는 것이

---

72) 그러나 개미는 야스퍼스의 입장이 사회 구성주의나 포스트모더니즘과는 다르다는 결론을 내린다. Ghaemi(2008), p.9.

73) AP, p.679.

74) Ghaemi(2008), p.9.

75) Miller, G., *R. D. Laing*, Edinburgh University Press, 2004.

지만 공감에 의해서 발생론적으로(genetically) 이해될 수는 있다고 본다. 후자의 연결체에 대해 야스퍼스가 제시한 이런 이해의 가능성을 랭은 조현병을 이해하는 데까지 확대한다.[76]

그런데 야스퍼스는 AP에서 조현병에서의 망상처럼 정신질환의 증상들 중 많은 것은 '정상적인 사고방식으로는 이해할 수 있는 한계점을 넘어서 있다'고 주장했다.[77] 랭은 이런 야스퍼스의 입장에만 초점을 맞춘 채 야스퍼스에게는 조현병 환자의 망상 체험의 내용을 이해할 가능성이 없다고 비판한다. 그러면서 랭은 야스퍼스가 '이해 불가능한 것'으로 본 조현병의 증상까지도 자신은 이해가능하게 만들었다고 주장한다.[78] 야스퍼스에 대한 랭의 비판이 방법론적 다원론자인 야스퍼스를 오해한 데 따른 것이라는 사실을 구약성서의 예언자 에스겔에 대한 야스퍼스의 연구와 그에 대한 랭의 비판에서 확인할 수 있다.

야스퍼스의 현상학적 정신병리학에서 정신질환의 증상을 파악하여 분류할 때 기준이 되는 것은 그 증상의 '형식'이지 '내용'이 아니다. 가령 조현병 환자의 상태를 판단할 때는 환자가 정신적으로 체험한 것이 '망상'인지 아니면 '현실'인지와 같은 체험의 '형식'이 중요한 것이지, 그 체험이 담고 있는 '내용'이 무엇이냐가 아니다.[79] 야스퍼스는 이런 관점에서 1947년의 현상학적 방향에서 행해진 정신병리학 논문인 「예언자 에스겔 - 병변학적 연구」(Der Prophet Ezechiel. Eine pathographische Studie)에서 에스겔을 히스테리성 조현병 환자로 분류한다. 그런데 다양한 환상 체험을 한 구약성서의 예언자 에스겔을 정신병리학적으로 이렇게 분류하면, 그의 메시지가 삶의 문맥에서 이해되지 않고 간과될 수밖에 없다고 랭은 판단한다. 그러면서 랭은 야스퍼스가 배제 시킨 체험의 '내용'을 이해 가능한 차원으로 끌어온다.[80]

그런데 야스퍼스가 정신질환의 증상들 대부분을 '일상인들의 정상적인 관점으로는' 이해 불가능하다고 평가한 것이 사실지만, 어떤 방식으로든 이해할 수

---

76) Miller, G., "R. D. Laing and theology: the influence of Christian existentialism on The Divided Self", HISTORY OF THE HUMAN SCIENCE, Vol. 22 No. 2, SAGE. UK. 2009, 5 f.

77) AP, p.581.

78) Miller(2009), p.5f.

79) AP, p.58, p.59.

80) 이상 Miller(2009), p.5, p.6, p.7.

없다고 말한 것일까? 야스퍼스는 정신질환의 증상을 논리적으로 설명할 수 없지만 공감을 통해서 발생론적으로는 이해 가능하다고 주장했다. 랭은 야스퍼스의 이런 이해 방식을 조현병에 적용한 것으로 보인다. 야스퍼스는 에스겔뿐만 아니라 고흐나 스베덴보리 등에 대해서도 정신병리학적 차원에서 조현병환자로 규정한다. 그러나 야스퍼스는 형이상학적 관점에서는 이들의 언행을 의미 있는 것으로 해석한다. 이런 관점에서 야스퍼스는 조현병으로 진단할 수 있는 에스겔, 스베덴보리와 반 고흐 등 역사적인 인물에 대해 기존의 정신병리학적 진단과는 별개로 새로운 해석을 시도한다. 가령『쉬트린트베르그와 반 고흐』[81)에서 야스퍼스는 정신분열증 환자의 현실회피 행동 역시 인간이 미래를 챙기는 한 방식으로서 인간에게서는 뿌리를 뽑을 수 없는 초월에 대한 의지로 해석한다. 야스퍼스가 체험의 형식을 중요시하고 내용은 배제시킨 의도는 체험을 정신병리학적으로 분류하기 위해서다. 그런데 정신증 환자가 망상과 같은 증상을 통해서 말하려는 내용은 환자의 실존적이고 형이상학적인 차원이 반영된 것일 수 있다. 그런데 이런 내용은 실존현상학적 이해의 대상이지 객관적 설명의 대상이 아니다. 이 글 2장에서 살펴보았듯 랭도 정신질환이 객관적으로 실재한다는 사실은 부인하지 않았다. 어떤 것이 객관적으로 실재한다는 것은 설명의 대상으로 존재한다는 뜻이다. 그런데 랭은 설명의 차원과 이해의 차원을 구분하지 않고, 조현병과 같은 중증 정신질환도 '세계-내-존재'인 개인과 사회(세계)의 관계 방식에 의해서 발생한고 주장하며 '이해'의 차원에만 초점을 맞추어 정신증에 대한 정신병리학적 규정을 혁명적으로 전개한 것으로 보인다.

야스퍼스는 정신증과 그 증상에 대해서 객관적으로 설명할 수 있는 부분과 공감을 통해서 이해할 수 있는 것을 구별해서 다룬다. 야스퍼스의 이런 다원론적 접근법은 한편으로는 환자의 객관적 상태를 파악하고, 다른 한편으로 환자의 그의 고유한 체험의 내용을 그의 실존적 지평과 형이상학적 지평을 고려하여 이해시킨다. 따라서 야스퍼스의 이러한 접근법이 인간의 전체성을 드러내는 데 좀 더 적합해 보인다. 밀러는 조현병의 원인을 가족관계나 사회학적인 맥락에서 찾는

---

81) Jaspers, K.,, *Strindberg und van Gogh*. Versuch einer pathographischen Analyse unter vergleichender Heranziehung von Swedenborg und Hölderlin, Berlin, Verlag v. Julius Springer, 1926, Lex.- Oktav, *Philosophische Forschungen*, hg. v. K. Jaspers, H. 3, Zweite ergänzte Auflage. Hersch, 1980, p.144.

랭의 시도는 조현병이 가족 간의 소통이나 사회적 맥락과 어떤 상관관계가 있는지를 객관적으로 보여주지 못하고 있고, 이 때문에 정신병리학에서는 무시되고 있다는 점을 지적한다. 환자를 유기체로 보는 기존의 자연과학적 설명의 접근법을 괄호치고, 환자를 참된 자기가 되려는 자유로운 의지를 지닌 인격체로 이해한 랭의 혁명적인 접근법은 사회학적으로나 역사적으로 의미가 있다. 그러나 그의 이런 방법론은 자연과학적인 병인론(etiology)과는 독립된 것이다. 밀러는 이런 랭의 접근법을 객관적인 정신병리학 이론이 아니라 이해의 일종으로 볼 것을 제안한다. 조현병 환자의 말과 행동을 이해할 수 있게 만들어주고, 그의 광증을 특별한 사회적 맥락에 대한 대응으로 평가할 수 있게 해주는 해석학적 작업으로 랭의 접근법을 보자는 것이다. 그런데 랭의 이런 해석학적 작업은 자연과학적 탐구와 구분될 뿐만 아니라 자연과학이 제공하는 타당성은 지니지 못한다.82)

이에 반해, 야스퍼스의 정신병리학은 '설명'과 '이해'의 방법론이 모두 적용되었다. 야스퍼스가 조현병 환자의 체험을 그 내용이 아니라 형식에 따라 탐구한 것은 병증을 현상학적으로 탐구하여 유형별로 분류하려는 설명의 접근법에 따른 것이다. 환자의 언행의 내용에 주목하며 그 의미를 파악할 때 야스퍼스는 이해의 방법론을 따른다. 이런 이해의 방법은 1947년 AP의 제4판에서 인간 존재 전체를 이해하기 위해 실존적인 내용과 형이상학적인 내용을 첨가하면서 강화되었다. 랭은 야스퍼스가 전개한 이런 해석학적 작업을 간과한 나머지 야스퍼스에게는 정신질환의 증세에 대한 이해 가능성이 없다고 주장한 것으로 추정된다.

랭의 주 활동무대였던 스코틀랜드 출신의 학자들에 의해 진행된 랭에 대한 연구 중에는 랭의 독창성을 강조하려는 의도에서 야스퍼스와 랭의 실질적 공통점을 축소하고, 랭의 야스퍼스 독해에 따라 둘 사이의 차이점을 강조하는 경우가 많다. 그러나 랭이 보여준 정신증 증상에 대한 해석가능성은 야스퍼스의 선구적 시도와 방향을 같이한다. 하이데거는 1922년 야스퍼스에게 보낸 서한에서 야스퍼스가 쉬트린트베르그와 반 고흐 정신분열증과 작품의 관계에 대해 쓴 글에 대

---

82) Miller, G., "Psychiatry as hermeneutics: Laing's argument with natural science",
   *Journal of Humanistic Psychology*, Vol. 48(1), SAGE Publishing, USA, 2008, pp.42-60.

해 평가한다. 하이데거는 기존의 정신의학이 조현병을 포함한 인간의 정신활동을 신체작용으로 환원해서 설명하는 데 반대해서 야스퍼스가 정신 자체의 능동적인 작용을 밝히려 한다고 평가한다. 하이데거는 그러한 점을 좀 더 명확히 하기 위해서는 현존재를 형성하는 것과 현존재에 영향을 미치는 것에 대해서도 명확히 밝힐 필요가 있다는 의견을 제시한다. 그러면서 하이데거는 다음과 같은 말을 덧붙인다.

> "정신적인 것은 의식적으로건 무의식적으로건 인간이 소유한 어떤 것이 아닙니다. 그것은 인간으로 존재하는 그런 어떤 것이고, 인간이 그것에 의해 살아가는 그런 어떤 것입니다"[83]

## 5. 랭 연구를 위한 과제

지금까지 우리는 랭의 실존형상학적 정신증 연구의 특징과 성과, 한계에 대해서 살펴보며 다음과 같은 점을 확인했다. 1. 조현병 연구에 적용된 랭의 실존현상학은 후설의 현상학과 하이데거의 현존재분석론을 결합한 것이다. 랭은 실존을 대상으로 현상학적인 탐구를 한다는 뜻에서 '실존현상학'(existential-phenomenology)이라는 명칭을 사용한 것은 아니다. 그러나 현상학적 방법론이 인간의 고유한 존재 성격인 실존을 밝히는 데 적용되었다는 점에 주목하여 우리는 그의 연구방법론을 실존현상학(existence-phenomenology)이라 칭할 수 있다. 2. 실존현상학은 조현병과 같은 정신증을 겪는 사람을 새롭게 이해할 수 있는 인간론을 제시한다. 인간을 유기체(organ)으로 보는 기존의 정신병리학과는 달리 실존현상학적 정신증 연구에서는 그를 인격체(person)로 본다. 그리고 인격체로서 환자의 실존의 구조는 존재의 전체성을 드러내는 '세계-내-존'로서 조망된다. 3. 인간에 대한 이러한 관점을 토대로 랭은 광인을 새롭게 규정한다. 광인(mad person)은 '세계-내-존재'로서 자기의 세계를 이루던 타인과의 관계에서 매우 낮은 수준의 자기 정체감을 갖게 된 사람이다. 광기(madness)는 존재론적으로 불안정한 상태에

---

83) Heidegger M. / Jaspers K, *Briefwechsel* (1920-1963), München, Piper, 1990, p.9.

있는 자기를 타인으로부터 지키기 위한 반응이며 자기표현으로 이해할 수 있다.
4. 실존현상학이 임상에서 실제로 어떻게 적용됐는지를 확인하기 위해 조현병을
겪는 '피터'의 사례를 살펴보았다. 여기서 우리는 기존의 정신의학으로 이해될
수 없을 것으로 여겨졌던 정신증 환자의 언행이 '세계-내-존재', '양심', '죄책',
'본래성'과 같은 현존재분석론의 개념을 실마리로 이해될 수 있다는 사실을 확인
했다. 5. 다음으로 우리는 랭의 실존현상학적 정신증 연구에 철학적 개념들이 구
체적으로 어떤 형태로 적용되었는지 확인하기 위해 하이데거 원전의 '현존재분석
론'의 주요개념들을 그것들에 상응하는 랭의 개념들과 비교했다. 그 결과 우리는
랭이 '세계-내-존재', '참된-자기', '존재론적 불안정', '불안' 등 정신증 연구에 적
용한 대부분의 실존현상학적 개념들을 하이데거의 존재론적인 의도를 따르지 않
고 자기 나름대로 수용했다는 사실을 확인했다. 그러나 임상 현장에서 특정한 사
람의 구체적 문제를 대상으로 하는 랭의 정신증 연구도 존재론적 문제의식에 닿
아있다는 사실도 확인했다. 6. 끝으로 우리는 정신의학에 적용된 철학이 의학적
으로 어떤 평가를 받는지 확인하기 위해 랭의 혁명적인 정신증 연구와 야스퍼스
의 철학적 정신병리학을 비교하였다. 야스퍼스는 한편으로는 정신증을 객관적인
설명의 방법으로 규정하면서도 다른 한편으로는 인간에게는 논리적으로 설명할
수 없고 실존적이고 형이상학적으로 이해해야 하는 차원이 있다는 사실을 강조한
다. 이런 야스퍼스의 방법론적 다원주의는 정신병리학적으로 유의미하게 평가받
았다. 랭은 실존현상학을 이용하여 정신증 환자를 이해할 수 있다는 점은 보여주
었지만, 정신증의 원인을 '존재론적 불안정'과 같은 철학적인 개념을 토대로 분
석하거나 '세계-내-존재'가 잘못 맺은 사회적 관계에서 찾는다. 랭의 이러한 시도
들은 의학적으로는 별로 인정을 받지 못했다는 사실을 확인했다. 이런 연구결과
는 철학이 임상현장에 유의미하게 적용되기 위해서는 자신의 한계설정을 분명히
할 필요가 있다는 점을 시사한다.

지금까지 우리는 랭의 실존현상학적 정신병리학을 하이데거와 야스퍼스를 중
심으로 비교하며 살펴보았다. 그런데 랭의 실존현상학적 정신증 임상과 그에 대
한 연구가 어떻게 형성되고 전개되는지 좀 더 체계적으로 파악하기 위해서는 랭
에게 영향을 준 메이와 빈스방거의 실존현상학적 정신병리학도 살펴보아야 한

다.[84] 메이와 빈스방거 등 실존주의적 정신의학자들은 자연주의적 인간론뿐만 아니라 프로이트의 정신분석에 대한 비판에서 출발한다. 그런데 랭은 프로이트에 대해서는 이중적인 태도를 취했다. 그는 과연 프로이트에게서 무엇을 취하고 무엇을 거부한 것일까?

정신증에 대한 랭의 연구를 전체적으로 파악하기 위해서는 무엇보다도 랭의 성격구조론을 프로이트와의 관련성 속에서 살펴보아야 한다. 랭에 따르면 인간은 유아기에 자기를 이루는 기본 요소를 구조화한다. '자기'는 한편으로는 자기 자신과 관계를 맺고, 다른 한편으로는 타인과 관계를 맺는다. 자기 자신과 맺은 관계는 하부구조이며 타인과 맺는 관계는 상부구조다. 일반적인 사람은 안전한 자기 존재감이라는 토대에 있기 때문에 자기 자신을 신뢰하고 받아들이고 타인과의 관계에서도 유연하게 대응한다. 반면에 조현병적 성격구조를 지닌 사람은 자기를 이질적으로 느끼며, 불안전한 자기 존재를 '보상하기 위해' 타인을 대할 때 경직된다. 이해하기 힘든 그의 언행들은 불안전하게 형성된 자기를 보전하려는 시도다.[85] 자기 존재가 안정된 사람은 자기 자신의 존재를 실감하고 받아들인다. 체화된 자기 존재감을 체험하는 것이다. 자기 존재감이 체화된 이 상태에서는 하나의 참된-자기가 존재하며, 이런 자기는 타인과의 관계에서 현실을 일관되게 인식하며 유의미한 반응을 한다. 반면 조현병적 성격구조를 지닌 사람의 참된-자기는 내부로 숨는다. 이 내적 자기를 둘러싼 것은 거짓-자기이며, 그는 이 거짓-자기를 자기로 체감하고 타인과 교류한다. 이렇게 이중화된 자기는 타인과의 교류에서 비현실적인 인식과 무의미한 반응을 이어간다.[86]

랭의 성격구조론은 이상과 같이 요약될 수 있을 것이다. 여기서 랭은 인간을 유아기에 형성되는 상부구조와 하부구로 이루어진 성격을 지닌 존재로 파악하고, 이 성격구조의 바탕에서 자기 보존(방어)을 위해 이상 행동을 하는 것으로 본다. 랭의 이런 관점은 프로이트의 의식의 층위론과 정신역동론에 영향을 받은 것으로 보인다. 크룹(Gray G. Krupp)은 랭이 프로이트의 정신분석 이론을 선택

---

84) 이에 대해서는 메이가 공저한 *Existence*에서 상세히 다루어지고 있다.
85) 이상 신장근(2018), 117쪽 이하.
86) 신장근(2018), 123쪽 이하.

적으로 계승한다고 평가한다. 가령 프로이트 이론에는 '나'(ego), '초월적인 나'(super-ego), '그것(id)'은 있지만, 부버가 주목한 '나와 너'(I-thou)의 관계가 빠졌다는 점을 랭은 비판한다.[87] 랭은 이런 결여가 치료적 관점에서는 문제가 된다는 보고 '나와 너' 관계의 상호주관성이나 사랑을 자신의 실존현상학적 정신증 치료에서 강조한다. 랭의 의사동료였던 갠스(Gans Steven)는 실존철학자인 부버의 '나와 당신 개념'과 실존현상학자인 레비나스의 '타자론'에 영향을 받아 상호주관성을 강조하는 랭의 치료법을 "사랑의 현상학(phenomenology of love)"[88]이라 칭한다.

그런데 랭에게서처럼 정신분석적 토대와 실존현상학적 인간론이 공존한다면, 서로 이질적일 것 같은 이 두 가지는 어떻게 병행하며 정신증 환자의 치료에 적용될 수 있는 것일까? 보스는 프로이트의 무의식론이 사태 자체에 있어서는 하이데거의 현존재분석론의 개시성과 유사하다고 주장했다. 그는 프로이트가 이론적 성과를 위해 시도한 구조화이론 등 임상현실에 맞지 않은 경직된 인간론을 절대화하지 않는다면, 실존현상학적 치료법과 공통의 지반 위에서 전개될 수 있다고 말한다.[89] 프로이트의 이론을 실존현상학적으로 해석하여 수용한 후 보스는 실제로 하이데거의 현존재분석론을 조현병 치료에 응용한다. 하이데거는 보스가 자신의 현존재분석론을 인간학적으로 적절히 응용했다고 평가했다.[90] 현존재분석론을 존재 일반의 탐구를 위한 기초존재론으로 탐구하지 않더라도 인간학적인 형태로 치료에 응용할 수도 있음을 현존재분석론의 창안자가 인정한 것이다. 이런 평가가 프로이트의 이론적 도식을 상당부분 준용하는 랭의 실존현상학적 정신증 연구에도 타당한 것인지는 앞으로 랭의 성격구조론과 실존현상학적 인간론을 비교하며 검토되어야 할 것이다.

---

87) Krupp G. J., *R. D. Laing In HISTORICAL AND PHILOSOPHICAL PROSPECTIVE*, A Dissertaion Presented to Uni. of Southern California, 1973. p.2.

88) Gans Steven, AWAKING TO LOVE: R. D. LAING'S PHENOMENOLOGICAL THERAPY, Psychoanlystic Review, Vol. 87(4), London, 2000, p.528.

89) 보스(2003), 124쪽 이하. 143쪽 이하.

90) Heidegger(1987), p.162.

2부

실존철학상담
이론과 그 사례

# 9장

## 두어젠: 심리치료에서 철학치료로

## 1. 실존현상학에 토대한 실존주의 심리치료

　네덜란드 태생으로 실존현상학을 기반으로 '철학적 치료'(philosophical therapy)라는 고유한 방법론을 발전시킨 실존주의 심리치료사 두어젠(Emmy van Deurzen)은 프랑스 몽펠리에 대학에서 불어학과 철학을 전공하였다. 대학원에 진학한 그녀는 프랑스를 대표하는 현상학자인 앙리(Michel Henry)에게서 철학 전공으로 석사학위를 마쳤다. 이때 심리학과 철학을 결합시킨 학위 논문 제목은『다른 사람들의 경험을 거부한 어떤 정신과적 측면에 대한 철학적 반성』이다. 이 논문에서 두어젠은 외로움과 조현병의 관계를 탐구하는 데에 후설의 현상학을 적용했다. 그녀는 철학과에서 석사학위를 공부하는 동안에도 정신병원에서 촉진자와 상담사로 일했다. 그러던 중 마침내 두어젠은 보르도 대학의 임상심리학과에서 심리치료 전공으로도 석사학위를 마쳤다. 이때 그녀의 석사학위 논문 제목은『젊은 여성들의 자살 시도』다.

　1977년 영국으로 건너간 두어젠은 런던에서 생활하면서 심리치료 단체에서 활동하고, 심리치료 수련 교육도 담당하였다. 런던 시절 초기에는 랭의 반 정신의학운동에 동참하기도 했다. 1978년 두어젠은 미국을 직접 방문하며 로저스(Carl Rogers)의 실존주의 심리치료를 가까이서 경험한다. 그런데 두어젠은 이런 만남을 통해서 철학적인 정신요법을 전개해보려는 그녀의 계획을 랭도 로저스도 충족시킬 수 없다는 결론에 도달했다. 두어젠은 자신만의 방식으로 실존주의적 치료를 할 수 있는 기관을 설립하기로 마음을 먹는다. 영국으로 돌아온 이후 그녀는 심리치료 센터 대표와 심리치료 대학의 학장을 역임한 후, 1996년 실존주의 심리치료를 전문으로 하는 대학을 설립한다. 이곳에서 그녀는 철학적 사고를 매우 실용적인 방식으로 적용하는 법을 개발하고 교육한다. 두어젠은 이미 1988년 이후 철학 사상을 개인, 커플, 그룹, 단체의 문제를 풀 때 적용할 수 있는 상담치료법을 담은 책을 저술하기 시작 했다. 2006년 런던 시립 대학에서 두어젠은 하이데거와 현상학 전문가인 그리데(Alphons Griede) 교수의 지도로 철학박사 학위논문을 마쳤다. 이 논문은 하이데거의 본래성 개념과 심리치료의 관계에 관한 것이다.

이런 학문적 경험과 임상수련을 거친 두어젠은 영국에서 실존주의 심리치료 전문가로서 가장 왕성하게 활동하고 있으며, 영국 실존분석학파의 설립과 발전에도 선도적 역할을 했다. 영국 실존분석학파는 다양한 실존철학자들의 영향을 받았지만, 하이데거를 전공한 두어젠은 내담자의 참된 모습을 밝힐 때 『존재와 시간』의 '현존재분석론'에 크게 의존한다. 쿠퍼에 따르면 두어젠은 실존주의 치료사들 중 가장 철학적이다. 심지어 존재론적인 문제를 제기하는 데 필요하다면, 두어젠은 실존주의의 범위를 넘어서기도 한다.[1] 쿠퍼에 따르면 영국 실존분석학파의 대다수 동료들은 두어젠과는 다르게 하이데거를 치료에 적용하는 데 회의적이며, 가치판단을 배제한 채 내담자의 체험한 것을 그대로 기술할 수 있는 후설의 현상학에 더 의존한다.[2] 그러나 하이데거의 현존재분석론과 후설의 기술현상학적 방법론은 분리될 수 없는 것이다. 두어젠은 실존주의 심리치료의 방법론을 소개하는 논문에서 후설현상학을 먼저 소개하고, 그 연속선에서 하이데거의 현존재분석론의 개념들을 소개한다.[3] 두어젠 역시 후설의 초기 현상학을 토대로 하이데거의 현존분석론을 임상에 적용하고 있는 것이다. 최근 두어젠은 영국 실존주의 심리치료의 역사와 현재 활동을 총정리한 논문집 『실존치료 지침서』[4] 의 편집주간을 맡음으로써, 그녀가 영국 실존주의 심리치료의 중심인물

---

1) 『실존치료』, 224쪽.

2) 『실존치료』, 222쪽

3) 예를 들어, 두어젠이 초창기인 1988년 발표한 논문에서는 "존재론적 기술"이라는 개념으로 후설의 기술현상을 소개하고 있다. "Existentialism and existential psychotherapy", in C. Mace(Ed.), *Heart and soul: The therapeutic face of philosophy* (pp. 216-235). Taylor & Frances/Routledge, 1999, p. 3.; 2015년에 발표된 논문에서는 현상학적 방법론의 중요성을 좀 더 상세히 밝히고 있다. "Structural Existential Analysis(SEA): A Phenomenological Method for Therapeutic Work, in J Contemp Psychother, Vol. 45, 2015, pp.59-68.

4) Deurzen E. v. ed.,, *The Wiley World Handbook of Existential Therapy*, Chichester(UK): John Wiley & Sons, Ltd, 2019.

로 인정받고 있다는 사실을 확인시켜준다. 이 책 첫 장에서 저자들은 100쪽 정도의 분량으로 여덟 명의 실존치료사들이 현존재분석론을 소개한다. 2장에서는 "실존현상학적 치료"(Existential-Phenomenological Therapy)라는 개념으로 실존철학과 현상학을 결합한 치료법이 정리된다. 초창기에는 실존철학과 현상학의 관계에 대해서 혼란이 없었던 것은 아니지만, 이 책의 구성을 통해서도 이제는 두 철학사상이 결합된 치료법이 체계적으로 통합되었다는 사실을 알 수 있다.

## 1) 실존철학적 인간론과 치료의 목표

두어젠의 상담 치료는 '모든 사람들의 삶은 대개가 험난하고, 거칠고, 불공정하다'는 관점에서 출발한다. 두어젠에 따르면 사람들은 가령 고독을 원하면서도 타인과의 친밀감을 추구하고, 현존과 초월 그리고 확실성과 불확실성 사이에서 갈등하며, 현재의 자신을 그대로 수용하려는 욕망과 개선하려는 욕망과 같은 딜레마나 양극성을 지닌 존재다. 이런 인간의 삶은 매일매일 도전과 투쟁의 연속이며, 이로 인해서 불안할 수밖에 없다.[5] 이런 불안한 매일의 삶 속에 사람들은 불안에 직면하며 자기답게 살기보다는 타인의 시선이 지배하는 일상으로 도피한다. 그런데 이런 일상에서 사람들은 불안하지 않은 완벽한 삶에 대한 환상을 충족시키려 시도한다. 일상인들의 삶에 대한 두어젠의 이런 분석은 야스퍼스의 '투쟁'이라는 한계상황과 하이데거의 '불안'과 '참된 자기'(본래성) 개념을 근거로 한 것이다. 그런데 두어젠은 불안이 없는 완벽한 삶이란 존재하지 않는데, 불안을 견디며 참된 자기로 살기보다는 완벽한 삶이라는 환상을 추구하는 것은 일종의 자기기만이라고 규정한다. 이 자기기만적 삶은 일시적인 안정과 만족을 줄수 있는 있지만, 한 순간 일이 잘못되면 모래성처럼 무너져 내린다. 그 안정과 만족은 환상에 기반하기 때문이다. 완벽한 삶에 대한 환상이 확고했을수록 그것이 무너져 내일 때 충격은 크다. 이런 환멸의 경험 앞에서 사람들은 현실에 직면하거나, 반대로 더욱더 현실로부터 도피하려는 경향을 보인다. 두어젠은 도피가 문제를 더욱 악화시킬 뿐이라고 확신한다.[6]

---

5) 『실존치료』, 224쪽.

6) Deurzen E. v., *Exitential Counselling and Psychotherapy in Practice*, 3rd edn., London: Sage, 2012, p.41. 이하

그런데 두어젠에 따르면 자기기만과 환멸, 도피는 어떤 심리적 상처 때문이 아니라 삶에 대한 사람들의 철학적인 태도에 의해서 결정된다.[7] 이런 생각에서 두어젠의 실존주의 상담은 삶에 대한 사람들의 철학적인 태도를 바꾸는 것을 문제해결의 열쇠로 삼는다. 그리하여 실존주의 상담사로서 두어젠은 내담자가 환상에서 벗어나 불안하고 불완전할 수밖에 없는 자기를 있는 그대로 받아들일 수 있게 내면의 힘과 장점을 일깨워줌으로써 매일의 도전에 맞서 싸우며 자기다운 삶을 살아가도록 용기를 주는 역할을 한다. 이러한 상담을 통해서 내담자의 문제가 즉각적이고 완전하게 해결되는 것은 아니다. 삶은 여전히 끝없는 도전과 투쟁의 연속이며, 불안하고 모순적이다. 그렇지만 이제 내담자는 이런 삶을 전체적으로 조망하며 현실로 받아들이고, 이런 삶의 주인으로 서 있는 그런 삶 속에서도 의미와 가치, 가능성과 열정을 발견하려는 태도를 갖게 된다.[8]

그런데 대개의 내담자들은 자신의 실존적인 상황을 그 구조와 본질, 전체성에서 탐색하는 데 익숙하지 않다. 그들은 불안과 불공정성 등 실존적인 문제를 겪으면서도, 그것을 실존론적으로 탐구하는 데 서툰 것이다. 두어젠은 이런 내담자들을 그가 서있는 현실로 돌아와 참된 자기와 마주서게 하면서 실존적인 상담을 진행한다. 이를 위한 방법으로 두어젠은 내담자들이 살고 있는 세계를 마치 그림을 그리듯 묘사하는 방법을 사용한다. 이를 위해서 두어젠은 빈스방거가 정신과 치료에서 사용한 환경세계, 공동세계, 자기세계 분석[9]과 부버와 야스퍼스의 사유에서 도출한 초월적 세계에 대한 분석을 자신의 실존적 상담과정으로 차용한다. 이러한 세계 묘사를 통해서 내담자는 당면 문제로 인한 걱정에서 어느 정도 자유로워진 채 그간 간과했던 측면들을 탐색할 수 있다.[10] 상담사는 이 네 가지 세계를 내담자의 진술을 쫓아 함께 묘사해 내면서 내담자가 이들 세계에 어떤 태도를 취하고 있는지, 그렇게 묘사된 세계 속에서 내담자가 경험하는 자기모순과 딜레마, 검토되지 않은 가정과 세계관 등을 명확히 한다. 그러나 그 일

---

"Deurzen(2012)"로 표기.

7) Deurzen(2012), p.18, p.19.

8) 『실존치료』, 228쪽.

9) 빈스방거의 이러한 세계분석은 하이데거가 현존재분석론에서 전개한 것을 정신과치료에 응용한 것이다.

10) Deurzen(2012), p.62.

차적 목적은 이런 문제들을 해결하는 데 있는 것이 아니라 인간이 이런 문제를 않고 살아갈 수밖에 없는 존재라는 사실을 확인하며, 이런 삶의 현실을 인정한 상태에서 문제를 새롭게 이해하고, 내담자가 질문하기 꺼리는 원칙들을 밝혀내고, 그의 핵심 가치를 판별하도록 돕는 것이다.[11] 이를 위해서 상담사는 내담자에게 질문하거나 성찰의 계기나 묘사된 내용에 대해 요약해 줄 수도 있지만, 내담자의 구체적인 묘사를 이끌거나 묘사된 영역을 상담사의 특정한 가치관이나 규범에 따라 평가하거나 분석하지 않는다. 상담사의 역할은 내담자를 도와 묘사된 네 영역에서 내담자가 주체적으로 자신의 내면에 있던 능력과 창의성을 발휘해 대응하면서 현실의 삶 속에서 의미와 활력을 발견하게 돕는 것이다.

## 2) 세계관의 명료화 - 상담을 이끄는 네 영역[12]

두어젠에 따르면 실존주의 접근법은 개인의 특성들을 범주화하여 확정하는 '진단 틀' 대신 인간 존재의 기본 영역들을 묘사하는 '참조 틀'(a frame of reference)을 사용한다. 참조 틀은 개인의 입장과 삶의 궤적이 구성되고 이해될 수 있는 인간존재의 지도를 제공하고, 당면 문제에 매몰되는 것을 억제해주고, 내담자가 처한 현실의 모든 다른 국면들을 탐색하는 데 도움이 된다. 두어젠의 상담은 이 참조 틀을 검토한 후, 각 영역과 관련해 내담자가 전제하는 가정들과 가치들 점검하며 정의하기, 정서와 의미에 대해 창조적으로 탐색하기, 홀로 직면하며 소통하기 등의 단계로 진행된다. 참조 틀인 인간 존재의 기본 차원은 다음과 같이 넷으로 분류된다.

### ① 환경세계(Umwelt) – 물리적 차원(physical dimension)

우선 개인은 그를 둘러싼 환경세계와 관계를 맺는다. 환경세계는 우리들 각자가 일상에서 공간적으로 관계를 맺고 있는 자연환경뿐만 아니라 나의 자아를 자연환경과 연결시켜주는 나의 몸도 포함하는 물리적 차원이다. 물질적이고 생물

---

11) Deurzen(2012), p.105.

12) 이하는 1984년에 발표한 두어젠의 논문 "Existential Psychotherapy: Philosophy and Practice"을 참조하고 필자의 설명을 덧붙여 Deurzen(2012)의 3장의 내용을 재구성한 것이다. 번역어는 한재희의 번역본을 참조했으며, 필요할 경우 필자가 수정했다.

학적인 법칙이 지배하는 이 차원에서 개인은 대개 본능에 따라 행동한다.

② 공동세계(Mitwelt) - 사회적 차원(social dimension)

인간은 그 어떤 동물보다 자신만의 개별성을 중요시하면서 동시에 타인과의 관계에 의해서만 한 사람의 인격체로 성장하여 삶을 영위한다. 이런 점에서 개인은 환경세계뿐만 아니라 타인과 더불어 사는 세계와 밀접한 관계를 맺고 있다. 이 사회적 차원에서 나의 자아는 학습된 교양있는 방식으로 다른 사람과 상호작용한다.

③ 자기세계(Eingenwelt) - 개인적 차원(personal dimension)

인간은 반성하고 성찰하는 존재다. 그 반성과 성찰의 대상이 자기 자신이 될 때, 주체적인 나(the I)와 객관적인 나(the ME)는 분리된다. 특정한 신체조건과 사회적 역할, 성격과 정서적 특성으로 묘사될 수 있는 객관적인 나는 그것을 반성하고 성찰하는 주체적인 나와 분리되면서 동시에 주체적인 내가 챙기는 영역으로서 나와 관계를 맺는다. 반성하고 성찰하는 이런 관계 속에서 점점 개인의 자아감이 형성된다. 두어젠이 개인적 차원에서 주목한 이 자아감은 '참된 자기'나 '본래성'의 형태를 띤 실존의식으로 발전할 수 있다.

④ 초월세계(Überwelt) - 영적 차원(spiritual dimension)

인간은 환경세계나 공동세계, 자기세계와만 관계를 맺는 것이 아니라 이런 세계 속에만 머물러서는 만날 수 없는 이상이나 이념, 믿음, 목적, 가치, 열망을 추구하며 산다. 이런 세계를 두어젠은 부버와 야스퍼스의 사상을 반영하여 '초월세계'라 칭한다. 앞의 세 세계 개념들은 모두 하이데거의 현존재분석론에 등장하는 개념들이지만, '초월세계'는 거기서 발견되지 않는다. 두어젠은 초월세계를 '영적 차원'(spiritual dimension)으로 분류한다. 그런데 만약 여기서 '영적'(spiritual)이 종교적인 의미에만 국한된다면, 종교적 영성을 중요시하는 부버의 사상에는 부합하지만, 존재에 대한 보편적 탐구를 전개한 하이데거나 특정한 계시신앙을 넘어선 철학적 신앙을 주장한 야스퍼스의 사상과도 어긋나는 지점이 많다. 이런 점을 의식해서인지 두어젠은 자신이 상담에서 탐구하는 영적 차원은 특정한 종교관에 국한된 것이 아니라 좀 더 포괄적인 세계관을 의미한다고 주장한다.

## (1) 환경세계 - 물리적 차원

우리를 물리적으로 둘러싼 세계는 그것이 자연환경이건 나의 몸이건 가장 기초적인 존재차원이다. 우리는 이 차원에서 사물과 효과적으로 관계를 맺으면서 생존하는 법을 배운다. 그러면서 우리는 자연스럽게 나의 존재를 이 차원에서 구축해 간다. 현존재분석론에서 하이데거는 인간이 실제적인 제약과 한계가 있는 물리적인 환경 속에 던져진 존재라는 점을 밝힌다. 이렇게 수동적으로 던져진 세계에서 각자 인간들이 이 세계와 맺는 관계나 반응은 개인들마다 상당히 다를 수 있다. 여기서 우리는 물리적 경계가 절대적일지라도 그 자연적 경계 내에서의 활동하는 각자의 태도는 주관적이고 변동가능하다는 점을 알 수 있다. 그러나 환경세계에 대한 각자의 반응과 관계방식이 주관적일지라도, 그 자연세계 안에서 살아가기 위해서는 누구나 지켜야할 일정한 규칙과 객관적인 법칙이 있다. 이런 점을 고려할 때 내담자가 자신의 환경세계 속에서 어떤 관계를 맺고 살아가고 있는지를 탐구하는 일은 그가 세상을 살아가는 방식을 온전히 이해하는 데 매우 중요한 시작 단계다. 이때 환경세계에 대한 탐구를 통해서 우선적으로 밝혀져야 할 점은 내담자가 현재 살고 있는 환경조건들이 어느 정도 그에 의해서 선택한 것인지 아니면 전적으로 수동적으로 주어졌는지 이다.

두어젠은 내담자의 세계관을 점검할 때 깊은 차원까지 탐색하고 그 내용과 의미를 명료화하는 것을 목표로 해야 한다고 말한다. 이런 목표가 성취 될 때 내담자에게 은닉되어 있던 그의 세계가 열리면서 새로운 발견이 시작될 수 있다. 이런 경험은 내담자에게 발견에 대한 경이감과 자신감을 준다. 만약 내담자가 물리적 차원에서 어떤 장애를 겪고 있고, 이 장애가 상담을 통해서 명료화되고 객관화되어 어느 정도라도 극복되지 않는다면, 상담은 내담자의 다른 세계를 탐구할 발판을 얻기가 힘들다. 이런 의미에서 자연세계는 인간 삶의 기초이며, 이 세계와 내담자가 최소한의 조화로운 관계를 맺고 있어야, 다른 단계의 세계에서 원활하게 살아 갈 수 있다. 만약 내담자가 자신의 신체에 대해서 안정감을 갖지 못한 상태라면, 상담은 다른 어떤 작업에 앞서서 내담자가 자신의 신체와 조화로운 관계를 맺도록 하는 데 일단 집중해야 한다. 자연세계의 영역 안에서 내담자가 자신을 조절하며 조화로운 관계를 맺을 수 있는 능력은 취미와 운동, 여가생활 등을 통해서 개발할 수 있다. 이런 활동을 통해서 신체가 자연스럽게 환경세계와 조율되는 감각을 경험하게 해준다면, 내담자는 다른 차원의 세계에서도 생존할 수 있는 자신감을 얻게 된다.

### <사례>

두어젠은 과체중인 소피와 저체중인 미셸의 사례를 소개한다. 이 둘에게는 다행히도 자신들을 지지하는 가족과 친구들이 있다. 그러나 이 둘은 불행하게도 자연세계로부터 고립된 채 살고 있고 몸을 귀찮은 존재로 여길뿐만 아니라 자신을 이루고 있는 것으로 인정을 하지 않는다. 그런데 환경세계를 탐구한 결과 소피와 미셸은 자신들이 현재 살고 있는 세계에서 겪고 있는 두려움이나 역겨움을 떨쳐버리고 활력 있고 생생한 신체를 가진 존재로 발전하려는 갈망도 비밀스럽게 간직하고 있다는 사실이 밝혀졌다. 두어젠은 내면에 숨겨진 이 갈망을 명백히 해주었다. 이러한 상담 후 소피는 오토바이라는 취미생활에 흠뻑 빠지면서 더 이상 몸무게로 인해 압도당하지 않게 되었다. 저체중이던 미셸은 자연세계에 대해 자신감이 부족했다는 사실을 상담을 통해서 처음으로 통찰할 수 있었다. 다른 한편으로 미셸은 동물과 가까워지려는 열망도 자신 안에 있다는 사실도 통찰했다. 미셸은 동물과 친근한 관계를 맺는 방식으로 자연세계와 조화롭게 관계를 맺으려는 열망이 마음 깊이 있다는 것을 상담을 통해서 인식하게 된 것이다. 이런 깨달음은 미셸을 움직이게 했다. 그녀는 애견보호소 보조원 일을 하면서 식욕부진이 호전되고 음식물 거부행위를 멈추었다.

이와 같은 자연적 영역에서의 삶에 대한 적응이 만사형통은 아니지만 더 나은 발전을 위해 필수적이다. 두어젠은 인간의 존재가 물질적인 필요조건들과의 상호작용할 때 특정한 관계방식에 고착되지 않고 유연성을 유지하는 일은 능동성과 수동성의 균형유지, 삶과 죽음, 건강과 질병, 안전과 불안전을 직면할 수 있는 능력을 길러준다고 주장한다.

## (2) 공동세계 - 사회적 차원

개인이 사회적 세계에서의 맺고 있는 관계는 공적으로 다른 사람과 일상적으로 만나는 관계를 의미한다. 일반적으로 사람들은 자신들의 행동, 감정, 사고를 결정해 주는 사회적, 정치적, 문화적 환경 속에서 경험을 쌓으며 살아간다. 그런데 많은 내담자들이 자신들이 놓여있는 이 사회적 세계에 어려움을 겪는다. 이런 상황 때문에 실존주의적 상담과 심리치료는 환경세계 분석보다는 공동세계를 탐구하는 데 초점이 맞추어지는 경우가 대부분이다. 그런데 두어젠은 이때 자신의 실존적 접근방식은 인간중심적인 접근방식과의 차이가 공동세계의 문제에서 확연해진다고 주장한다. 인간중심적 접근방식은 인간이 근본적으로 선하고 상호 협력적이라고 전제하고 다른 사람을 전적으로 수용하며 무조건적인 긍정적 배려를 제공하면 된다고 가정하지만, 자신은 이런 인간중심의 가설에 동의하지 않는다는 것이다. 물론 실존적 치료는 내담자가 이해하고 있는 세상에 상담사가 공감적으로 참여하여 건설적인 대화를 하기 위해서 서로 신뢰할 수 있는 분위기를 만들고, 이런 분위기 속에서 좋은 결과를 창출한다고 믿는다는 점에서 인간중심적 접근방식과 그 뿌리가 비슷하다. 하지만 두어젠은 전적인 수용과 무조건적인 배려가 아니라 내담자와의 실존적인 만남에서 더 깊은 탐색을 통해 숨겨진 진실을 발견하려 하며, 이를 위해서 어떤 날카로운 창끝이 필요하다고 주장한다. 인간은 사랑과 증오, 감사와 원한, 지배와 복종, 수용과 거부, 포용과 배척, 불안과 확신과 같은 양극성 사이에서 움직이는 존재이고, 이로 인해서 끊임없이 흠집을 얻게 된다. 두어젠은 이런 갈등과 문제성을 인식하고 직면하여 직접 다루려한다.

야스퍼스는 사랑하는 사람끼리도 투쟁할 수밖에 없다고 본다. 사랑과 동시에 투쟁은 누구도 벗어날 수 없는 한계상황인 것이다. 두어젠은 야스퍼스의 이런 공동세계론을 참조하되 사르트르의 타자론에 우선 주목한다. '타자는 나의 지옥이다'고 선언한 사르트르에 따르면 인간관계에서는 항상 긴장이 야기된다. 헤겔의 인정투쟁 개념을 수용한 사르트르는 인간관계에서의 이러한 긴장은 자신을 지배하려는 타자를 지배하려는 시도를 서로 하기 때문에 야기된다고 생각한다. 사람들은 서로 사회적 상황에서 지배하는 것만으로 만족하지 않고, 자신에게 복종하는 자가 자신의 절대적 우월성을 인정하고 자발적으로 자신에게 복종하는 정도가 되기를 원한다.

두어젠은 이러한 힘의 갈등이 네 가지 방법으로 해결될 수 있다고 주장한다. 1) 다른 사람을 지배하려고 시도한다. 아니면 2) 다른 사람에게 복종하거나, 다른 사람을 위해 헌신하는 방법으로 당신 자신을 그들에게 필수불가결한 존재로 만든다. 또는 3) 다른 사람들과의 접촉으로부터 물러남으로써 잠시 동안만이라도 갈등과 경쟁을 피할 수 있다. 그런데 두어젠은 이 세 가지 경우에 경쟁이 불가피하다고 가정 하며, 그러한 경쟁을 받아들여야 한다고 본다. 이와는 다르게 상호 협력하는 모델도 있다. 4) 이것은 다른 사람과 경쟁하기보다는 상호 협력을 통해서 갈등을 해결하는 모델이다. 두어젠은 이 넷째 모델이 서로가 같은 이익과 목적으로 계속 함께 일할 때만 성공할 수 있다고 본다.

근대이후 오늘날까지 서구문명은 적극적인 개인주의를 장려하는 경향이 강하다. 그런데 다른 한편으로는 유대-기독교의 가치관은 이런 개인주의에 대해 박애주의와 비이기적인 상호협력, 인간 동료에 대한 사랑으로 옷을 갈아입기를 요구한다. 두어젠은 많은 내담자들이 이러한 '문화적 딜레마'에 빠져 혼란스러워한다고 보고한다. 실존주의 상담사는 이러한 혼란을 인간 존재의 피할 수 없는 상황으로 인식시킴으로써 내담자들을 도울 수 있다. 즉, 사회적 차원의 삶에 대한 실존주의적 탐색을 통해서 이기주의와 이타주의 사이의 긴장이 인간 삶에 있어서 보다 근본적인 모순의 표출이라는 사실을 내담자들이 인식할 수 있고, 이런 인식을 통해서 그들은 공동세계에서 훨씬 더 유연하게 대처할 수 있다. 사회적 경험이 적은 청소년들은 성인들 보다 이 영역에서 더 취약하다. 그들은 심한 경쟁 속에서 아무 역할도 할 수 없거나, 비밀로 봉인된 것처럼 보이는 세상 속에서 자신의 위치를 찾는 데 큰 어려움을 겪을 수 있다. 외부 세계로 부터 단절된 채 살아가는 가족 안에서 안주하고 과잉보호되었던 젊은이들의 경우는 문제가 훨씬 심각하다.

### \<사례\>

두어젠은 유대감이 강한 중산층 가정의 막내딸인 알렉스의 사례를 소개한다.

알렉스가 지방의 공립학교에 진학하면서부터 문제가 발생했다. 진학한 그 학교에서 알렉스는 새 친구들과 사귈 수 있었지만 어느 누구와도 이전 학교에서 사귄 친구들만큼 가깝게 지내지는 않았다. 더 큰 문제는 알렉의 부모가 딸의 미래보다 자신들의 원칙을 더 중요하게 여기는 것 같아, 그녀는 항상 친밀하게 여겼던 부모로부터 소외감을 느꼈다는 점이다. 고립과 환멸감을 주는 이런 환경에 대항하며 알렉스는 자주 분노하게 되었다. 그녀는 2년 이상 마치 모든 것이 정상인 것처럼 살려고 노력했으나, 실제로는 다른 사람과의 관계에서 철수하였다. 시간이 지남에 따라 서 알렉스는 세상 자체가 악하다는 생각을 점점 갖게 된다. 그녀는 자신도 다른 사람처럼 악하게 될까봐 두려운 마음에서 더욱 이타적으로 행동하고, 자신의 이익을 챙기는 데 소홀했다.

이렇게 생활하던 중 알렉스는 자신이 남들과 다르다는 사실이 드러나는 것에 대해 더 이상 두려워하지 말아야 한다는 결론을 내렸다. 이후 학교와 집에서 알렉스의 태도는 바뀌었다. 그녀는 숙제하기를 거부하고, 넝마 같은 속옷을 입고 등교하기도 했다. 이로 인해서 알렉스는 정학을 당했고, 이 소식은 부모에게 알려졌다. 얼마 후 학교에서 열린 연주회 중간에 알렉스는 갑자기 무대에 뛰어올랐다. 그녀는 정직과 순수함, 이타주위의 필요성에 대해 말하면서 모든 사람들 앞에서 옷을 벗어던졌다. 이 일로 알렉스는 정신병동에 보내졌다. 알렉스는 두어젠과의 상담회기 중에 다른 사람들의 태도에 대한 환멸을 자주 언급했다. 상담회기가 이어지다 마침내 알렉스는 상담사가 자신을 진지하게 받아들이고 정말로 자신의 염려에 대해 관심을 가져준다고 확신하게 된다. 이때부터 그녀는 아주 조금씩 더 자세히 진술하기 시작했다. 알렉스는 믿었던 선생님이 마약과 관련된 부정행위를 저질렀다는 사실을 알게 되고, 엄마가 외도했다는 사실을 알았을 때는 속았다는 생각과 함께 모든 희망을 잃어버리는 느낌을 받았다고 두어젠에게 털어놓는다. 이 사건으로 인해서 알렉스는 전에는 명백히 그녀에게 구속력이 있다고 생각됐던 도덕들이 실제로는 그렇지가 않은 것으로 여겨졌다. 이런 사건이 있기 전에 알렉스는 누구보다도 높은 이상을 가졌었다. 그만큼 그녀는 매우 실망했고 분노했으며 인간을 매우 나쁜 존재로 생각하기 시작했다. 이모든 일들을 상담사에게 털어놓았다는 점, 그리고 자신에게 귀 기울여 주는 사람이 있다는 점 때문에 알렉스는 어느 정도 안정을 찾았다. 하지만 알렉스가 깨달은 공동세계 속의 모순들은 인간사에서 항상 존재한다고 보는 상담사의 태도에 그녀는 혼란을 느끼기도 했다.

그러던 중 어떤 회기에서 알렉스는 '상담사가 이타주의자의 옷을 입고 있긴 하지만 이기주의자에 지나지 않으며, 자기 이익을 위해서 마치 세상을 구할 것처럼 나선 위선자에 불과하다'고 폭력적인 말로 두어젠을 공격하기도 했다. 이로 인해서 두어젠은 충격을 받았고, 자신을 도와주려는 진정성을 알아주지 않는 알렉스에 대해 불평하였다. 상담을 해주다 마음에 상처를 받은 두어젠은 슈퍼비전을 받는다. 슈퍼비전을 통해서 두어젠은 자신이 보였던 반응과 알렉스의 감정폭발 모두를 새로운 시각으로 보게 되었고, 그것이 상담의 진전을 가능하게 하였다. 두 사람의 사회적 세계관은 이기주의는 악하고 이타주의는 선하다는 잘못된 가정을 갖고 있었다. 이런 잘못된 가정을 근거로 두 사람은 자신들은 전적으로 선한 사람이며 다른 사람의 행복을 위해 헌신하는 정말 좋은 사람이라고 믿고 있었다. 슈퍼비전 과정을 통해 상담사는 알렉스의 공격성에 대처하는 보다 나은 방법을 생각해 볼 수 있게 되었다.

알렉스에게 가장 필요한 것은 어느 면에서 이기적이게 되는 권리는 모든 사람의 권리라는 점과 이기주의의 긍정적 측면을 확신하는 일이었다. 상담사는 알렉스에게 자기 유익을 보호하기 위한 필요성에 대해 그리고 알렉스가 자기중심적인 현실과 맞닥뜨려야 한다는 점에 대해 살펴본다. 알렉스의 시야기 넓어지자 그녀는 정직한 이기주의와 맹목적 이타주의를 구별하기 시작했다. 이후 알렉스는 자신의 욕구를 공개적으로 언급하고 보호할 수 있는 용기가 생겼다. 이는 전에 그녀가 가졌던 이타주의와 순수한 정직함으로 인한 강박증을 대체하였다. 이런 새로운 통찰들은 그녀가 더 잘 살아갈 수 있도록 하는 열쇠가 되었다. 알렉스를 정신분열로 진단한 정신과 치료 시스템은 삶의 고난을 극복하는 능력이 이미 빈약해져 있는 알렉스가 자신에 대한 신뢰를 더 훼손시키게 만들었다고 두어젠은 평가한다. 정신과 치료 시스템과 달리 알렉스가 어린 시절부터 경험한 등산이나 수영과 같은 과외활동은 알렉스가 공동세계에서 경험한 혼란과 투쟁할 때 지속적으로 희망을 주고 지지해 주는 배경이 되었다. 이런 활동들은 알렉스가 절망 속으로 빠져들지 않도록 보호해주고, 최악의 순간에도 자신을 완전히 포기하고 파괴하기보다는 밖으로 나가서 세상을 변화시키는 것을 원하도록 만들었다.

### (3) 자기세계-개인적 차원

자기세계는 내담자가 타인과 형성한 친밀함 뿐 아니라 자기에게 느끼는 친밀함 등 자기 자신의 일부로 느끼는 모든 것을 포함한다. 이런 개인적 차원은 자기 성찰에 의해서 비로소 열리는 것인데, 사회적 세계 속에서 다른 사람과 구분되지 않은 '그들'(das Man)로서 살아가는 많은 사람들이 자신의 자기세계가 공허하고 결핍되었다는 사실을 자각조차 하지 못한다. 사회적으로는 외향성과 자신감을 확장하기 위한 개인주의는 부추기면서도 정작 개인의 내면적 삶의 발달을 돕지 않는다. 자기세계에 문제를 느끼는 내담자들은 내적 공허함을 해소하고 독자성을 지닌 자신을 발견하기 위해 실존상담소를 찾는다. 이런 내담자와의 상담에서 개인적 세계관계에 대한 탐구는 내담자로 하여금 자신의 사적인 세계를 점검하고 회피하거나 무시하려 했던 모순을 이해하는 데 목적이 있다. 이러한 작업으로 감추어져 있던 특성과 선호하는 가치가 발견될 수 있다. 내담자에게 감추어진 특성이란 사회의 규정된 틀에서 부정적으로 생각되던 것들이다.

### <사례>

두어젠은 매우 이성적인 역사교사 레이몬드의 사례를 소개한다. 42세에 미혼인 역사교사 레이몬드는 요사이 자기 자신과 타인에 대한 새로운 발견으로 기쁨을 맞보다, 급기야 인간중심만남집단에 가입하여 활동하게 된다. 그런데 이 모임에서 레이몬드는 합리적이고, 분석적이며, 지적인 자신의 이성적 특성들을 비판받게 된다. 이러한 비판들 중에는 인정할 수 있는 것도 있었고, 불편한 감정을 일으키는 것도 있었다. 그는 집단에 참여한 이들의 의견을 받아들이기로 하고, 그들 중 자신을 가장 신랄하게 비판했던 이와 인도로 여행을 떠난다. 하지만 그와의 여행은 완전히 실패로 끝났다. 정반대의 성향을 가진 그와의 여행에서 레이몬드는 번번이 자신의 욕구들이 좌절되는 경험을 한다. 이러한 경험을 통해서 레이몬드는 자신의 특성을 따르는 것이 최소한 그에게만은 효과적일 것이라는 사실을 알게 됐다. 그후 레이몬드는 자신의 특성을 부정했던 집단에서 벗어나 자신의 내면세계를 탐색하고 싶었다. 그는 자신의 내면세계를 면밀히 검토한 후 감추어져 있던 특성들을 발견하게 된다. 공적인 견해에 억눌러 제압당해 왔던 레이몬드의 세계는 그 자신의 재평가로 빛을 되찾게 된 것이다. 그는 역사교사로서 지루하게 느꼈던 지난날을 반성하고 그에게 잠재되어있던 독창성과 재치를 끄집어내 역사수업에 접목시켰다. 그는 자신의 내면에 잠재해 있던 힘을 확신하게 됐다. 이후의 삶에서는 그는 외부의 일상과 요구에 무조건 적응하고 순응하기보다 자신의 내면을 채우는 방법을 택했다. 스스로 기반을 만들고 그 기반에서 비롯된 확신은 자기 확신과 동기가 없던 과거의 경험과 달랐다.

### (4) 초월세계 - 영적 차원

두어젠은 초월세계가 형이상학적인 삶의 국면과 관계된다고 말한다. 이 영적 차원에서 중요하게 다루어지는 것은 내담자 자신의 신념이나 가치, 이념이다. 그런데 두어젠은 이러한 영적 차원이 특정한 종교관을 의미하는 것이 아니라 그보다 포괄적인 세계관 자체를 나타내는 것이라고 주장한다. 이러한 포괄적인 세계관으로서의 영적 차원은 삶과 세계를 초월한 철학과 신념이 드러나는 영역이다. 이 차원에서 사람들은 그들 자신을 위해 의미를 창조하고 발견한다. 두어젠은 초월세계를 탐구해서 내담자의 이념을 밝혀 그 자신이 스스로의 가치를 드러내고 분명히 하도록 유도한다. 그러한 과정에서 내담자는 자신의 이상을 발견하고 감추어져 있던 가치와 이념을 재평가 하는 기회를 갖는다. 이렇게 그녀의 실존주의적 접근은 내담자가 사회적인 요구나 유행에 따라 삶을 형성하지 않고 자신만의 이상에 따라서 스스로에게 정당한 것을 열망하도록 이끈다. 내담자는 이러한 과정에서 정확한 목적의식, 자신에게 중요한 이상이나 가치를 명확히 발견하고, 그러면서 곤경을 극복할 동력을 얻는다. 두어젠은 영적 세계에서 고려되는 가치는 앞서 소개된 사회적, 개인적, 물리적 차원에서의 문제해결에서도 우선적으로 고려될 수 있다고 말한다.

<사례>

두어젠은 초월세계와 관련해 진정한 신앙을 발견한 더글라스의 사례를 소개한다. 독실한 카톨릭 가정에서 명망 있는 의사부모 밑에서 자란 더글라스는 일생에 더없을 기회를 잡기로 했다. 그것은 친숙한 곳을 벗어나 낯선 곳으로, 정해졌던 길이 아닌 새로운 분야로서의 도전하는 일이었다. 더글라스는 이를 위해 영국으로 떠났다. 하지만 시간이 갈수록 즐거웠던 처음과 달리 불안하고 슬픈 감정이 그의 마음을 지배했다. 기분 전환을 시도했지만 모두 허사였다. 그는 이 모든 불편함이 예전의 친숙한 생활로 돌아가면 해결될 것이라 믿었다. 하지만 두어젠과의 실존적 자기탐색에서 더글라스는 오히려 이제 더 이상 집을 떠나 모험을 즐길 수 없을 것을 두려워하고 있다는 것을 깨달았다. 다른 한편으로 그는 신에 대한 죄책감을 느끼고 있었다. 이 죄책감은 영국에 온 이후로 예전처럼 정기적인 신앙생활을 한 번도 하지 못한 것 때문에 생긴 것이었다. 그런데 상담을 통해서 자기탐색이 심화될수록 더글라스는 자신이 이전의 상태로 돌아가고 싶어하지 않는다는 사실을 점점 분명하게 인식할 수 있었다. 친숙함으로부터 벗어난 세계에 대한 기회와 즐거움을 상실하는 것이 그에게는 더 슬픈 일로 여겨졌다. 문제가 명확해지자 그는 자신의 삶에 충실하기로 했다. 이후 그는 영국에 있는 동안 교회를 가지 않았다. 죄책감을 불러일으켰던 행위는 그의 결심에 의해 새롭게 정립되었다. 그는 그가 속해있던 집단의 가치를 떠나 자신의 가치를 따르기로 했다. 그가 발견한 새로운 믿음은, '신은 자신이 창조한 사람들이 멍청하게 만족하며 사는 것을 원하지 않고 삶을 깨달을 수 있는 가능성을 가진 인간으로서의 살아가길 바랄 것'이라는 믿음이었다. 더글라스는 그렇게 자신만의 이상과 가치를 찾아갔다.


## 2. 철학적 방법론의 강화

쿠퍼는 두어젠이 다른 실존주의 치료사들과 마찬가지고 내담자가 상담을 주도하는 것을 허용하고 내담자의 관점을 존중하는 방법론을 중요시한 것은 사실이지만, 이런 방법론적 입장과는 어긋나게 실제 상담에서는 삶에 대한 자신의 특정한 가치관을 내담자에게 지시한다고 비판한다. 내담자는 환상이나 허위 속에 숨어서 숨을 돌리고 싶어 하는데, 두어젠은 이런 내담자들의 태도를 비겁하고 나약한 것으로 평가하면서 비극적인 삶에 직면하도록 몰아붙인다는 것이다. 2001년 쿠퍼와의 개인적으로 주고받은 서신에서 두어젠은 내담자에 대한 그런 개입을 인정하고, "그것이 분명히 가치 판단이고, 내 입장에서의 기본가정이다"[13]고 답한다.

하지만 쿠퍼는 특정한 철학사상에 근거한 두어젠의 이런 개입이 치료적인 관점에서는 부정적이라고 평가한다. 그에 따르면 치료를 위해서는 대개의 다른 실존주의적 치료사들처럼 우선 정상성 대 병리적인 상태에 주목해야 하는데, 두어젠은 그보다는 '참된 자기'와 같은 특정한 실존론적인 존재방식을 우월한 것으로 전제하고 있다. 어느 정도의 환상이나 자기기만에 잘 적응한 사람들이 그렇지 않은 사람들보다 세상을 인식하는 데 좀 더 통합적이라는 사실을 보여주는 증거가 최근 늘고 있고, 비현실적으로 낙관적인 관점을 지닌 사람들이 현실을 직시하는 사람들보다 삶에 훨씬 잘 적응하는 경우도 많다는 사실을 쿠퍼는 지적한다.[14] 이런 사실을 고려할 때 실존적 인간론에 따른 두어젠의 가치판단과 기본가정은 내담자에게 도움이 되기보다는 오히려 부담이 될 수 있다는 것이다. 한 걸음 더 나아가 쿠퍼는 심리치료의 일반적인 접근법과 목적을 따르기보다는 최근 등장한 '철학적 치료'처럼 광범위한 철학적인 통찰과 삶에 대한 철학적인 탐구를 통해서 사람들을 도우려는 두어젠에게서 치료법의 정당성을 발견하기 힘들다고 평가한다. 그러면서 쿠퍼는 가능한 한 덜 고군분투하고 덜 걱정하면서 좀 더 편안하고 행복하게 살기를 원하는 보통 사람들에게 두어젠은 비관적인 현실에 직면하는 것이 삶을 더 충만하게 만들 수 있다는 것을 입증할 필요가 있다고 요구한다.[15] 쿠퍼는 두어젠이 그것을 입증하지는 못하면서 자신의 특정한 철학적인 관점을 내담자에게 강요한다고 본다.

---

13) 『실존치료』, 238쪽. 하이데거의 현존재분석론의 본래성 개념에 영향을 받은 두어젠의 이런 기본입장을 '형시지시적 철학함'으로 분류할 수 있을 것이다.

14) 『실존치료』, 238쪽, 239쪽.

15) 『실존치료』, 239쪽. 쿠퍼가 언급한 "철학적 치료"는 르본(LeBon, T)가 *Wise Therapy: Philosophy for Counsellors*(London: Continuum, 2001)에서 소개한 것이다.

쿠퍼의 이러한 비판은 기존의 심리치료의 관점에서는 당연할 수 있지만, 최근 등장한 철학적 치료법의 특징과 효과 방식을 충분히 반영하지 못한 것으로 보인다. 살 길이 있음에도 불구하고 통념에 맞서 삶과 죽음의 문제를 철저히 검토하며 참된 자기를 실현하려 죽은 소크라테와 『이방인』의 뫼르소는 고통은 피하고 행복은 늘려야 한다는 원칙에서 볼 때는 실패한 인간들일 수 있다. 소크라테스와 뫼르소의 생물학적 죽음의 공포를 초월한 자기실현은 실존적으로 각성된 삶을 극적으로 보여준다. 이들의 선택을 통해서 우리는 자기기만적인 현실에 순응하는 삶에 대칭되는 진정성 있는 실존적인 삶이 무엇인지 이해할 수 있다. 그런데 우리가 이들이 지향한 것이 무엇인지 이해하게 됐다고 해서, 그들과 똑 같은 선택을 하는 것은 아니다. 우리는 일상에서 간과되었던 각자의 삶의 모습을 소크라테스나 뫼르소의 선택을 거울삼아 실존적으로 각성할 기회를 갖는다. 이런 점을 고려해서 두어젠도 자신의 대표 저술 서론에 소크라테스를 실존주의적 치료사로 소개했을 것이다.[16)

두어젠의 실존적 인간론이 불필요하게 삶을 비관적으로 채색해 내담자에게 부정적 영향을 미칠 수 있다는 쿠퍼의 비판은 두어젠이 다룬 상담사례에서의 내담자들이 상담 후 긍정적으로 변화한 것을 기준으로 판단할 때 맞지 않은 것 같다. 현실에 직면하여 거짓된 자기를 버리고 참된 자기를 찾으면서 긍정적인 변화를 경험하는 사례는 랭의 현존재분석적 실존정신치료에서도 확인된다. 두어젠은 최근의 저서에서 병마와 싸우다 작고한 부친의 죽음을 실존적으로 대응한 자신의 체험을 소개한다.[17) 고통스러운 현실에 도피하지 않고 직면하며 그 속에서 거짓없는 자기의 삶을 살아내려는 두어젠은 불필요한 비극에 함몰된 것이 아니라, 그런 비극성을 인정하고 넘어서서 좀 더 자기 긍정적이고 안정적인 상태에 도달한다. 이 사례에서 우리는 두어젠이 단순히 학습된 하나의 이론으로 실존적 인간관을 내담자에게 강요한 것이 아니라 자신의 삶 속에서 그런 삶을 살아내면서 직접 그 가치를 확인하고 치료나 상담에 적용한다는 사실을 확인할 수 있다. 자신의 이러한 체험을 담은 저서에서 두어젠은 행복에 대한 대중들의 욕망에 편승하는

---

16) Deurzen(2012), 서론.

17) 에미 반 두르젠 저, 윤희조·, 윤영선 역, 『심리치료와 행복추구-상담과 철학의 만남』, 씨아이알(CIR), 2017년. 349쪽.

심리치료의 한계를 지적하고, 철학적 상담이 내담자의 삶을 내실 있게 충족시킬 수 있게 도움을 줄 수 있다는 점을 강조한다. 그렇다고 그녀가 일상의 소소한 행복을 거부하거나 평가절하는 것은 아니다. 오히려 그녀는 실존적인 각성을 통해서 생노병사라는 한계상황 속에서도 우리가 환경세계와 타인과의 만남에서 매일 매일 삶의 의미와 행복을 느낄 수 있다는 사실을 증언한다. 두어젠은 앞으로 자신의 임상활동과 상담사 양성교육에서 실존철학적인 성격을 더욱 강화하겠다는 입장이다.[18] 네델란드 출신의 그녀가 영국 실존주의 치료사들의 공동저술의 대표 편집자가 되었다는 것은 적어도 영국의 실존주의 치료사들 사이에서는 두어젠의 이런 입장이 정당성을 인정받고 있다는 방증이다.

## 핵심어

두어젠, 하이데거, 야스퍼스, 참조 틀(frame of reference), 환경세계(Umwelt) – 물리적 차원(physical dimension), 공동세계(Mitwelt) - 사회적 차원(social dimension), 자기세계(Eingenwelt) - 개인적 차원(personal dimension), 초월세계(Überwelt) - 영적 차원(spiritual dimension), 실존심리치료, 철학적 치료

## 실존철학상담 연습

1. 실존주의 심리치료사 두어젠은 하이데거와 야스퍼스의 철학에 어떤 영향을 받았나?

2. 실존주의 심리치료에서 일반적으로 사용하는 '참조 틀(frame of reference)'과 하이데거와 야스퍼스의 '형식적 지시'와 '형식지시적 개념들'을 비교해 보라.

---

18) https://www.emmyvandeurzen.com/?page_id=50

3. 참조 틀 중 '자기세계 - 개인적 차원'은 '실존'하면 먼저 떠올리는 '개인의 내면적 세계'를 연상시킨다. 이에 반해 '환경세계– 물리적 차원', '공동세계 - 사회적 차원', '초월세계'는 그렇게 이해된 실존과는 무관한 것처럼 보인다. 하지만 하이데거의 '현존재분석론'이나 야스퍼스의 '실존조명'에서는 '자기세계' 이외의 다른 두 차원이나 세 차원이 '나'라는 존재가 관련을 맺고 있는 세계라는 사실이 강조된다. 이 두 철학자는 '내'가 관계 맺는 이러한 세계들에 대한 분석을 통해서만 실존의 전체적인 모습이 온전히 드러날 수 있다고 본 것이다. 빈스방거나 두어젠은 실존에 대한 이러한 관점을 상담이나 치료에 적용했다. 내담자가 관계를 맺고 살아가는 인간 존재의 네 가지 차원을 밝히는 작업은 실존에 대한 논의가 자칫 '자기'라는 내면의 세계로 도피하지 않게 하고 그 온전성을 유지하는 데 도움을 줄 것이다. 하지만 이런 탐구방식이라도 그것이 행위로까지 이어지지 못하고 철학적인 성찰에만 그친다면, 어떤 한계를 지닐까?

4. 실존철학적 개념들은 두어젠의 실존주의 심리치료에 어떻게 적용되는지, 그녀가 제시한 '참조 틀'인 네 가지 세계를 참조하여 정리해 보라.

5. 기존의 방식대로 실존주의 심리치료를 시행하던 동료들은 철학적 치료에 가까운 두어젠을 어떤 이유로 비판했는가? 그 비판에 대해 두어젠의 입장에서 가능한 반론은 무엇이며, 그런 반론은 과연 사례를 통해 입증되었는가?

6. 두어젠의 철학적 심리치료는 철학상담과 어떤 점에서 유사한가? 그녀의 치료법이 심리치료가 아니라 철학상담으로서 정체성을 확고히 갖기 위해서는 어떤 점이 보완되어야 하겠는가?

7. 실존철학에 토대를 둔 철학적인 심리치료가 잘 할 수 있는 일과 실존철학상담이 잘 할 수 있는 일은 무엇인가?

## 1. 『실존주의 상담 및 심리치료의 실제』 두어젠 저, 한채희 역, 학지사, 2017. 이정기·윤영선 역, 상담신학연구소, 2010.

이 번역서의 원전인 *Exitential Counselling and Psychotherapy in Practice*는 *2002*년 초판이 발행되자 큰 호응을 얻었고, 2012에 3판까지 발행될 정도로 여전히 실존주의 심리치료의 필독서 중 하나다. 이 책에서 두어젠은 실존주의적 접근의 토대가 되는 철학에 대한 소개를 먼저 한 후, 그 바탕 위에서 실존분석에서 상담사와 내담자의 관계, 상담사의 역할, 내담자에 대한 실존적 탐색, 상담의 목표와 과정, 꿈이나 상상, 의미와 의도를 활용한 상담적 기술 등을 구체적인 사례를 통해 제시한다. 이런 구성내용 때문에 철학을 토대로 상담 치료 활동을 하려는 이들에게 이 책은 그 원리는 물론이고 중심이 되는 방법론과 구체적인 사례와 상담과제를 명료하면서도 상세하게 전달하고 있어서 철학을 토대로 상담 치료 활동을 하려는 이들에게 매우 실용적이다. 흔히들 실존주의 상담 및 심리치료 이론이 충분히 매력적이기는 한 데 임상에 적용하기에는 너무 추상적이고 모호하다고 평가한다. 이 책은 실존주의 상담 치료에 대한 이런 우려를 많은 부분 해소해 줄 것이다.

## 2. 『심리치료와 행복추구-상담과 철학의 만남』, 에미 반 두르젠 저, 윤희조·윤영선 역, 씨아이알(CIR), 2017년.

두어젠이 1980년 중반부터 본격적인 저술활동으로 자신의 철학적 심리치료 방법을 알리기 시작했는데, 이 번역서의 원전 *Psychotherapy and the Quest for Happiness*는 2008년 출간되었다. 두어젠의 단독저서로는 가장 최근 나온 이 책을 앞에서 소개한 그녀의 대표작과 함께 읽는다면, 심리치료와 철학적 치료에 대한 그녀의 생각이 어떻게 발전해왔는지 짐작할 수 있다. 최근의 사회적 풍조는 행복을 인생의 절대적인 목표처럼 여기고, 긍정심리학을 포함한 많은 심리치료들은 내담자에게 이런 목표를 충족시켜 데 집중한다. 그러나 두어젠이 볼 때 그것은 인간다운 삶을 충족시켜주지 못한다. 인간의 삶의 목표는 세속적인 행복이 아니라 좋은 삶이어야 하고, 좋은 삶을 살 때 진정한 행복을 느낄 수 있다. 좋은 삶은 삶 속에서 의미 찾을 때 가능한 것이다. 삶에 대한 철학적인 통찰이 의미로 충만한 좋은 삶을 실현하는 데 도움을 줄 것이다. 나아가 두어젠은 상담이 행복학이나 과학보다는 철학에 토대를 두어야 한다고 주장한다. 이 책은 실존주의 상담 치료에서 철학의 역할을 찾는 이들이나, 기존의 심리치료를 넘어서 철학함이 중심이 된 철학적 치료를 시도해보려는 이들에게 많은 지침을 줄 것이다. 두어젠의 '철학적 치료'가 최근 왜 철학상담으로 분류되기도 하는지 이 책은 그 이유를 보여준다. 그러나 아헨바흐가 심리치료나 심리상담의 대안으로 주창한 철학실천이나 철학상담과의 연결성을 두어젠 스스로는 언급하지 않고 있다는 사실도 이 책에서 확인할 수 있다.

### 3. 『실존치료』, 쿠퍼 저, 신성만·기요한·김은미 역, 학지사, 2014년.

실존주의 심리치료의 주요 이론을 집대성한 책은 1956는 메이 등이 편찬한 『실존』(Existence)이다. 『실존』은 실존주의 심리치료에서 중요시되는 철학적 토대와 방법론을 심도 있고 상세히 다루고 있어서 오늘날까지도 그 의미가 크다. 그런데 『실존』은 현상학과 실존철학을 실존주의 치료에 응용한 빈스방거 등 정신과치료사들의 주장을 주로 담고 있고, 심리치료나 철학적 치료에 대한 내용은 발견하기 어렵다. 이에 반해 2002년 초판이 나온 쿠퍼의 『실존치료』(Existential Therapies)는 빈스방거, 콘(Hans Cohn), 보스, 프랑클, 메이, 랭 등 실존주의 정신과치료사들의 임상이론에서부터 미국과 영국에서 활동했거나 현재도 활동 중인 스피넬리, 두어젠, 슈나이더 등 심리치료사들의 접근법과 사례까지 일목요연하게 소개하며 그 의미와 한계를 짚어주고 있다. 영국에서 활동 중인 저자는 동료인 두어젠에 대해서도 자세히 다루고 있어서, 이 책은 두어젠의 실존주의 심리치료의 특징과 철학적인 성격을 객관적으로 파악하는 데 도움이 된다. 두어젠을 중심으로 한 최근의 영국의 실존주의 심리치료의 변화된 지형을 충분히 알려주진 않지만, 비교적 얇은 분량으로 다양한 스펙트럼을 밀도 있게 담고 있다. 이런 강점 때문에 이 책은 이 분야에 관심 있는 이들에게 유용할 것이다

# 10장

# 슈스터 – 최초의 실존철학상담사

중남미 수리남 출신의 슈스터(Shlomit C. Schuster)는 20대 중반에 이스라엘로 이주하여, 히브리대학에서 철학을 전공하였다. 먼저 이론철학을 전공했던 슈스터는 우연히 신문기사를 보고 철학실천에 입문한다. 그때 그녀를 가르친 이가 후겐다익(Adriaan Hoogendijk)이다. 슈스터는 나중에 철학상담 방법론과 관련해서는 후겐다익의 동료였던 아헨바흐(Gerd, B. Achenbach)의 입장을 따르게 된다. 그녀의 상담사례에는 심리치료에 대한 언급도 자주 등장하지만, 이들 분야에 대한 연수경력 외에 학위는 없다. 슈스터는 자신을 다음과 같이 소개한다.

> 나는 심리치료사가 아니며, 심리치료사가 되고 싶지도 않다. 나는 철학 박사 학위가 있다. [...] 나는 내가 하는 철학적 상담이 중요한 문제에 대해 더 잘 이해하고 치료 결과를 얻을 수 있는 데 도움이 될 수 있다고 믿는다. 그것은 나의 상담사례가 증명해준다.[1]

이 자기소개에서 알 수 있듯이 슈스터는 심리치료사가 아니라 철학자이며, 철학적 지식을 활용한 상담으로 심리치료사보다 자신이 더 좋은 치료 결과를 얻었을 수 있다고 확신한다.

1989년에 슈스터는 예루살렘에 'Centre Sophon'이라는 이름의 철학실천센터를 개설한다. 일반적으로 아헨바흐가 1981년 철학실천센터를 개설한 것을 현대적 철학상담의 출발로 평가하는데, 그보다 8년 후 철학상담소를 개설한 슈스터도 초창기에 활동가로 분류될 수 있다. 그녀는 1990년에는 실존적인 문제와 윤

---

1) https://il.linkedin.com/in/dr-shlomit-c-schuster-ba827017.

리적인 문제로 고민하는 사람들을 돕기 위해 '철학전화'(Philosophone)를 개통한다. 이 전화는 세계최초의 철학상담을 위한 응급전화다. 이 상담전화를 통해 슈스터는 자살 충동, 심한 우울증, 외로움, 혼란, 윤리적 딜레마를 가진 사람들과 철학적인 대화를 하며 함께 문제를 풀었다. 이런 실천활동을 병행하면서도 슈스터는 1997년 히브리대학에서 『철학자 자서전: 철학실천에 관한 해설』(The Philosopher's Autobiography: A Commentary on the Practice of Philosophy)로 철학박사 학위를 받았다. 이 논문의 내용을 수정하여 2003년 출판한 것이 『질적 연구로서 철학자 자서전』(The Philosopher's Autobiography: A Qualitative Study)[2] 이다. 이 책이 나오기 전인 1999년에 발표한 『심리상담과 심리치료의 대안으로서 철학실천』(Philosophy Practice: An Alternative to Counseling and Psychotherapy)[3]은 심리상담과 심리치료의 한계를 지적하며 철학상담의 특징과 사례를 소개한다. 아헨바흐나 메리노프(Lou Marinoff) 등 철학상담의 개척자들은 철학상담이 아니라 이론철학적인 주제로 박사학위를 마쳤다.[4] 이에 반해 슈스터는 임상경험을 쌓으면서 철학상담을 주제로 박사학위 논문을 썼다. 따라서 슈스터가 철학상담을 전공한 1세대 철학자인 셈이다. 다른 한편으로 슈스터는 사르트르 전문가이기도 하다. 그녀는 「철학상담과 실존심리치료에서 사르트르의 철학실천」[5], 「사르트르의 프로이트와 사르트르적 정신분석의 미래」,[6] 「철학상담에서 자기-기술의 패러다임으로서 사르트르의 『말』」[7] 등 사르트르를 철학상담의 관점에서 분석한 다수의 논문을 발표했다. 슈스터가 프로이트의 정신분

2) Schuster, S. C., *The Philosopher's Autobiography - A Qualitative Study*, Londeon, Praeger, 2003. 이하 "Schuster(2003)" 로 약칭.

3) Schuster, S. C., *Philosophy Practice: An Alternative to Counseling and Psychotherapy*, Connecticut, Londeon, 1999년. 이하 "Schuster(1999)"로 약칭. 슈스터는 이 책 제목에는 '철학상담'(Philosophical Counseling)이라는 표현 대신 "철학실천"(Philosophy Practice)이라는 표현을 쓴다. 아헨바흐처럼 슈스터도 "철학실천"을 '철학상담'을 포함하는 뜻으로 사용한다.

4) 아헨바흐는 독일 기센(Gissen) 대학에서 헤겔의 『정신현상』에 등장하는 '자기실현'(Selbstverwirklichung) 개념을 주제로 박사논문을 마쳤다. 미국 철학실천가협회(APPA)를 공동창립한 메리노프는 캐나다 콩코디아(Université Concordia) 대학에서 이론물리학을 전공하다가 영국 런던 대학에서 과학철학으로 박사학위를 받았다.

5) Schuster, S. C., "The Practice of Sartre's Philosophy in Philosophical Counseling and Existential Psychotherapy", *The Jerusalem Philosophical Quarterly* Vol. 44, 1995, pp.99-114.

6) Schuster, S. C., "Sartre's Freud and the future of Sartren psychoanalysis", *The Israel Journal of Psychiatry and Related Sciences*, Vol.35(1), 1998, pp.20-30.

7) Schuster, S. C., "Sartre's 'Word' as a Paradigm for Self-Description in Philosophical Counseling", *Perspectives in Philosophical Practice*, edited by W. van der Vlist, pp.20-34, Doorwerth, Dutch Society for Philosophy Practice, 1997.

석의 대안으로 '철학적 정신분석'(Philosophical Psychoanalysis)을 제시할 수 있었던 것도 사르트르가 선행적으로 행한 '실존적인 정신분석'을 비판적으로 재구성하면서다.

## 1. 철학적 자서전

슈스터는 '철학적 자서전'을 "자아, 자아의 사회적 맥락, 실존 전반에 대한 서사적 자기-질문"[8]으로 정의한다. 좀 더 풀어서 말하자면, 철학적 자서전은 '나는 누구이며 무엇을 추구했나?'와 같은 자기 존재에 대한 질문을 그가 살아가는 세계와 불안이나 선택 등과 관련해서 서사적으로 기술하는 것이다. 철학적 자서전이 갖는 이런 실존철학적 탐구 성격에 주목할 때 우리는 그것을 '실존적 자기서사'라고 칭할 수 있다. 야스퍼스는 자신의 삶에 대한 기록을 '철학적 자서전'이란 명칭을 붙인 최초이자 유일한 철학자다. 그전에도 비슷한 작업이 있었지만, 그 저자들은 자신들의 그 기록을 '철학서'(Peter Chaadaev Voltaire), '철학적 고백록'(Gottfried Wilhelm Leibniz), '철학적 회고록'(Abigail L. Rosenthal), '철학적 명상'(Robert Nozick)이라 칭했다. 슈스터는 삶에 대한 철학적 서사와 관련해서 야스퍼스에 주목한다. 야스퍼스는 철학적이고 전기적인 관점과 서술을 의사로서 하이델베르크 대학 정신과 병동에서 근무하던 때 저술한 『정신병리학 총론』[9]에서부터 적용했다. 나중에 그는 의학에서 철학으로 자신의 학문적 여정과 중요한 사건들을 중심으로 철학적 자서전[10]을 발표한다. 고흐, 스트린베르크, 니체의 질병 체험을 다룬 전기[11]와 철학자들의 삶과 관심 주제를 다룬 방대한 분량의 철학사적 저술[12]도 남겼다. 야스퍼스의 이러한 작업은 독자를 독립적인 사유가로 성장할 수 있게 이끄는 "전기의 전형"[13]이라고 슈스터는 평가한다.

---

8) Schuster(2003), p.16.

9) Jaspers K., *Allgemeine Psychopathologie*. Springer, Berlin 1913.

10) Jaspers K., *Philosophische Autobiographie*, Piper, München 1977.

11) Jaspers, K., *Strindberg und van Gogh. Versuch einer pathographischen Analyse unter vergleichender Heranziehung von Swedenborg und Hölderlin*. E. Bircher, Leipzig 1922; Jaspers K., *Nietzsche. Einführung in das Verständnis seines Philosophierens*. Berlin, Springer, 1936.

12) Jaspers K., *Die großen Philosophen*. München, Piper, 1957.

인간은 철학적인 차원을 지닌다. 슈스터에 따르면 야스퍼스는 철학적이고 전기적인 저술을 통해서 한 인간의 정신적 구조물이 그의 철학적이고 영적인 삶의 여행과 어떻게 관련되는지를 보여주었다. 야스퍼스의 저술들은 철학적인 사유와 반성이 개별적인 인간의 행위와 인류의 문명에 중요하고 근본적인 영향을 미친다는 것을 보여준다. 그의 철학적 전기는 이런 인간의 철학적 정신과 삶을 독자가 이해할 수 있게 도우면서 스스로 철학적으로 생각할 수 있는 능력을 키워줄 것이다. 과학이나 의학, 심리학의 삶에 대한 기술은 합리적이고 객관적으로 알 수 있는 지식을 제공한다. 하지만 이 학문들이 세상을 살아가는 인간 존재 전체를 기술하는 데는 제한적이다. 야스퍼스가 심리치료와 정신분석을 격렬히 비판하다 정신의학에서 철학으로 전향하게 된 것도 이런 이유 때문이다.[14]

야스퍼스의 작업에 주목하던 슈스터의 『철학자 자서전』은 '철학적 자서전'이라는 개념을 하나의 독립된 철학적인 주제로 탐구한 최초의 연구서다. 이 연구서에서는 어거스틴, 루소, 사르트르, 지브란(Kahlil Gibran), 베일(Simone Weil) 등과 같은 철학자와 사상가의 자서전이 탐구된다. 이들의 철학적 자기 서사가 철학이 그들의 삶에 어떤 영향을 미치는지 극명하게 보여주기 때문이다. 슈스터는 이들이 특히 자기치유를 위해서 철학적 지식과 철학적 성찰(철학함)을 어떻게 활용하는지를 보여주려 한다. 그들의 자서전에는 당면문제와 삶 자체를 다루는 철학적 사유방식과 태도, 결정이 잘 드러나 있다. 슈스터는 이것을 분석해 철학적 자서전의 작가들이 자신들의 삶을 철학적으로 성찰할 때 발휘한 철학함의 변화능력을 확인한다. 또한, 슈스터는 '노예적인 지적 활동이냐 아니면 자유로운 지적 활동이냐'라는 것과 '일관성'과 '지속성'을 판단기준으로 철학적 자서전에서 시도된 철학적 자기분석이 삶에 도움이 됐는지 아닌지를 평가한다. 결론적으로 슈스터는 철학적 자서전에서 그 저자들에 의해서 시도된 철학적 자기분석은 철학자들의 삶을 가치 있게 만들었다고 본다. 그들에게 철학적 자기분석은 자기극복이나 자기실현, 자기 앎, 자기완성과 같은 데로 이끄는 자기표현의 방법이기도 했다.[15] 모든 인간은 철학적 차원을 지닌다. 슈스터는 철학자뿐만 아니라 일

---

13) Schuster(1999), p.117.

14) Schuster(1999), p.118.

반인도 철학적 발전과정을 자신이 살아온 체험의 맥락 속에서 분석하고 기술한다면, 마치 다른 자기가 된 것처럼 변했다는 것을 알게 될 것이라고 확신한다.[16]

## 1) 사르트르의 말과 철학적 정신분석

"흔히 과거가 우리를 앞으로 밀어준다고 하지만, 나는 미래가 나를 이끌어간다고 확신한다. 나는 과거를 현재 앞에, 현재를 미래 앞에 무릎 꿇게 하였다." - <말> 2부 '쓰기' 중.

슈스터는 『철학자 자서전』 중에 6장 "반란의 철학자"에서 1964년 노벨문학상에 선정된 사르트르의 철학적 자서전 『말』을 살펴본다. 그녀에 따르면 『말』은 "모든 이들을 위한 철학적 서사"[17]다. 철학을 전공하지 않은 이들도 철학적으로 삶을 성찰하는 것이 무엇이며, 그것을 통해서 기대할 수 있는 것은 무엇인지 이 책을 통해서 확인할 수 있다는 것이다. 사르트르는 『말』이외에도 자신의 삶에 대한 철학적 서사를 많이 남겼다. 그가 공개적으로 행한 인터뷰나 보브와르와 주고받은 서신뿐만 아니라 『구토』 등의 소설도 자전적 서술을 담은 자료다. 『구토』의 주인공 로캉탱이 사실은 사르트르 자신을 그린 것이라고 고백한 적도 있다. "저는 그를 제 삶의 질감을 안일함 없이 보여주기 위해 사용했습니다."[18] 그런데 로캉탱이란 인물은 샤르트르의 이미지 중 하나일 뿐이다. 그의 본질적인 모습은 실존적 부조리를 경험한 로캉탱을 넘어서는 인물이다. "본질적인 사르트르"[19]라고 부를 수 있는 샤르트르의 모습은 『말』에서 구체화된다. 새로운 전망에 따라 미래를 열고 과거의 것들까지 새롭게 해석하려는 사르트르의 의지는 『말』의 저술에서 분명해진다. 그는 자신의 자서전을 마르크스의 『자본론』처럼 혁명적인 실천의 일환으로 여겼다. 즉, 사르트르에게 『말』은 단순히 잃어버

---

15) Schuster(2003), pp.215-216.

16) Schuster(2003), p.216.

17) Schuster(2003), p.149.

18) Sartre J.-P., *The Words*, New York, George Braziller, 1964, p251.

19) Schuster(2003), p.149.

린 삶에 대한 묘사가 아니라 지금의 자신에서 벗어나 앞으로의 삶을 변화시키려는 실천이었다. 이런 의미에서 『말』은 샤르트르에게 "실존적 정신분석적 실천"[20](an existential psychoanalytic praxis)이었다. 글쓰기 자체도 사르트르에게는 "근본적 정화(purification)를 위한 탐색"[21]이다. 삶을 변화시키고 정화시키기 위해서 사르트르는 『말』에서 자신의 어린 시절을 중심으로 서술한다.

사르트르는 고전적 정신분석학의 방법과 유사하게 어린 시절의 기억을 표현하는 것이 중요하다는 것을 발견했다.[22] 이에 따라 『말』에서 사르트르의 철학적 서사는 삶의 체험들을 겪는 자의 내면세계를 그가 체험한 과거의 시점부터 분석한다. 이런 점에서 그의 철학적 자서전은 정신분석과 유사하다. 하지만 사르트르의 방법은 무의식적인 것에 대한 생각을 거부했다는 점에서는 반-프로이트적이다. 사르트르는 고전적 정신분석과 다른 자신의 자기분석을 '철학적 정신분석'이라 칭한다. 프로이트에게 내담자의 무의식은 내담자가 스스로 의식하지 못하고 해석할 수 없는 전문가의 분석 대상이다. 사르트르는 그런 무의식 자체를 인정하지 않는다. 내밀한 과거는 체험 당사자가 철학적 정신분석 작업을 통해 재소환(회상)함으로써 해독되고 이해될 수 있기 때문이다. 실제로 1964년 50대 후반의 사르트르는 과거 어린 시절을 회고하는 자신의 자서전에서 이것을 증명했다. 정신분석에서는 무의식에 억압되어 있어서 기억해 낼 수 없다고 주장할 과거의 내밀한 순간들, 행복, 당혹감, 고통스러운 사건, 그의 욕망과 매력, 그의 두려움과 외로움을 사르트르는 기억해냈다. 나아가 사르트르는 그것의 의미와 한계를 철학적으로 성찰하며 자신이 선택한 미래에 맞추어 재해석한다. 이렇게 함으로써 그의 과거 경험들에 박힌 상처와 비밀은 해독되고 이해될 수 있었다.

사르트르의 철학적 정신분석 작업에서 가장 중요한 것은 그의 어린 시절의 **선택**에 대한 해석이다. 사르트르는 '오이디푸스 콤플렉스'라는 정신분석적 개념을 사용하면서도 이 개념이 밝혀주는 것은 정신분석과는 다르다는 것을 보여준다. 프로이트는 자신의 내담자들이 어린 시절 경험한 가부장적 부친의 억압으로 오

---

20) Schuster(2003), p.151.

21) Sartre J.-P., *Between Existentialism and Marxism*, New York, Pantheon, 1975, p32.

22) Schuster(2003), p.194.

이디푸스 콤프렉스가 생겨 어른이 돼서도 신경증 등으로 고통을 받는다고 주장한다. 사르트르는 2살 때 부친을 잃고 외조부 밑에서 성장했다. 그는 이 시기를 자신이 "가장 불완전한 오이디푸스 콤플렉스"로 고통받은 때였다고 말한다. 부친의 부재로 외조부가 부친의 가부장적인 역할을 대신했으나 제대로 해주지 않아서 고통을 받았다는 것이다. 즉, 아버지의 존재가 어린 자식에게 고통을 준 것이 아니라 그의 부재가 오히려 고통의 원인이었다는 것이다. 이런 상황에서도 어린 사르트르는 자신에게 가장 유리한 선택을 스스로 하며 그 시간을 견뎠다.

사르트르의 반-프로이트적 정신분석은 나르시즘에 대한 비판에서도 확인된다. 어린 시절 사르트르는 어른들에 둘러싸여 고립된 채 자랐기 때문에 다른 아이들로부터 소외감을 느꼈다. 그런데 이런 소외는 그를 프로이트가 말하는 자기몰입적 '나르스시즘'에 빠지게 하지 않았다. 그 대신에 어린 사르트르는 고독한 판타지 문학 세계에 몰입하는 것을 선택하며 스스로 집에 있는 것을 즐겼다. 또한, 어린 시절 소외의 경험은 어른이 된 사르트르를 자기몰입적이고 반사회적인 인간으로 만든 것이 아니라 오히려 현실 세계에서 구체적인 행동의 필요성을 특히 인식하게 한 계기가 된다.[23] 『문학이란 무엇인가』에서 사르트르는 "자유의 선택"을 모든 훌륭한 작가에게 본질적이며 특징적인 것이라고 주장한 적이 있다. 그런데 어린 시절 사르트르가 글쓰기를 선택했을 때, 그 선택은 그의 자유와 자유에 대한 열망을 형상화했다. 그의 철학적 정신분석 방법은 자유를 모든 행동과 선택의 기초로 인식했다. 이 점에서도 현재에 대한 과거의 인과적 영향을 중요시하는 프로이트의 정신분석과는 근본적으로 다르다. 자유를 모든 행동과 선택의 기초로 인식하고 이런 자유를 중심으로 자신의 삶을 서술했다는 점에서 그의 정신분석 방법은 실존철학적이다.

슈스터는 사르트르가 자서전을 쓰면서 자기해방에 상당 부분 성공했다고 평가한다. 왜냐하면 『말』이후 그의 작업은 대부분 구체적인 일상 문제에 관한 것이었으며, 그 문제를 문학적인 꿈으로 도피하는 것이 아니라 철학적 비판과 정치적 행동으로 해결하려고 했기 때문이다. 『말』, 『구토』, 서신, 인터뷰 등 모든 자서전 및 전기 저작에서 사르트르는 고전적 정신분석에서 주장하듯 삶이 과거

---

23) Schuster(2003), p.194.

에 인과적으로 예속된 것이 아니라, 자유가 인간이 스스로 결정하고 심지어 스스로 창조하는 것을 가능하게 한다는 것을 확인시켜준다. 이런 점에서도 그의 자전적 서사들은 심리학적인 것이 아니라 철학적인 자기묘사다. 슈스터는 사르트르가 '개념' 대신 '관념'을 사용한다는 점에서 그의 방법은 철학적이고, 라캉의 정신분석처럼 과학적이지 않다고 분석한다. 여기서 '개념'이란 외부에서 사람을 정의하는 반면, 관념은 내부에서 사람을 정의하는 것을 의미한다.24)

정신분석에서처럼 '환상'이나 진정한 기억으로 존재하는 과거를 치료를 위해 파고들어가는 일은 사르트르뿐만 아니라 어거스틴이나 루소에게도 철학적 자기서사의 목표가 아니었다. 이 철학자들도 전형적인 정신분석처럼 자신의 어린 시절을 기억하고 자신의 삶에 대한 어린 시절의 영향을 인식했다. 하지만 그들은 이 각각에 대해서 "철학함"(philosophizing)으로써 현재에 대한 과거의 영향을 근본적으로 변형하거나 심지어 근절하기까지 했다.25) 여기서 '철학함'은 생각과 행동을 바꾸기 위해 의식적으로 정신 활동을 사용하는 일을 의미한다. 이와 관련해서 슈스터는 자신과 사르트르의 철학적 정신분석을 프로이트의 고전적 정신분석과 다음과 같이 구분한다.

> "나는 [정신분석처럼 분석대상자의 언행의] 토대가 되는 기획을 노출시키는 것을 목표로 하지 않는다. 나는 노예적 정신활동과 자유로운 정신활동의 변증법적 패턴을 명시하고, 이 변증법적 과정이 분석대상자의 사고와 생활에서 일관성과 연속성에 어떻게 기여하는지 보여주려 한다."26)

철학자들의 자서전은 노예적 정신활동과 자유로운 정신활동 사이의 변증법적 싸움에서 자유로운 정신활동의 승리를 보여준다. 실존철학이 특징적으로 보여주듯, 철학은 자유를 본질로 한다. 따라서 자유로운 정신활동의 승리는 철학함의 승리를 의미한다. 철학함의 이런 능력에 주목하며 슈스터는 철학적 정신분석과 서사적 쓰기가 결합된 철학적 자서전을 통해서 사람들이 다른 자아에 도달할 가

---

24) Schuster(2003), p.150.

25) Schuster(2003), p.60.

26) Schuster(2003), p.68. "[정신분석처럼 분석대상자의 언행의]"는 필자가 첨가.

능성이 있다고 말한다.[27)]

그런데 슈스터는 사르트르가 고전적 정신분석의 대안으로서 철학적 정신분석을 시도한 점은 높게 평가하지만, 그것을 상담의 목적에 맞게 좀 더 체계화시켜야 한다고 본다. 철학적 정신분석이 사르트르처럼 한 삶의 기원을 밝히는 데 집중하는 것이 아니라 지적인 발달, 변화, 연속성, 불연속성, 일관성, 불일치와 갈등 등에서 철학적 활동의 패턴을 분석하는 데 집중해야 한다. 이렇게 치료를 위한 철학적 서사의 특징을 뚜렷이 했기 때문에 슈스터는 자신의 철학적 정신분석은 사르트르의 실존적 정신분석과는 구분이 된다고 주장한다.[28)] 슈스터는 자신의 '철학적인 정신분석'에 사르트르 철학의 영향이 발견될 수 있는 것은 사실이지만, 방법론적인 면에서도 사르트르와 본질적으로 다르다고 주장한다. 자신의 방법론은 사르트르처럼 철학적 정신분석을 위한 기본적인 기획만을 보여주는 것이 목적이 아니라, 내담자의 노예적인 정신활동과 자유로운 정신 활동의 변증법적인 과성을 명확히 보여주기 때문에 그렇다는 것이다.[29)]

슈스터의 철학적 정신분석은 사르트르의 그것보다는 틸리히가 1952년 출간한 『존재의 용기』(The Courage to Be)에서 불안을 실존적 불안과 병리적 불안으로 구분하면서 보여준 철학적 치유의 과정에 더 가깝다. 틸리히에 따르면 실존적 불안은 인간이 살아서 존재하는 한 제거할 수 없는 것이기에 존재론적이다. 인간으로 존재하는 한, 피할 수 없는 것이 실존적 불안인 것이다. 그런데 존재하기 때문에 불안할 수밖에 없는 이유는 그 존재가 끝날 수밖에 없다는 사실을 인간은 알고 때문이다. 달리 말해서 실존적 불안은 미래에 닥칠 죽음에 대한 의식이 지금 나의 삶 한가운데 들어와 있기 때문에 생긴 것이다. 틸리히는 이러한 불안 앞에서 우리가 할 수 있고 해야만 하는 일은 존재하려는 용기를 발휘하는 것이라고 주장한다. 삶이 죽음이라는 비극으로 끝날 수밖에 없고 그래서 우리는 불안하고 절망하게 되지만, 그럼에도 불구하고 살아가기 위해서는 용기가 필요하다는 것이다. 따라서 실존적 불안은 존재하기 위한 용기로 응답해야 하는 문제

---

27) Schuster(2003), p.205.

28) Schuster(2003), p.191.

29) Schuster(2003), p.68.

다. 이에 반해서 병리적 불안은 자아가 불안을 스스로 짊어지는 데 실패할 때 발생하는 결과다. 병리적 불안은 그 원인이 정신분석이 주장하듯이 억압된 욕망 때문에 발생한 것이 아니라 자아가 불안을 스스로 짊어지는 데 실패했을 때 생기는 결과이므로, 이러한 불안도 정신병리학적 치료의 대상이 아니다. 틸리히는 불안과 두려움에 사로잡힌 사람들에게 정신병리학적인 처방 대신에 고대에서 현대에 이르는 철학자들이 보여준 존재에의 용기를 제시한다. 불안을 짊어지는 데 실패한 내담자들일지라도 철학자들이 보여준 존재의 용기를 배워 다시 일어설 수 있다는 것이다. 인간 존재에 대한 실존철학적인 통찰을 근거로 틸리히가 밝힌 불안에 대한 바로 이와 같은 대응방식이 슈스터의 철학적 정신분석과 유사한 것이다.[30]

사르트르나 슈스터가 프로이트를 충분히 이해하고 비판했는지 판단하기 위해서는 좀 더 충분한 연구가 필요하다. 그렇지만 사르트르가 자기의 삶을 철학적 정신분석으로 서술하면서 실존적인 선택과 자기혁명에 성공했다는 사실은 이상의 논의에서도 어느 정도 확인할 수 있었다. 이하에서는 철학적 자서전이 갖는 이런 변화의 가능성을 상담에 적용할 수 있을지 검토해 보도록 하자.

## 2) 철학적 자서전과 철학상담

슈스터는 삶에 대한 철학적 서사가 삶을 특정한 방법론이나 사실로 고착화시키지 않고 세계 속의 인간의 삶 전체를 설명할 것으로 기대한다. 이런 기대는 어떻게 실현될 수 있을까? 그녀에 따르면 철학적 서사는 ① 한 개인의 의식이나 지성의 발달 혹은 철학적 성장을 강조하고, ② 의미나 정의 혹은 어떤 다른 철학적 개념을 탐구하거나 다양한 이데올로기와 도덕적 딜레마에 대한 개인의 대결이 그의 삶을 어떻게 형성했는지 물음으로써 이런 기대를 충족시킬 수 있다. 그리고 이때 철학상담사는 심리학적 해석을 시도하는 대신에 내담자가 명확히 알지 못했을 철학적 내용과 철학적 관점이나 사유의 발달과정을 서술하는 일을 도울 수 있

---

30) 이상의 내용에 대해서는 2010년 한국철학상담치료학회의 초청으로 방한하여 행한 특강에서 행한 슈스터의 다음의 논문을 참조할 것. Schuster, S. C, "What makes a good counselor and what is the condition of successful counseling?", 『철학 실천과 상담』 제1집, 2010, 71-87쪽.

다.31) 2003년 『철학자 자서전』에서 철학적 서사가 지닌 치유력을 주제화시키기 이전에도 슈스터는 철학적 서사라는 개념을 상담과 관련해서 적용했다. 1999년 출간된 『철학실천』에 소개된 자신의 상담사례를 "삶에 대한 철학적 서사"32)나 "내담자의 자화상"33)이라고 칭하고 있기 때문이다.

슈스터는 상담 회기 동안 발견된 내담자 개인의 철학적인 내용을 나중에 기억해내며 내담자와 함께 서사적으로 기록하는 일이 필요하다는 사실을 임상경험을 통해서 알게 됐다. 이런 정리를 통해서 그 상담 회기 때 제기된 내담자의 당면 문제가 새로운 질문으로 탐구되거나 통찰될 수 있다. 슈스터는 내담자가 당면 문제를 회기 중에 철학적으로 새롭게 말할 수 있도록 지지해주기 위해서 내담자의 상황에서 볼 때 의미 있는 철학적 자서전이나 전기 혹은 소설의 일부분을 함께 다루거나 내담자에게 읽어볼 것을 권하기도 했다. 한 걸음 더 나아가 슈스터는 내담자에게 전체적으로 삶의 틀을 잡아주고 기본 방향을 정해주었을 '삶의 철학'을 써 볼 것을 권하기도 했다. 이때 중요한 것은 어떤 문학적인 평가기준들이 아니라 내담자가 처한 삶의 상황들을 통합해서 성찰하는 철학함이다.

그런데 슈스터는 내담자가 자신의 삶을 철학적으로 서사해 보는 것이 항상 적절한 것은 아니라고 본다. 그것이 가능한 이들은 철학함과 글쓰기에 대한 열정과 지적인 흥미와 재능을 갖춘 경우이기 때문이다.34) 그러나 필자는 삶에 대한 철학적인 서사가 철학상담의 방법론으로 일반화될 수 있다고 본다. 삶에 대한 철학적인 서사는 내담자가 자신의 삶을 전체적이고 근본적으로 성찰하고, 자신의 가치관에 따라 선택하며 새롭게 끌고 갈 수 있는 기획을 짜는 데 다른 어떤 방식보다 효과적이다. 이런 철학적 서사가 누구에게나 가능하다면, 철학상담의 일반적인 방법으로 적용해 볼 수 있을 것이다. 방식이나 깊이에는 차이가 있지만 누구나 가치관이나 의미부여, 독자적 선택이나 삶 전체에 대한 조망 등 철학적인 활동을 하며 산다. 어느 수준에서건 철학적으로 문제를 바라볼 수 있다면, 누구나 자신의 삶을 철학적 서사로 기술하며 성찰할 능력도 있다. 철학적 서사

---

31) Schuster(1999), pp.118-119.

32) Schuster(1999), p.115.

33) Schuster(1999), p.123.

34) Schuster(1999), p.121.

는 이야기라는 형식 자체가 갖는 흥미성을 담보하고, 삶을 전체적이고 근본적으로 성찰해보겠다는 기대를 갖게 한다. 철학전문가인 상담사가 내담자의 철학적 자기서사를 돕는다면, '철학적 자서전'이라는 상담과정은 보다 원활하고 효과적으로 전개될 것이다.

## 2. 요니 이야기

철학상담사는 철학적 정신분석을 통해서 내담자가 자신의 노예적 정신활동과 자유로운 정신활동의 변증법적 과정을 의식하게 돕는다. 이런 과정을 통해서 내담자는 의도적으로 자신의 사유와 행동을 바꿀 수 있는 능력을 키울 수 있다. 우리가 살펴볼 요니(Yoni) 이야기는 슈스터가 자신을 찾아온 내담자의 삶을 철학적 정신분석으로 상담한 내용을 실존철학적 서사로 정리한 것이다.

요니(Yoni)의 사례는 「철학상담에서 사르트르 철학실천과 실존적 정신분석」[35]에 실려있다. 이 논문 앞부분에서 슈스터는 철학상담사에 대해 정의한다. 그에 따르면 철학을 전공한 철학상담사는 내담자의 삶을 향상시키는 데 중요한 일과 관련해서 내담자와 함께 묻고, 대화하고, 사유하는 일을 한다. 철학상담사의 고유한 역할은 내담자에게 특별하거나 일반적인 쟁점과 관련해서 철학을 가르쳐서 그의 것이 되도록 돕는 것이다. 이를 위해서 철학상담사는 상담회기 중에나 회기가 끝난 후에라도 내담자의 기존의 사고방식을 자유롭게 만들고, 새로운 개념들에 익숙해질 수 있도록 '개인교습'(personal lesson)을 진행할 수 있다. 철학상담을 진행하기 전에는 우선 '질환', '질병', '병고' 등과 같은 말이 잘못 사용되는 경우가 많다는 점을 이해할 필요가 있다. 이런 말들이 잘못 사용되는 주요 원인은 어떤 문제나 고통을 몸과 마음의 병리적인 상태 때문에 생기는 것으로 규정하려는 도식적인 사고방식 때문이다. 슈스터는 이런 도식적인 사고방식의 배후에는 프로이트 이후 대중들의 삶 곳곳에 스며든 정신병리학이 있다고 주장한다. 일상생활까

---

35) Schuster S. C., "The Practice of Sartre's Philosophy in Philosophical Counseling and Existential Psychotherapy", *The Jerusalem Philosophical Quarterly* 44, 1995, pp.99-114. 이하 "Schuster (1995)"로 약칭.

지 파고든 정신병리학적 관점으로 인해서 사람들은 자신들의 문제를 병리적인 것으로 받아들인다. 이로 인해 사람들은 철학적으로 삶의 전 영역을 성찰하며 자신의 문제를 풀어볼 생각을 미처 못한다. 이런 분위기에서 사람들은 철학상담사와 대화를 나눌 능력을 점점 상실하였다. 만약 적절한 토론의 기회가 주어진다면, 사르트르나 부버, 플로틴의 철학에서처럼 철학의 이야기가 참된 삶을 위한 자산이 될 수 있다.

슈스터는 정신의학에 응용된 실존철학은 정신분석적인 방법을 확장시키거나 심화시키기 위한 보조적인 수단에 불과하다는 점도 지적한다. 실존철학을 보조적인 수단으로만 사용하려는 분위기 속에서 실존주의적 정신치료사들 대부분은 실존주의의 실질적인 의미나 목표를 제대로 이해하지 못하고 있다. 그들은 정신병리학의 인간론의 토대가 잘못되지 않았다는 확신에서 '인간은 자유롭도록 운명 지워졌다'는 사르트르의 명제를 협소하게 파악해서 적용하기도 한다. 사르트르식의 '심리학'은 아헨바흐의 철학상담과 마찬가지로 정신병리학이 전제하는 인간론에 대한 비판에서 출발한다. 슈스터는 실존철학을 응용하는 심리치료사들이 사르트르와 같은 실존철학자들의 인간론을 제대로 이해하지 못하고 변형해서 응용한다고 비판한다. 그들은 결국 전통적인 정신병리학이 전제하는 인간에 대한 이해를 넘어서지 않는다. 그들에게 실존철학자들의 인간론과 삶에 대한 관점은 치료에 직접 응용할 수 있는 수준을 넘어선 매우 이상적인 것이기 때문이다.

프로이트식의 정신분석과 실존적 정식분석의 한계를 지적한 후 슈스터는 빈약한 자의식으로 고민하는 요니(Yoni)를 사르트르적 관점으로 상담한 사례를 보고하며 심리치료와 철학상담의 차이를 설명한다. 이 사례는 슈스터가 1989~1990년 사이에 10개월 이상 진행한 것이다.[36] 여러 회기 중 슈스터는 "사르트르적 관점"(Sarterian Perspective)을 적용한 것만 보고한다. 예루살렘에 살다 텔아비브로 이사를 간 요니가 슈스터에게 접촉을 시작한 것은 정신과치료를 받은 지 1년 반이 됐을 때다. 그는 자신을 담당한 정신과 의사와 의견이 맞지 않자, 치료를 중단했다. 그렇게 치료를 중단한지 6개월이 지나서 요니는 슈스터와 만났다. 슈스터는 요니의 '약한 자의식', '좀 도둑질', '그리기 장애'(painting

---

36) 여기 소개된 사례는 Schuster(1995) 중 pp.109 이하의 내용을 정리한 것이다.

block) 문제를 사르트르 철학으로 살펴볼 수 있다고 판단했다. 상담 첫날 요니는 위축되고 신경이 예민하여 자신을 자유롭게 표현하질 못했다. 이 당시 20대 후반이던 요니는 상담 중에 손에 땀을 많이 흘리고 안절부절 못하면서 화장실을 자주 들락거렸다. 매우 극단적인 정통유대주의 가정에서 자란 요니는 종교학교에 입학한 이후부터 청춘을 "낭비했다"고 말했다. 게토에서 청소년기를 보낸 요니는 스물한 살이 되어서 종교적인 삶을 중단하고 세속적인 이스라엘 사회에 발을 디뎠다. 요니는 자신의 약한 자의식에 대해 상담하고 싶었다. 약한 자의식 때문에 그는 뭔가를 선택하거나 사려고 하면 혼란과 의심이 시작되어 결정을 못한다고 했다. 예를 들자면, 신발가게에서 뭘 살지 망설이다가 판매원의 압박에 못이겨 결국은 마음에 안 드는 신발을 사는 식이라고 했다. 그는 자신의 이런 문제를 철학상담이 해결해 줄 수 있을 것으로 기대했다.

슈스터는 요니의 이 문제를 '사르트르의 타자의 시선' 개념과 연결해서 검토한다. 타인의 소위 "객관적인 시선"으로부터 자유롭지 못할 때 우리는 나답게 (authentically) 살 수 없다. 요니의 문제도 이런 일반적인 경우에 해당한다. 슈스터는 대화 중 자신의 말에 동의하지 않았으면서도 동의하는 척하지 말고, 본모습으로(authentic) 있어 보라고 요니에게 조언한다. 그리고 만약 상담사인 자신이 요니에게 영향을 미칠 것 같은 조짐을 보이면, 자기에게 경고해 달라고 부탁한다. 두 사람은 다양한 결정방식에 대해 토론하였다. 다른 사람에게 영향을 받지 않았을 때라면 요니가 이성적인 결정이나 감성적인 결정 혹은 직관적인 결정을 할 수 있었는지 검토했다. 토론 끝에 요니는 자신이 무엇인가를 결정하는 경험을 많이 못 해봤다는 사실을 깨달았다. 정통유대주의 사회에서는 그가 해야할 거의 모든 것이 이미 다른 사람에 의해 결정되어 있었기 때문이다. 유대주의 공동체에서 벗어난 후에도 요니는 스스로 작은 일 하나도 결정할 수가 없었다. 슈스터는 요니가 어떤 일에 대해 결정하는 데 불안을 느끼는 것은 요니 자신의 존재를 결정하는 데 대한 불안으로 생각해 보자고 제안한다. 요니의 선택의 두려움을 요니 자신의 존재 선택에 대한 두려움으로 보고, 그것을 또 실존적인 불안(anxiety)으로 보자는 것이다. 요니는 슈스터의 이런 설명에 동의하였다.

슈스터는 요니의 도벽에 대해서도 실존적인 정신분석을 시도한다. 요니는 자신의 도벽이 청소년기의 일시적인 비행일 것이라고 생각했다. 그러나 슈스터는 요니의 도벽을 그의 약한 자의식과 연관해 검토해보자고 제안한다. 현금카드를 훔쳤던 것으로 요니는 혹시 자기다움에 대한 욕망을 표현하려고 한 것은 아니었을까? 이런 점에 대해 두 사람은 함께 검토한다. 그의 절도 행위가 혹시 다른 사람에게 도난당한 그의 자기다움에 대한 보복의 일종이 아니었을까? 슈스터는 요니가 물건을 훔칠 때 느끼는 공포감은 종교적으로 양육된 청소년기에 거절됐던 그의 정체성(Identity) 같은 것이 검증될 때 느끼는 불안을 표현하게 해준 것이라 해석한다. 요니는 슈스터의 이런 해석에 동의한다. 슈스터는 요니에게 사르트르의 비평서 『성자 주네, 희극배우이자 순교자』를 함께 읽어보자고 권한다. 두 사람은 주네가 도둑질하는 것을 해방의 빛으로 나아가는 일로 묘사한 부분을 함께 읽는다. 상담의 각 과정이 이같이 상담사인 슈스터의 제안에 의해 시작되는 경우가 많았다. 실존철학상담은 내담자의 주체적 사유를 중요시한다. 그런데 이런 빈번한 제안은 내담자가 주체적으로 사유하는 것을 가로막지 않을까? 이와 관련해서 슈스터는 철학상담사의 제안은 정신과 의사나 혹은 심리치료사의 제안과는 달리 내담자가 거절해도 되는 것이라는 점을 강조한다. 또한, 슈스터는 철학상담에서 내담자의 이 거절은 상담사에 대한 저항이나 적대감의 표현이 아니라 철학적인 대화를 자신이 주도하고 싶다는 표현으로 해석해야 한다는 점도 강조한다. 실제로 요니는 슈스터의 제안 중 어떤 것은 받아들이고 또 어떤 것은 거절하면서 상담을 진행했다. 슈스터에 따르면 철학상담에서 제안은 내담자를 위한 하나의 선택지일 뿐이다. 하지만 철학상담의 이런 특징이 철학상담 자체를 방법론적인 상대주의나 극단적인 회의주의로 끌고 가지는 않는다. 설령 상담사 자신이 상대주의나 회의주의자일 때라도 그렇게 될 염려가 없다. 상담사의 제안을 내담자가 선택하면서 내담자의 결정에 의해서 대화가 진행될 수 있고, 상담사에게 초점을 맞추지 않기 때문이다.

약한 자의식과 도벽 문제를 다룬 후 요니는 그림 그리는 문제에 대해서 상담하고 싶어 했다. 가족과 거리를 두고 혼자 생계를 꾸린 후부터 요니는 일과 후여가 시간에 그림 그리는 것을 취미로 삼았다. 그러다 요니는 화가가 되려는 꿈을 갖게 됐다. 전문 예술가들도 그의 재능을 긍정적으로 평가했다. 요니는 그림을 계속 그린 후 자신의 작품들을 모아서 전시회를 열 계획을 세웠다. 하지만 최근 2년 동안 그림을 도저히 그릴 수가 없었다. 그러던 중 철학상담이 시작되고 두 달 반이 지난 시점에 요니는 다시 그림을 그릴 수 있게 되었다는 소식을 슈스터에게 전한다. 두 사람은 어떻게 '그리기 장애'를 해결한 것일까?

요니는 불안과 복수에 대한 생각으로 자신이 가진 에너지를 다 허비해서 그림을 그릴 수가 없다고 믿었다. 그는 한때 자신보다 10살 많은 남성의 꾐에 빠져서 동성애 관계를 맺었다고 한다. 요니 자신은 양성애나 동성애에 관심이 없다고 말했다. 자신은 죄 없는 희생자라고 했다. 전에 정신과 의사는 동성애를 너무나 인간적인 성향이며, 승화시킬 수가 있는 어떤 것으로 생각해 보자고 요니에게 제안했다. 그러나 요니는 이 제안을 거절했다. 슈스터는 요니에게 사르트르의 인간 이해를 생각해 보자고 제안한다. 사르트르는 현대인을 위한 윤리를 저술하는 일이 미래 세대를 위한 일이라고 생각했지만, 인간의 모든 행동과 선택이 도덕적인 가치로 가득 찼다고는 결코 생각하지 않았다. 슈스터는 사르트르의 이런 인간관에 대해 생각해 볼 것을 요니에게 제안했던 것이다. 요니에게 동성애는 중대한 죄였다. 요니와 슈스터는 동성애에 대해서 다양한 관점에서 해석했다. 두 사람은 그의 옛 동성애 친구 바비(Bobby)의 가치판단과 슈스터의 가치판단 그리고 요니 자신의 가치판단을 성자 주네의 가치판단과 비교하면서 주체적으로 해석해 본다. 두 사람은 사태의 진실을 반영한 절대적인 가치판단이 가능한지 검토했다. 동성애에 대한 가치판단이 과학적인 지식에 근거한 것인지 아니면 감정이나 종교적 신념에 근거한 것이거나 혹은 어떤 철학적인 관점에 근거한 것인지에 대해서도 토론했다. 슈스터는 요니가 만났던 정신과 의사들과는 다르게 동성애 성향이 없다는 요니의 주장을 받아들인다. 그러면서도 슈스터는 요니가 갖고 있는 동성애에 대한 가치판단은 유대교 정통파의 그것과 같다는 점을 지적한다. 슈스터는 동성애에 대한 자신의 우호적인 입장을 드러내지 않으면서, 요니가 동성애를 치료되어야 할 질병이자 죄로 보고 있다는 사실을 설명해준다. 슈스터는 요니도 동성애 관계에 책임이 있다고 생각했다. 사르트르가 말했듯이 인간은 자신의 모든 행위에 대해 책임이 있기 때문이다. 그러나 요니는 바비(Bobby)의 속임수에 넘어가 동성애 관계를 맺게 됐다면서, 자신의 책임을 인정하지 않았다.

그는 자신이 강한 자의식을 갖고 있었다면, 바비와 동성애 관계를 맺지 않았을 것이라고 생각했다. 한때 요니는 바비를 매우 위협적인 방식으로 협박할 계획을 짜기도 했다. 그러나 두려움 때문에 실행에 옮기지는 못했다.

협박에 대한 이야기는 법에 대한 토론으로 이어졌다. 슈스터와 요니는 무정부주의자라 할지라도 사람들이 서로 올바로 사는 것을 법이 저해한다고 주장할 수 있는지 등에 대해서 논의했다. 두 사람은 루소의 『사회계약론』 중 '법에 관한'(On Law) 부분을 함께 읽었다. 루소는 여기서 국가의 법에 의해서 가르침과 인도를 받을 수 있다는 사실을 보여준다.37) 이것에 대해 토론한 후 요니는 공동체 생활에서 사회계약으로서의 법은 의미가 있고, 일반적으로 볼 때 지켜져야만 한다는 결론을 내렸다. 요니는 협박 계획을 포기했다. 그 후 두 달 반이 지나면서 요니는 여전히 주기적인 우울증에 시달렸지만, 전반적인 그의 상태는 눈에 띄게 좋아졌다. 피해의식과 죄의식, 복수계획으로 인한 불안 등이 사라지자 요니는 그림을 계속 그릴 수 있는 의욕이 생겼다. 그는 빈도수를 좀 줄여 슈스터와 철학상담을 지속하기로 결정했다. 슈스터와 요니가 함께 진행한 상담회기에서 두 사람은 사르트르 철학에서 가져온 생각들이 철학상담에서 유용하다고 확인했다. 그런데 앞에서 살펴본 상담회기에 관한 기술만으로는 심리치료에서 요구하는 형태의 '치료'(therapy)의 성공을 보장하는 어떤 방법이 드러나지는 않는다. 인간과 삶에 대한 사르트르의 개념들은 치료에 적용될 수 있는 수준을 넘어서 철학적 탐구를 위한 이론의 성격을 지닐 때가 있다는 점을 슈스터는 인정한다.

이 두 사람이 진행한 상담회기는 철학상담과 심리치료 사이의 본질적인 차이를 잘 보여준다. 슈스터에 따르면 철학상담에 활용된 사르트르의 사유는 실존주의 심리치료와는 다음과 같은 점에서 다르다.

(1) 철학상담은 "방법을 넘어선"(beyond-method)38) 열린 전문기술이다. 철학상담사는 내담자와는 다른 관점에서 내담자의 사유를 따르고 내담자는 상담사

---

37) 루소나 로크, 홉스 등 사회계약론자들은 '자연상태'를 전제한다. 자연상태에서 모든 인간은 자유롭고 평등하며, 생존을 위해서 무엇이든 할 수 있다. 하지만 이런 상태는 "만인의 만인에 대한 투쟁"을 야기하고, 이로 인해 사람들은 생존의 위협을 받는다. 이성적 판단에 의해 사람들은 자신의 자유를 어느 정도 양도하는 조건으로 법질서에 따라 살겠다는 사회계약을 맺는다.

38) 이 표현은 아헨바흐의 철학상담 방법에 관한 견해를 나타내는 "방법을 넘어선 방법 "(method beyond-method)에서 착안한 것이다.

의 다른 관점을 쟁점으로 만들거나 질문하며 토론하기 때문이다. 요니의 입장에서 사르트르의 사유는 절대적인 역할을 한 것이 아니고 상담회기 절반 이하 정도에서 유용했다.

(2) 철학상담은 어떤 치료적인 목적도 설정하지 않는다. 철학상담에서는 치료를 위한 어떤 선험적 관념이나 특별한 가치도 암묵적으로든 명시적으로든 가르쳐지지 않기 때문이다. 슈스터는 요니가 상담 초기 신경과민 증상을 보이고 여러 가지 주목할 만한 경험들을 이야기했지만, 그를 '진단하지'(diagnose)는 않았다. 미리 파악한 치료 가능성을 갖고 요니를 도와줄 생각도 전혀 하질 않았다. 만약 내담자가 치료에 대한 이야기를 꺼내면, 그것이 치료가 필요해서 그런 것인지 아니면 철학상담에서 새롭게 얻은 통찰로 자신의 실존을 변화시키고 싶다는 뜻인지를 철학상담사는 판단해야 한다.

(3) 상담을 통해서 내담자의 개념적 세계가 철학적으로 탐색되기 때문에 상담회기에서 드러난 내용과 행위들은 철학적이다. 철학적인 탐색으로 내담자의 질문과 문제도 철학적인 이해나 지식과 연결된다.


## 3. 철학상담 핫라인

슈스터는 「웰빙에 대한 대안적 방법으로서의 철학실천」("Philosophy Practices as Alternative Ways to Well-being")[39]이라는 논문에서 자신이 운영한 "철학상담 핫라인"(The Philosophical Counseling Hotline)과 철학 카페에 대해서 소개한다. "철학상담 핫라인"에 관한 논의에서 슈스터는 실존철학자 부버의 "나-그대"(I- Thou) 사상과 아헨바흐의 "방법 초월적 방법"을 자신의 철학 핫라인 활동의 근거로 제시한다.

슈스터가 처음 아이디어를 내서 개설한 "철학상담 핫라인"은 이스라엘에 있

---

39) SchusterS. C., "Philosophy Practices as Alternative Ways to Well-being", *Radical Psychology*, Issue 1, Vol. 1. 1999.

는 모든 연령대의 사람들이 사용할 수 있는 응급전화다. 사람들은 모든 문제에 대해서 통화할 수 있지만, 특히 실존 문제와 윤리적 딜레마에 대해서 많은 도움을 받을 수 있다. 자살 예방전화를 만든 바라(Chad Varah)는 '자살 예방에 도움이 됐던 것은 자신의 조언보다는 전화를 통해 전달된 우정이었다'고 말한다. "철학상담 핫라인"에서도 우정을 중요하게 여긴다. 오늘날 심리학 문헌이나 철학 문헌에서 '우정'은 거의 다루어지지 않고 있다. 그렇지만 철학의 전통에서 우정은 개인의 삶과 공동체에 좋은 영향을 미치는 윤리적 이상이다. 이런 맥락에서 아리스토텔레스도 『니코마코스 윤리학』에서 우정(Philia)의 중요성을 강조했던 것이다. 슈스터는 "철학상담 핫라인"에서 철학적인 지혜와 함께 우정을 제공하려고 노력했다. 그런데 전화를 건 사람들은 대개 둘 중 하나만 원했다. 어린 자식들과 함께 자살하려다가 전화를 건 젊은 여인의 경우도 그랬다. 슈스터에게 전화를 한 그녀는 철학적 지식이나 철학적으로 생각하는 데는 관심이 없다고 딱 잘라 말했다. 하지만 그녀는 슈스터가 친근한 태도로 자신의 사연을 공감하며 듣고 있다는 사실을 알고 윤리적 관점에서 자신의 문제를 생각하게 되었다. 그녀는 철학적 작업에 대해서 마음을 연 것이다.

슈스터는 면 대 면 철학상담처럼 전화 상담에서도 내담자의 생각이나 의도를 바꾸는 기술을 사용하지 않는다. 슈스터가 이런 입장을 취하는 것은 아헨바흐의 "방법 초월적 방법"을 자신의 철학상담의 기본 방법으로 채택하고 있기 때문이다. 슈스터는 아헨바흐의 "방법 초월적 방법"을 부버의 "나-그대 관계"(I-Thou relationship)와 유사점이 있다고 본다. 그 유사점이 무엇인지에 대해서 구체적으로 밝히지는 않는다. 그러나 부버에 대한 그녀의 설명에서 그 유사성을 짐작해 볼 수 있다. 아헨바흐의 "방법 초월적 방법"은 대화의 형식에 구애받지 않고, 내담자를 대등한 대화상대로 존중하면서 내담자의 자기 이해를 위해 모든 것을 철학적 자산으로 활용한다. 바로 이런 점에서 슈스터는 부버와 아헨바흐의 연결점을 본 것 같다.

슈스터는 로저스(Carl Rogers)의 '사람 중심 접근법'이 부버의 '나-그대' 사상에서 영감을 얻은 것으로 본다. '사람 중심 접근법'에서도 중요한 것은 사람들 사이의 대등하고 진실한 만남이기 때문이다. 부버에 따르면 환자들은 치료자가 전문적인 훈련과 지식으로 무장한 그만의 세계에서 벗어나서 자신을 원초적으로 만나줄 것을 요구한다. 이런 원초적 상황에서 자아는 자기를 노출하게 된다. 이를 통해서 본래적인 자기가 대화상대에게 노출될 뿐만 아니라 그 자신과 만나게 된다. 부버는 한 인간이 다른 사람 앞에 서로 존중하며 일 대 일로 설 때, 고립된 자아의 껍질이 즉각적으로 깨지며 변화를 경험한다고 생각한다. 아픈 사람이 다른 사람과 이런 관계를 맺을 때 치유를 위한 관계가 성립된다. 그러나 두 사람의 진정한 만남을 위해 정해진 특별한 지식이나 방법은 없다. 슈스터는 이런 부버의 생각을 '철학상담 핫라인'에 적용한다. 진정한 대화와 만남은 특정한 시간적 형식이나 장소에 구속되지 않기 때문에 '철학상담 핫라인'으로도 진정한 만남이 가능하다는 것이다.

핵심어

슈스터, 사르트르, 프로이트, 부버, 철학 응급전화(Philosophone), 철학상담 핫라인(The Philosophical Counseling Hotline), 철학자 자서전, 철학적 서사, 철학적 정신분석, 고전적 정신분석, 실존적 정신분석

실존철학상담 연습

1. 슈스터는 사르트르가 '철학적 자서전'인 『말』을 저술할 때 자신의 지나온 삶을 철학적 정신분석의 관점에서 서술했다고 평가한다. '실존적 정신분석'이라고도 칭해지는 '철학적 정신분석'은 프로이트의 고전적 정신분석과 어떤 점에서 다른가? 인간관, 목표, 개념 등을 비교하며 정리해보라.

2. 지나온 삶을 자아와 자아를 둘러싼 사회적 관계, 그 자아의 불안과 선택 등

실존적 경험에 주목하여 서술하는 것이 철학적 서사다. 이렇듯 자아나 실존을 주제로 한다는 점에서 철학적 서사는 '실존적 서사'라 부를 수 있다. 철학적 자서전은 철학적 서사물이다. 철학적 서사의 형식으로 내담자의 지나온 삶을 정리하며 성찰하는 작업이 갖는 치료나 상담의 효과는 무엇인가? 사르트르가 『말』을 저술하면서 성취한 변화를 참조하여 정리해 보라.

3. 슈스터가 상담한 요니는 어떤 문제로 철학상담사를 찾았는가? 그 각각의 문제는 어떤 점에서 실존적인 성격을 지녔는가?
   1) 요니는 어떻게 그 문제들을 해결했는가? 문제해결에 철학은 어떤 역할을 했는가?
   2) 요니의 상담보고서에 나타난 철학적 서사의 성격을 간단히 정리해 보라. 그것은 상담에 어떻게 기여했는가?
   3) 요니의 상담은 어떤 점에서 슈스터가 주창하는 '실존적 정신분석'이나 '철학적 정신분석'이 적용되었다고 볼 수 있는가?
   4) 요니의 상담에서 진행된 실존적 정신분석은 고전적 정신분석과 어떤 점에서 같고 어떤 점에서 구분될 수 있는가?
   5) 실존적 정신분석이 고전적 정신분석에 대해서 지닐 수 있는 상담에서의 강점은 무엇일까?

4. '철학적 자서전'은 한 사람의 삶을 실존철학적으로 성찰하며 서사적으로 정리하는 것이다. 여기서 실존철학적 성찰이란 가치관, 도덕관이나 불안과 위기, 변화, 자유, 죽음, 부조리, 절망, 책임, 삶의 의미, 자아에 대한 생각 등 실존적인 문제들을 실존철학자들의 관점과 해석을 참조하며 살펴보는 작업이다. 실존철학상담사는 철학적 자서전 쓰기에서 드러난 내담자의 행위 뒤에 숨겨진 실존적인 의미와 변화의 가능성을 실존적 정신분석으로 밝혀낼 수 있다. 예를 들어 슈스터는 '요니가 카드를 절도했을 때 느낀 불안'을 '요니가 상실된 자아를 확인받을 때의 불안'에 대한 표시이며, 이는 '본래적 자아를 회복하려는 가능성'이라고 분석했다.

1) 두 사람이 짝이 되어 각자가 일정한 기간의 삶을 철학적 자서전으로 정리해보라.

2) 그 내용에 대해서 서로 철학적 정신분석을 시도해보라.


5. 앞의 공동작업을 참조하여 사르트르와 슈스터가 제시한 철학적 정신분석의 한계와 보완점을 간략히 정리해 보자. 그 한계는 극복될 수 있는 것일지도 토론해보라.


실존철학상담 활용 문헌

이상에서 소개한 슈스터의 문헌이외에 실존철학상담과 관련해서 의미 있는 문헌들은 다음과 같다.

## 1. 『심리상담과 정신치료의 대안으로서 철학실천』(*Philosophy Practice: An Alternative to Counseling and Psychotherapy*), Londeon, Connecticut, 1999.

이 책은 철학상담 입문서의 역할을 한다. 이 책에서 슈스터는 철학상담을 다음과 같이 정의한다. 철학상담은 최소한 잠재적으로 "선입관, 착각, 편견, 모든 것을 아는 오만함으로부터 자유로울 수 있게 하는 것을 철학 자체가 제공하는 일이다."(64쪽) 철학상담을 받기 위해 온 내담자들은 환자나 수동적인 심리상담의 수혜자가 아니다. 그들은 삶의 의미나 실존적인 문제를 이해하기 위해 철학을 사용한 적극적이고 자율적인 사람들이었다. 슈스터는 이런 사람들의 생각과 행동의 자유를 증진시키는 데 도움이 될 수 있도록 철학적인 분석 방법을 고안했다. 그것이 '철학적 정신분석'이다. 그는 이 방법을 먼저 주요 철학자들의 삶에 적용해 그들이 남긴 서사를 '철학자 자서전'이라는 이름으로 분석한다. 철학자들이 남긴 서사를 분석하는 이 자서전 작업에서 슈스터는 철학자들의 삶이 지금 우리의 삶에 좋은 통찰을 제공할 수 있다는 사실을 보여준다. 또, 슈스터는 철학상담에서 내담자가 혼란에서 벗어나 의미를 찾을 수 있도록 철학자들의 다양한 목소리를 들려준다. 예를 들어 슈스터는 부버에게서 '실존적 신뢰 (existential trust)'라는 개념을 불러내서 내담자가 잠재적으로 나쁜 일들이 일어날까 걱정하는 것을 덜어주고, 사르트르에게서는 '진정성' 개념을 끌어들여서 내담자가 다른 사람들의 조작을 피하는 데 도움을 준다.

## 2. 「사르트르의 프로이트와 사르트르식 정신분석의 미래」("Sartre's Freud and the future of Sartren psychoanalysis"), *The Israel Journal of Psychiatry and Related Sciences*, 1998, Vol. 35(1), pp.20-30.

이 논문에서 슈스터는 사르트르가 시도한 프로이트에 대한 비판적 분석이 빈스방거나 랭 등에 의해 본격적으로 행해진 '실존적 정신분석'(Existential Psychoanalysis)의 모범 사례 연구라고 평가한다. 이 실존적 정신분석은 정신의학적인 분석에 대한 비판적 대안으로 시도된 것이다. 그러나 슈스터는 치료를 목적으로 하지 않는 자신의 철학적 정신분석과는 다르게 빈스방거나 랭 등에 의해서 행해진 실존적 정신분석은 치료를 목표로 하기 때문에 프로이트식의 정신분석과 정신병리학에서처럼 인간을 치료의 대상으로 보는 관점을 근본적으로 초월하지 못하고 있다고 평가한다. 슈스터는 사르트르 철학의 일차적인 관심도 치료가 아니라 혁명이었다는 점을 상기시킨다. 사르트르가 프로이트의 이론을 비판한 것도 자신의 사회철학적인 실천이라는 목적 때문이었다. 혁명적인 사르트르의 방법은 정신분석과 정신치료의 전통적인 목표를 초월한다. 이 논문은 네 부분으로 구성되어 있다.

1) 사르트르식의 실존적 정신분석. 여기서는 사르트르식의 실존주의와 정신분석에 대한 전체적 윤곽이 설명된다.

2) 사르트르와 반(anti)-정신의학. 여기서는 사르트르 철학과 랭의 정신의학의 관계 및 영향이 다루어진다.

3) 사르트르의 프로이드 사례 연구. 여기서 저자는 사르트르식의 실존적 정신분석의 사례를 보여주면서 전통적인 정신분석을 비판적으로 평가한다.

4) 치료경계의 초월. 여기서 저자는 사르트르의 철학을 과감하게 적용하여 전

통적 정신의학의 임상적 접근법이 갖는 목표를 넘어서자고 제안한다.

3. 「**철학자 자서전 – 질적연구**」, **2003.** 이 저서에 대해서는 이 장 앞에 서술된 내용을 참조할 것.

# 11장

# 라하브: 독창적인 길 안내자

## 1. 철학실천과 실존철학

　철학실천가 라하브 (Ran Lahav)는 이스라엘 하이파 대학에 재직한 후 현재 미국 버몬트의 작은 시골 마을에 정착하여 지금도 세계 곳곳을 다니며 활발하게 철학실천 활동을 하고 있다. 이스라엘에서 태어나고 자란 라하브는 히브리대학에서 철학과 심리학으로 학사와 석사를 마쳤다. 미국으로 건너간 그는 1989년 언어분석철학의 전통이 강한 미시간 대학에서 철학 박사 학위와 심리학 석사 획위를 받았다. 박사학위 직후 미시간 대학 소속으로 다음과 같은 논문을 발표하였다. 「베르그송과 언어의 주도권」[1], 「탈-현상주의: 부사 이론에 대한 대안」[2], 「합성에 맞서며: 형용사의 경우」[3]. 이 세 논문 모두 언어분석철학과 관련된다. 이후에도 언어분석 철학과 관련된 논문도 가끔 발표하지만, 주로 철학상담과 관련된 다음과 같은 논문들을 발표한다. 「철학상담에서 응용현상학」[4], 「철학상담에 분석철학 사용하기」,[5] 「철학상담에서 자기변신을 촉진하기 위한 현상학적 도구」[6], 「철학상담은 심리치료와 다른가?」[7], 「철학상담의 개념틀」[8] 등등이 그것이다. 박사학위를

---

1) Lahav R., "Bergson and the Hegemony of Language", Southern Journal of Philosophy, Vol. 28, 1990.

2) Lahav R., "Dis-Phenomenalism: An Alternative to the Adverbial Theory", Philosophy and Phenomenological Research, Vol. 50, 1990.

3) Lahav R., "Against Compositionality: The Case of Adjectives", Philosophical Studies, Vol.55, 1989.

4) Lahav R., "Applied Phenomenology in Philosophical Counseling," International Journal of Applied Philosophy, Vol. 7, 1992.

5) Lahav R., "Using Analytic Philosophy in Philosophical Counseling," Journal of Applied Philosophy, Vol. 10, 1993.

6) Lahav R., "Phenomenological Tools to Facilitate Self-Change in Philosophical Counseling," Agora: *Zeitschrift für Philosophische Praxis*, Vol. 11-12, 1993.

7) Lahav R., "Is Philosophical Counseling that Different from Psychotherapy?," Zeitschrift für Philosophische Praxis, Vol. 1, 1994.

8) Lahav R., "A Conceptual Framework for Philosophical Counseling," in: Lahav and Tillmanns (eds.), Essays on Philosophical Counseling, Lanham: University Press of America, 1995.

마친 후 라하브는 몇 년 동안 텍사스 대학에서 강의를 하지만 1992년 이후부터 철학실천에 뛰어들었다. 그 당시 이 분야는 개척기였다. 라하브는 1994년 제 1 차 국제철학실천대회를 루 메리노프와 공동 조직하고, 이후 책과 신문기사 그리고 강연과 워크숍 등을 통해서 철학실천운동을 주도한다. 그는 또한 이스라엘의 하이파(Haifa)에서 철학 상담에 관한 과정을 세계 최초로 개설하여 15년 동안 가르친다. 2014년에는 여자 친구이자 동료인 자발라(Carmen Zavala)와 함께 국제철학실무자의 온라인(www.philopractice.org) 상담 지점인 Agora 웹 사이트를 시작했다. 철학상담에 관한 많은 저서를 발간했고, 히브리어 소설도 몇 편 발표하였다.

앞에서 소개했듯이 라하브는 철학상담과 현상학을 연결해서 논문을 쓴 적은 있다. 그렇지만, 그는 현상학을 연구하는 사람들이 함께 다루는 경우가 많은 실존철학을 제목으로 한 논문이나 저술은 발표하지 않았다. 따라서 실존철학이 라하브에게 어떤 역할을 하고 있는지 알아보기 위해서는 그의 철학실천활동과 기존의 저술 속에서 실존철학과 관련된 부분을 찾아서 살펴볼 필요가 있다.

라하브는 인터넷 사이트 "https://www.philopractice.org/web/right-and-wrong-2017"에 그가 철학실천의 방법으로 창안한 '철학친교'에서 다루기에 적합한 주제들과 철학자들을 다음과 같이 선정했다.

**태도취하기** Attitudes[9](***Marcel***, ***Kierkegaard***, Seneca, ***Nietzsche***), **자기진정성** Authenticity(***Bergson***, Marcus Aurelius, Rouseau, ***Sartre***), **죽음** Death(Montaigne, Lucretius, ***Foss***[10], ***Camus***, ***Unamuno***), 아름다움 Beauty(Plotinus, Santayana, Wittgenstein, Schiller, Ficino), 우정 Friendship(Lewis, Kant, Emerson,

---

9) "Attitudes"는 '(여러 가지) 태도들'로 직역할 수 있지만, 필자는 "태도취하기"로 번역한다. 태도취하기는 독일어로 'Verhalten'에 상응한다. 키르케고르와 니체, 하이데거, 야스퍼스 등 실존철학자들에게는 경험주의자들이 유일한 '실체'로 주장하기도 하는 '객관적인 사실'이 중요한 것이 아니라 그것에 대해 내가 어떤 태도를 취하거나 관계(Verhältnis)를 맺고 있느냐가 '나'에게는 더 중요한 것이다.

10) 포스(Martin Foss, 1889-1968)는 유대계 독일인 철학자로 나치의 박해를 피해 미국으로 망명했다. 포스는 실존현상학자 쉘러(Max Scheller)의 제자이지만, 심리학과 신학, 종교 등에 관한 연구가 많아 철학계에는 잘 알려지지 않았다. 그러나 하이데거, 가세트(Ortega y Gasset), 사르트르의 실존주의에 큰 영향을 받았다. *Logic and Existence*(1962), *Death, Sacrifice and Tragedy* (1966), *Symbol and Metaphor in Human Experience* (1949) 등의 저작을 남겼다.

*Nietzsche*), 행복 Happiness(Tatarkiewicz, Aristotle, Mill, Russell), **내적 자유** Inner Freedom(Epictetus, Isaiah Berlin[11]), Krishnamurti, **Camus, Berdyaev**[12]), **내적 진실** Inner Truth(**Kierkegaard**, Fichte, Emerson, **Marcel**) 사랑 Love(Weil, **Unamuno**, Plato, **Fromm**[13]), **의미** Meaning(**Schopenhauer**, James, **Tolstoy**, Schlick[14]), 옳고 그름 Right & Wrong(Bentham, Kant, Beneke[15], Ross[16]), **철학함** Philosophizing(**Jaspers**, Socrates, Novalis, **Zambrano**[17]), 낭만적 사랑 Romantic Love (Solovyov[18], **Ortega y Gasset, De Beauvoir**, Aragona[19]), **성교** Sex(**Sartre, Solomon**[20], **De Beauvo**i, Bataille[21]), **타자** The Other Person(**Ortega, Buber, Levinas, Marcel**, Picar[22]), **자아** The Self(Descartes, Hume, **Stirner**[23], **Merleau-Ponty**), 덕 Virtues(Aristotle, Dewey, Shaftesbury, **Pascal**, Spinoza).

---

11) "Berlin"은 러시아 태생의 유대계 영국 철학자인 이사야 벌린(Isaiah Berlin)을 지칭한다.

12) 베르디애브(Nicolai Berdyaev, 1874-1948)는 러시아 태생의 대표적인 실존주의 철학자다. 자유의 중요성을 강조한 그는 *Subjectivism and Individualism in Societal Philosophy*(1901), *The Philosophy of Freedom* (1911), *The Destiny of Man*(1931), *Slavery and Freedom*(1939) 등 많은 저작을 남겼다.

13) 프롬(Erich Fromm)의 사상은 그가 속했던 프랑크푸르트 학파의 네오-마르크스주의, 프로이트의 심층심리학, 실존주의를 토대로 한 것이다. 이렇게 다양한 흐름이 혼합된 그의 사상은 '사랑'이나 '자유' 등 일상생활과 밀접한 주제를 다룰 때도 간단하지 않다. 유대계인 그는 나치의 탄압을 피해 미국에서 활동하다 사망했으나, 유족들의 뜻에 따라 2016년 독일 뷔빙겐 대학에 그의 출간 저서와 유고를 보관한 "에릭 프롬 연구소"(Erich-Fromm-Institut)가 설립됐다.

14) 여기서 "Schlick"은 독일태생으로 물리학 박사학위를 마치고 비엔나에서 논리실증주의의 토대를 놓은 과학철학자 모리츠 쉬릭(Moritz Schlick,1882-1936)을 지칭한다.

15) "Beneke"는 칸트 철학을 전공한 후 독일관념론에 대한 비판에서 심리학으로 전향한 프리드리히 에듀아르드 베네케(Friedrich Eduard Beneke, 1798-1854)를 지칭한다.

16) "Ross"는 영국의 고대희랍철학자 윌리엄 데이비드 로스(William David Ross, 1877-1971)를 지칭한다.

17) 잠브라노(Maria Zambrano, 1904-1991)는 시적인 표현으로 실존철학적인 저작을 남긴 스페인의 철학자이다. 그녀는 스페인 실존철학의 거장 가세트(Ortega y Gasset)에게 배우고 함께 연구도 했다. 『자유주의의 지평』(Horizonte del liberalismo, 1930), 『철학과 시』(Filosofía y poesía, 1940), 『영혼의 지식을 향하여』(Hacia un saber sobre al alma, 1950) 등의 작품이 있다.

18) "Solovyov"는 러시아의 시인 철학자이자 신학자 브라드미르 소로브요프(Vladimir Solovyov, 1853-1900)를 지칭한다.

19) "Aragona"는 이탈리아의 시인이자 철학자인 툴리아 드 아라고나(Tullia d'Aragona, 1510-1556)를 지칭한다.

20) 솔로몬(Robert Solomon, 1942-2007)은 사랑에 관한 연구에 집중한 미국의 실존철학자다. *Existentialism*(1974), *The Philosophy of (Erotic) Love*, with Kathleen M. Higgins(1991), *From Hegel to Existentialism*(1987), *From Rationalism to Existentialism: The Existentialists and Their Nineteenth-century Backgrounds* (2001), *Reading Nietzsche*(1990), *Sexual Paradigms* (2002) 등 많은 저술을 남겼다.

21) 여기서 "Bataille"는 성애와 신비주의, 초월 등의 주제로 글을 쓰는 프랑스 작가 조르주 바타이유(Georges Bataille, 1897-1962)를 지칭한다.

22) "Picard"는 스위스 출신으로 독일에서 활동한 철학자 맑스 피카르드(Max Picard, 1888-1965)를 지칭한다.

23) 맑스 스티르너(Max Stirner, 1806-1856)는 실존주의와 포스트모더니즘, 무정부주의 등에 독창적인 업적을 남긴 독일의 철학자다.

위에서 필자는 철학적 주제들 중 특히 실존주의 사상가들이 주요 관심사로 다루는 것들을 진한 기울임체로 표시하였다. 또한, 실존주의 계열로 분류할 수 있는 사상가도 진한 기울임체로 표시하였다. 필자가 위에서 실존주의 사상가로 분류한 이들 중 작가 톨스토이를 제외하고는 모두 서양철학사에서 일반적으로 실존철학자로 다루어진다. 이상과 같은 정리를 통해서 우리는 다음과 같은 사실을 확인할 수 있다. 즉 라하브의 철학실천을 그가 주로 다룬 철학자와 주제를 중심으로 어떤 철학사조에 영향을 받고 있는지 판단한다면, 그가 책의 제목으로 내세우거나 상담 초기 자주 언급하는 고대그리스 철학도 아니고, 그가 전공한 언어분석철학도 아니며, 가끔 언급되는 중세철학이나 실용주의 철학도 아니다. 그 양적 빈도수나 철학실천에서 차지하는 질적인 위치에서 볼 때 실존철학이 라하브에게 가장 결정적인 영향을 주고 있다고 판단할 수 있다. 실존철학이 질적인 측면에서 라하브에게 어떤 영향을 미치고 있는지에 대해서는 그가 진행한 '철학 친교'에 등장하는 인물들의 관심사와 그것을 다루는 방식에서 확인할 수 있을 것이다. 위에서 열거한 사상가 중 유대계 사상가도 적지 않다는 점을 들어서 우리는 유대주의적 전통도 라하브 철학실천의 중요한 토대를 이룬다고 짐작할 수 있다. 그런데 유대계 철학자 중 라하브가 가장 많이 언급하는 부버도 실존주의를 대표하는 사상가다. 여기서 그가 영향을 받은 유대주의적 전통을 따로 정리할 수는 없다.

라하브의 철학실천 활동이 실존철학에 가장 큰 영향을 받고 있다는 사실은 그의 철학실천을 정리한 최근 저서 『플라톤의 동굴에서 벗어나기』(Stepping out of Plato's Cave)[24])의 내용을 통해서도 확인할 수 있다. 라하브는 이 책에서는 부버와 프롬[25]) 그리고 베르그송(*Henri Bergson*)과 니체[26]), 루소(Jean-Jacques Rousseau), 마르크스 아우렐리우스(Marus Aurelius), 크리스티나무르티(Kristinamurti), 마르셀

---

24) Lahav R., *Stepping out of Plato's Cave*: Philosophical Counseling, Philosophical Practice, and Self-Transformation, Loyev Books; 2 edition, 2016. 필자는 Loyev Books 출판사의 독어 번역본 *Der Schritt aus Platon's Hölle*(Hans Heide 역, 2017년)를 참조하였다. 이하 "*Platon's Hölle*"로 약칭

25) *Platons Hölle*, p.6ff. 참조. 부버는 이 책에서 가장 많이 언급된다.

26) 이상 *Platon's Hölle*, p.7. 니체는 이 책 여러 곳에서 언급된다.

(*Gabriel Marcel*)[27], 아도(Pierre Hadot)[28], 코헨(Elliot Cohen)[29], 사르트르 (*Jean-Paul Sartre*)[30], 이 가세트(*Ortega y Gasset*)[31], 칸트(Immanuel Kant), 카뮈 (*Albert Camus*)[32], 로빈슨(James Robinson)[33], 솔로베이취크(Joseph Soloveitchik)[34] 그리고 비트겐슈타인(Ludwig Wittgenstein)[35]의 사상을 소개한다. 대다수가 실존주의 사상가다. 이 인명 리스트를 통해서도 라하브의 최근 작품 속에서 실존주의 사상가들이 두드러진 비중으로 다루어지고 있다는 것을 확인할 수 있다. 라하브의 철학실천이 우선 실존주의 사상에 토대를 두고 있다는 사실은 이 책에 소개된 상담사례를 통해서도 확인된다.

라하브의 상담 활동이 실존주의 사상에 토대를 두고 있으며, 실존주의 사상 중 하이데거가 현존분석론에서 형식적으로 제시한 개념들이 당면문제를 이해하고 해결책을 찾는 데 결정적인 역할을 하고 있다는 사실을 우리는 그가 보고한 아래의 상담사례에서 확인할 수 있다.

## 2. 마트의 참된 자아

라하브는 마트(Matt)가 철학상담사 린다(Linda)를 방문해 나눈 '내적 차원의 언어 체험'[36]에 대해서 소개한다. "린다"는 라하브가 『플라톤의 동굴에서 벗어

---

27) 이상 *Platon's Hölle*, p.8.

28) *Platon's Hölle* p.14.

29) *Platon's Hölle* P.24. 코헨(Eliet Cohen)은 라하브의 동료 철학실천가로 세계 여러 나라를 돌며 활발하게 활동하고 있다. 우리나라에도 『나는 지금 고민하지 않는 방법을 고민한다』 등 그의 여러 권의 책이 번역되어 소개되었다. 코헨은 분석철학을 전공했으나, 아리스토텔레스에서 칸트에 이르기까지 다양한 철학자들을 상담에 적용한다.

30) *Platon's Hölle*, p.79ff.

31) *Platons Hölle*, p.89ff.

32) *Platons Hölle*, p.169ff.

33) *Platons Hölle*, p.174. James Robinson(1960~)는 영국 태생으로 현재 시카고 대학 경제학과 교수이다.

34) *Platon's Hölle*, p.175. Joseph Soloveitchik(1903~1993)는 미국에서 정통유대주의를 현대적 언어로 알린 랍비다.

35) *Platon's Hölle*, p.212.

36) '언어'란 서로 다른 화자를 이어주는 매개자다. 이런 점에서 언어는 개인의 것이 아니라 사회적인 것이다. 하지만 언어는 사회성뿐만 아니라 그것을 사용하는 개인의 내면성도 담고 있다. 언어의 내적 차원은 다른 사람과 공유할 수 있는 사회적 차원을 넘어 화자만의 내면을 보여주는 문맥이나 용법, 뉘앙스에 의해 드러난다. 이때 특정한 단어는 공공성을 넘어 나의 '각자성'을 담아낸다. 라하브는 언어의 이런 측면을 의도적으로 밝힘으로써 내담자의

나기』[37)에서 상담사례를 소설형식으로 소개하면서부터 등장시킨 가공의 인물로 현실의 철학상담사 라하브 자신의 역할을 대신한다. 마트는 첨단기술을 다루는 회사의 편집장이다. 이 직업으로 그는 충분한 수입을 얻고 있지만, 자신이 정말 좋아서 하는 일이라고는 느끼지 못하고 있다. 마트는 친구들과 캠핑을 갔을 때나 좋은 카메라를 샀을 때도 심지어는 철학상담사 린다를 처음 만났을 때도 자신이 정말 원해서 그랬는지 확신이 서지 않는다. 마트는 자신이 진정으로 무엇을 원하고 또 무엇을 할 수 있는지 알 수 있는 능력이 없다고 고백한다. 둘째 회기에서 린다는 마트가 어떤 '전형들'(patterns)에 따라서 행동하고 느끼는 것 같다고 짐작한다. 셋째 회기부터는 개념과 이해 내용을 분석하는 본격적인 철학 상담을 시작한다. 린다는 마트에게 "당신이 말한 대로 '내가 정말 무엇을 원하는지 나는 모른다'고 말한 뜻이 무엇이며, 이것이 당신의 삶에 대해 무엇을 의미하는 진술인지 파악해 보자"고 제안한다. 그러자 마트는 "그것은 대부분의 시간을 '진짜 나'와 만나지 못한 것을 의미한다"고 답한다.[38) 철학적 토론은 자연스럽게 "참된 자아"(Wahres Ich)와 "거짓 자아"(Falsches Ich)에 대한 탐구로 이어진다. 대화 끝에 린다는 참된 자아와 거짓 자아와 관련된 개념들을 다음과 같이 정리한다. 참된 자아란 '가치 있고', '대가를 치를 만하고', '일차적인 현실'이자 '나의 거처'이며 '양심'이지만 '은닉된' 것이다. 이에 반해서 거짓 자아는 '중요하지 않고', '이차적인 현실'이며 '망설이는 것'이고 '낯설고 먼 것'이지만 '눈에 보이는' 것이다. 린다는 마트에게 '참된 나'를 경험해본 적이 있느냐고 물었다. 마트는 잠시 생각을 하더니, 자주는 아니지만 그런 적이 있다고 대답한다. 그건 지난달 세 명의 친구와 함께 산에 가서 겪은 일이다. 마트는 친구들과 그 산에 있는 유명한 폭포를 찾아가 보기로 했다. 그런데 어느새 해가 저물었고, 일행은 어둠 속에서 길을 잃고 말았다. 친구들은 폭포 찾는 것을 포기하고 돌아가자고 주장했지만, 갑자기 마트의 가슴 속에는 폭로를 찾고 말겠다는 열정이 솟았다.[39)

---

내면의 소리를 끌어낸다.

37) *Platon's Hölle.*

38) *Platon's Hölle,* p.151, p.152.

39) 철학상담사를 찾은 일과 함께 이 사건은 마트의 변화를 가능하게 한 중요한 계기다. 마트는 왜 어둠이 내려앉은 산속에서 무모하게 폭포에 가겠다는 열정에 휩싸인 걸까? 산속의 어둠은 공포심을 일으키지만 동시에 일상이 지배하는 세상을 차단한다. 유형화되고 그래서 나만의 것이 아닌 세계가 암흑에 의해 차단된 것이다. 어떤 근원에

한참을 헤맨 끝에 마침내 폭포를 찾았고, 그때 마트는 온전한 자기 자신과 함께 있다는 느낌이 들었다. 마트는 그때 진짜 자기와 함께 바위 위에 서있었다고 말한다. 린다는 마트의 이야기가 매우 가치 있는 "순간"(Augenblick)을 전하는 것 같다고 평가한다.

이후 만남에서 린다와 마트는 철학자들의 텍스트를 가지고 참된 자아와 거짓 자아에 대해서 토론을 시작한다. 우선 맑스 스티르너(Max Stierner)의 『유일한 것과 그 자신의 것』(Der Einzige und sein Eigentum)[40]에 등장하는 "유일한 자기"(das einzigartige Selbst)에 대해서 의견을 주고받는다. 스티르너는 대대수의 사상가들처럼 '유일한 자아'가 있다고 주장하지만, 린다와 마트는 다른 입장도 살펴보기로 한다. 그래서 두 사람은 사르트르의 『실존주의는 휴머니즘이다』에 나오는 "나는 나로 있는 내가 아니다"[41]라는 주장을 검토한다. 여기서 사르트르는 하나의 자아를 내세우는 것은 상상이거나 자기기만이라고 주장한다. 두 사람은 사르트르의 자아론이 그의 극단적인 자유 개념과 관련 있다는 것을 확인한다. 사르트르의 입장 자체를 옳은지 그른지 판단하지 않고, 그가 자유를 강조한 이유에 대해서 주목하기로 한다.

이후 두 사람은 마르셀(Gabriel Marcel)의 『실존주의 철학』[42]에 나오는 '관찰'과 '증언' 그리고 '내 안의 증인' 개념에 대해서 살펴본다. 마르셀에 따르면 관찰자는 개인적으로 개입하지 않고 삶을 바라보는 자다. 이런 사람에게 삶이란 객관적이고 비인격적인 사태들의 연속일 뿐이다. 관찰자도 맡은 일을 열심히 할 수는 있지만, 그 어떤 것도 신뢰하지 않는다. 모든 것이 나와의 관계에서 의미와 가치를 지니는 대상이 되는 것이 아니라 사무적으로 처리될 뿐이니, 이렇게 객관적인 사실들로만 이루어진 세계 속에는 인간이 신뢰할 수 있는 것이란 없기 때문이다. 이에 반해서 증인이란 마치 그에게 믿고 맡겨진 어떤 것처럼 삶이라

---

서 흘러왔을 폭포는 낭떠러지로 하얗게 부서지며 떨어진다. 떨어진 물은 소용돌이치다 차분히 모여 묵묵히 다시 제 길로 흘러간다. 해체의 자유와 새로운 가능성의 담은 폭포의 이런 이미지는 일상에서 벗어나 '참된 자기'를 찾는 마트의 심정을 대신해주지 않았을까?

40) 라하브가 참조한 책은 다음과 같다. Stierner M., *The Ego and His Own: The Case of the Individual Against Authority*, Minela, NY, 2005. *Platon's Hölle*, p.155-158.

41) 이때 라하브가 참조한 책은 다음과 같다. Sartre J.-P., *Existentialism and Humanism*, Methuen, London, 1948. *Platons Hölle*, p.159, p.160, p.159.

42) Marcel G., *The Philosoph of Existentialism*, Citated Press, New York, 1995, *Platon's Hölle*, p.160-163. p.160.

는 우편물을 수취할 준비가 된 사람이다. 마르셀이 이런 사람을 "증인"이라고 칭한 이유는, 본 것에 대해서 진실을 말하기로 법정에서 맹세했을 때의 증인의 태도와 그의 자세가 같기 때문이다. 이 맹세는 위험이 뒤따르거나 심지어 법원이 부패했더라도 지켜져야 한다. 이와 유사하게, 나는 내가 믿기로 했거나 나와 생각이 같은 것에 대해서 내가 어떤 가치를 세상을 비추는 빛(Licht)으로 받아들인다면, 나는 그것에 대한 증인이다.43)

마트는 마르셀의 "빛(Licht)"이라는 개념이 매력적이긴 하지만, 체감되지 않는다고 말한다. 그는 '빛을 수용한다'는 마르셀의 생각은 지나치게 종교적으로 보인다고도 평가한다. 그러자 린다는 마트와 자기 사이에 의견일치를 보는 것과 불일치를 보는 것 등을 따지지 말고, 마르셀이 '증인'이라는 말로 무엇을 떠올렸는지 생각해 보자고 제안한다. 과연 마르셀은 '증인'이라는 단어로 삶에 대한 자신의 어떤 태도와 세계에 대한 어떤 통찰을 나타내려 한 것인가? 그는 '증인'이라는 말로 자기 내면의 어떤 정신상태를 표현하려 한 것인가? 린다의 이런 질문에도 마트는 무슨 말을 해야 할지 모르겠다고 대답한다. 그러자 린다는 몸과 팔과 손으로 표현해보라고 제안한다. 마트는 일어서는 하늘을 향해 팔을 뻗었다. 잠시 무표정해지더니, 마트는 린다에게 다음과 같이 말한다. "린다, 당신은 하늘에서 기적을 기다리는 사람처럼 마르셀의 "증인"이라는 개념을 적극적으로 해석하는군요." "그래요, 당신이 옳아요. 린다. 마르셀은 주인이 능동적으로 손님을 맞듯이 그런 능동적인 수용에 대해서 말하는군요." 마트는 다시 일어서더니 손님을 맞이하는 주인의 자세를 취해본다. 그러나 이런 게 자신이 찾는 것은 아니라고 말한다.44) 마트는 폭포 체험에서나 그와 비슷한 경험에서 '나를 힘 나게 한다'는 말 같은 게 느껴진다고 말한다. 마트는 또 다음과 같은 생각을 말했다. "나의 모든 불확실성과 나의 모든 신념에 찬 의심과 자기정당화와 자기근거제시가 사라졌다. 이제 나는 다음과 같은 사실을 인식할 수 있다. 폭포 체험에서와 같은 순

---

43) *Platon's Hölle*, p.160-161.

44) 라하브는 '철학친교'라는 소통방식을 상담을 포함한 그의 철학실천 활동에 적용한다. 철학친교는 참여자들이 효과적으로 내면의 소리를 듣고 말할 수 있게 대화의 형식을 제한한다. 이 모임의 참여자들은 즉흥적으로 말하지 않고 정해진 규칙과 진행 과정에 따라야 한다. 위 사례에서 진실되게 말하는 것의 의미를 확인하는 장치로 린다는 '증인' 개념을 끌어들였다. 그런데 마트는 그런 식의 진행을 거부하고 폭포체험에 다시 주목하자고 상담사를 이끈 것이다. 폭포체험에서 마트는 참된 자기와 그것이 주는 기쁨을 느꼈으므로, 그때 자신이 보고 느낀 대로 증언할 준비가 이미 되어 있었던 것이다.

간(Augenblick)[45])에 나는 나 자신과 하나가 된다는 것을, 즉 하나의 고유한 인격이라는 사실을 인식할 수 있다. 나는 스티러너가 말했듯이 나 자신에게 속해 있다."[46]) 마트는 그 순간 자신의 "근원적인 실존"(die ursprüngliche Existenz)을 느꼈다고 고백한다.

린다는 마트의 이 말에 크게 기뻐하며 함께 "참된 자아"와 "거짓 자아"에 대해 다음과 같이 다시 정리한다. "참된 자아"는 '자유롭고', '통일된 것이며' 그래서 '명료하고', '직접적이며', '단순하고', 또한 '일차적인 현실'이라서 '참되고', '가치 있고', '양심적이며', '나의 안식처'이지만 '은닉되어' 있다. "거짓 자아"는 '파편적이며' 따라서 '혼란스럽고', '복잡한' 것이며, "이차적 현실"이라서 '인위적'이고, '중요하지 않으며', 또한 '의무적이고 ", "망설이는 "것이며, '눈에 띄는' 것이자, '낯설고 먼' 것이다.[47])

이상과 같이 정리될 수 있는 철학상담 후에 린다는 "철학적인 친구관계의 내적인 차원"을 살펴보기 위해서 카뮈의 『시지프 신화』에 나오는 "좀 더 체험함"과 프롬의 『사랑의 기술』에 나오는 "고립을 극복함"에 대해서 읽고 토론한다. 두 사람은 최종적으로 제임스(William James)의 『무엇이 삶을 의미 있게 하는가』에서 제시된 "이념을 위한 투쟁"에 대해서 살펴본다.[48])

---

45) "순간(Augenblick)"은 키르케고르 이후 하이데거 등 실존주의 사상가들이 공유하는 깨달음의 시간이다. 독일어로 '눈 깜빡할 사이'와 '눈 뜸'을 의미하는 이 표현은 마치 '플라톤의 동굴'에서 벗어난 사람이 세상을 새롭게 보듯, 한순간 이전과는 다른 관점이 열리는 것을 뜻한다. '순간'은 시계로 측정할 때 아주 작은 기간이지만, 과거와 현재, 미래의 시간 전체를 새롭게 보게 하는 결정적인 계기인 것이다.

46) *Platon's Hölle*, p.162.

47) *Platon's Hölle*, p.162.

48) *Platon's Hölle*, p.163-173.

## 3. 하이데거의 그림자

지금까지 우리는 라하브가 철학상담을 위해 인용하는 철학자들 대부분이 실존주의 사상가들이라는 점을 확인했다. 이런 점을 고려할 때, 그리고 다루어지는 문제와 주요개념이 '참된 자아', '순간'(Augenblick), '빛'(Licht)처럼 실존철학자들이 강조하는 것들이라는 점에 주목할 때도 실존철학이 라하브의 철학상담의 실제적인 길잡이라는 사실을 확인할 수 있다. 그런데 '참된 자아', '순간'(Augenblick), '빛'(Licht)이라는 표현은 라하브가 소개하는 실존철학자인 스티르너, 마르셀이나 사르트르, 카뮈보다는 하이데거를 연상시킨다. 앞의 사례가 소개된『플라톤의 동굴 벗어나기』의 서두에서 라하브가 철학상담을 심리치료와 대비시키며 정의할 때도 주로 하이데거가 즐겨 사용하는 개념들과 문제의식이 연상된다. 여기서 라하브는 심리치료는 정상과 비정상에 대한 지식으로 사람을 치료하는 것을 목적으로 삼는다고 규정한다. 이에 반해 철학상담은 "인간의 실존"(die menschlichen Existenz)[49]을 높은 차원으로 끌어올릴 이념들(Ideen)을 찾는 탐험을 하는 것이다. 간단히 말해서, "철학상담은 치료를 목표로 하지 않고 인간 현존(das menschliche Dasein)의 보다 넓고 보다 깊은 지평을 여행하길 원한다."[50] 영어 원전을 독일어로 번역한 것이라서 이 번역본을 기준으로 라하브가 사용한 개념과 표현의 진의를 판단하는 데에는 한계가 있다. 그런데 이 책 맨 앞에 쓰여진 출간에 대한 감사의 말을 보면 라하브는 독일어 번역본을 그의 여자 친구이자 동료인 자발라와 함께 꼼꼼히 검토한 것으로 보인다. 따라서 독어 번역본의 주요 표현들에 대해서 라하브가 동의하였다고 볼 수 있는 것이다. 이런 전제 하에 우리는 다음과 같이 해석해 볼 수 있다. "인간의 실존"(die menschliche Existenz)이라는 표현은 하이데거나 그 밖의 실존주의 사상가들이 일반적으로 사용하는 개념이다. 그런데 "인간 현존"(das menschliche Dasein)이라는 표현 중에서 "현존"(Dasein)은 라틴어가 어원인 'Existenz'를 나타내는 독일어 고유의 표현으로 볼 수도 있다. 실존철학적 의미와 무관하게 칸트도 '지금 여기 실재하지 않는 것'과 반대되는 것을 나타내는 표현으로 'Dasein'(현존)이라는 표현을 사용한다.[51] 그러나 위

---

49) *Platon's Hölle*, p.29.
50) *Platon's Hölle*, p.30.

인용구에서 라하브가 이 단어를 사용할 때는 문맥상 칸트처럼 사용하지는 않았다. 오히려 여기서 'Dasein'은 인간의 고유한 존재를 의미하는 'Existenz'(실존)를 의미하거나, 하이데거의 주저 『존재와 시간』 전반부에서 전개된 '현존재분석론'(Daseinsanalytik)에서 인간존재를 그의 개시성에 주목해서 특징짓기 위해 사용되었던 'Dasein'(현존재)의 의미로 쓰인 것으로 보인다.

그런데 라하브는 이 책 어디에서도 하이데거의 이름을 직접 언급하지 않는다. 실존철학에 대한 지식이 좀 있는 사람들은 '현존'(Dasein)이라는 표현이 등장하면 이 단어를 일단 하이데거와 연관해 이해하는 경우가 많다. 라하브는 자신의 철학실천 홈페이지나 그 밖의 저서에서도 사르트르, 야스퍼스, 아렌트 등은 자주 소개하면서, 일반적으로 이들과 함께 거론되는 하이데거는 소개하지 않는다. 유대인 철학자로서 라하브가 나치에 부역한 하이데거를 의도적으로 거명하지 않은 것으로 짐작된다. 필자의 추정과 다르게 라하브가 하이데거의 영향을 전혀 받지 않아서 그를 언급하지 않았을 수도 있다. 그러나 앞에서 소개한 곳 이외에도 여러 곳에서 하이데거의 흔적이 보인다.52) 그런데도 라하브는 하이데거를 거명하지 않는다. 이로 인해서 라하브가 토대로 삼는 철학을 이해하고 소개하는 데 불필요한 어려움이 야기된다. 하이데거는 라하브의 '철학친교'에 초대받지 못했지만, 하이데거의 현존재분석론에 의해서 형식적으로 제시된 인간 존재의 고유성과 본래성은 인종과 국경을 넘어 이스라엘의 한 중년 내담자의 내면을 비추어 주고 있다.53)

---

51) 독일어 "Dasein"을 하이데거 철학의 개념으로 사용할 때는 "현존재"로 번역한다.

52) 가령 라하브는 자신의 철학실천 과정의 하나인 "trans-sophia"에서 새로운 사유를 위한 "빈터(Lichtung)"를 강조한다. 그런데 "빈터(Lichtung)"라는 개념은 "현존재"를 통한 존재의 개시성을 설명할 때 등장하는 것으로, 그 어떤 사상가들에게서도 발견하기 힘든 하이데거 특유의 표현이다.

53) 내면의 소리를 듣고 말하게 하며 점점 존재의 깊은 곳까지 내려가게 대화를 정해진 규칙과 과정에 따라서 진행하는 것이 '철학친교'이다. 이런 철학친교의 방법이 철학적 성찰을 위한 모임에서뿐만 아니라 개인 상담에도 적용될 수 있다는 사실을 우리는 마트의 사례에서 확인했다.

## 4. 철학친교

라하브가 제시한 '철학친교'(Philosophical Companionship)는 심리치료와 확연히 구분되는 매우 독창적인 철학실천의 방법이다.[54] '철학친교'에 대해서 라하브는 그의 최근 저서『철학친교 – 원리와 실천』[55]에서 상세히 소개하고 있다. '철학친교'는 라하브가 가장 선호하는 철학실천의 한 형태인 '철학적-관조적 친교'(Philosophical-contemplative companionship)를 약칭한 것이다. 그렇다면 '철학친교'란 무엇을 의미하는가? 라하브가 말하는 '철학친교'는 '철학적 토론'과 다르다. 철학실천 활동으로서 '철학친교'는 일반적인 철학적 토론에서처럼 인격적 교감은 배제하고 논리적이고 비판적인 태도로 논제를 다루는 것이 아니기 때문이다. '철학친교'는 철학적인 대화를 한다는 점에서는 철학적 토론과 유사한 면도 있다. 하지만 철학친교는 대화 당사자 사이의 깊이 있는 인격적인 교류를 촉진시킨다는 점에서 철학토론과 확연히 다르다. 라하브는 자신의 철학친교가 다른 철학실천가들의 철학상담과도 다르다고 말한다. 기존의 철학상담은 철학적인 차원에서 조명된 삶의 문제보다는 개인적인 문제에 초점을 맞추는 경향이 있지만, 철학친교는 철학자들의 사고방식과 개념을 탐구하며 내담자와 상담사가 철학적으로 삶을 조망하기 때문이다.

라하브의 철학친교가 구체적으로 무엇인지는 그 원리, 기본 개념들, 실제 적용 단계를 살펴보면 알 수 있다. 첫째, 철학친교는 철학적 텍스트를 내적 깊이 (inner depth)로부터 성찰하는 것이다. 다시 말해 철학친교에서 참여자들은 철학토론에서처럼 자신의 사유 양식과 의견, 분석적 태도로 쟁점을 다루지 않는다. 그 대신 참여자들은 내적 깊이로부터 문제를 성찰하려고 노력한다. 그리고 이러한 성격의 성찰이 '관조적(contemplative)'이라는 말이 의미하는 것이다.

둘째, 철학친교는 각자의 관념에 대해서(about) 사유하는 것이 아니라 참여자

---

54) 필자는 이하의 내용 중 많은 부분을 편상범의 "Ran Lahav, Handbook of Philosophical Companion ships- Principles, procedures, exercises"(『철학실천과상담』, 제7집, 2017)를 참조했다.

55) Lahav R., *Handbook of Philosophical Companionships* -Principles, procedures, exercises, Vermont, Loyev Books, 2016. 이 책은 편상범이 2017년 『철학친교 – 원리와 실천』이란 제목으로 한국어로 번역하여, Loyev Books 출판사에서 출간하였다.

들 각자가 함께(with) 사유한다. 이처럼 철학친교에서의 사유는 '～에 대해 사유하기'(think about)가 아니라 '함께 사유하기'(think with)이다. 이것은 쟁점을 대상화하여 시시비비를 가리는 사유가 아니라, 쟁점에 대한 시시비비를 가리기 전에 대화의 상대방의 태도와 심성에 공감하며 사유하는 것을 의미한다. 이러한 사유방식은 선대 철학자들의 사상을 사유할 때 취해야 할 방식으로 하이데거가 내세운 '함께 사유하기'(denken mit)와 흡사하다. 함께 사유하는 참여자들은 서로가 서로의 주장에 공명하면서 철학적 이해를 발전시킨다. 여기서 중요한 것은 서로의 의견이 일치하는지 불일치하는지가 아니라 서로의 주장에 공명한다는 점이다. 이 두 원리는 다음과 같은 기본 개념들에 의해서 관철된다. ①심원함(profoundness), ②내적 차원(inner dimension), ③내적 태도, ④안에서 말하기, 안에서 듣기 (speaking from and listening from), ⑤ 관조(contemplation), ⑥ 목소리 주기(Giving voice), ⑦함께함과 공명하기(Togetherness and resonating). 철학친교는 한쪽이나 반쪽 분량의 철학적 텍스트를 선정해시 관조적 태도로 함께 사유하는 것으로 시작된다. 이때 경계해야 할 태도는 철학적 텍스트를 공부하듯이 객관적이고 논리적으로 따지며 지식인으로서의 권위를 드러내는 것이다. 이 단계에서 내적 태도나 관조적 태도를 유지하지 못하면, 철학친교를 맺기가 힘들어진다. 선정된 텍스트에 대해 참여자들이 함께 충분히 이해했다고 판단이 되면, 소중한 말하기(Precious Speaking), 의도적 대화(Intentional Conversing), 느리게 읽기(Slow Reading), 철학적 낭송(Philosophical Chanting)의 단계들을 분위기와 주제에 맞게 적절히 시행한다.

그런데 이런 철학친교는 무엇이 동기가 되어 진행되는 것일까? 철학친교는 철학적 텍스트를 내적 깊이(inner depth)로부터 성찰하고, 참여자들이 서로 공명하면서 함께 사유하는 것이다. 음악을 함께 연주하고 듣는 경험에 자주 비유되는 이런 철학친교는 심원함(profoundness)을 향한 열망에 의해 이끌린다고 라하브는 주장한다. 그런데 이 심원함을 향한 열망은 참여자들이 현재 자신의 경계를 넘어 인간 실존의 더 넓은 지평에 자신을 열어놓으려는 열망이외에 다른 것이 아니다. 달리 말하자면, 철학친교의 동기는 심원함에 접촉하려는 열망이다. 그리고 심원함은 인간의 내적 차원이나 실존의 심연을 의미한다. 이로써 라하브의 철학친교가 의미하는 실존철학적 성격이 좀 더 뚜렷해졌다. 심원함에 대한 열망은 '바닥' 즉 좀 더 실존철학적으로 말하자면, '인간 실존의 심연'에 닿으려는 열망이다. 실존의 심연에 닿는 순간 우리는 공공연하게 통용되는 차원을 넘어서 인간 존재의 더 깊은 차원을 체험하게 된다. 이런 체험은 다름 아니라 바로 우리 자신의 내적 깊이와 내적 차원을 가꾸는 일이다. 이런 점에서 볼 때 철학적 관조는 특정한 당면문제를 해결하는 것을 목표로 하는 상담과는 다르다.

철학친교의 목표를 굳이 말한다면, 그것은 내적 해방이자 내적 풍요를 체험하는 것이다. 이것은 일상적인 심리적 자세나 구조를 넘어 실존의 더 큰 차원을 지향한다. 이런 목표를 라하브는 "자기 변형"(self-transformation)이라고 칭한다. 그런데 여기서 "자기 변형"은 막연하고 허황된 무엇이 아니라, 서양 철학이 본래의 추구했던 것이라고 라하브는 주장한다. 가령 플라톤은 "동굴의 비유"를 통해서 철학의 목표가 인간을 어두운 동굴에서 선과 미와 진리의 태양으로 이끄는 것이라고 했다. 동굴에서 진리의 태양으로 나간 자는 자기 변형을 경험한 자이다. 또한. 스토아 철학자들은 이성의 내적 안내를 따라서 감정의 집착에서 벗어난 무감정(apatheia)의 상태로의 변형을 철학의 목표로 제시했다. 스피노자는 개인적 정념에 사로잡힌 상태에서 이성을 통해 자연이자 만유인 신의 질서를 깨닫고 사랑하는 지복의 상태로 변형을 윤리학의 목표로 제시했다, 루소는 사회적 관계에 의해 우리 자신으로부터 소외된 상태에서 우리 안의 자연적 자아를 회복하는 것을 철학의 목표로 추구했다. 라하브는 이들을 "변형적 사상가"(trans formational thinkers)라고 부른다.

하지만 이상과 같은 논의만으로 아직 철학친교에 참여한 사람들이 경험하는 "자기 변형"이 구체적으로 무엇을 의미하는지 밝혀지지 않았다. 하지만 앞에서 살펴본 마트(Matt)의 사례를 통해서 그 의미를 짐작해 볼 수 있다. 남들이 보기에 마트는 사회적 지위나 경제적 형편이 안정적이고, 친구 관계도 아무 문제가 없었다. 문제는 그가 정말 무엇을 원하는지 모른다는 것이다. 그는 그것을 모른 채 큰 문제 없이 직장 일을 잘 해내고 일상생활을 영위했던 것이다. 하지만 자신의 삶이 어딘지 낯설고 공허하다는 느낌을 안고 살았다. 그러다 린다와의 철학친교를 통해서 자신이 진짜 자기였을 때의 경험을 떠올렸다. 그것은 친구들의 의견이나 주변상황에 끌려가지 않고, 자기의 뜻 때로 폭포를 찾아 나서서 어려움 끝에 폭포에 도달한 때다. 그때 마트는 다른 누구에 의해 침해되지 않은 고유한 자기 자신과 만났다. 린다의 공감적 철학친교는 이런 경험을 상기시켜는 데 도움을 주었고, 마트가 가장 자기답고 자신이 원하는 누구로 살 수 있는 사람임을 확인시켜줬다. 이제 더이상 마트는 자신이 무엇을 원하는지도 모르는 마트가 아닌 것이다. 그런데 우리는 여기서 결국 마트가 "자기 변형"을 이룬 것은 공공연히 회자되는 다른 사람들의 말이나 시선에 빠져있지(Verfallen) 않고, 진짜 자기(Wahres Ich)를 만났을 때라는 사실을 확인할 수 있다. 이 "진짜 자기"는 하이데거의 표현으로 말하자면 "본래성(Eigentlichkeit)"[56]을 회복한 자기다. 결국 라하브 말하는 철학친교를 통한 자기 변형이란 공공성에 빠져있던 내담자가 본래적 자기를 회복하는 것으로 이해할 수 있다.


핵심어


라하브, 관조(Contemplation), 철학친교(Philosophical Companionship), 참된 자아(Wahres Ich), 거짓 자아(Falsches Ich), 자기 변형(self-transformation), 내적 깊이(inner depth), 심원함(profoundness), 내적 차원(inner dimension), 진정성(Authenticity), 자유, 의미


실존철학상담 연습


1. 조용한 곳에 한동안 가만히 앉아 있어보라. 그때 자신의 모습은 여느 때와 어떻게 다른지 상세히 기술해 보라.

---

56) 하이데거의 'Eigentlichkeit'(본래성)은 영어의 'Authencity'(진정성)로 번역하는 것이 일반적이다.

2. '참된 나'와 '거짓 나'와 관련된 말들을 모두 찾아서 정리해 보라.

3. 누구에게 어느 때 자신의 깊은 마음을 털어놓았는가? 당신의 말을 듣고 상대방은 어떤 반응을 보였나? 만약 단 한 번도 그런 적이 없다면, 지금 시도해 보라.

4. 당신이 살아가는 사회에서 당연하게 여겨지는 사고방식이나 가치관, 태도에는 어떤 것들이 있는가? 당신은 언제 그런 것들로부터 벗어나서 스스로 생각하고 판단하고, 태도를 취했는가? 만약 아직 한 번도 그런 적이 없다면, 앞으로 과연 어느 때 그럴 수 있겠는가?

5. 세 명이 짝을 이루어 '사랑'이나 '죽음'을 주제로 일단 평상시 하던 방식대로 이야기해보라. 그렇게 30분 정도 대화를 나눴다면, 이번에는 각자의 입장과 판단은 접어두고 열린 마음으로 상대방의 말에 귀 기울이며 대화해보라. 의도적으로 이렇게 태도를 바꿨을 때 경험한 것들을 정리해 보라.

6. '사랑'이나 '죽음'에 대한 플라톤, 소크라테스, 프롬, 야스퍼스, 하이데거, 사르트르, 보브와르, 아렌트 등의 글을 세 명의 짝이 미리 읽고 만난다. 각자가 가장 감동적인 글 한 편씩을 선택하여 동료들 앞에서 한 페이지 정도를 목소리를 가다듬고 아주 천천히 낭송한다. 마치 그 철학자가 된듯한 태도로 낭송한다. 읽어온 철학자들이 '사랑'이나 '죽음' 대해서 어떤 이야기를 했으며, 그에 대해서 자신은 어떻게 이해했는지 말해 본다. 잘 이해가 되지 않는 발표에 대해서는 재차 설명을 부탁할 수는 있지만, 발표자의 입장 자체를 비판하지는 않는다.

7. 이상과 같은 방식으로 대화를 진행한 후에 정리된 '사랑'이나 '죽음'에 대한 생각은 처음 대화에서 자신이 생각했던 것과 어떻게 다른가? 달라진 점은 '사랑'이나 '죽음'에 대한 당신의 이해뿐인가? 아니면 그 문제와 관련된 당신 자신의 내적 세계도 변했는가? 만약 이전과 유의미할 정도로 달라진 게 없다면,

그 이유는 무엇일까?

8. 라하브의 '철학친교'와 야스퍼스의 '실존적 소통'을 대화의 목적, 인간론, 대화의 규칙, 상대방을 이해하는 방식 등을 고려하여 비교해보라.

---

### 실존철학상담 활용 문헌

## 1. 『플라톤의 동굴에서 벗어나기』(Stepping out of Plato's Cave), 독일어 번역본: *Der Schritt aus Platons Hölle*, Lahav R. 저, Heide H. 역, Loyev Books, 2017.

20년 이상 철학실천 활동을 해온 라하브는 이 책에서 관조, 철학친교, 참된 자아, 거짓 자아, 자기 변형, 내적 깊이, 심원함, 내적 차원, 진정성, 자유, 의미 등 그의 철학실천 활동에서 중요한 개념들을 소개한다. 이 개념들이 실제로 어떻게 내담자의 구체적인 삶의 문제에 적용되는지 이해하기 쉽게 소설형식으로 정리된 사례에서 드러난다. 이때 각 주제와 관련된 철학자들도 함께 다루어진다. 부버와 프롬, 베르그송과 니체, 루소, 마르쿠스 아우렐리우스, 크리스티나무르티, 아도, 코헨, 사르트르, 이 가셋트, 그리고 칸트, 카뮈, 로빈슨, 솔로베이치, 비트겐슈타인 등의 철학이 탐구된다. 이들 대부분이 실존주의 사상가들이다. 따라서 실존철학을 중심으로 철학상담 활동을 하려는 이들은 어떤 문제에 어떤 실존철학적 자료를 어떻게 적용할 수 있는지 배울 수 있다.

사실 라하브는 이 책에서 매우 야심적인 철학적 비전을 제시하고 있다. 플라톤, 마르쿠스 아우렐리우스, 루소, 니체 등 철학사에 등장하는 사유의 거인들을 인간의 삶의 문제들과 관련시켜 호출한 후, 이들 철학의 거인들이 보여준 세계와 인간에 대한 통찰로 지금 우리의 삶을 심오하고 참된 상태로 변화시키고 고양시키는 임무를 부여한 것이다. 그는 심치치료와는 다르게 철학실천은 치료나 치유를 목표로 하지 않는다는 점을 강조한다. 그러면서 라하브는 철학실천이 참여자로 하여금 보다 깊은 차원에 인간의 실존 사유하게 하는 것이라고 주장한다. 그러나 라하브가 제시하는 철학실천의 비전은 심리치료에서 내세울 수 있는 치유나 치료를 통한 '변화'보다 훨씬 근본적이고 전면적인 변화를 목표로 하고 있는 것이다. 마치 플라톤의 '동굴의 비유'에서 보여준 것처럼 철학실천의 역할은 우리가 투옥된 좁은 동굴을 깨닫고, 참된 세계를 비추는 빛을 향해 그 동굴 밖으로 벗어나도록 돕는 것이기 때문이다. 이 책에 소개된 사례를 통해 라하브가 제시했던 이런 비전이 어느 정도 실현 가능하다는 것을 확인할 수 있다. 또한, 이 책 전반부에 소개된 제니(Jenny)의 경우처럼 심리치료를 경험하고서 기대했던 '치료'를 경험하지 못한 사람들까지 라하브에게는 철학실천의 대상이다. 결국, 라하브는 '치료'를 내세우지 않으면서도 '치료'를 상쇄시키는 변화를 철학실천이 맡을 수 있다는 것을 보여준 것이다. 이런 점을 고려할 때, 이 책은 초보자부터 숙련된 철학상담사에 이르기까지 철학실천에 관심이 있는 모든 사람을 위한 안내서다.

## 2. 『철학친교 – 원리와 실천』(*Handbook of Philosophical Companionships -Principles, procedures, exercises*), Lahav R. 저, 편상범 역, Loyev Books, 2017.

핸드북 형태로 만들어진 이 책은 '철학친교' 형태로 철학적 독서모임이나 철학집단상담을 하고 싶은 '촉진자'(Initiator)와 참여자들에게 실질적이고 구체적인 도움이 된다. 이 책을 읽을 때 무엇보다 중요한 것은 저자의 취지에 공감하고, 열린 태도로 자신과 참가자들의 심연까지 철학적으로 여행해 보는 것이다. 이런 체험은 논리적이고 약간은 비판적이며 공격적인 태도로 철학을 공부하는 이들에게는 매우 생소할 것이다. 그렇기 때문에 이런 방식을 진지하게 시도해 보는 일 자체가 기존의 이론철학적 탐색에서 벗어나서 철학실천 중 특색이 분명한 길에 직접 들어서는 큰 걸음이 될 것이다.

실존철학을 중심으로 상담하기를 원하는 사람들은 이 책의 실존주의적 성격을 스스로 파악해보고, 실존적인 각성을 촉진하기 위해 보완해야 될 점을 찾아보는 것도 필요하다. 그러나 이러한 '의도'와는 별도로 일단 라하브가 제안하는 철학친교의 과정을 그대로 수용하면서 배울 필요가 있다. 라하브의 거의 모든 상담에 등장하는 '참된 자아'에 대한 탐색이 실존조명이나 현존재분석론의 개념어로 표현되지 않더라도 명상에서 사용되는 개념으로도 표현이 될 수도 있다. 그렇지만 실존철학 전문가로서 야스퍼스와 하이데거가 특별히 실존조명과 현존 재분석론이라는 방법론을 통해서 보여주려 한 것이 철학친교 활동을 통해서 어떻게 드러날 수 있는지 탐구하는 것이 중요하다. 최종적으로는 이 책에서 라하브가 제시하는 방법을 참조하여 자신만의 '실존적 철학친교'를 진행할 수 있게 철학적 텍스트와 절차, 지침 등을 마련하면 좋을 것이다.

### 3. 『철학적 관조: 관조자를 위한 이론과 기법』(Philosophical Contemplation: Theory and Techniques for the Contemplator), Lahav R. 저, Loyev Books 2018.

'철학적 관조'란 우리의 내면으로부터 생겨난 근본적인 삶의 문제를 철학적으로 반성하는 것을 의미한다. 저자는 철학적 관조를 통해서 우리가 일상적인 사고방식을 뛰어넘어 새롭게 세계와 나 자신을 이해할 수 있는 지평으로 나갈 수 있다는 사실을 실제 사례 등을 통해서 보여준다. 100쪽 미만으로 된 이 작은 책에는 철학사에 등장하는 위대한 철학자들의 사유내용 중 우리의 삶을 철학적으로 조망해 볼 수 있는 글들이 선별되어 있다. 이 글들을 읽으며 어떻게 우리가 그 사상에 공명하며 새로운 차원에서 삶의 문제를 함께 사유할 수 있는지 자연스럽게 깨달을 수 있다. 라하브가 그의 동료 철학실천가들과 함께 오랜 기간 직접 이끈 철학적 관조를 바탕으로 저술된 이 책은 '철학적 관조'에 대한 이해만으로 철학실천이 그 목표와 방법에서 심리치료와 어떻게 다른지 명확히 확인할 수 있게 구성되어 있다. 즉 이 책은 철학 관조에 관한 일반 원칙, 기본 개념 및 다양한 실용적인 기법에 대해서 간단명료하게 설명하고 있다. 철학적 관조는 철학친교의 일부분으로서 진행될 수도 있지만, 별도로 진행될 수도 있다. 철학적 관조는 철학친교보다는 간단히 진행할 수 있는 철학실천 방법인 것이다. 따라서 그룹 단위에서는 물론이고 개인 단위로 철학실천을 경험해보고 싶은 이들에게 이 책은 실제적이고 이론적인 도움을 줄 것이다. 실존철학을 토대로 상담을 진행하려는 이들은 라하브의 '철학적 관조'를 야스퍼스의 '실존조명과 호소', 하이데거의 '양심의 부름' 등과 비교하면서 하나의 통일된 방법론을 창안할 수 있을 것이다.

# 12장

## 실존현상학적 철학상담과 철학교육[1]

　　이하는 정신과 의사와 심리상담사의 도움을 받았으나 문제가 해결되지 않아 철학상담사인 필자를 찾아 8개월 동안 진행한 상담사례와 초등학생들을 대상으로 3년간 매주 성장과 치유를 목표로 진행한 한 어린이 철학교육사례다. 두 사례를 다룰 때 필자는 아직 철학상담이나 상담치료적 철학교육을 위한 체계적인 방법론을 수립하지 못한 상태였다. 라베의 4단계론이나 메리노프의 PEACE 등 기존의 철학상담 진행절차에 대해서 알고 있었지만, 이런 정해진 절차에 따라서 상담이나 교육을 진행하는 일은 쉽지 않다. 필자는 특정한 방법론이나 접근법을 적용하는 대신 내담자나 교육대상자를 실존현상학적으로 이해하면서, 이들의 자기와 세계에 대한 이해능력을 제고한다는 기본원칙을 세웠다. 이런 원칙에 따라 필자는 내담자나 교육대상 아동들의 잘못된 신념이나 편견을 검토하고, 해체하면서 이들 스스로 자유롭다는 느낌과 가능성을 지닌 존재라는 사실을 이해할 수 있게 했다. 이때 필자가 길잡이로 삼은 방법론은 '실존현상학'이다.

　　'실존현상학'이란 인간 존재의 고유성을 의미하는 '실존'에 대하여 현상학적인 방법으로 탐구하는 것이다. '실존현상학적 철학상담'은 실존현상학을 방법론으로 수행되는 철학상담을 의미한다. 이때 현상학은 개인들이 무엇을 어떻게 체험했는지 그대로 기술한 후, 각각의 체험이 갖는 공통성과 의미를 찾아내려 한다. 실존이라는 주제와 현상학이라는 방법론의 이런 결합을 "현상학적 존재론"(Phenomenological Ontology)[2]이라 칭하기도 한다. 주지하듯 '실존현상학'이나 '현상학적 존재론'은 빈스방거, 보스, 메이, 랭, 두어젠 등 실존주의적 심리

---

1) 이하에 소개되는 상담사례는 내담자의 동의를 얻은 후 작성되었고, 내담자의 개인정보를 알 수 있는 사항들은 필자가 임의로 변형하였다.

2) Gary Cox 저, 지여울 역, 『실존주의자로 사는 법』, 황소걸음, 2012, 13쪽.

치료사나 심리상담사가 기본적으로 사용하는 방법론이기도 하다.

철학적 사유는 개념을 통해 전개된다. 개념을 명확히 하는 일은 철학적 탐구와 토론을 위한 기본과정이다. 필자는 내담자나 교육대상자의 진술이나 글 속에 드러난 주요 개념의 의미를 이들의 이해 정도와 삶의 맥락을 고려하며 명료하게 정리하는 작업을 수시로 진행하였다. 또한, 필자는 내담자가 중요시하는 꿈을 어떤 정형화된 해석 틀이 아니라 그 꿈과 관련된 것으로 보이는 내담자 자신의 상황이나 바람, 걱정 등을 고려하며 분석하기도 했다. 이를 통해 필자는 명시적으로 표현되지는 않았으나 내담자의 정신 속에서 움직이고 있는 과거, 현재, 미래에 대한 생각을 이해할 수 있었다. 상담은 일반적으로 '사전분석 ⇒ 대면상담 ⇒ 사후분석과 평가'로 진행되었다.


# 1. 도대체 그들을 이해할 수 없다

조울증으로 두 차례 자살을 시도했던 27세의 취업준비생 A 씨가 필자를 찾아왔다. 강남의 저명한 정신과 전문의로부터 상담을 받고 조울증 판정을 받았다는 그녀는 문제해결의 의지가 매우 강했다. 그녀는 여러 차례 심리상담을 받았고 정신과 의사가 처방한 약물도 복용했다. 그러나 상태가 호전되지 않자 최면치료와 미술치료도 경험했고, 비슷한 문제를 고민하는 사람들과 온라인과 오프라인에서 모임을 갖기도 했다. 이러한 노력에도 여전히 상태가 호전되지 않자 자포자기 상태에 있다가 혹시나 하는 마음에 철학상담사인 필자에게 연락을 했다고 한다. 상담 초기에 그녀의 상태는 매우 불안정했다. 또렷한 눈빛과 열정적인 목소리로 대화를 나누다가도 가족들 이야기가 나오면 물이 가득 찬 컵을 기울인 듯 주르륵 눈물을 흘렸다. 새벽이면 불현듯 "내가 왜 이렇게 살지? 가족들은 이렇게 힘든 나를 왜 감싸주지 않는 거지?" 하는 생각이 들고, 그럴 때면 몸에서 힘이 다 빠져나가는 기분이 엄습하면서 취업준비학원도 빼먹고 하루종일 자기 방 침대에만 누워 있다고 말했다. 어쩔 때는 이런 상태가 2, 3일 지속되고, 그럴 때면 혼미한 의식상태에서 가죽벨트로 자신의 목을 조이고 싶은 충동을 느낀다고 한다. A 씨의 문제를 접하고 필자는 빈스방거와 보스가 다룬 여성 신경증

(neurosis) 환자와 정신증(psychosis) 환자를 떠올렸다. 빈스방거와 보스는 정신과 의사였으나 기존의 약물중심치료로 해결하지 못한 문제들을 실존현상학적인 방법을 적용하여 해결했기 때문이다. A 씨는 자신이 어찌할 수 없는 감정상태에 빠지기도 하지만 대부분의 시간은 자신을 제어하며 취업준비를 열심히 해나갔다. 또한, 그녀는 자신이 어떤 상태라는 것을 뚜렷이 알 정도로 건강한 이성능력을 지녔으며 모든 수단을 동원해 정서적 불안정 상태를 벗어나려는 의지도 뚜렷했다. 필자는 이런 상태라면 충분히 실존현상학적 철학상담을 통해 도움을 줄 수 있을 것이라 판단했다.

필자는 그녀를 일단 안정시켜서 만약의 사태를 방지하는 것이 무엇보다도 중요하다고 판단하였다. 우선 함께 생활하는 가족들에게 자신의 상태를 알리라고 했다. 그리고 "심각한 상태로 인해 여러 가지 상담과 치료를 받다가 철학적 대화로 문제를 탐사하기로 했다"는 사실을 부모님에게 통지하도록 했다. 혹시 자신이 통제할 수 없는 끔찍한 일을 저지를 것 같은 기분이 들면 새벽에라도 즉시 필자에게 연락하라고 당부했다. 이러한 조치들을 A 씨가 실천한 것을 확인한 후 필자는 1달에 약 2번 8개월 동안의 철학상담을 진행하였다. 본격적으로 상담을 시작하면서 필자는 우선 A 씨 자신이 우울한 상태와 지나치게 고양된 상태일 때의 자신의 정신을 최대한 자세히 기술해 올 것을 주문했다. 내담자의 이성능력과 의지력을 믿고 기술현상학적인 방법을 문제를 지닌 사람 스스로 주체적으로 수행해보게 한 것이다. 이렇게 준비해온 내용들에 대해 상담시간에 함께 점검하며 우울감과 의욕과잉상태와 관련된 정신현상들을 의미연관(Bewandtnis)에 따라 추적하면서 명료화하여 하나의 유기적 형태를 만들어보았다. 이런 작업을 통해 A 씨는 자신의 문제를 통시하는 주체가 되면서 점점 자유로워졌다.

그녀는 우울감이 들 때면 차가운 바닷물에 빠져 시커먼 바닥으로 끝없이 가라앉으며 죽는 공포를 느낀다고 했다. "죽어서 가족을 떠날 것 같다는 생각을 하면 정말 불안해요". 언제 죽음에 대한 공포를 느끼게 됐는지에 대해 이야기했고, 이 이야기는 자연스럽게 조울증이 발생하게 된 시기와 사건에 대한 이야기로 이어졌다. 그녀는 5년 전 친구와 함께 길을 가다가 옆에 있던 친구가 차에 치여 죽을 뻔했고, 며칠 후 자신도 같은 일을 당할 뻔했다고 한다. 그때 갑자기 어린 시절 경험한 교통사고 사망사건이 선명하게 떠올랐고, 그 이후로 죽음에 대한 불안에 시달렸다고 한다. "그런데 정작 조울증이 나타난 건 그 일이 있고 몇 달 후의 일이예요. 대기업 임원이시던 아버지가 지방근무를 하게 되고, 저는 그런 아버지를 따라 그 지역 대학의 스포츠 관련 학과에 진학했어요. 그런데 그 지방 소도시는 너무나 보수적이어서 '도대체 이런 데서 숨 막혀서 어떻게 살지'하는 생각이 입학 직후부터 들었어요. 그곳에서 기숙사 생활을 했는데, 그야말로 지옥 자체였지요. 저는 서울에서는 여유 있는 가정환경에서 자유롭게 살았거든요. 그런데 기숙사에서는 학과 선배들이 낮과 밤, 새벽을 가리지 않고 수시로 사람을 깨워서 집합을 시켰어요. 사람들을 불러 모아놓고는 특별히 하는 일도 없었어요. 늘어놓는 이야기는 정말 유치했어요. 호출에 불응하면 군대와 같은 체벌과 비난이 돌아왔지요. 저는 두 달 정도 이런 생활을 견디다 이건 도저히 사람이 할 짓이 아니라는 생각에 호출에 불응하고 제 학교생활만 열심히 하기로 결심했지요. 그로 인해 저는 학교에서 왕따가 됐어요. 강의실이건 기숙사건 볼 때마다 그곳 인간들은 저에게 손가락질했고 밤이나 새벽 전화 통화나 문자로 협박도 계속했어요. 이렇게 석 달 정도 지난 어느 날 새벽 또다시 호출이 올까 두려워하며 침대에 누워있는데 문득 '이렇게 살아서 뭐하지'하는 생각과 함께 분노가 폭발했어요. 분노의 감정은 곧 슬픔으로 변해 저도 모르게 걷잡을 수 없이 눈물을 펑펑 쏟으며 울게 되었지요. 아버지께 이런 사정을 말씀드렸지만 '다른 학생들도 다 잘 견디면서 산다'는 대답뿐이었지요. 그 후 며칠 뒤 저는 서울 집으로 돌아와 새벽에 깨어 다시 걷잡을 수 없이 울고 정신이 혼미해진 상태에서 가죽벨트로 목을 조였어요. 도저히 이해할 수 없는 것은 제가 그런 고통을 당했다는 것을 비교적 친하게 지냈던 학교 친구에게 하소연해서 학과 사람들이 다 알게 되었는데도 저를 괴롭히던 그 사람들이 서울에 들리게 되면 마치 아무 일도 없었다는 듯이 전화를 해서 자기들을 대접해달라는 거예요. 도대체 사람이 어떻게 그럴 수가 있지요? 다시 전화가 올까 정말 두려웠어요."

분노로 인해 얼굴이 상기된 그녀의 이상과 같은 이야기를 통해 조울증의 원인이나 배경을 짐작해 볼 수 있었다. 그러나 그것이 조울증 발현의 계기일 수도 있지만, 어떤 다른 생리학적인 원인이 있을 수도 있다는 점을 지적했다. 조울증과 관련해 철학상담이 할 수 있는 일은 과학적으로 검증될 수 있는 정확한 원인을 규명하는 것이 아니다. 철학상담은 사례자가 조울증과 관련이 있는 것으로 판단되는 죽음을 다양한 차원에서 고찰하고, 낯선 세계와 그 사람들에 대한 이해능력을 확장하는 일을 할 수 있다. 필자와 A 씨는 죽음의 의미와 형태들을 살펴보았고, "타인의 죽음을 목격했고, 죽을 뻔한 경험도 했지만 그것이 나 자신의 죽음이 가까이 왔다는 증거는 못 된다"는 사실을 확인했다. 서울 강남의 매우 유복한 가정에서 자유분방하게 생활한 A 씨는 지방 소도시 사람들뿐만 아니라 결손가정에서 자란 사람들이나 아버지에게 손을 벌리는 가난하고 "찌질한" 친척들도 왜 그렇게 사는지 도저히 이해할 수 없다고 말했다. 필자는 A 씨가 자기 나름의 세계(eigene Welt)에 서서는 그렇게 보는 게 당연할 수도 있다고 말했다. 이어서 필자는 그녀가 그들을 만나게 되었듯 그녀의 세계는 다른 사람들의 세계와 연결되어 있고, 연결된 그 상태 또한 세계-내-존재로서 그녀가 살아갈 세계라는 사실에 대해 살펴볼 것을 권했다. 처음에는 썩 내켜 하지 않았다. 그런데 상담이 진행되는 시기에 여러 유형의 사람들을 사회생활 중 만나게 되고, 문제가 됐던 지방 소도시의 지인들을 우연히 터미널 근처에서도 만나기도 했다. 시간이 흘러도 다른 사람의 다른 세계와의 만남이 필연적이라는 사실을 절감한 후 그녀는 다른 사람이 왜 그렇게 사는지 이해해 보려고 진지하게 노력했다. 나는 그런 A 씨에게 "다른 누구를 위해서가 아니라 바로 당신 자신을 위해서라도 다른 사람의 세계를 감정이입(Einfühlung)을 통해 이해할 필요가 있다"는 생각해 보라고 조심스럽게 제안했다.

학교를 떠나 지방 소도시로부터 공간적으로 자유로워진 탓일까? 아니면 상담을 계기로 낯선 곳에서 사는 낯선 사람들의 세계를 어느 정도 이해하게 되어서일까? 이상과 같은 논의를 진행한 후 2개월 정도 지난 어느날 그녀는 "이제는 큰 불안감 없이 예전 학교 학생들을 만날 수 있게 되었다"고 말했다. 여유가 좀 생겨서 그런지 상담은 가까운 가족에 대한 문제로 옮겨갔다. 생활능력은 많지만 고지식하고 무뚝뚝하며 혼자서의 취미만 즐기는 자수성가한 아버지에 대한 이야기에 이어 "집안의 골칫거리 철없는" 세 살 터울의 오빠에 대해 이야기를 했다. "우연히 통화하는 걸 들었는데요. 서울 소재 대학을 나왔으나 아직 직장을 잡지 못해 아버지의 비난을 받던 오빠가 최근 친구와 질이 안 좋은 술집을 하는 것 같아요". 이렇게 말하곤 또 쭈욱 눈물을 흘렸다. 필자는 "정말 한심한 걔"와 소통이 전혀 없다는 그녀가 오빠를 이해하기 위해서는 경직된 성 윤리를 유연하게 하고 삶의 부조리를 성찰하는 것이 도움이 될 거라 말했다. 카뮈의 『이방인』이나 니체의 『도덕의 계보』와 같은 작품들을 함께 읽으며 규범의 의미와 한계에 대해 살펴보았다. 이런 작업을 하고 한 달쯤 지나서 A 씨는 "오빠와 이번 크리스마스 때 명동에서 함께 만든 양초를 팔기로 했어요"라고 말하며 활짝 웃어 보였다.

상담 후반기에도 필자는 그녀가 여전히 감정의 기복이 심해 죽고 싶은 적이 있는지 확인했다. A는 필자와 철학상담을 시작한 후 감정이 매우 안정되어 학원에 무단결석하는 일이 없어졌고, 자살충동을 느낀 적도 없었다고 말했다. 그 후 A 씨는 비슷한 또래 30명과 함께 받은 조울증 진단에서는 기준치 아래 수치로 정상판정을 받았다. 최근 A 씨는 취업에 필요한 다양한 활동을 하면서도 동시에 구청이 위탁한 차상위계층 청소년에게 멘토링 봉사활동도 하고 지낸다. 자기 자신의 세계를 지키기에 급급했던 상태에서 이질적인 세계로까지 손을 벌릴 수 있게 된 것이다.


## 2. 성장과 치유를 위한 철학교육

슈스터는 개인상담에서 철학에 대한 '개인교습'(personal lesson)이 필요하다고 말한다. 라베는 자신의 4단계론 중 3단계를 "의도적인 철학교육"으로 구성했다. 그는 자신이 진행한 어린이 대상 철학수업 사례를 소개하기도 한다.[3] 필자가 진행한 어린이 철학수업은 철학에 대한 지식을 가르치는 것을 목표로 하지 않았다. 철학적인 토론을 통해서 사고력을 키워주고 자신과 세계를 새롭게 이해할 수 있게 이끌어 주는 것이 목표였다. 이 과정에서 필요할 경우 특정 아동의 문제를 수업주제와 연결해서 자연스럽게 살펴보고, 다음 시간에 그의 문제와 관

---

3) 피터 B. 라베 저, 김수배 역, 『철학상담의 이론과 실제』, 시그마 프레스, 2010, 433-438쪽.

련된 철학적인 주제로 다루기도 했다.

## 1) 돌덩이를 짊어진 어린 왕자

필자가 훈을 처음 만난 것은 어린이철학수업이 열리고 몇 주가 지나서다. 훈은 수업이 시작됐을 때부터 출석부에 이름이 올라 있었지만 나타나지 않는 아이였다. 그렇다. 훈은 이렇게 집에서건 학교에서건 존재하면서도 존재하지 않는 아이와 같았다. 내가 훈의 근황을 궁금해하며 언제쯤 볼 수 있겠느냐고 물었을 때 수업에 참관하는 사회복지사는 "아이가 수학여행을 다녀왔는데 피곤한가 봐요. 아마 다음 주 쯤 올지 몰라요"라며 말끝을 흐렸다. 훈에 대해서는 더 이상의 아무런 언급도 없었고, 철학수업에 함께 참여시킬 수 있을지 확신을 못 했다. 그러던 어느날 마침내 훈이 멋쩍게 웃으며 철학교실에 들어섰다. 하얗고 서구적인 이목구비에 세련된 뿔테 안경을 한 깊고 또렷한 눈빛의 훈은 전혀 심한 학습장애를 겪는 아이로 보이지 않았다. 탁자 앞에 어정쩡하게 앉아 있던 훈은 떠들지는 않았지만 전혀 수업에 집중하지 않았다. 심심해하던 차에 철학노트를 주자 매우 조약하고 거친 그림을 종이에 구멍이 날 정도로 그어대며 시간을 때우려했다. 그러다 대뜸 나를 보고는 "철학은 왜 배워요? 철학공부 필요 없어요!"라는 말을 반복했다.

그러던 중 아리스토텔레스의 가능태 개념을 식물의 씨앗에 비유하며 아이들이 서있는 땅과 미래의 가능성을 다룬 <나무와 나>라는 주제의 수업에서의 일이다. 훈은 쓰기작업이 끝나고 순번대로 발표를 할 시간이 되자 적극적으로 자신의 생각을 표현했다. 훈이 발표를 한다고 하자 아이들은 야유를 보냈고, 나는 그런 아이들을 제지하며 훈의 이야기를 듣고 그 의미를 물어보며 납득이 잘 안되는 부분은 보충 설명해주었다. 훈은 철학교실의 좁은 어항에 웅크려 있는 작은 남생이를 가리키며 "남생이 턱밑에 난 수염을 건드리면 왜 안 되죠?"라고 물었다. "거북이는 약한 동물이라서 누가 건드리면 굉장히 무서워서 그런 짓을 싫어한단다." 나의 이러한 설명에 훈은 흥미를 느끼는 듯했다. 쉬는 시간에는 "철학이 뭐예요? 자신의 생각에 대해 공부하는 것이라고 하셨는데 잘 이해가 안 돼요. 간단하게 설명해주세요"라고 여러 차례 질문하면서 관심을 나타냈다.

수업이 끝난 후 담당 교사에게 훈에 대해 물어보았다. 훈의 생부는 훈을 고등학생 때 낳아 조부모와 함께 사는 큰아버지 집에게 맡겼다. 친부는 훈의 생모가 아닌 사람과 결혼을 하여 쌍둥이 자매를 낳아 따로 살고 있다. 아주 가끔 만난다는 친부는 물론이고 훈의 조부모와 큰아버지도 선생님들이 보는 앞에서도 훈에게 심한 폭력을 가한단다. 풀잎처럼 어린 나이에 부모로부터 버림받고 집안의 애물단지가 되어 폭력에 시달리던 훈을 선생님들은 1학년 때부터 지금껏 돌보고 있다. 4, 5학년 때까지도 훈은 아이들과 어울리지 않았고 거의 말도 안 했다고 한다. 5학년 때 훈을 두 번 본 미술치료사는 그를 반사회적 성격에 폭력과 성 관련 사고 가능성이 매우 높은 아이로 진단하고 다른 아이들을 위해서 함께 있는 것을 즉시 금지해야 한다고 권고했다. 선생님들은 이런 훈을 그때까지 감싸고 있었으며, 큰아버지와 조부모는 누가 뭐라 해도 이런 훈을 가장 가까이서 양육하고 있었다.

무엇보다도 훈은 읽는 게 서툴렀다. 훈이 쓴 글씨체나 문장은 알아보고 이해하기가 매우 힘든 상태였다. "6학년인데 글씨를 읽고 쓸 줄 몰라요. 그러나 오랫동안 관찰해보니 인지능력과 판단력에는 이상이 없어 보여요" 나도 선생님들의 이런 판단처럼 훈에게서 최소한 보통은 되는 이해력과 기억력, 판단력을 확인할 수 있었다. <감각과 인식>을 주제로 한 수업에서는 헬렌 켈러의 일대기를 그린 영화 "Black"을 아이들과 함께 감상하였다. 영화에는 수업에 참여한 대부분의 어린이들이 모르는 언어인 영어가 나온다. 영화에 나온 단어 중에서 기억나는 것이 무엇인지 말해보라고 하자 훈이 가장 많은 영어 단어들을 말했다. 함께 있던 아이들과 참관하던 선생님이 믿기지 않는다는 눈치였다. 훈이가 마치 어린 거북이처럼 세상의 폭력으로부터 움츠린 채 자기 자신을 드러내는 것을 두려워했던 것은 아닌지, 그리하여 남들에게 자기 자신을 드러내는 일인 읽고 쓰기에 대해서도 두려움을 갖게 된 것은 아닌지 추정해 보았다. 껍질 속에 움츠렸으나 위험이 없다는 사실을 인지하면, 여느 아이들 못지않게 밖으로 뻗으려는 현존재(Dasein 트인존재)인 훈의 개시성(Erschlossenheit)과 그 속에 담긴 말(Rede)을 회복할 수 있게 도와주자! 이런 생각을 한 나는 글씨쓰기보다는 그림이나 기타 시각적인 방법 그리고 산책과 같은 현장체험을 통해서 훈과 소통할 계획을 세웠다. 실제로 나는 훈과 아이들을 데리고 산과 냇가를 찾아 세 차례 현장체험 수업을 하였다. 물과 흙을 만지며 그 느낌과 생각을 말해보게 했다. 책이나 필기구를 지참하지 않는 이런 현장활동을 통해서 아이들은 활자에 의해 정리되기 이전의 환경세계(Umwelt)를 만날 수 있다. 활자가 중심이 된 세계에서 자신의 고유한 세계나 자신만의 생각을 드러내기 힘들어하던 아이들도 활자를 배제한 채 체험한 세계를 말로 표현할 수 있다. 활자가 중심이 된 세계와는 다른 세계가 바로 자기 자신 곁에 친숙하게 존재하며, 그런 세계에서는 다른 세계에서 느끼지 못한 행복을 체험할 수 있다는 사실을 체득한다. 그러면서 아이들은 해방감을 느끼고 막연하게나마 자신이 '들판처럼 자유롭게 열린 존재'요 '또 다른 세계를 살 수 있는 '가능 존재'임을 깨닫는다. 실존현상학적 상담치료사로서 필자는 훈과 동료 아이들이 현장체험을 통해 이러한 것들을 잘 볼 수 있도록 동선과 질문을 이끌었다. 실제로 이 현장수업을 기점으로 훈은 매우 적극적으로 변했다. 이후 철학수업시간에는 "선생님 글씨로 쓰지 않았지만 말로 발표할래요"라고 말하면서 자신의 순번이 돌아오지 않았는데도 적극적으로 자신의 생각을 발표하기 시작했다.

이런 변화에도 불구하고 훈은 나와 만나기 직전까지도 동갑내기는 물론 이고 자신보다 어리고 덩치도 작은 아이들이 폭력을 행사해도 전혀 반항하지 않고 그 순간이 지나기만을 기다렸다. 아이들은 저항하지 않는 훈을 철학수업 중에도 도발했다. 나는 몇 차례 그런 아이들을 단호하게 제지하며 훈이 받아줄 때까지 진정으로 사과할 것을 제안했다. 자신의 좁은 껍질 말고도 훈은 자신을 보호해줄 방패가 세상에 있다는 사실을 확인한 것일까? 그 후 훈은 폭력을 행사하는 아이들을 보면 내가 했던 표현 등을 사용하며 점잖게 타일렀다.

초등학교를 졸업한 훈이 어느 날 중학생 교복을 입고 나타났다. 중학생이라서 초등학생을 중심으로 한 내 수업에 참석하지는 않았다. 그러나 쉬는 시간에 내 곁에서 이런저런 이야기를 한다. 나도 쉬는 시간은 훈이를 위한 시간으로 활용했다. 중학생이 된 나에게 훈은 "어느 고등학교 가야할지 걱정이에요"라고 고민을 털어놓았다. "공부를 안 하고 만들기만 잘해도 즐겁게 다닐 수 있는 학교도 있다는데 선생님 아세요?" 이제 겨우 중학교 1학년이 된 훈이 고등학교를 걱정

(Sorge 존재챙김)한다. 한 치 앞으로 발걸음을 내딛는 것조차 힘들어하며 안으로만 숨던 아이가 이제는 지레 먼 장래까지 챙기려 한다. 이것만 놓고 볼 때, 현실에 눈감던 아이의 시선이 이제는 먼 미래에까지 확장된 것이다. 이렇게 시간의식이 확장된 만큼 그의 현존재(Dasein)는 트였고, 그가 서 있는 세계(Welt) 또한 넓어진 것이다.

훈을 처음 만났을 때 나는 아이의 상태가 매우 심각하다는 담당 선생님의 말을 듣고도 가능한 한 아이에 대한 선입견을 멀리하고 '나에게 나타나는 그대로' 아이를 보려했다. 이를 위해 나는 아이에 대한 타인의 평가를 최대한 비판적으로 들으려 했다. 아이에 대한 기존의 진단에 대해서는 '판단중지' 하려고 노력했다. 아이에 대한 이런 접근은 아이가 지닌 가능성과 긍정성을 끌어내는 데 어느 정도 기여했을 것이다. 그러나 아이에 대한 나의 이런 접근 태도야 말로 결국 아이를 내가 보고 싶은 대로만 보게 한 것은 아닐까?

## 2) 울지 않는 새

송이를 처음 만난 것은 송이가 초등학교 6학년 때인 작년 초봄이다. 잔뜩 주눅이 들어 움츠러든 어깨와 가끔 분노로 번뜩였지만 초점을 감춘 눈빛의 송이는 늘 교실 책상 귀퉁이 앉아 억지로 수업을 들었다. 목소리는 걸걸하면서도 금속음이 섞였고, 통통한 볼살과 짧은 머리를 하고 있어서 송이를 처음 본 이들은 사내아이로 착각하는 경우가 많았다. 송이가 질문에 전혀 입을 떼지 못 하거나 엉뚱하고 단발마적인 대답을 하자 4, 5학년 아이들이 소리쳤다. "송이는 6학년인데 2학년 공부한데요. 그것도 겨우겨우 해요!" 아이들 말처럼 송이는 인지능력이 떨어지는 심한 학습지체 아동이었다. 엄마는 남보다 크게 뒤처진 딸을 감쌌지만, 고2와 중 3인 두 언니는 송이를 무시하였고, 아빠는 구박이 심했다. 구박은 자주 폭력을 동반한다. 이 때문에 송이는 초점이 없던 눈에 번뜩 날을 세우며 아빠에 대한 분노를 표출했다. '나를 불편하게 하는 것들'에 대해 그 근거를 대고 타당성을 검토해보는 수업 때 송이는 "아빠가 맨 날 때리고 소리쳐, 죽도록 미워요"라고 아이들이 다 들을 수 있게 큰 소리로 말했다. 철학노트에는 거칠고 짙은 선으로 자신을 억압하는 아버지를 그렸고, 그런 아버지 앞에 큰 덩치로 선 자신은 왕관을 쓴 공주처럼 그렸다. 이를 본 아이들은 "와하하 뚱땡이 바보 송이 누나가 공주래 공주!"하며 놀렸다. 송이는 집과 놀이터, 학교에서 노골적인 놀림과 무시의 대상이었던 것이다.

그런데 10개월의 상담치료적 철학교육에 송이는 단 한 번도 빠지지 않고 참석했다. 처음에는 수업을 같이 듣던 3, 4, 5학년 아동들은 물론이고 쉬는 시간에 철학교실에 들어온 다른 저학년 학생들까지도 송이에게 반말로 뭘 지시하거나 툭툭 건드리며 무시했다. 이런 분위기 속에서 송이는 수업 중 과제를 할 생각을 않고 방바닥 쪽에 얼굴을 떨군 채 웅크려 앉아 있었다. 그러나 모든 표현에는 이유가 있다! 송이의 그런 태도 역시 하나의 표현이며, 그런 표현에는 나름대로 이유가 있다는 점을 함께 공부하는 아이들과 송이에게 여러 차례 생각하게 하고, 아이들이 쓰는 말이나 행동 등을 사례로 삼아 이유를 찾는 훈련을 반복하였다. 어느 순간부터 아이들은 내가 말을 꺼내지 않아도 "모든 표현에는 이유가 있다"면서 서로의 언행에 대해 그 근거를 찾아보고 해석해 보았다. 낯설고 좁은 통로를 통해 타인의 고유한 세계를 들여다보기 시작한 것이다. 이렇게 다른 이의 세계로 열리면서 아이들은 물방울이 다른 물방울과 만나듯 조금씩 조끔씩 자신의 세계를 넓혀나갔다. 그 누구보다 송이 자신이 행여 남이 볼까 손으로 가리고 쓴 자신의 과제물이 그 나름의 근거를 지닌 표현이라는 사실을 서서히 받아들였다. 남들과 소통이 잘 안 되고 또래들에 비해 작고 투박한 세계일 수도 있으나 그런 표현들에도 송이라 불리는 현존재의 세계가 개현되어 있었던 것이다. 나는 그런 세계 역시 그 존재 이유와 그 이유를 떠받치는 의미(Logos)에 의해 제 나름의 질서(Logos)를 지닌 채 하늘 아래 서있는 하나의 세계라는 사실을, 이를 인정하려 하지 않았던 아이들과 송이 자신이 다원적 논증대화4)를 통해 스스로 확인할 수 있도록 수업을 이끌었다. "송이는 S를 X 때문에 C라고 생각한 것 같구나. 송이야 맞니? 이렇게 본다면 여러분도 송이처럼 생각할 수 있겠지요?" 송이의 대답에는 남들이 쉽게 이해할 수 없는 표현도 있었다. 하지만 표현방식이 투박하

---

4) 일반적 논증은 객관적인 정답을 찾는 것이 목적이다. 이에 비해 필자가 성장과 치유를 위한 철학교육에 적용한 "다원적 논증대화"는 인간 각자가 자신이 내세운 세계(주장)의 주인으로서 그 세계를 꾸민 나름의 이유(논거)를 갖고 있다고 전제하고, 그 이유를 찾아보게 한다. 이러한 대화를 통해서 객관적이고 보편적인 사실(Fakt)이 드러날 수도 있고, 각자의 지금 여기에서 형성된 인간적인 사실(Faktizität)이 드러날 수도 있다.

고 시선이 엉뚱한 곳을 향해서 그렇지 송이가 제시한 근거들은 다른 아이들도 상상할 수 있는 것이었다. 더디고 투박하고 엉뚱하지만 송이도 자신들처럼 생각이 있고, 그 생각에는 나름의 근거가 있다는 사실을 확인했다. 비록 작고 볼품없지만 자신만의 집을 지닌 집주인으로 송이를 인정하기 시작한 것이다.

나는 송이의 더딘 학습능력과 엉뚱함을 직설적으로 놀리지 않게 아이들을 자제시켰다. 송이에게 책임이 없는 선천적 결함에도 불구하고 나름대로 열심히 과제를 수행하려 한다는 점에 아이들이 눈길을 주도록 수업을 이끌었다. 10여 명의 아이들과 함께 1주일에 2시간 씩 이런 작업이 2, 3 개월 진행되는 동안에 송이는 탁자 밑에 숨겨두고 쓰던 철학노트를 꺼내놓고 과제를 수행하기 시작했다. 과제를 하긴 했으나 발표를 꺼리던 송이는 내가 자신의 노트를 억지로 손에 쥘 때 저항하는 척했지만 이내 멋쩍게 웃으며 노트를 내놓았다. 다른 사람들의 세상 앞에 인도되는 것을 수줍게 허락한 것이다. 처음에는 송이를 대신해 내가 송이의 과제를 큰 소리로 읽거나 송이 옆 아동들에게 읽게 했다. 과제에 대해 아이들의 객관적이고 비판적인 평가도 들어보았다. 나는 송이의 고유한 세계를 이해하려고 노력했으며 그것을 송이 입장에서 해석해 보고 아이들과 송이의 동의를 구했다. "여러분은 S를 A라고 생각했지만, 송이는 X에 주목해서 S를 B라고 생각한 것 같아요."[5] 어느 날부터 송이는 예쁘고 꼼꼼하게 노트를 정리했고, 필자도 놀라면서 아이들에게 보여주었다. 이런 과정을 서너 달 더 반복하자 송이는 발표를 즐기기 시작했다. 쉬는 시간이나 산책 시간에 송이는 이제 하급생들을 도와주거나 이끌려고도 했다. 마른 굴처럼 움츠렸던 현존재(트임존재)가 서서히 밖으로 팽창해나가며 그 본래성을 회복하였던 것이다. 그러나 문제는 철학교실 이외의 장소에서도 송이가 이렇게 자기 나름의 세계를 드러내 보일 수 있느냐는 것이다.

아마도 송이의 자신감은 숲속의 작은 쉼터와 같은 철학교실에서만 잠깐 흐릿한 불빛으로 빛났을 것이다. 다음 해 3월 초 송이는 중학생이 되었다. 송이를 새롭게 바라보는 위와 같은 과정을 경험해 본 적 없는 아이들과 선생님들로 가득

---

5) 이때 해석이 최대한 객관적 설득력을 갖추는 것이 좋겠지만 그렇지는 못하더라도 닫힌 세계를 그것 나름의 근거를 찾아 인정해주는 행위만으로도 의미가 있다. 실존주의 교육의 전반적 방향에 대해서는 박세원의 『존재의 성장과 교육 : 과학 기술 사회를 살아갈 아동을 위한 실존주의 도덕 교육』(교육과학사, 2009)을 참조할 것.

찬 학교에서 송이가 과연 예전과 다른 모습으로 지낼 수 있을까? 철부지들로 가득 찬 초등학교 때와는 달리 중학교에서는 대놓고 송이를 괴롭히는 아이들은 그때까지는 나타나지 않았다. 그러나 등교 시간을 잘 못 지키는 등 아직 적응을 못하고 있는 상태다. 송이는 다시 중학생을 위한 학습시간에 웅크려 앉아 있다. 어쩔 수 없이 대답을 할 때도 마치 정신을 딴 데 둔 사람처럼 엉뚱한 대답을 한다. "송이야, 친구들하고 한자 공부할 시간이다. 들어가자." "..." "공부하러 들어가자니까 무슨 말인지 모르겠니?" "...." "자 그러지 말고 들어가자!" 계속 못 들은 척하다가 넋이 나간 눈으로 "크레파스로 쓱쓱 크레파스로 쓱쓱". 송이가 다시 이런 반응을 보일 때면 선생님들은 답답하기도 하고 좀 섬뜩하단다. 필자는 이런 송이가 지난 열 달 동안의 성장과 치유를 위한 철학교육으로 얻은 자신감과 자기 이해를 완전히 상실했다고는 보지 않는다. 송이는 규칙과 단체행동이 초등학교보다는 비교할 수 없을 정도로 중시되고, 학습량과 난이도 또한 높아진 새로운 세계 앞에 던져져서 이전보다 훨씬 거대한 벽을 느끼고 있을 것이다. 하나의 정답을 강요하는 질문과 답변, 소수의 학생들만이 혼자서 도 잘 할 수 있는 과제수행과 그에 대한 평가로 이루어진 중학교에서의 교육과정은 송이 자신의 고유한 세계와 이를 둘러싼 바깥 세계 사이에 놓인 간극을 확인시켜주는 과정이 될 것이다. 이에 송이는 '틀린 대답 대신 엉뚱한 대답'을 선택하며 도피하는 것일 게다. 학교에서도 이런 송이를 위한 사례관리와 특별교육을 다시 실시할 것이다. 문제는 송이의 세계를 얼마나 이해하고, 그것을 있는 그대로 인정하면서 송이에게 적합한 속도로 송이를 에워싼 세계로 나오게 하느냐이다. 특별한 이해심과 기다림이 필요하다.

두 아이에 대한 이상과 같은 현상학적 기술은 마치 수면 위에 막대기를 휘저어 그린 그림과 같다. 필자의 서툰 그림은 금세 지워질 것이고, 기포처럼 사라지는 이런 흔적을 뒤로 한 채 아이들은 무럭무럭 자라서 자신의 드넓은 바다로 나갈 것이다. 실존현상학을 통해 익힌 시선으로 필자는 구석에 웅크려 있던 아이에게서 언뜻언뜻 비춰지면서도 숨는 다양한 얼굴들을 보았다. 아이 자신이 본래 바라는 모습을6) 드러낼 수 있게 어른 대 아이가 아닌 실존 대 실존으로, 크건

---

6) "아이 자신이 본래 바라는 모습"은 하이데거가 말하는 "본래성"으로 이해할 수 있을 것이다. 이렇게 볼 때 "아이

작건 자신의 존재를 항해하는 선장 대 선장으로 만나 탈은폐와 은폐의 그 존재 놀이에 함께 참여해보려고 노력했다.

## 3) 평가와 전망

슈스터는 요니(Yoni)와 진행한 상담회기 보고를 마치며 인지장애가 있어서 논리적으로 대화를 제대로 할 수 없는 이들과는 철학상담이 어렵다는 결론을 내린다.[7] 하지만 필자는 위의 사례에서 소개한 아이들 말고도 많은 초등학생을 대상으로 3년 동안 매주 1회 성장과 치유를 위한 철학수업을 진행하였다. 한 중학에서는 3년 동안 팀장으로 그런 수업을 이끌었다. 학생들 중에는 또래 아이들에 비해 매우 명민한 학생도 있었지만, 발달장애판정을 받은 학생도 있었다. 필자는 심한 양극성 장애로 인해 자연스럽게 자신을 표현하지 못하는 내담자와 상담을 진행한 경험도 있다. 이들과의 철학적 대화를 통해서 필자는 다음과 같은 결론을 내렸다.

(1) 논리적으로 사고할 수 있고, 철학에 대한 지식과 이해력이 있는 경우 성장과 치유를 위한 철학수업이나 철학상담을 진행하기가 수월한 것은 사실이다.

(2) 그러나 발달장애나 정서장애 등으로 학습에 어려움을 겪고, 일상생활에서 표현력과 이해력이 현저하게 떨어지는 경우라 할지라도 철학적인 대화와 상담이 불가능한 것은 아니다.

(3) 소통에 어려움을 가진 대상자들과 철학적인 대화와 상담을 진행하기 위해서는 그들 나름의 소통방식을 이해하려고 노력하고, 그들의 눈높이에 맞는 논리와 지식을 활용해야 한다.

(4) 이런 맞춤형 소통을 통해서 성장과 치유를 위한 철학교육이나 상담을 받은 이들은 특정한 철학적인 지식을 획득하여 변하는 것이 아니라 자기와

---

자신이 본래 바라는 모습"은 과거에 이미 있었던 특정한 어떤 상태가 아니다. 그것은 과거에도 없었고 현재에도 없지만 미래에는 실현될 수 있는 스스로 바라는 자아상이라 할 수 있다.

7) Schuster, S. C., "The Practice of Sartre's Philosophy in Philosophical Counseling and Existential Psychotherapy", The Jerusalem Philosophical Quarterly Vol. 44, 1995, p.114.

세계를 새롭게 이해할 수 있게 되었고, 무엇보다도 자신의 존재를 있는 그대로 드러낼 수 있는 사고능력을 갖추게 된다.

(5) 자기와 세계에 대한 철학적인 반성과 성찰 능력을 제 나름대로 갖춘 이들의 마음에는 이전까지의 가득 찼던 무조건적인 패배주의와 소외의식, 위축감이 물러나고, 자신의 삶을 자신이 끌고가겠다는 일종의 주체적인 자세가 자란다.

(6) 작은 사유의 불씨라도 가슴속에 간직한 사람은 누구든 새로운 자기와 세계를 만들어 갈 수 있는 '가능 존재'이며, 그만한 크기로 자유롭고 주체적인 삶을 살 수 있는 능력을 갖춘 존재다. 실존철학상담사는 이들에 대한 심리검사나 정신과 진단을 신중하게 참조하여야 하지만, 이들이 '가능 존재'라는 사실에 초점을 맞추고, 사유능력을 발휘할 수 있게 도와야 한다.

# 13장

# 카뮈의 『이방인』과 철학적 집단상담

　현대인의 실존적인 삶의 위기와 그 돌파에 대해서 토론해 보자는 공지문을 본 19명이 참여해 시작된 이 집단상담은 총 5회기로 진행되었다. 19명 중 12명이 매 회기 약 두 시간 동안 진행된 이 모임에 꾸준히 참석했다. 참여자들은 여성이 남성보다 두 배 정도 많았다. 연령대는 40대가 다수를 이룬 가운데 50대 30대, 20대도 두 명 있었다. 상담사와 참여자들은 테이블에 함께 둘러앉아 카뮈의『이방인』을 읽고 각자의 생각을 말했다. 참여자들은 단순히 텍스트를 해석하는 차원을 넘어서 자신들의 실존적인 문제와 연결하며 토론하였다. 이런 점에서 이 모임은 '철학카페'의 성격을 지닌다. 그런데 이 모임을 이끈 저자와 김인석 교수는 실존철학적으로 중요한 개념들을 텍스트 속에서 찾아 소개하고, 이렇게 찾아진 개념들을 길잡이로 참여자들 자신의 문제를 실존철학적인 문제의식으로 재해석해 볼 수 있는 질문을 던졌다. 이런 점에서 이 모임은 집단철학상담의 성격도 지닌다.

　이 같은 형식으로 진행된 대화에서는 현대인이 흔히 겪는 소외감, 무의미, 무기력, 부조리, 우연과 운명, 평균인과 평균을 벗어난 사람의 삶, 진실성 결여, 감정의 겉면과 뒷면, 타자의 시선과 양심의 가책, 죽음의 불안, 자기중심과 세류에 휩쓸리는 삶, 자기 진정성과 참된 자기(자아) 등이 쟁점이 되었다. 쟁점이 된 이런 주제들의 의미와 논의취지가 모임 초기에는 명료하게 파악되지 않았다. 그래서인지 참여자들의 대화는 가끔 파상적으로 전개되거나 공감대를 형성하기가 쉽지 않았다. 하지만 회기가 거듭되면서 참여자들은 자주 거론되는 개념들에 대해 한편으로는 공통의 이해를 갖게 되고, 다른 한편으로는 각자의 생각을 말할 수 있게 되었다. 이런 과정에서 참여자들은 일상을 지배하던 고정관념을 비판적으로 검토하고, 고정관념 뒤에 숨겨졌던 자신들의 모습을 드러내기도 했다. 그러면서 참여자들은 자신들의 문제와 자기 자신을 새롭게 해석하였다. 이 철학적 집단상담 사례 보고서는 어떤 철학적인 토론에 의해서 이런 변화가 가능했는지 그 과정과 현장 상황을 최대한 있는 그대로 전달하는 것을 목표로 한다.

기존의 상담사례 보고는 상담에서 중요하게 다루어진 개념들을 먼저 소개하고, 그 다음 상담에서 오가는 대화를 소개하는 것이 일반적이다. 그런데 이렇게 할 경우 1) 상담 현장에서 참여자들 스스로 자신의 문제와 관련하여 탐색하고 정리한 개념이 아니라 사례보고자의 철학적 입장을 대변하는 문헌에 규정된 개념을 제시하기가 쉽다. 2) 이렇게 되면 상담 현장의 대화가 토대가 되는 것이 아니라 현장의 대화가 미리 구조화시켜놓은 개념에 맞춰서 재구성될 위험도 높다. 그 결과 상담의 실제가 왜곡되고 참여자들의 생생한 모습이 간과될 수 있다. 필자는 이런 점들을 우려해 이 글에서는 상담에 등장하는 주요 개념을 맨 앞에 따로 정리하지 않고 실제 대화 내용과 진행 상황을 소개하는 가운데 드러나도록 했다. 필자는 실제 대화에서 특히 주목된 텍스트나 그와 관련된 실존현상학적 개념들 정도만 각 회기 시작 전 간략히 소개하였다. 아래의 글은 실제로 있었던 상담 대화와 진행 과정을 최대한 그대로 정리한 것이다. 그런데 실제로 주고받은 대화는 비문과 중복, 비약이 많아서 독자들이 이해하기가 쉽지 않다. 이런 사정 때문에 필자는 현장을 최대한 손상시키지 않는 범위 내에서 독자들의 이해를 돕기 위해 대화 내용을 수정하고 축약하였다. 특히 1, 2, 3 회기의 대화는 자기 소개나 탐색, 텍스트에 대한 중복적 질문이 많아서 대폭 생략하였다. 등장인물 중 'A'는 필자이고, 'B'는 김인석 교수다. 참여자들은 'P'로 표시했다.[1]

# 1. 회기

**"오늘 엄마가 죽었다. 아니 어쩌면 어제."[2]로 시작되는 『이방인』의 첫 페이지**

---

1) 진지하게 의견을 교환해 준 참여자들, 회기마다 보고서 초안을 작성해준 김현래 선생님, 필자와 함께 모임을 이끈 김인석 교수님께 감사드린다.

2) 알베르 카뮈 저 김화영 역, 『이방인』, 민음사, 2001, 9-11쪽. 이하 "『이방인』"으로 약칭.

를 참여자 한 분이 천천히 낭송하고 나자, 우리는 그 내용을 중심으로 다음과 같이 대화를 시작했다.

**A:** 이 집단상담에서 카뮈의 『이방인』을 읽으면서 이 소설의 주인공 뫼르소가 어떤 사람인지, 자신이 옳다고 생각하는 것, 떠오르는 생각, 느낀 점은 무엇인지에 대해 우리 각자의 실존적 체험을 투영하면서 자유롭고 진지하게 이야기해 봅시다.

**B:** 여기서 말하는 '실존적 체험'이란 '자기 자신의 모든 것이 사라져도 최후까지 남아 있는 것', 그리고 '관계의 감정적, 의지적, 사고적 경험이 진정성이 있는 것'이라고 보면 될 것입니다. '자기의 현사실성, 고유하게 직접 체험한 것'이라고도 할 수 있겠죠. 카뮈가 뫼르소를 통해서 보이려는 것이 바로 이런 '실존'과 '진정성'이라고 저는 생각했습니다.

**P 1:** 소설의 첫 시작 부분부터 충격이었습니다. 자기 어머니가 죽었는데 이에 대한 감정이 없는 뫼르소의 태도는 더 충격적입니다. 시신을 보고도 울음도 없고,[3] 어머니의 마지막 모습을 보고 싶지도 않다는 것이 말입니다. 일반적으로 사람들이 보이는 태도와 감정과는 너무 동떨어진 반응을 보이는 뫼르소는 감정이 분리된 사람처럼 보입니다. 소설 속 묘사에서는 그의 인간적인 감정이 발견되지 않습니다.

**A:** 우리가 어떠한 사태에 대해 보이는 태도, 그리고 반응하는 감정마저도 문화적으로 학습 된 것일 수 있습니다. 우리는 타인이 나에게 기대하는 죽음 앞에서의 태도에 걸맞게 연기하는 것은 아닐까요? 뫼르소가 진정 슬픔이 없는 것일까요?

**P 2:** 뫼르소의 행동이나 말투가 잘못되었다고 생각하지 않습니다. 인간이라면 순간적으로 느끼는 충격에 대해 울거나 비통해하느니, 뫼르소와 같은 행동이 도리어 인간적이라고 생각되기 때문입니다. 또한, 이러한 태도는 부모와의 정서적 단절에서 비롯된 것이 아니라고 생각해요.

---

3) 사실은 뫼르소가 시신을 보고도 울지 않은 것이 아니라 나사못으로 반쯤 잠근 관을 굳이 열고서 시신을 보려고 하지 않은 것이다.

**A:** 뫼르소에게는 남을 의식해서 하는 정서적 표현이 거의 보이지 않습니다. 냉혹한 운명 앞에서도 가식 없이 그리고 타인의 시선에 잘 영향을 받지 않고 뫼르소처럼 산다면, 우리의 삶은 한결 편할 것 같습니다. 뫼르소가 보인 '이상한' 반응을 보면서 우리에게는 어떤 고정관념이 있는지 살펴봅시다. 뫼르소는 남들 듣기 좋은 말을 하기 보다는 모르겠다는 말을 자주합니다. 사태가 애매할 때는 모르겠다고 대답하는 것이 정직한 것이죠. 이것을 우리는 '실존적 정직성'이라고 칭할 수 있을 것입니다.

**P 3:** 저는 『이방인』을 '타자의 시선을 의식하는 기만성을 폭로하는 작품'으로 읽었습니다.

**A:** 저도 그렇게 읽었습니다. 실존은 자기기만까지도 온전히 드러낼 수 있어야 하며, 이러한 정직성과 진정성이 자기 형성의 과정일 것입니다.

**P 4:** 뫼르소가 보이는 어머니의 죽음에 대한 무감각과 저의 경험이 매우 유사했기에 책을 읽는 동안 큰 위안이 되었습니다. 10년 전 쯤 나를 아껴주신 할머니가 죽었죠. 그때 나는 주변 사람들이 놀랄 정도로 감정의 변화가 없었습니다. 뫼르소의 무덤덤함은 그때 나의 기분과 같은 것이 아닌지 생각했습니다. 그때 나의 무덤덤함은 할머니와 나의 유대관계가 느슨해서도 아니었고, 큰 정신의 충격 때문도 아니었던 것 같아요. 그런데 1년 후 어느 더운 여름날 뙤약볕에서 걸어야 하는 일이 있을 때 이유도 모르고 울음이 터졌어요.

**A:** 다음 회기까지 오늘 이 자리에서 드러난 자신의 반응과 태도에 대해 정리해 봅시다.


## 2. 회기

문학작품에 대해서 학문적 지식을 동원해서 해석하는 것은 우리 모임의 목적이 아니다. 우리는 뫼르소의 내면에 들어가 그의 실존적 사유의 흐름을 파악하며 추체험하고, 우리 자신을 되돌아보려 한다. 그러기 위해서는 뫼르소의 감정과 판단, 태도를 우리가 느끼고 생각한 대로 살펴볼 필요가 있다. 우리는 『이방인」을 읽고 각자가 느끼고 생각한 것을 말하고, 그중에 애매하거나 수용하기 힘든 부분을 토론해 보기로 했다. 우리는 아래의 구절을 함께 읽은 후 대화를 이어갔다.

"간호사가 가 버리자 문지기가 말했다. '혼자 계시게 해 드리겠습니다.' 내가 어떤 몸짓을 했는지 모르겠으나, 그는 내 뒤에 선 채로 나가지 않고 그냥 있었다. 그렇게 내 등 뒤에 사람이 서 있는 것이 나는 몹시 거북했다."[4]

**B:** 뫼르소는 "내 등 뒤에 사람이 서있는 것이 거북했다"고 하는데, 우리는 타인의 시선을 느낄 때 어떠한가요? 14쪽에 등장하는 '그들', '저 사람들', '늙은이들'이라는 표현은 문지기의 어떤 우월의식을 나타낸 것 같습니다.

**A:** 뫼르소를 등 뒤에서 지켜보던 문지기는 자기가 파리 태생임을 계속 강조합니다. 사실 문지기는 극빈자로 양로원에 왔습니다. 그렇지만 그는 사회적인 삶 속에서의 인정받으려는 욕구와 자기 나름의 우월의식이 있는 것 같습니다. 뫼르소가 엄마의 시신이 안치된 양로원에서 겪는 이러한 이야기가 1장에서 4장까지 나옵니다. 큰 사건은 일어나지 않아 지루할 수도 있습니다. 하지만 아무것도 아닌 모래알 같은 사건들 하나하나가 모여서 기회원인이 되어 한 순간 삶을 삼켜버리는 실존적 부조리를 보여주는 것 같습니다.

**P 5:** 소설 내용이 왜 이렇게 지루했나 했습니다. 그러나 선생님의 이야기를 듣고 보니 이러한 일상성에 대한 묘사로 뫼르소의 인생관과 인간관이 자연스럽게 드러난 것 같습니다.

**B:** 14쪽에 묘사된 '자신을 양로원의 다른 노인들과는 다르다'고 믿는 문지기의 태도가 우리에게 주는 의미가 있을 것입니다.

**A:** 우리도 남들과 구별 짓기를 쉽게 합니다. 그러나 뫼르소는 그렇게 잘 하지 않습니다. 그래서 그는 편안하고 일상에 만족하는 것 같습니다. 뫼르소가 "당신도 재원자가 아닙니까?"라고 문지기에게 묻는 것은 문지기를 비난하

---

4) 『이방인』, 13쪽.

거나 평가절하하려는 것이 아니라 그를 있는 그대로 보려고 그런 것 같습니다.

**P 6:** 뫼르소가 사회적인 억눌림에 구애받지 않는 것 같은 모습이 15쪽에 다음과 같이 묘사되어 있습니다.

"그가 식당으로 저녁을 먹으러 가자고 권했으나, 나는 배가 고프지 않았다. 그랬더니 그는 밀크커피를 한 잔 가져오겠노라고 말했다. 밀크커피를 매우 좋아하므로 나는 그러라고 했다. 조금 뒤에 그는 쟁반을 하나 들고 돌아왔다. 나는 커피를 마셨다. 그러자 담배를 피우고 싶어졌다. 그러나 나는 엄마의 시신 앞에서 담배를 피워도 좋을지 어떨지 몰라 망설였다. 생각해 보니, 조금도 꺼릴 이유는 없었다. 나는 문지기에게 담배 한 대를 권하고, 둘이서 함께 피웠다."

**P 6:** 뫼르소가 담배를 피울까 말까 망설인 것은 외부의 시선 때문인지 양심 때문일까요?.

**A:** 흡연을 쾌락으로만 여길 경우, 애도의 시간에 무엇을 즐긴다는 것이 부담일 수 있습니다. 그러나 장례식장에서 담배를 피우는 것이 꼭 나쁜 것일까요? 만약 '꼭 그렇지는 않다'고 판단이 되면, 양심과 무관하게 담배를 피울 수 있을 것입니다. 이때 우리는 관습적 시선을 벗어나 실존적이고 주제적인 판단을 내린 것이 아닐까요? 담배를 피우려던 뫼르소를 노려보던 문지기도 함께 담배를 피웁니다. 이렇게도 볼 수 있고 저렇게도 볼 수 있는 문제를 한 가지 관점만을 절대화하면 어떤 일이 벌어질까요? 장례식장에서 흡연을 항상 애도와 반대되는 행위로 규정한다면, 비난과 양심의 가책이 뒤따를 것입니다. 실체가 불분명한 관습에 따르는 이러한 삶을 반복하다보면, 공허함과 허위의식이 삶의 밑바닥을 채우지 않을까요?

**관습적 시선과 그에 대한 실존적 대응에 대해 공통적인 쟁점을 찾기 위해 우리는 다시 뫼르소에 집중하였다. 모친과 함께 양로원 생활을 하던 노인들이 영안실에서 뫼르소를 심판하듯 둘러앉아 있다가 흐느껴 울다 잠이 드는 장면, 다음 날 아침 장의사 사람들이 도착해서 마지막으로 시신을 보고 싶은지 뫼르소에게 묻자 거절하는 장면을 참여자 한 분이 낭송하자, 우리는 그 장면들과 관련해**

**자유토론을 이어갔다.**

**A:** 영안실에 와서 흐느껴 울던 노인들은 노모를 양로원에 맡긴 뫼르소를 심판하려고 그의 주변에 빙 둘러앉아 있었던 걸까요? 그렇다 하더라도 뫼르소는 '자신이 심판받을 만한 일을 하지 않았다'는 판단이 서자, 그들의 행동에 별 의미를 두지 않는 반응을 보인 것 같습니다. 뫼르소는 그 순간에도 창문 틈으로 들어온 햇빛을 보고 자연의 아름다움을 감상합니다. 주변의 시선이 쏠린 모친의 죽음이라는 사건이 일어났지만, 뫼르소는 그 일에만 사로잡혀 있는 것이 아닙니다. 뫼르소와 비슷한 일을 당했을 때 우리는 어땠을까요?

**P 3:** **저는** 한 가지 일에 꽂히면 다른 게 잘 안 보입니다.

**A:** 슬픈 일이 있었을 경우 길가의 예쁜 봄꽃이 안 보이나요?

**P 3:** 보이지만 감상할 마음은 안 들어요.

**A:** 꽃을 보고는 자신이 느낀 대로가 아니라 사회적 시선이 요구하는 대로 생각하고 느낄 수도 있지 않을까요?

**P 3:** 사회적 시선에 끌려가지 않는 주체적으로 생각하더라도 이런 실존적 태도는 사회적 시선과의 균형이 중요할 것입니다. 이게 어렵기 때문에 실존적 태도를 버리고 사회적 시선을 따르는 경향이 있는 것 같습니다.

**A:** 문학작품을 읽거나 삶을 이해할 때는 객관적인 태도가 항상 유효한 것은 아닐 것입니다. 서로 자기 식대로 읽고 의견을 나누는 게 어떨까요? 그래야 각자의 '이방인', 각자의 '뫼르소'가 드러날 것 같습니다. 뫼르소는 사망한 모친의 얼굴을 끝내 안 보겠다고 말했습니다. 뫼르소는 왜 어머니의 얼굴을 안 본다고 했을까요?

**B:** 그동안 뫼르소는 어머니를 자주 찾아봤습니까?

**A:** 뫼르소는 양로원에 있는 모친을 자주 안 찾아봤습니다. 여러분은 입관할 때 고인을 보고 싶으셨나요 "아니면 보고 싶지 않은 데 보라고 하니까 보셨나요?

**B:** 저와 매일 함께 생활한 개가 죽었을 때는 정말 보고 싶었는데 아버지 주검

에 대해서는 그렇지 않았습니다. 이 글을 읽고 나니 그러지 말았어야 했나 하는 생각이 드는군요.

**A:** 모친의 시신을 보지 않은 이 일로 나중에 뫼르소는 패륜아로 몰립니다. 우리의 죄의식은 두 가지 방향에서 작동하는 것 같습니다. 그 하나는 먼저 타자가 나를 겨냥하기에 비로소 내가 의식하게 되는 죄의식이고, 다른 하나는 타자의 시선과는 무관하게 나 자신이 자기 존재에 대해 실존적 관심과 성실함 때문에 갖게 되는 책임감과 부채의식일 것입니다. 그런데 사회적 존재인 우리는 타자가 나를 겨냥해서 생기는 죄의식에 더 지배되는 것 같습니다. 타인의 도덕적 비난을 본능적으로 수용하는 경우가 많은 것이지요. 거의 자동화된 이런 사고방식을 주체적으로 검토하는 것도 실존적 삶을 위해 필요한 연습이 아닐까요?

**장지에 도착해서 어머니의 관을 땅에 묻는 다음과 같은 내용을 천천히 함께 읽은 후 우리는 토론을 이어갔다.**

> "무덤들 위의 붉은 제라늄 꽃들, 페레스의 기절(마치 무슨 꼭두각시가 해체되어 쓰러지는 것 같았다), 엄마의 관 위로 굴러떨어지던 핏빛 같은 흙, 그 속에 섞이던 나무뿌리의 허연 살, 또 사람들, 목소리들, 마을, 어떤 카페 앞에서의 기다림, 끊임없이 툴툴거리며 도는 엔진 소리."5)

**A:** 1장의 마지막 부분을 장식하는 "핏빛 같은 흙", "나무의 살", "뿌리"와 같은 표현은 뫼르소의 모친이 다시 대지의 어머니로 돌아가는 모습을 보며 뫼르소가 느끼는 감정을 묘사한 것이 아닐까요? 슬픔을 표현하는 다양한 방법이 있을 수 있습니다. 뫼르소는 과장된 감정표현을 절제하면서 자기 나름의 시선으로 이별의식을 치른 건 아닐까요? 뫼르소의 이런 감정표현 방식은 다른 곳에서도 확인되는 것 같습니다. 44쪽에는 뫼르소와 마리와의 관계가 하룻밤을 즐기고 끝나는 것이 아니라 진실하다고 볼 수 있는 묘사가 있습니다. 또, 사랑을 나눈 후 "사랑하느냐?"는 마리의 질문에 뫼르

---

5) 『이방인』, 25쪽.

소는 "사랑하는 것은 아닌 것 같다"고 대답합니다. 마리에 대해 뫼르소가 오래도록 연심을 품고 있었다는 점을 생각할 때, 이 대답은 마리를 전혀 사랑하지 않는 것이 아니라 '사랑'을 매우 진지하고 무거운 것으로 생각하고 있다는 것으로 보여주는 것 같습니다.

**B:** 뫼르소라는 인물에 대해 오늘 느낀 것인데, 그는 그냥 태양과 같아서 태양 아래 있는 그대로 확 비치는 인물이거나 마음이나 태도가 확 비치는 빛의 존재가 되어서 그가 가지고 있는 게 다 드러나는 인물로 보입니다.

**P 7:** 저는 뫼르소가 취하는 태도가 왜 실존적 태도인지 잘 모르겠어요. 태양 아래에서 '그가 가지고 있는 것이 그대로 온전히 다 드러나는 것이 실존'이라면, 과연 뫼르소가 그렇게 했기 때문에 실존적 인물이라는 것인가요?

**B:** 일단 우리는 '실존'이라는 개념은 '자기 밖으로 나가고 관계에 들어가서, 관계 자체가 되는 것'으로 이해할 수 있을 것입니다.

**P 7:** 저는 그와 반대로 뫼르소가 있는 그대로 밖으로 드러나는 인물이 아니라 다른 이들과 관계가 단절된 인물로 느껴지거든요. 뫼르소는 주변 사람들과 관계를 끊어내고 있는데, 그런 것이 실존이라면, 저는 이해가 안 돼요. 또 그렇게 살아가는 것이 괜찮은 것인가 하는 생각도 듭니다.

**A:** 뫼르소가 주변인들과 단절된 생활을 했나요?

**P 5:** 우리는 실존적인 사람과 만나면 굳이 물어보지 않아도 실존과 관련된 이야기를 하게 됩니다. 그가 실존적인 사람인지 아닌지 어렴풋하게 느낄 수 있지요. 지금 여기의 이 시공간 안에서 몸과 마음을 다해 온전하게 머물면서 주변 사람을 진실하게 대한다고 느껴지는 사람. 뫼르소의 말과 행동은 일상인들과 달라서 처음엔 거리감은 있을 수 있지만, 그는 그런 사람으로 보입니다.

**B:** 저는 지금 여기 가식 없이 존재하고 있는 사람과는 계속 이야기하고 싶어집니다.

**A:** 뫼르소처럼 삶을 느끼는 그대로 말하며 실존에 충실했을 때 타인과의 관계가 단절될 위험은 없는가도 생각해 볼 수 있을 것입니다. 그런데 뫼르소는 세상일과 단절한 채 자기몰입적으로 지내나요? 또 그는 마리와 만나서

도 인간적인 교류 없이 성행위만 하는가요? 저는 뫼르소에게 진실한 인간 관계가 존재했었다고 봅니다. 26페이지 이후에는 "내 탓이 아니다."고 말하는 대목이 여러 번 나옵니다. 그 뒤에는 타자의 시선에 의한 비난과 그런 비난의 대상에 대한 상벌의 문제가 제기됩니다. 뫼르소는 재판정에서 그가 행한 죄의 무거움 때문이 아니라 사회적으로 정상이라고 표방되는 관점에 어긋난다는 이유로 사형선고를 받게 됩니다. 이것은 사회가 개인에게 가하는 일종의 폭력 아닌가요? 그렇다면 개인은 그런 사회적 폭력에 어떻게 대응해야 할까요? 카뮈 전문가인 로젠히어는 '심판받아야할 자는 뫼르소가 아니라 뫼르소를 심판하는 자들'이고 선언하려고 카뮈가 『이방인』을 썼다고 말합니다.

**참여자 한 분이 뫼르소가 마리를 만나는 장면을 낭송하였다. 필자는 참여자들에게 "우리는 각자가 실제로 체험한 나이를 숫자로 정확히 표시할 수 있는가?" 물었다. 그러면서 필자는 "정확히 표시될 수 없는 것은 정확히 표시될 수 없다고 말하며 그 애매성을 인정하는 것이 그 대상을 제대로 이해하는 길이 아닌지" 함께 생각해 보자고 제안했다.**

"항구 해수욕장으로 가려고 나는 전차를 탔다. 거기서 나는 곧 바닷물 속으로 뛰어들었다. 젊은이들이 많았다. 물속에서 마리 카르도나를 만났다. 전에 같은 사무실에서 일하던 타이피스트인데 당시 나는 그녀에게 마음이 있었다. 그녀 역시 그런 것 같았다. [중략] 나는 부표 위 그녀의 곁으로 기어올랐다. 날씨가 기분이 좋았고, 나는 장난을 하는 척하고 머리를 뒤로 젖혀 그 여자의 배를 베었다."[6]

A: 뫼르소는 장례를 치르고 거주지로 돌아옵니다. 휴식 후 식사시간이 되었지만, 여느 때처럼 밖으로 나가 자주 가던 식당에 가지 않습니다. 엄마의 죽음을 위로하는 '빈말'과 '뻔한 질문'을 피하기 위해 그런 것 같습니다. 32쪽에서는 "창문을 닫고 거울 속에 [중략] 엄마의 장례식"이라는 부분에서

---

6) 『이방인』, 26-27쪽.

뫼르소는 "내일은 다시 일을 시작해야 하고 달라진 것은 아무것도 없다"고 말합니다. 엄마의 죽음 후에도 일상은 반복됐던 것입니다. 42쪽 4장의 시작 전에 '어머니의 죽음도 영겁회기라고 할 수 있다'는 말이 나옵니다. 회사에 출근해서 만난 사장은 장례를 마친 뫼르소에게 인사말로 죽은 엄마의 나이를 습니다. 뫼르소는 대답을 못 합니다. 한 해가 지나면 자동으로 숫자가 올라가는 나이를 정확히 세는 일은 이미 많이 연로한 엄마에게는 큰 의미가 없는 것이고, 실제로 체험한 세월을 의미하는 나이의 크기는 주관적인 느낌이 강하게 개입하기 때문에 숫자로 정확히 표현될 수 없는 것이 아닐까요? 그래서 애매할 수밖에 없기 때문에 대답을 망설인 건 아닐까요?

**B:** 저도 요즘 자꾸 제 나이를 생각하게 되지만, 다른 한편으로는 또 그렇게 나이를 생각하고 살 필요가 있느냐 하는 생각도 듭니다.

**상담사 B의 이 말에 모두 크게 웃었다. 우리는 반복과 일상성, 사람과 사람 사이의 사회적 관계뿐만 아니라 사람과 반려동물 사이 관계를 맺고 서로의 존재를 확인하는 다양한 방식에 대해 살펴보기 위해 뫼르소와 같은 공동주택에 거주하는 살라마노 영감과 그의 개 이야기를 낭독했다.**

"캄캄한 층계를 올라가다, 나와 같은 층의 이웃에 사는 살라마노 영감과 부딪쳤다. 영감은 개를 데리고 있었다. 팔 년 전부터 영감과 개는 늘 함께 있었다. 그 스패니얼 개는 내가 보기에 습진인 듯한 피부병 때문에 털이 거의 다 빠지고 온몸이 반점과 갈색의 딱지투성이가 되어 있다. 그 개와 단둘이 조그만 방에서 오랫동안 살아온 나머지, 살라마노 영감은 마침내 개의 모습을 닮고 있었다. 그의 얼굴에는 불그스름한 딱지가 있고, 털도 누렇고 드문드문하다. 개도 그의 주인에게서 코를 앞으로 내밀고 목을 뻗치는 식의 구부정한 자세를 배웠다. 그들은 아무래도 동일한 족속 같은데, 서로를 미워하는 것이다. 하루에 두 번씩, 11시와 오후 6시에 영감은 개를 데리고 산책을 나선다. 팔 년 전부터 그들은 한번도 산책 코스를 바꾼 적이 없다. 언제나 리옹 거리에서 그들을 볼 수 있는데, 개가 늙은이를 끌고 가다가는 기어코 살라마노 영감의 발부리가 무엇에 걸려버리고 만다. 그러면 영감은 개를 때리고 욕지거리를 하는 것이다. 개는 무서워서 설설 기며 끌려간다."[7]

**A:** 실존적으로 진정성 있는 모습으로 누군가와의 관계를 맺을 때는 그 상대의 나이나 생일이나 기념일 등을 정확하게 기억하는 것이 큰 의미일까요? 아니 어쩌면 자동적으로 반복되는 삶에 매몰되어 살기에 우리는 이를 만회하기 위해 별 의미도 없는 기간이나 날짜를 정확하게 기억하려 하고 거기에 매달리는 것은 아닐까요? 제한된 관계와 따분한 일상 속에서도 살리마르 노인은 지배자로서의 사회적 역할을 개와의 관계에서나마 반복적으로 수행하면서 대리 만족하고 있는 것 같습니다. 살라마노는 개와 8년간 산책을 반복합니다. 반복적 행위를 우리는 실존철학적으로 어떻게 볼 수 있을까요?

**필자가 이상과 같은 질문으로 오늘 다룬 텍스트의 내용을 정리하자, B는 오늘 모임에서 떠오른 통찰을 앉은 순서대로 간략한 말로 발표하자고 제안했다. P 8이 첫 순서였지만 대답을 망설이기에 그 옆에 앉은 P 6부터 발표를 시작하였다.**

**P 6:** 재미있었습니다.

**P 7:** 실존

**P 9:** 뫼르소는 영화를 보듯 세상과 거리를 두고 살아가는 것 같습니다.

**P 10:** 지금

**P 3:** 양심

**P 5:** 주

**P 11:** 때로는 폭력이 될 수 있는 실존적 관조.

**P 12:** .......

**P 5:** 없습니다.

**A:** 실존적 양심

**P 13:** 나도 남편을 사랑하는 것 같지는 않아!

**P 14:** ......

---

7) 『이방인』, 35쪽.

## 3. 회기

3장에서 레몽이 순경에게 굴복당하는 사건, 4장에서 살라마노 노인의 개 실종 사건, 5장에서는 사장이 파리로 전근 제안을 했으나 뫼르소가 거절하는 장면, 결혼 이야기를 하는 마리와 이에 대한 뫼르소의 태도 등이 나오는 장면에 대해서 이야기하면서 서로의 생각과 느낀 점을 공유했다. 뫼르소가 마송이 살고 있는 별장을 방문하는 장면과 아랍인과의 만나 난투극을 벌이던 중에 자상을 입고 별장으로 돌아오는 장면, 술 취한 뫼르소가 더위로 힘들어 하는 일행을 피해 서늘한 샘을 찾아 나서는 장면, 단도를 지닌 아랍인에게 권총을 네 발을 발사하며 살인을 저지르게 되는 장면을 되짚어 보았다. 이어서 우리는 뫼르소가 살인에 까지 이른 과정을 확인하고 그가 겪은 일련의 우연한 사건들이 던지는 의미에 대해 토론을 시작하였다.

P 15: 사장이 남들이 동경하는 파리 지소로 발령을 권하자 뫼르소가 "학생 때는 야심이 있었다."라고 말하는 장면이 저는 특히 인상적이었습니다. 뫼르소가 지인이랑 이야기하면서 마리와 결혼을 생각했다는 장면에서도 뫼르소의 속마음을 짐작할 수 있었어요.

B: 네, 마리의 청혼과 파리 전근 제안에 대한 그의 판단을 살펴보는 것이 뫼르소라는 인물의 진실성이나 실존적 결단을 이해하는 데 중요할 것 같습니다.

A: 파리 전근을 사양하는 이유에 대해서 뫼르소는 "사람이란 생활 자체를 바꿀 수는 없으며 나는 지금의 내 생활에 아무런 불만이 없다"고 말합니다. 이에 사장은 뫼르소가 야심이 없다며 비난합니다. 하지만 뫼르소는 곰곰이 생각해 보아도 "나는 불행하지 않았고 그것이 내게 아무런 중요성이 없다는 것을 깨달았다"고 대답합니다. 이런 대답에서 뫼르소의 삶에 대한 실존적인 통찰이 드러나는 것 같습니다.

삶 자체에 큰 차이가 없는데도 사회적으로 권위를 나타내 상대방보다 우월한 위치에 서려고 서로 속이기도 하고 절망도 합니다. 누구나 '삶 자체'는 큰 차이가 없는데도 화려한 명함으로 자신을 포장하기 위해 경쟁하고 극단적이고 파괴적인 인정투쟁에 맹목적으로 매달린다면, 진짜 자신이 원하는 것이 무엇인지도 망각한 채 허무함이 남겠지요. 물론 자신의 생명력을 만개시키는 건강한 성취의 결과로 따라오는 사회적 인정까지 부정해서는 안 되겠지만요.

**P 15:** 실존이나 실존적 삶이라는 것은 타자의 시선이나 사회적 가치에 휩쓸리지 않고 자기 존재를 삶의 중심으로 삼고 원래 자기 모습대로 자기가 생각하고 느낀 대로 진정성 있게 사는 것을 뜻하는 것 같은데, 사회적 동물이고 교육을 받으면서 자라는 사람에게 사회적 환경과 고유한 자기나 실존이 그렇게 확연히 잘 구분이 되나 궁금해요. 정도의 문제일 뿐 따져보면 순전히 나만의 가치가 어디 있나요? 나 혼자 살지 않는데...

**A:** 실존적 자기 진정성이 무엇이고 그것이 과연 사회적 존재인 우리에게 자기만의 것으로 체험이 되는가? 이게 중요한 것 같습니다. 하이데거는 자신의 존재에 진실한 '자기 진정성'을 '본래성'(Eigentlichkeit)이라고 정의하지요. 인간을 '세계-내-존재'로 파악하는 하이데거는 세계와 구분되는 '순수한 자기'란 없다고 말합니다. 그럼에도 우리는 세속적이고 대중적인 흐름에 휩쓸리지 않는 자기의 고유한 모습이나 자아상 같은 걸 체험합니다. 이런 체험을 통해서 각자가 자기 나름의 자기 진정성이 무엇인지 알게 되기도 합니다. 이런 자기 진정성은 참된 자기가 아니라 가면을 쓴 자기가 자아를 압도할 때도 반사적으로 드러날 겁니다. 우리에게는 크건 작건 이런 체험이 있기에 평소에는 의식을 못 하다가도 실존적인 자기 분석을 통해서 진정한 자기 모습을 살펴볼 수 있는 것 같습니다. 가령 마리가 결혼이야기를 했을 때 뫼르소는 자기가 마리를 진정으로 좋아하고 있는지 아니면 깊이 사랑하지는 않지만, 욕정 때문에 계속 만나고 싶어서 '결혼도 좋을 것 같다'고 생각한 것인지 알고 있을 수도 있을 겁니다.

**B:** 뫼르소의 의식은 '오는 자 막지 않고, 가는 자 잡지 않는다'가 아닐까요? 그렇다고 바람둥이는 아닌 것 같고요.

**A:** 3년 전에 만난 마리를 다시 만났고, 다른 여자를 만나는 장면도 없고, 마리와 결혼도 생각하고 있으므로 바람둥이라고 보긴 힘들지 않나요?

**B**: 뫼르소는 마리가 떠난다 했을 때, '가고 싶으면 가라.'고 말하지요. 이런 태도의 대척점이 레몽인데, 그는 정부가 떠난다고 하니까 두드려 패죠.

**P 5**: 저는 남편을 만나기 전 뫼르소처럼 제가 떠나보낸 사람이 있었어요. 친구들이 이해가 안 된다고 했지만, 저는 '내 곁에 붙들어 놓고 사는 것보다는 보내주는 것이 좋겠다'는 생각이 들어서요.

**A**: 사랑하면 상대에게 매달리게 되지 않나요? 사랑은 중독이고 광기도 있는 것이고요. (웃으면서) 만약 배우 송중기 처럼 멋진 남자와 사귀게 되도 그렇게 보내줄 수 있을까요?

**P 5**: 그거야 송중기를 만나봐야 알죠. (모두 웃음)

**P 3**: 떠나보낸 남자 이야기는 P 5 선생님이 나중에 그렇게 자신의 행동을 그렇게 해석한 건 아닌가요?

**P 5**: 아뇨, 그때 당시의 생각이 그랬어요. 남편이 누구를 만나서 기분이 저렇게 좋은가 할 때가 있는데, 그럴 때면 남편에게 좋은 사람이 생기면 남편은 반평생은 그 좋은 사람이랑 사는 것도 좋을 것 같다고 이야기하기도 합니다.

**P 3**: 본인의 희망 사항 아닌가요? (웃음)

**P 5**: 당연히 저도 그런 면도 좀 있습니다. (웃음)

**P 13**: 저는 '애인 생겼으니 이혼해 달라'는 홍상수 감독의 요구에 응하지 않는 그 부인이 이해가 안 돼요.

**A**: 그분이 홍상수 감독을 여전히 사랑하는지는 모르겠습니다. 그러나 그분은 부인으로서의 권리, 인간적 자존심 때문에 마음이 편한 남편을 보내주지 못하는 게 아닐까요?

**P 11**: 뫼르소 같은 사람만이 실존적 인물은 아닌 것 같습니다. 그와 전혀 다른 성격의 사람도 실존적일 수 있거든요.

**P 15**: 저는 '실존'이 무엇을 말하는지 계속 헷갈려요.

**P 11**: 무엇인가를 '포기하고 싶다.'하는 것도 실존으로 볼 수 있는 것일까요? 변화가 일어나는 사람은 자기변화 정신의 운동을 하는 것이고, 그것을 자각하고 있다면, 실존적인 사람 같아요. 꼭 뫼르소 같은 사람이 아니더라도요.

**P 11:** 사람이 처한 상황이 항상 좋을 수만은 없는데, 그 상황을 수용하고 받아들인 것이라면, 그것이 '포기'라도 주체적이고 실존적이라고 생각합니다.

**P 5:** 51쪽인가요? 뫼르소가 학업을 포기하지 않을 수 없었을 때 이야기가 생각납니다. 그때 비로소 뫼르소는 학업을 이어간다는 것이 자기에게 어떤 의미인지 진지하게 생가해 볼 기회가 주어진 것으로 본 것 같아요. 저에게 있던 재산, 집이 다 사라지고... 재산이 사라진 것을 넘어서 빚까지 생기니까 '나에게 돈은 어떤 의미인지' 생각해볼 기회가 주어졌던 경험이 있습니다. 뫼르소도 그런 것 같습니다.

**B:** 키르케고르는 '우리가 물질적인 것들을 영원하게 여기니까 그것이 없을 때 절망한다고 말합니다. 그러나 물질적인 것에 직면해서 보고 나면, 진짜 중요한 것은 따로 있다는 것을 알게 된다고 하거든요. 그때 초월자로 가든지 하고요.

**A:** 이럴 때 두 가지 유형이 있는 것 같습니다. 그중 하나는 '세속적인 것을 쫓다가 깊은 절망을 하는 사람'이고 다른 하나는 중요하다고 여기던 대상이 '없어져도 별거 아니고 딴 길이 또 보이는구나 생각하는 사람'이 있는 것 같아요. 저는 뫼르소를 후자의 유형으로 판단했습니다. 왜 이렇게 두 가지로 나뉘며, 여기에는 어떤 계기가 있나 하는 것은 잘 살펴봐야 할 문제입니다.

**P 15:** 저는 무기력으로 느꼈습니다. 마리를 보면 '예쁘다'라는 표현이 있는데, 이는 그가 '좋음'에 대한 가치판단이 있다는 것이고 욕구도 있다는 것입니다. 그렇다면 이 좌절을 통해 자신의 욕구를 억제하는 것이 아닌가 하는 그런 생각이 들었습니다. 저도 그런 면이 있거든요.

**A:** 네, 그렇게 읽을 수 있을 것 같아요.

**레몽의 친구 마송이 주말을 보내는 그의 해변 오두막을 뫼르소가 마리와 함께 방문한 장면을 참여자 한 분이 낭송했다. 아내와 함께 가끔 지인들을 초대해서 주말을 보낸다는 마송의 말에 뫼르소는 마리와 결혼하고 싶다는 생각을 처음 갖게 된다.**[8)]**는 부분까지 살펴본 후 우리는 대화를 이어갔다.**

**A:** 사회적으로 성공했을 때와 그렇지 못했을 때 우리 삶의 본질적인 부분이나 우리 자신이 변할까요? 본질적인 부분은 그 성공으로 바뀌는 게 없는 게 아닐까요? 또한, 자신이 세웠던 목표를 성취했을 때는 그런 노력과 성취가 가져오는 사회적 지위에 만족을 느끼는 것이지, 단지 올라간 사회적 지위 자체가 우리를 실제로 만족시키는 것은 아닐 수 있습니다.

**B:** 오늘 제가 많이 깨닫고 있습니다.

**A:** 성공한 사람들을 보면, 그 성공한 크기와 지위만큼 불행해지기도 합니다. 뫼르소는 바로 그런 것을 깨달은 게 아닐까요? 뫼르소는 여느 직장인처럼 회사에 잘 출근하고, 상사 눈치도 봅니다. 하지만 그는 그들이 모르는 것을 알고 있는 것 같습니다. 그는 자신이 꿈꾸는 세상은 남들이 동경하는 화려한 파리가 아니라는 것을 알고 있는 것 같습니다. 파리에서 그의 삶을 지금보다 나아질 게 없고 오히려 더 망가질 것 같다고 판단해서 파리 전근을 거절한 것은 아닐까요? 출세 여부로 삶을 판단하는 타자의 시선에서 진정한 자기가 실제로 자유로울 수 있을지 생각해 보면 좋겠습니다. 무시만 할 수는 없는 타자의 평가를 '나'라는 존재는 어떻게 처리해야 할까요?

**P 3:** 뫼르소가 항상 말하는 '나는 아무래도 상관없지만'이란 표현은 아무리 실존철학적으로 이해해 보려고 해도 무기력하고 무책임한 태도를 보여주는 것 같아요.

**P 5:** '나는 아무래도 상관없지만', 이 표현은 '나에게는 책임이 없다'는 의미는 아닌 것 같습니다.

**A:** 뫼르소의 그 말은 무기력이나 무책임을 표현으로 읽힐 수 있죠. 그런데 저는 이 말이 사실은 뫼르소의 자기 진정성에 의한 판단을 드러내고 있지만, 뫼르소와 달리 빈말을 잘 하는 우리한테는 그게 무기력하고 무책임한 것으로 보이는 게 아닐까 생각합니다.

**뫼르소의 위 표현이 그의 무기력이나 무책임을 나타내는 것은 아닌지에 대해서 참여자들은 각자의 생각을 망설임 없이 발표하였다. 서로 자기 생각을 적극**

---

8) 『이방인』, 59-60쪽.

**적으로 드러내려 하면서 토론 분위기는 점점 고조되었다.**

**P 5:** 다들 '나는 아무래도 상관없지만'이란 구절을 뫼르소의 '무책임'을 나타
내는 것으로 읽으시는 것 같군요. 그런데 누군가가 저한테 사귀자 했을 때
제가 "아무래도 상관없다. 나는 괜찮다. 좋다."라고 대답했다면, 제가 그
사람에 대해서 무책임한 것이 아니라, 그와 사귀겠다고 결정한 것으로 봐
야 할 것 같습니다.

**B:** P 5 선생님이 말씀하신 것처럼 뫼르소는 알게 된 지 얼마 안 되었고 삶의
방식도 다른 건달 레몽을 위해서 싸우러 갑니다. 뫼르소는 비겁함이 없고,
회피하지 않았습니다. 이것은 그의 책임성을 보여주는 것 같습니다.

**P 15:** 뫼르소는 친구를 위해 싸움을 각오했던 것은 아닌 것 같아요. 또 마리
랑 결혼해서 생활비가 더 필요할 때도 더 노력하지는 않을 것 같아요.

**A:** 해변에 가서 살인까지 하는 내용을 살펴보면, 뫼르소는 그곳에 친구를 위
해서 간 것이고, 친구가 뫼로스 자신과는 상관이 없는 싸움에 역할을 배당
해주니 받아들입니다. 다혈질의 레몽이 총기 사용할 것을 염려해서 그의
총을 뺏어서 지니고 있기도 했어요. 이걸 보면 뫼르소는 책임감 있고 신중
합니다.

**P 15:** 싸우러 간 것은 아니지요. 해변에 가서 싸움에 말려든 것이지요.

**P 5:** 뫼르소의 남들이 건달로 여기는 레몽을 선입관 없이 친구로 대합니다.
뫼르소는 레몽이 원할 때는 굳이 거절할 이유가 없다면서 함께 있어주기
도 합니다. 이렇게 사람을 대하는 것은 쉬운 일은 아니지요. 그가 자주 말
하는 '나는 아무래도 괜찮다.'라 말이 뫼르소가 무책임한 인간임을 나타내
게 아닙니다.

**P 15:** 뫼르소는 엄마를 부양할 돈이 없어서 양로원에 보냈습니다. 양로원 사
람들은 그런 그를 못마땅하게 보지만, 뫼르소는 '부양비가 없어서 보냈다'
며 당연한 것처럼 말하잖아요. 그런데 사실 그런 자신의 처지를 미안해야
하거나 부끄러워해야 하는 거 아닐까요?

**P 5:** 그런데 지금도 사실 부모님을 양로원에 보낸다면 자기 자신도 그렇고 타

인들도 모두 한결같이 '그것은 자식 된 도리가 아닌데' 이렇게 이야기하잖아요? 사회와 세상 사람들은 나에게 '무엇을 부끄러워해야 하고 무엇을 자랑스럽고 가치 있게 여겨야 하는지' 끊임없이 이야기합니다. 그런데 뫼르소는 본인이 스스로 생각하고 선택하는 거죠. 뫼르소는 혼자서 엄마를 돌볼 수 없고 그래서 최선의 방법을 선택한 것인데. 세상 사람들은 직접 부양은 자식 된 도리를 다한 자랑스러운 일이고 양로원에 보내는 것은 부끄러워야 하는 일이라고 비난하는 거죠. 하지만 뫼르소는 매 순간 어떤 상황에서 스스로 생각하고 자신이 선택하는 삶을 살아가고 있습니다.

**P 15:** 타인이 옳다 그르다 할 수 없다는 거죠?

**토론내용과 관련된 텍스트 부분을 확인해 보기 위해 참여자 중 한 분이 55쪽의 구절에 등장하는 아래의 구절을 천천히 낭독하였다. 낭독이 끝나고 그간 진행된 토론을 간략히 되짚어 보았다. 우리는 '실존'과 '자기 진정성'에 대한 이해가 이번 집단상담에서 참여자들이 자신의 본래 모습을 찾아가는 데 많은 도움이 됐다는 사실을 확인하였다.**

"엄마 이야기를 하면서 그는 '가엾은 자당님'이라고 말했다. 엄마가 죽은 뒤 내가 매우 상심하고 있을 것이라고 그는 말했지만, 나는 아무런 대답도 하지 않았다. 그러자 그는 빠른 어조로 어색한 낯을 보이며, 동네에서는 어머니를 양로원에 넣은 탓으로 나를 나쁘게 생각하고 있다는 것을 알고 있지만, 그는 내가 어떤 사람인지 잘 알며, 내가 엄마를 퍽 사랑했다는 것도 알고 있노라고 말했다. 지금도 여전히 그 까닭을 알 수 없지만, 나는 엄마 때문에 내가 악평을 받고 있다는 것을 지금까지 전혀 모르고 있었으며 나에게 엄마를 돌볼 사람을 둘 만한 돈이 없었으므로 양로원에 넣는 것이 마땅한 처사로 생각되었던 것이라고 대답했다. "게다가 엄마는 오래전부터 내게 할 말도 없어서 외롭고 적적해했는걸요" 하고 덧붙였더니 그는, "그럼요, 양로원에선 친구라도 생기지요" 하고 말했다. 그리고 그는 자리에서 일어섰다. 그만 가서 자려는 것이었다."

**A:** 방금 읽은 내용에 우리가 찾는 대답이 있는 것 같지 않나요?
**P 15:** 선생님들 말씀이 도움이 많이 되었어요.

**A:** 뫼르소는 어머니를 사랑했고 할 수 있는 최선을 다해서 어머니가 행복한 방향으로 해준 것 같습니다. 주변의 시선은 다른 것을 요구했지만, 그는 신경을 안 썼어요. 주변의 시선에서는 '나'라는 인간은 '나쁜 놈'이 되었지만, 그는 자신의 위치에서 모친을 위해 최선을 다 했습니다. 이것이 중요합니다. 뫼르소처럼 자기 진정성 있는 삶을 살면, 그렇지 않을 때보다 더 현실적이면서도 만족스런 삶이 가능할 것 같습니다. 남을 의식하지 않으면 타인의 시선 때문에 불안과 불편함에 빠지지 않을 수 있으니까요. 그러나 그런 단계에 도달하기는 쉽지 않겠지요. 실존적인 자기성찰과 노력으로 그런 단계를 생활화한다고 하더라도 세속적인 시선에 찌든 사람들과 일상에서 부딪칠 것이고, 그들은 나의 의지와 무관하게 나의 존재 자체를 위협할 수도 있습니다. 과연 자기 진정성 있는 삶을 위해 이것까지 감수할 만한 것일까요? 이것을 감수하고 자기 진정성에 충실할 때는 뫼르소처럼 타인의 편견으로 죽음에까지 이르게 될 위험이 도사리지 않을까요? 이런 계산적인 고민까지 떨쳐버리는 것이 실존적으로 각성된 자의 모습일까요?

**P 3:** 그런데 엄밀하게 '내 문제'로만 한정된 것이 있을까요? 모든 것이 관계 속에 있습니다. 뫼르소는 엄마의 입장을 배려했다고는 하지만, 엄마의 시선이 사회적 시선과 같고, 그래서 규칙을 지켜야 하는 양로원 생활이 불행한 것일 수도 있습니다.

**P 5:** 소설에는 엄마와 상의한 과정은 안 나와 있으니 그렇게 유추해 볼 수 있을 것 같습니다.

**P 3:** 실존적으로 각성된 자는 타인과 관계된 문제에 어떤 입장을 취하는 것이 최선일까요? 깨어있는 주체적인 결정을 내리는 것이 혼자가 아닌 관계 속에서는 쉽지 않습니다.

**A:** 책 앞부분에 나오죠. 어머니는 뫼르소를 떠날 때는 망설였지만, 막상 양로원에서 생활하시더니 친구들도 생기고, 다시 한 사람의 여자로서 남자친구도 사귀는 구절이 나옵니다.

**P 3:** 제 주변에는 오래 못 견디시고 힘들어하는 분들이 많거든요. 버려졌다는

생각에 정신적 충격이 크고요.

**B:** 뫼르소 인격성의 문제로 보이는 부분이 51쪽에 나옵니다. 다른 이들이 나를 악평하고 있다는 것을 양로원에 방문하기 전까지 몰랐다는 것은 뫼르소가 칩거하며 살고 있음을 드러낸 것 아닐까요? 자기는 자기를 알고 있지만, 타인이 자신을 어찌 생각하는지 모르는 사람.

**P 15:** 뫼르소의 음식점에서의 태도나 회사생활 보면, 사회적 관계를 맺는 기능이 없는 사람은 아닙니다.

**A:** 그래서 뫼르소는 억울한 것입니다. 그는 엄마를 사랑했고 자기 나름 행복하게 해드렸으며 직장 생활도 성실히 했는데, 타인들이 기대하는 행동을 하지 않은 모습을 보인 장례식에서 일로 갑자기 좋지 않은 평가를 접하게 되니까요. 기실 타인들도 기대대로 행동하지 않는 경우가 많고, 그것이 자신의 감정에 충실한 데 따른 것일뿐 큰 잘못도 아닌 그런 일로요.

**P 13:** 실존적으로 각성된 자는 보통의 사람들은 신경을 쓰는 타인의 시선을 일상에서 걷어내는 사람인 듯합니다.

**A:** 네. 그런데 그는 자기 존재에 대해서는 아주 민감한 것 같습니다. 부조리한 타자의 시선은 무의미한 것으로 보고 쳐내고요.

**P 13:** 카뮈는 뫼르소가 살인하기 전까지는 일상에서의 그의 연애, 친구 관계, 친족 관계를 묘사하며 통해서 보통 인간들이 통념에 맞춰서 사는 모습을 서술한 듯합니다. 그런데 살인으로 구치소에 갇혀서 사면의 조건으로 신앙을 강요하는 사제를 만났을 때 뫼르소는 '나는 너희와 같은 그런 사람이 아니다.'라고 말하죠. 학교 공부를 포기하게 된 상황에서는 외부 사정 때문에 어쩔 수 없이 포기한 것이 아니라 주체적으로 학업중단을 한 것처럼 보이고요.

**A:** 살인 사건 전의 일상에서도 남들에게 티는 잘 안 냈지만 자신만의 가치관과 판단에 따라 살았다고 봐야 합니다. 승진해서 파리로 전근 가는 걸 포기한 일이 그럴 잘 보여주죠.

**첫 모임에서 오늘까지 이어진 토론으로 상담사와 참여자 모두 실존적인 삶과**

타인의 시선에 좌우되는 삶을 대비시키며 인간을 이해하는 단계에 도달했다. 이후로 우리는 『이방인』에 대한 토론을 통해 드러난 실존적 관점에서 볼 때 우리들 자신은 어찌 살고 있는지 대해 살펴보기로 했다. 세 번이나 찾아간 해변에서의 뫼르소가 우연히 말려들게 된 살인은 삶의 부조리를 극단적으로 보여준다. 실존적 부조리(absurd)는 논리적 모순과는 다른 것이다. 실존적 부조리는 삶의 '무목적성'과 '무의미성', '우연성'을 뜻하기 때문이다. 우리의 감정과 연동된 생리적 작용이나 심리적 반응은 인과적이고, 그 나름의 '조리'가 있다. 하지만 우리의 삶은 부조리하다. 계획대로 삶이 풀리지 않고, 우연히 덮쳐온 무언가에 의해 방향이 틀어지기도 한다. 우리는 실존적인 부조리의 이러한 성격에 대해 주목하면서 부조리 속에서의 우리 삶의 실상이 무엇인지 살펴보았다.

P 13: 뫼르소는 무더운 날씨 때문에 옹달샘에서의 휴식을 간절히 원했습니다. 이 간절함이 뭘까요? 대부분의 경우 뫼르소는 뭔가를 간절히 원하는 인물이 아닌 것 같은데 왜 이때는 휴식을 간절히 원했을까요?

A: 의지로 어찌할 수 없는 신체상태에서 온 간절함 아닐까요? 집에서 벗어나 흉기를 든 아랍인들과 싸움을 했고, 날씨는 계속 더운데 술에 취해 햇볕을 피해 그늘을 찾아갔으니 휴식이 간절했겠죠.

P 13: 엄마의 죽음은 나와는 상관없다고 하면서 시원한 샘물이 간절하다니
.....

A: 저는 그저 몸이 원하는 것이라고 봤습니다.

B: 그늘에 쉬고 싶은 간절한 그 마음 때문에 운명적으로 그 아랍인을 만나게 됩니다. 그는 쉬고 싶은 곳에서, 자신에게는 안식이라는 '좋음'을 줄 그 자리가 결국은 그를 파멸시키는 자리가 되니, 이것이 바로 극한 부조리성일 것입니다.

A: 우리의 인생 가운데 만남들, 선택들, 직업이든 일이든 사람이든 그런 것들 속에 어떤 부조리가 있는지 이야기해 봅시다.

P 13: 저는 인생의 변곡점이 되는 그런 시기에 있는 것 같아요.

**참여자 한 사람이 총격 장면이 나오는 68쪽의 다음과 같은 구절을 차분한 목소리로 낭송하였다.**

"내가 돌아서기만 하면 끝나는 것으로 생각되었다. 그러나 햇볕에서 진동하는 해변 전체가 내 뒤에서 죄어들고 있었다. 나는 샘으로 향해 몇 걸음 나섰다. 아랍인은 움직이지 않았다. [중략] 뜨거운 햇볕에 뺨이 타는 듯했고, 땀방울들이 눈썹 위에 고이는 것을 나는 느꼈다. 그것은 엄마의 장례식을 치르던 그날과 똑같은 태양이었다. [중략] 그러자 이번에는 아랍인이, 몸을 일으키지는 않은 채 단도를 뽑아서 태양 빛에 비추며 나에게로 겨누었다. 빛이 강철 위에서 반사하자, 길쭉한 칼날이 되어 번쩍하면서 나의 이마를 쑤시는 것 같았다. [중략] 다만 이마 위에 울리는 태양의 심벌즈 소리와, 단도로부터 여전히 내 앞으로 뻗어 나오는 눈부신 빛의 칼날만을 어렴풋이 느낄 수 있을 뿐이었다. 그 타는 듯한 칼날은 속눈썹을 쑤시고 아픈 두 눈을 파헤치는 것이었다. 모든 것이 기우뚱한 것은 바로 그때였다. [중략] 방아쇠가 당겨졌고, 권총 자루의 매끈한 배가 만져졌다. [중략] 그때 나는 움직이지 않는 몸뚱이에 다시 네 방을 쏘았다. 총탄은 깊이, 보이지도 않게 들어박혔다. 그것은 마치, 내가 불행의 문을 두드리는 네 번의 짧은 노크 소리와도 같은 것이었다."9)

**P 5:** 돌아서기만 하면 아랍인도 다시 안 만나고 그들과 충돌도 피할 수 있음을 알면서도 갔다는 것은 뫼르소의 자기선택이 아닐까요?

**B:** 범죄인들이 보통 많이 하는 말이 '나는 어쩔 수 없었다'라고 합니다. 그러나 상황이 아무리 불가항력적일 때도 발걸음을 내디딘 것은 네 자유였다고 봐야 하는 것 아닐까요?

**P 15:** 레몽이 칼부림을 한 아랍인이 있는 곳으로 뫼르소가 걸어가길 멈추지 않고 계속 간 것은 앞의 내용에서 여러 번 등장하는 '아무래도 상관없다.'는 생각 때문은 아닌지요?

**B:** 그것은 이 말씀인가요? 상관없이 가는 자는 살인한다? (웃음)

**P 15:** 불안함을 느끼고 사건을 예상했는데도 간 것은 "나는 상관없어" 그런 생각은 아닌가? 감옥에 가서도 뫼르소는 계속 그런 태도를 보이니까요.

**P 16:** 살인자가 된다고 하는 것이 인간으로서는 끝장을 의미하는데, 이런 일

---

9) 『이방인』, 68-70쪽.

로 쉽게 살인이 일어난다고 하면 얼마나 부조리해요. 그런 부조리를 나타내는 것이 아닌가요? 그의 심리상태는 살인자로서의 그 무엇도 없는데도 살인자가 되는 그 부조리함이요.

**A:** 저도 그렇게 읽었습니다. 많은 사람들이 '뫼르소가 아무런 이유도 없이 사람을 죽였다'는 식으로 해석하지만, 이런 해석은 뫼르소를 사형으로 몰아간 검사와 판사의 시선에 충실한 것이 아닐까요? 우리는 두 가지로 나누어서 이 살인사건을 봐야 합니다. 먼저 뫼르소가 특별한 목적이나 의도 없이 우연한 만남 때문에 살인을 저지르게 됐다고 볼 수 있습니다. 이 관점에서 그의 살인은 부조리한 사건입니다. 살인을 막으려고 레몽의 총을 압수했던 뫼르소가 되래 살인을 하게 되는 데, 이것 또한 부조리입니다. 다른 한편 뫼르소의 생리학적 상태와 심리적인 상황을 고려해 볼 때, 살인은 그 나름의 원인이 있기 때문에 부조리하지 않습니다. 레몽이 칼을 맞고 온 것을 보고 뫼르소는 불안했고, 뜨거운 태양 아래 술이 취한 채 해변을 걷다가 지쳐 있었습니다. 지치고 취한 상태에서 땀범벅이 돼 앞이 잘 안 보이는 상태에서 히번뜩한 칼날을 보고 공포심에 방아쇠를 당겼습니다. 그렇다면 뫼르소의 운명을 결정짓는 것은 삶의 부조리성일까요 아니면 생리학적이고 심리학적인 인과관계일까요? 물론 살인 사건은 이 두 가지 차원이 결합해서 생긴 것일 겁니다.

**B:** 우리가 알면서도 파국적 상황으로 갔었던 각자의 경험에 대해서 잠깐 생각해보시면서 오늘 모임을 끝냅시다.


## 4. 회기

우리는 1, 2, 3 회기까지 다루었던 1부와 2부 내용에 대해 간략히 정리하면서 뫼르소의 주요 태도들이 통념적으로 어떻게 받아들여졌는지 되짚어 보았다. '나' 자신은 타인의 기대와 다르게 행동한 적이 없는지, 그때 타인들이 나에게 비난을 했다면, 그것은 정당한 것인지에 대해서도 살펴보았다. 그 후 『이방인』의 2부 1장 이하의 내용을 읽고 토론하기로 했다. 토론 중에 다음과 같은 문제들이 검토되었다. '검사나 판사가 기독교적 신앙을 가지고 비신앙적인 사람을 이방인으로 대하는 태도를 어떻게 평가할 수 있나?', '『이방인』에 등장하는 법조인들이 취한 뫼르소에 대한 태도에서 우리는 어떠한 실존적 통찰을 할 수 있는가?', '신부는 뫼르소에게 신앙의 힘으로 참회하라고 하는데, 그의 살인이 참회의 대상이 될 수 있는가?', '최근 우리는 다른 사람을 '이방인'으로 경험한 적이 있는가?', '내가 나를 이방인으로 느낀 적이 있는가?' 이러한 문제들을 뫼르소의 상황과 연결해서 살펴보기 위해 우리는 뫼르소가 체포되어 구금된 상태에서 변호사와 대화하는 장면이 등장하는 75쪽을 함께 읽었다. 변호사와 주변 사람들은 엄마의 장례식 때의 뫼르소의 행동 때문에 그를 패륜아로 여긴다. 그들의 이런 평가는 뫼르소의 사형선고에 일조한다. 내가 저지른 일 자체 때문이 아니라 타인들이 나를 어떻게 보느냐에 따라 나의 운명이 결정될 수 있다면, 나는 어떻게 해야 할까?

"엄마의 장례식 날 '내가 무심한 태도를 보였다'는 사실을 조사원들이 알아냈다는 것이었다. "사실 당신에게 이런 걸 묻는 것은 거북한 일이지만, 이건 매우 중요합니다. 그리고 만약에 내가 거기에 답변할 만한 것을 찾아내지 못한다면 그것이 검사 측에는 중대한 논거가 될 것입니다" 하고 변호사는 말했다. [중략] 물론 나는 엄마를 사랑했지만 그러나 그런 것은 아무 의미도 없는 거다. 건전한 사람은 누구나 다소간 사랑하는 사람의 죽음을 바랐던 경험이 있는 법이다. 그러자 변호사는 내 말을 가로막았는데, 매우 흥분한 듯이 보였다. 그는 그러한 말은 법정이나 예심 판사의 방에서는 하지 않겠다는 약속을 하라고 나를 다그쳤다. 그러나 나는, 원래 육체적 욕구에 밀려 감정은 뒷전이 되는 그런 천성이라고 그에게 설명해주었다. 엄마의 장례식이 있던 날, 나는 매우 피곤하고 졸렸다. 그렇기 때문에 뭐가 어떻게 돌아가는 것인지 잘 알 수가 없었다. 내가 확실히 말할 수 있는 것은 엄마가 죽지 않았으면 좋았을 것이라는 사실이었다. 그러나 내 변호사는 성이 차지 않는다는 눈치였다. "그 것으로는 충분하지 못합니다." 하고 그는 나에게 말했다. 그는 잠시 생각에 잠겼다. 그는, 그날 내가 자연스러운 감정을 억제했다고 말할 수 있느냐고 물었다, "아뇨. 그건 사실이 아니니까요" 하고 대답했다."[10]

**A:** "건전한 사람은 사랑하는 사람의 죽음을 다소간 바래봤던 적이 있을 것이

---

10) 『이방인』, 74-75쪽.

다" 라는 부분. 변호사는 이 말을 듣고 깜짝 놀랍니다. 혹시 P 13 선생님은 뫼르소와 비슷한 체험을 하신 적인 있으신가요?

**P 13:** 사랑하는지는 모르겠는데요, 제 가족에 중 연로하신 분들에 대해서 비슷한 생각을 .......

**P 5:** 저의 아버지는 평생 병원에 한 번도 가본 적이 없으셨는데, 돌아가실 때쯤 갑자기 쓰러지셔서 병원에 처음 가셨습니다. 제가 그때 아버지의 그 얼굴을 제대로 볼 수가 없을 정도로 매우 힘들어하셨어요. 병원에서 압도당하는 분위기 때문에 얼굴이 사색이 되셨고, 숨은 붙어 있지만, 납덩이 같은 얼굴이 되셨죠. 그런데 집에는 모시고 올 수가 없었어요. 자식 된 입장에서 모시고 올 수도 없는 상황이라면 병원에 돌아가시겠다는 생각이 드니까, 그럴 것이라면 병원에서 계시며 겪고 계신 그 힘든 시간을 단축하면 좋겠다는 마음이 간절하더군요. 한 번도 경험해 보지 못한 병원이 주는 압박감으로 스트레스가 너무 심했어요. 생전 주사도 맞아보지 않으신 분이 관을 코에 삽입하고 계시니까, '편안하게 빨리 가시면 좋겠다.'는 생각을 했었던 것 같아요. 치매에 걸린 어머니를 오래 모셨던 제가 아는 한 여성분은 자신이 어머니를 오랫동안 돌보고 있다는 사실에 대한 자부심이 매우 컸었습니다. 그런데 어느 날 문득 자신의 욕심이 엄마를 잡아두고 있나? 하는 생각이 들었다고 해요. 그래서 그분은 엄마에게 손을 잡고 "편안하게 가셔도 된다"고 말씀드렸었다고 해요. 그런데 바로 그 날 저녁에 지인의 어머니가 돌아가셨다는 이야기를 들은 적이 있어요.

**A:** 엄마가 돌아가셨을 때, 변호사가 당신의 마음이 아팠느냐고 묻는데, 이때 뫼르소는 "나는 엄마를 사랑했지만 그런 것은 아무 의미도 없다."고 말합니다. 이게 무슨 말인지 우리는 의아해 할 수 있습니다. 그런데 바로 다음에 뫼르소의 대답이 나옵니다. "건전한 사람이라면 다소간 사랑하는 사람의 죽음을 원한다." 사랑하는 대상에 대해서 늘 일정한 감정이 표현되는 것은 아닙니다. 뫼르소 역시 엄마의 죽음이 슬퍼했지만, 그 감정만을 표현한 것은 아닙니다.

**B:** 한마디씩 시계 방향으로 돌아가면서 하면 좋을 것 같은데요.

**P 17:** 제가 겪은 가까운 지인의 죽음은 친정아버지와 외삼촌의 경우입니다. 저는 친정아버지가 연세가 들어서 저를 낳았고, 그때 대머리셨는데 이따금 학교에 와서 저를 보고 가셨습니다. 그럴 때 아이들이 너희 할아버지가 오셨다고 했었고, 저는 나이가 많은 우리 아빠가 언젠가 돌아가실 것이라는 생각을 늘 가지고 있었습니다.

**P 18:** 저는 무신론자이고 초파일에 절에 가는데, '나'보다 우주를 더 사랑하는 그런 것을 생각하죠. 불교의 법계. 연기 같은. 뫼르소도 그런 맥락에서 이야기한 것 같습니다. 건전한 사람이라고 했거든요. 뫼르소가 어머니를 자신이 모시지 못하고 국가가 운영하는 양로원에 보내 놓고서 실은 엄마를 안쓰러워했을 겁니다.

**A:** 저도 그렇게 생각해요. 텍스트 곳곳에서 뫼르소가 굉장히 슬퍼하는 모습이 절제됐지만 분명하게 표현되거든요. "엄마, 엄마" 하고 말하면서요.

**낭송한 내용 중에는 "나는 내가 다른 사람들과 다른 게 없다는 것, 조금도 다른 게 없다는 것을 그에게 딱 부러지게 말하고 싶었다"는 구절이 나온다. 타인의 시선에서 뫼르소는 '이방인'인데도 그 스스로는 자신을 다른 사람과 다를 바가 없다고 평가한 것이다. "나는 다른 사람들과 다를 게 없다." 타인들은 뫼르소를 패륜아로 보지만 뫼르소는 자신을 그렇게 여기지 않는다는 내용에 주목하면서 우리는 타인을 쉽게 이상한 사람으로 여기는 태도에 대해서 토론을 이어갔다.**

**P 5:** 뚱쟁이로 오해받는 건달패 레몽과 화이트칼라 뫼르소가 친구가 되는 장면이 나오죠. 레몽도, 반려견에게 폭력을 행사하는 노인도 자신들을 둘러싼 세계 안에서 소소한 일상을 살아가고, 뫼르소 자신도 그들과 크게 다르지 않다고 말하는 것으로 생각돼요.

**P 7:** 방금 우리가 읽은 부분에서 뫼르소는 '나는 다른 사람들과 마찬가지 같다'고 말하는데. 또 어떤 때는 '사랑하는데 나에게 다른 사람들이 중요시하는 절차 그런 것은 아무 소용이 없다'고 말합니다. 장례식 때는 육체적

욕구에 충실하죠. 다른 사람들은 그럴 때 보통 절제를 하는데……. 그의 내면이 다른 사람과 같은지 몰라도 드러나는 언행은 다른데…..

**P 18:** 저는 이런 맥락이지 싶어요. 뫼르소가 살인을 저지르고 재판을 받는데 판사, 검사, 변호사, 배심원, 청중, 사진기자 등등은 뫼르소의 실존에 대해서 전혀 관심이 없어요. 그들이 자신의 본래 모습을 감추고 또 자신들도 사실은 그러면서 자신들과 다르다고 뫼르소를 비판하지 않나 싶어요.

**P 17:** 뫼르소 입장에서는 뭘 속이려고 한 것도 아니고 꾸며낸 것도 아니며 이게 나의 진실이고 사실이다. 그런데 너희들은 자꾸 뭔가를 만들어서 나를 어찌하려고 하느냐? 이런 얘기를 하는 것 같습니다.

**P 13:** 뫼르소가 말하는 '건전한 사람이라면'이라는 표현이 중요한 것 같아요. 뫼르소 자신은 실존적으로 설 수 있는 용기와 정직함 위에 서 있는 것이고, 오히려 다른 사람들은 건전한 사람의 부류가 아니라는 거죠. 뫼르소는 '건전한 사람이라면 이렇다'고 계속 이야기를 하고 있고, 다른 이들은 그렇지 않은 것으로 대비시키는 것 같아요.

**P 3:** 저는 사랑하지만 죽음을 바라는 감정의 부조리성에 주목했어요. 이방인이면서 동시에 다른 사람들도 동시에 이방인이 될 수 있는 지점이 같이 있는 것도 부조리 같아요. 왜냐면 사람이 행동할 때 매일 사랑하거나 좋아하지는 않을 것 같아서 그런 부조리성이 우리의 일생을 지배하는 것이고, 그것을 카뮈가 표현하지 않았을까요? 그리고 실존적으로 각성된 자와 그렇지 않은 자의 차이는 정도의 차이 같아요. 즉 얼마만큼 실존적으로 살아가는지 혹은 그렇지 않은지의 차이요. 그렇기 때문에 정도의 차이는 있지만, 누구나 뫼르소와 유사한 생각을 할 수 있을 것 같아요.

**B:** 이방인이 우리에게 어렵게 느껴지는 것은 뫼르소의 세계로 들어갔을 때 우리에게 익숙했던 정서하고 뭔가가 엇박자가 나고 굴절이 되어 있는 지점이 있기 때문인 것 같습니다. 그런데 토론을 이어오는 과정에서 그러한 것들이 조금씩 풀어져 가고, '진실해야겠구나. 정직해야겠구나.' 이런 걸 깨닫게 되었습니다.

**P 18:** 정확한 대답을 할 수 있게 이해가 됐어요. 엄마가 돌아가신 다음 날 만

약 사랑하는 사람이 같이 자자고 하면 너는 안잘 것인가? 자겠다는 사람이 많을 겁니다.

**A:** 그거죠. 어떤 모범적 행동에 대한 기대는 있지만, 막상 실제 삶 속에서는 우리도 그럴 수 있죠. 뫼르소와 다른 사람의 차이는 다른 사람은 남을 의식해서 안 그런 척 한다는 거죠.

**P 5:** 안 한다고 해도 안 하고 싶어서 안 하는 것이 아니라 남을 의식해서 참든지 하는.

**P 18:** 모른 척을 하던지, 거짓말을 하던지, 다른 행동을 하던지 솔직하지 못하다는 거죠.

**A:** 가면 쓰고 생활하는 데 너무 익숙하다 보면 소설 속 검사처럼 가면을 진짜 자기 얼굴처럼 내세우는 것 같습니다. 가면을 자기인 줄 알지요. 이런 태도는 큰 악을 야기할 수 있는 것이거든요. 검사는 자기가 믿는 대로 증인을 몰아붙여 결국 한 사람을 죽음에 이르게 하는 엄청난 죄를 짓게 되니까요. 그런데 그는 자신이 정의를 실현하고 있다고 믿고 있겠죠.

검사와 예심판사는 자신들의 신앙과 편견 때문에 뫼르소를 패륜아로 확정하고 극형으로 몰고 간다. 그들은 겉으로는 정의를 대변하지만, 결과적으로 악행을 저지른 것이다. 그러나 우리 자신은 이들과 다를까? 정도의 차이는 있지만, 우리도 그들처럼 위선적인 삶을 살고 있다는 사실에 참여자들 모두 공감했다. 이런 현실에서 우리가 할 수 있는 일은 무엇인지 되물었다. 한번뿐인 삶은 누구에게나 소중하다. '남들이 그렇게 사니 나도 그렇게 살면 된다'고 합리화하면서 대중에 휩쓸려가는 것은 삶에 대한 직무유기일 수 있다. 그러나 생존을 위해서 시류에 휩쓸리거나 타자의 시선에 맞추며 표리부동하게 살지 않고 소신껏 진실하게 사는 게 과연 가능한 일인지 함께 이야기해 보기로 했다. 이와 관련해서 우리는 무신론자인 뫼르소가 기독교신자인 예비판사를 만나는 장면을 낭송했다.

"그러자 그는 빠른 어조로, 자기는 하느님을 믿는다고, 하느님께 용서받지 못할 만큼 죄가 많은 사람은 하나도 없지만, 용서를 받으려는 사람은 뉘우치는 마음으로 어린애처럼 되어 마음을 깨끗이 비우고 모든 것을 받아들일 준비를 하지 않으면 안 된다는 것이 그의 신념 이라고 말했다. 그는 온몸을 책상 너머로 기울이고 십자가를 거의 내 머리 위에서 휘두르고 있었다. 솔직히 말해서 나는 그의 논리를 제대로 따라갈 수가 없었다." **[중략]** 그가 고집을 부리는 것은 잘못이고, 그 마지막 문제는 그다지 중요하지 않다고 나는 그에게 말할까 했다. **[중략]** 그러나 그는 나의 말을 가로막고, 다시 한번 벌떡 일어나더니 나더러 하느님을 믿느냐고 물으면서 훈계를 했다. 나는 아니라고 대답했다, 그는 분연히 주저앉았다. 내가 볼 때 그것은 나와는 아무런 관계도 없는 일이었다. '어째서 자네를 위해 고통받으셨다는 것을 믿지 않는다는 말인가 라면서 화를 냈고. 나는,'그것은 바로 그들이 죄인이었으니까 그렇다 '고 대답하려고 했다. 그러나 나 역시 그들과 같은 사람이라는 것을 생각했다.11)

**P 18:** 지금 판사의 신앙에 관한 이야기가 나오지 않습니까? 그런데 뫼르소는 덥다는 이야기를 계속해요. 날씨가 몹시 더운 데다가 판사의 이야기는 안 들리는 상황인 거죠. 판사도 배심원도 모든 사람이 인위적이고 가식적인데요. 유일하게 한 여성과 새로 온 신문기자랑 그 두 사람은 부채질도 안 하고 재판을 딱 보거든요. 그 두 사람과 뫼르소 이 세 명 빼고 다 가식적인데 그런 맥락에서 이 더위가 무슨 뜻일까요?

**P 18:** 내 선택과 관계없이 주어진 상황들이 그려진 것 같아요. 나중에 선고공판이 열리는 재판장에서도 너무나 더워서 배심원들이 너무 지쳐 빨리빨리 판결해서 한 사람을 죽음에 이르게 하는 그런 상황이 묘사됩니다.

**P 3:** 저도 질문이 있는데요. 우리가 이야기하는 판사로 대변되는 사회적으로 제도적으로 나를 억압하는 인물들도 자기들이 처한 상황에서 맡은 역할을 어쩔 수 없이 할 수밖에 없는 존재인데. 그런데 카뮈는 왜 이들을 나쁘게 묘사한 것인가요?

**A:** 카뮈는 그들을 비난한 게 아니라 그들을 둘러싼 부조리를 고발하는 거죠. 카뮈는 뫼르소의 입을 빌려 '그들을 이해한다'고 말해요. '내가 그들과 같은 상황이었다면, 나 역시 그럴 수 있다'는 거죠. 다른 한편으로는 예심판사도 흥분하면서 스스로 자기 한계를 드러냈어요. 그는 두려운 거죠. 자신

---

11) 『이방인』, 78-79쪽.

의 존재의미를 떠받치던 신이 무너지는 것이요. 그는 뫼르소에 의해서 실존 앞에 선 것입니다. 무신론자인 뫼르소의 당당함에 대해서 내지른 그의 고함소리는 '나의 이 신앙이 무너지면 죽을 것 같다'는 고백 같은 게 아닐까요? 그런 두려움에서 뫼르소를 죽음으로 몬 게 아닐까요? 그렇다면, 판사도 그런 식으로 자신의 진짜 모습을 드러낸 겁니다. 결국은 뫼르소와 판사 모두가 각자의 실존적 상황을 드러내며 만나게 됐다고 볼 수 있는 것이죠.

지금까지와 같은 실존적인 성찰을 토대로 이제는 각자가 자기 진정성에 충실하게 실천할 수 있는 행위 세 가지를 5회기 때는 생각해 오기로 하고 4회기 모임을 끝냈다.


## 5. 회기

참여자들 중 몇이 그동안 집단상담에서 느낀 점을 정리해서 5회기 시작 전에 미리 필자에게 전달했다. 그것들 중 P 5의 서신을 선택해서 전체 참여자들과 공유하며 모임을 시작했다.

> **P 5:** 뫼르소는 엄마의 장례식을 치를 때도, 살인을 저지르기 직전에도 자기 머리 꼭대기에 떠올라 있는 정오의 태양이 내뿜는 뜨거움을 피해 그늘진 샘을 찾았습니다. 정오는 그늘진 곳이 하루 중 가장 협소한 면적을 가지는 시간입니다. 뫼르소는 잠시라도 이글거리는 태양으로부터, 달리 말하면 세상이 그에게 줄기차게 요구하는 질서와 조화로운 태도로부터 잠시 숨통을 트는 것, 다시 말해 정신적·육체적으로 '죽지 않고 살기 위해' 그늘진 생명의 샘을 터를 찾습니다. 그런데 살고자 찾아 들어간 길에서 살인하게 됩니다.
>
> 재판정은 겉으로는 철저하게 아폴론적 사유가 즉 다시 말해서 이성적인 사유가 지배하는 공간으로 보이지만, 사실은 철저히 부조리성이 지배하는 공간입니다. 뫼르소가 재판정에 섰을 때, 세상이 요구하는 조화로운 질서

로부터 어긋나 있던 그의 행적들은 패륜적 행위로 규정됩니다. 법은 그 시대가 지키고자 하는 신념의 체계로 국가의 강제력을 수반하는 사회 규범이고, 생활상의 예법과 제도입니다. 이러한 법이 성공적으로 존치되려면 법은 자주 프로크루스테스의 침대의 역할을 합니다. 볼 것도 들을 것도 없이 침대의 규격에 벗어난 것은 가지치기를 하듯 쳐내야만 합니다. 볼 것도 없다는 의미에서의 맹목적 이성의 법정에서 판사와 군중들에게 뫼르소의 몸은 침대 규격에 벗어나 있는 잘려져 나가야 할 대상 같습니다. 그리고 뫼르소의 자기 진정성으로부터 나오는 소리는 자신들의 하모니를 망가뜨리는 혐오스러운 불협화음일 뿐이고요. 그들은 귀가 있어도 귀를 막고 듣지 않으려고 하지요. 마치 난생처음 듣는 외국인의 말을 듣는 것처럼 말입니다. 어찌 보면 이러한 부조리성은 서로에게 각각 이방인이 되어 사는 현대인들의 일상적인 모습일거라는 생각이 듭니다. 대중과 개인, 사회성과 각자성, 가면과 맨 얼굴, 삶과 죽음, 빛과 그림자는 보색들의 관계처럼 대척점에 있어 서로 다른 세계로 보이지만, 사실 이것들은 모두 나의 세계이다. 이를 동전의 양면처럼 품고 사는 것이다. 그렇게 살면서 부조리한 상황에 부닥칠 때, 우리는 두 가지의 방식으로 태도를 취할 수 있다. 그 하나는 부조리한 상황임에도 불구하고 계속해서 인생의 물음에 대해 불충분하거나 그릇된 해석에 안주하고 있는 것입니다. 이때는 신경증적 증상이 나타날 수 있습니다. 다른 하나는 이제까지 우리가 해왔던 세계 해석이 왜곡된 것임을 직면하고 삶의 변화를 가져오는 새로운 지평의 해석을 찾아내는 것입니다. 뫼르소는 자주 "생각해 보니 그럴 필요가 없었다.", "생각해 보니 그것은 아무래도 상관없었다."라고 말합니다. 철학적 대화는 우리가 둘째 경우를 향할 수 있도록 진정성이 깃든 자신의 유한한 시간을 베어 내어주는 것일 것입니다.

A: 부조리성에 대한 대응이랄까? 그것을 돌파하는 뫼르소와 선생님의 방식이 드러난 것 같습니다.

P 5: 네. 그런데 처음 첫 회기 때 보면 뫼르소에 대한 부정적인 생각이 많았고,

그가 소시오패스인지 망나니인지 모르겠다고 하는 시선들이 있었는데요. 차차 조금씩 인식의 전환이 생겼고, 실존이 무엇인지, 또 용기를 낸다는 게 무엇인지 알아가는 과정에서 4회기를 마치게 되었습니다. 그러면서 드는 생각은 이 사람은 어떻게 반응이 이리도 즉각적이며, 처한 상황과 자신의 행동을 잘 잡아내고 다른 행동으로 넘어가는 것이 이렇게 빨리 되는가? 하는 그런 생각이 들더라고요. 소설 속 영웅인 뫼르소는 그렇다고 하더라도 현실 속에서 우리 같은 보통사람은 그렇게까지는 못할 것 같아요. 우리는 자기가 가지고 있던 세계관을 벗어나는 것 자체가 너무 어렵잖아요.

**A:** 그런 것까지 생각하셨군요.

**P 5:** 제일 중요한 것은 내가 어느 순간 반전하고 어떻게 시각을 바꿀 수 있는지를 알아야 한다는 것이라고 봅니다. 그러기 위해서는 우선 자기에게 솔직할 수밖에 없는 것 같아요.

**A:** 중요한 지적을 해주신 것 같습니다. P 5 선생님이 말씀하셨듯이 그런 어려움이 당연히 있을 것인데 그게 실존의 특징이 아닌가 합니다. 실존적인 통찰이나 사고방식은 누구에게나 나타날 수 있지만, 우리는 거기에 머무르지 못하고 뒤로 물러나게 되고, 또 '이게 진짜 나의 모습인가'하는 의문도 생기지요. 의문이 생기는 게 당연하고요. 하나로 고정되어 확신할 수 있는 실존적 상태라는 없는 것 같습니다. 빅터 프랑클이 '실존철학을 치료에 응용하면 어떻겠느냐?'고 물으니까, 야스퍼스는 '실존을 절대로 치료에 적용하지 말라'고 대답합니다. 실존을 치료에 적용하기 위해서는 실존 개념을 어떤 한 가지로 특정해서 고정하게 된다고 말입니다. 실존은 운동입니다. 궤변으로 들릴지도 모르지만 실존의 그런 성격을 잡아내야 합니다.

**B:** 실존과 관련된 지금 우리의 논의에서 중요한 것은 본래성과 비본래성을 구분하는 것 같습니다. 나의 어떤 모습을 본래적이거나 비본래적으로 구분해서 알 수 있는 잣대가 뭐냐? 제도가 시키는 것에 대해서 내 스스로가 판단해서 거기에 따르는 것인지 아니면 그런 과정 없이 기계적으로 제도나 타인의 요구에 맞춰서 행동하는 것인지를 구분하는 것으로부터 그게 실존이냐 아니면 비본래성이냐가 구분될 것 같습니다. 이런 구분을 해보는 연습

을 하다보면 실존적인 삶의 능력이 커질 것 같습니다. 한 가지 더 예를 들면, 개인 한 사람이 비본래성에서 본래성으로 갔을 때도 그를 둘러싼 비본래적인 사회체제나 세상은 변하지 않습니다. 변한 것은 나 자신뿐이니, 그 내가 타인들과 나의 본래성에서부터 새로운 관계를 맺어야 합니다. 그러려면 결단을 해야 하지 않겠습니까? 이런 결단(Entschlossenheit)은 풀려남(Erschlossenheit), 즉 폐쇄성에서 자신이 탈폐쇄성이 되는 것이며, 참 관계를 맺는 것입니다.

**A:** 이때 자기중심을 잡는 게 중요하겠군요.

**B:** 예. 자기중심성을 잡아야죠. 그게 소위 본래성의 실존, 혹은 본래적 실존의 결단성, 그런 것과 연관되어 있습니다.

**P 17:** 금방 말씀하신 자기중심 잡기와 고집은 다른 것 같습니다. 고집을 부리는 사람 있잖아요. 그들도 안 흔들리고 자기주장을 하잖아요. 그들도 실존적인가요?

**P 5:** 드러난 현상은 비슷한데……

**A:** 고집은 아까 말했던 실존적 결의(Entschlossenheit)와 정반대일 수 있지 않을까요? 실존적인 결의는 세상에 통용되는 관점에 사로잡히지 않고, 자기 진정성이나 진실에 열린 자세를 취해야 가능한 것이니까요. 열린 채로 자기 길을 제시하는 것. 고집은 그게 아니고 옳고 그름을 떠나서 뭔가를 고수하려고 하는 것이니까 경직성입니다. 이 소설에서 검사와 신부님은 자기의 신념을 고집스럽게 밀고 나갑니다. 하지만 뫼르소는 당신은 그러시냐고 그러나 나는 당신이 뭘 믿든 상관없다고 하면서 자신의 신념을 지키지요. 그런데도 두 사람이 자꾸만 신앙을 뫼르소에게 강요하니까 뫼르소는 그때 폭발하며 자신의 신념을 거침없이 말합니다. 이렇게 그의 자기진정성의 무게나 자아의 무게가 표현된 게 아닐까요? 사면의 유혹에도 자신의 신념을 지킨 뫼르소는 자기 확신이 굉장히 강했던 것이고요.

**B:** 그런 의미에서 실존적으로 각성하여 새로운 자세를 취한 사람 즉 결의한 사람은 그렇지 않은 사람이 더 강한 사람인 거죠.

**A:** 네. 어떤 면에서는 더 강한 거죠. 죽음마저도 받아들여 버리는. 자아가 굳

건하면서도 선입관에서 자유롭기 때문에 다른 사람들이 비난하는 레몽이나 이런 사람들도 다 받아들이고요. 각자의 자리를 인정해주는 것이지요. 병들고 늙은 반려견을 학대하는 살리마노 노인마저도 뫼르소는 인정하고 이해합니다. 뫼르소의 이런 태도 때문에 그 노인도 그런 뫼르소를 있는 P로 보고 법정에서 유리한 증언을 해준 게 아닐까요?

**이상과 같은 이야기가 오간 후 필자는 뫼르소가 구속되어 이제는 구치소에 수감 된 후 법정을 오가면서 법정 공방을 벌이는 장면들을 다음과 같이 정리한 후 토론을 이어갔다.**

**A:** 검사가 뫼르소를 몰아붙입니다. 이것은 뫼르소를 소외시키는 것입니다. 뫼르소가 직접 저지르거나 체험한 일과는 무관하게 검사는 자신이 생각하는 스토리대로 사건을 쭉 몰고 가는 겁니다. 그리고 변호사가 나타납니다. 변호사 역시도 자기가 짠 스토리대로 뫼르소를 대합니다. 자기가 뫼르소를 최상의 방식으로 그를 대신해 변호해주겠다고 주장합니다. 하지만 실질적으로는 이 변호사가 검사보다는 언변 능력이 훨씬 떨어집니다. 그런데도 그의 동료들은 그를 칭찬합니다. 일어난 일 자체의 진실이나 그 일의 당사자는 검사와 변사호 등 자신들의 틀 안에서 움직이는 이들에 의해 소외됩니다. 이런 상황에서 판결 역시 이미 정해진 방향으로 치닫습니다. 어떻게 보면 가장 이성적으로 판단하는 훈련을 받은 법조인들이 내리는 판결도 일상성이라든가 공공성 속에서, 관습 안에서 기계적으로 진행되고 있음을 보여줍니다. 바로 여기서도 부조리가 목격됩니다. 그리고 또 중요한 사건이 배심원들의 의결입니다. 그들은 뫼르소를 법정 밖에 나가 있게 하고서는 자기들끼리 사형을 결정합니다. 판사가 사형을 선고하고 뫼르소에게 마지막으로 묻습니다. 변명할 말은 없냐고. 뫼르소는 "곰곰이 생각해 보니 나는 더는 할 말이 없습니다"고 말합니다. 우리 같으면 자기변호를 하고 발작적으로 자기변론을 할 텐데 왜 뫼르소는 "할 말이 없다"고 말을 했을까요?

**이상과 같은 설명이 끝나자, 1회기부터 한 번도 빠지지 않고 참석한 P 19가 대화를 시작했다.**

**P 19:** 저는 예전에 조금 힘들 때 이 책을 읽었었습니다.

**A:** 그게 언제쯤이죠?

**P 19:** 3년쯤 된 것 같습니다. 어렸을 때도 대충 보긴 했었는데 잘 의미가 와 닿지 않았습니다. 어른이 돼서 집에 있는 이 책을 우연히 보게 되었는데요. 뫼르소의 성장 과정이나 이런 것이 묘사되지 않고, 어머니가 돌아가신 날부터 시작이 돼서 죽을 때까지의 짧은 기간의 이야기인데, 이 이야기만 놓고 보면 법정에서의 뫼르소는 자신에 대해서 그 어느 때보다도 자신에 대한 생각이나 주체적인 의식이 있었던 것 같습니다. 그런데 자신의 그런 것과는 상관없이 검사나 변호사들의 말은 굉장히 자신에게 낯설고 자신과 무관한 것으로 여겨졌을 것 같아요. 그렇지만 사형이 구형돼서 자신이 죽을 수밖에 없다는 것을 받아들이게 되었을 때는 이 세상을 포함한 자연을 있는 P로 보면서도 자신이 돌아갈 고향과 같은 존재로 본 것 같습니다. 우리는 자연 안에서 존재하고 있잖아요. 하지만 이 자연 혹은 이 우주가 특별히 나하고 관련이 직접 맺어져 있는 것은 아니죠. 그래서 무관심하지만 그런데도 나와 하나로 느껴지지 않았을까요? 자연과 하나이기도 하고. 그래서 그런 부분을 충만하게 깨달으면서 뫼르소가 죽음을 맞이하는 것을 선택한 것 같다는 느낌이 들었어요.

**A:** 그런데 작품을 떠나서 말입니다. 실제로 뫼르소처럼 행동하는 사람이 있을 수 있지요. 실존적 결단 때문에 그럴 수 있다고 저는 생각해요. 실존적 결단은 최소한 뫼르소의 경우에는 매우 이성적인 판단에 근거한 것이고요. 뫼르소도 죽음을 앞두고 점점 더 공포를 느끼며 떨지만, 삶과 죽음, 신의 존재에 대해서 자기의 원래 입장을 지켜내려고 몸부림치죠. 그러면서 뫼르소는 흔들리는 자신을 굳건히 지키기 위해 생각을 정리합니다. '인생이란 냉정하게 보면 살만한 가치가 하나도 없다. 누구나 죽게 된다. 누구나 사형집행과 같은 '죽음'으로 삶이 끝나게 되니, 이런 의미에서 누구나 죄인

이다.' 그런데 '죽는다는 사실을 제외하고 보면 삶을 산다는 것은 행복한 것이다.' 그래서 살만큼 살아서 죽을 때가 돼도 본능적으로 죽음에 저항하게 된다. 이런저런 생각에도 불구하고 127쪽에 서술되어 있듯이 뫼르소는 죽음 앞에서 심하게 가슴이 뜁니다. 살고 싶은 본능이 있으니까요. 하지만 그런 본능에 대해서도 어떤 실존적 반성을 통해 저항합니다. 죽음 앞에서 의연한 자세를 취하려고 노력하는 것이죠. 이것은 자신이 생각한 자신의 본래 모습을 죽음의 공포 앞에서도 지키려는 노력일 것입니다. 이런 노력은 흔들림 없이 자신의 신념을 지키려는 자기 진정성에서 생긴 것이고요. 저는 죽음 앞에서 자신의 소신을 지키려한 뫼르소의 이런 모습은 고대 그리스의 소크라테스의 철학적인 순교에 비견되는 20세기 실존적 순교자의 모습이 아닐까 생각합니다.

**P 3:** 그렇죠. 삶과 죽음을 있는 그대로 받아들이려고 노력할 때 그것들 자체가 만들어낸 부조리로부터 해방되는 기쁨을 진정을 체험할 수 있지 않았을까요?

**A:** 음. 그렇게 해석할 수 있을 것 같아요.

**P 19:** 제가 얼마 전에 헬렌 니어링의 『아름다운 삶, 사랑 그리고 마무리』를 읽었습니다. 이 책은 저자 헬렌 니어링이 스코트 니어링과의 만나 53년간 함께 살고 사랑한 실화를 그린 자전적 에세이입니다. 헬렌 니어링은 남편과 나이 차가 많이 나는 상황에서 결혼했죠. 이 둘은 도시의 기계적인 문명에 버리고 시골에서 자연과 동화되어 살아갑니다. 거기서 두 사람은 행복하게 살았지만 남편이 나이가 많고 쇠약해지니 어느 순간에 음식을 중단하고 죽음을 기다립니다. 자신의 그런 결정에 대해서 남편은 부인과 충분하게 이야기를 나눕니다. 두 사람은 그렇게 사별을 너무나 기꺼이 받아들입니다. 실화를 담은 이 자전적인 에세이는 죽음을 피할 수도 있었는데 스스로의 결단에 의해 수용한 뫼르소의 이야기와 겹치는 지점이 있는 것 같습니다. 소설이 그냥 소설로 끝나지 않을 수 있는 것이지요.

**A:** 감옥에 갇혔을 때 처음 뫼르소는 마치 남 일 같았다고 덤덤히 생각하죠. 그것은 보통 사람이 갖기 힘든 태도이고, 부자연스러운 것처럼 보이죠.

**P 19:** 하지만 우리는 살아가면서 때로는 그런 경험을 할 때가 분명히 있는 것 같아요.

**B:** 우리 모두는 언제가는 죽음을 경험하게 된다는 것을 알고 있습니다. 뫼르소도 그와 같은 점에 주목하며 죽음을 덤덤히 받아들이려고 합니다. '사형선고를 받고 죽는 자기나 나중에 자연사할 다른 사람들이나 결국은 다 죽는다.'는 생각에서 사형을 당연한 죽음을 받아들이는 태도.

**A:** 뫼르소는 교도소 부속신부님이 면회를 왔을 때도 그래서 안 만나겠다고 거부한 것 같습니다. 뫼르소는 신부님의 도움만 거부한 게 아닙니다. 그는 재판정에서 스스로 적극적으로 상고의 길을 만들기 위해서 선처를 호소할 수도 있었지만 그렇게 안 합니다. 그 대신 뫼르소는 기계적 메커니즘에 의해서 진행된 부조리한 과정과 그 결정들을 다 받아들이죠. 그렇게 결단을 했으면서도 죽음 앞에서 흔들리고 흔들리는 자신을 지키려고 삶과 죽음에 초연한 성찰을 했던 것이고요. 뫼르소처럼 이런 자세를 취할 때는 죽음의 공포 너머에 짧고 희미하지만 어떤 평정심과 자존감이라고 생각되는 그런 것이 있지 않을까요?

**P 17:** 뫼르소가 죽음을 받아들이는 마지막 장면은 예수님이 십자가 위에서 모든 것을 받아들이는 것과도 연관이 되는 것 같았어요.

**A:** 저도 그런 생각이 떠올랐습니다. 특정한 신앙을 앞세우지 않고도 삶과 죽음에 대해서 초연한 태도를 보이고, 이것이 결국 신앙인의 태도처럼 여겨집니다. 뫼르소는 기독교적 원죄론을 연상시키는 이야기도 합니다. 우리에게는 감옥 창살로 들어온 햇살을 보고도 그 순간만큼은 세상의 아름다움을 느낄 수 있을 정도로 행복한 존재이다. 그런데 이런 행복한 삶이 결국은 죽음이란 형벌로 끝난다. 죽음이라는 극형으로 모든 사람이 생을 마감하게 되는 것은 우리가 죄를 지었기 때문이라고 생각할 수 있다는 것이죠. 삶과 죽음의 부조리를 받아들이는 뫼르소 나름의 역설적 신념이라고나 할까요?

**B:** 여기에서 질문이 다시 한번 나오게 됩니다. 뫼르소가 이처럼 기요틴 아래에서 생각한다면, 왔을 때, 136쪽에 나오는 이런 삶이 실질적으로 더 나은

것인가, 아니면 이런 경험이 없이 마치 그때처럼 그렇게 해변에서 지냈던 것처럼 그렇게 살다가 가는 게 뫼르소 자신에게는 더 나은 것인가 하는 이 문제요.

**P 5:** 우리는 뫼르소의 삶을 우리의 삶이라고 가정하면서 대답해 볼 수 있겠지만, 뫼르소 본인이 정말 어떻게 생각할지 잘 모르겠어요.

**A:** 저는 책에 대답이 나왔다고 생각합니다. 기계적 과정과 같은 사법절차에 의해서 죽음으로 내몰리지 않았다면, 뫼르소는 기꺼이 삶을 즐기며 살았을 것이라고요.

**P 3:** 또 한편으로는, 어떤 순간 우리가 선택할 때, 실존이라는 측면에서는 물론 진정성이 있게 선택을 해야겠지만 그것이 삶 전체를 대표하는 선택일 수 있는지 생각해 봐야할 것 같아요. 저 같은 경우는 어느 순간에 제가 진정성 있게 선택했다고 생각하죠. 그러나 전체 삶의 맥락에서 따져 보면, 전체를 대표할만한 선택이라기보다는 '그 순간에 나는 깨어 있다.'고 하는 자기 위안인 경우가 많았더라고요.

**P 5:** 하지만 그런 선택도 중요하죠.

**P 3:** 그것도 중요한긴 한데 요즘은 전체 안에서의 그 일부분을 어떻게 평가할 것인가를 고민하게 됩니다.

**P 5:** 지금 말씀하시는 것이, '전체적인 삶을 봤을 때 내 삶의 평균점수가 얼마냐'고 묻는 것 같아서 실존적인 관점과는 좀 먼 것 같습니다.

**P 3:** 아니, 아니요. 뫼르소도 순간의 판단들을 진정성이라는 이름으로 너무 절대화시키는 것 같아요. 이게 한편으로 무섭다는 생각도 듭니다. 저한테는 너무 강한 확신이라든가, 이런 것들이 실존이라는 이름으로 내가 나에게 주는 폭력성이 되지 않을까 하는 염려가 생기는 겁니다.

**B:** 아, 사람은 자기가 자기 자신에게 자기가 자멸하려고 하는 그런 타나토스가 있는데, 그런 것을 실존적 결단이란 이름으로 미화한다?

**P 3:** 뫼르소의 언행에는 자기 착취가 많은 것 같아서요.

**A:** 예. 뫼르소가 살 수 있는데도 죽음을 받아들인 것을 우리는 일종의 자학으로 해석해 볼 수도 있죠. 어차피 죽음으로 끝날 인생, 더 살아 뭐하나 그냥

받아들이자 여기서 끝내야지 이런 생각일 수도 있죠.

**P 3:** 그것을 자기 진정성이라는 이름으로 정당화하고요.

**P 5:** 때로는 그렇게도 살아야 하죠.

**A:** 그런데 이 작품의 내용만을 놓고 볼 때, 뫼르소는 자신의 삶 전체에서 시종일관 신념을 지키며 진실한 삶을 살려고 노력했던 것 같습니다. 엄마의 장례식 때도, 파리 전근의 기회 앞에서도, 평범하거나 평균 이하의 삶을 사는 사람들과의 만남에서도 그랬던 것 같습니다. 저는 우리가 생각하는 것보다 많은 실존주의자들이 뫼르소와 비슷한 삶을 살고 있다고 생각합니다.

**P 3:** 사실 저는 개인적인 삶에서 즉자적인 욕망과 감각적인 판단들 그리고 순간에 너무 매여.

**P 18:** 그런데 뫼르소를 이해하기 위해 알고 싶어서 질문인데요. 마지막에 사제가 눈물을 흘리거든요. 뫼르소에게 멱살을 잡히고 난 뒤에 돌아갈 때 눈물을 흘리고 돌아가요. 그런데 이 사제는 끝까지 뫼르소를 설득시키려는 자신의 행위가 옳다고 생각하겠죠? 자기는 신을 모시고 신을 대행하는 사람이니까요.

**B:** 신부나 판사, 변호사 등등의 등장인물들에게서 우리가 볼 수 있는 것은 '아버지가 되던, 성자가 되던, 판사가 되던, 변호사가 되던. 그 무엇이든 간에 결국에는 그 사람의 삶은 각자가 외롭게 살아내는 것이다. 누가 그것을 누가 대리해 줄 수 있는 것이 아니다. 각자의 삶은 누구도 대리할 수 없고 알 수도 없다는 실존적 삶의 단독성이나 고독이 여기서 드러나는 것 같습니다.

**필자는 죽음 직전에 뫼르소의 인생관을 짐작할 수 있는 내용을 읽어보는 게 어떻겠느냐고 제안했다. 필자의 제안으로 참여자 중 한 사람이 134쪽 이하에 나오는 『이방인』의 마지막 구절을 낭송했다.**

"자동인형 같은 그 작은 여자도, 마송과 결혼한 그 파리 여자나 마찬가지로, 또 내가 결혼해주기를 바라던 마리나 마찬가지로 죄인인 것이다. [중략] 셀레스트는 레몽보다 낫지만, 셀레스트나 마찬가지로 레몽도 나의 친구라고 한들 그것이 무슨 중요성이 있단 말인가? 마리가 오늘 또 다른 사람의 뫼르소에게 입술을 내바치고 있은들 그것이 어떻다는 말인가?"

위 구절에서 카뮈는 다양한 사람들과 그들의 이런저런 행동들이 죽음을 앞에 둔 뫼르소에게는 중요한 문제가 아니라는 점을 말하려 한 것인가? 아니면 실존 적 각성자인 뫼르소가 자신의 죽음과 무관하게 그들을 있는 그대로 수용한다는 것을 말하려 한 것인가? 우리는 이런 문제에 대해서 토론을 시작했지만, 바로 그 순간 모임의 끝을 알리는 알람이 울렸다.


## 6. 평가와 과제

흔히 사람들은 『이방인』이라는 작품이 '현실에서 소외되고 주변에 무관심한 채 무기력하고 고독하게 살던 뫼르소라는 한 인간이 자신의 죽음을 앞두고 비로 소 마주하는 실존의 체험을 묘사했다'고 평가한다. 그러나 우리는 『이방인』에 대한 실존철학집단 상담에서 뫼르소를 그들과는 다르게 이해했다. 즉 뫼르소는 자신의 죽음에 직면하기 전부터 이미 거짓 없는 눈으로 세상과 자신 자신의 내 면을 보려고 노력했고, 삶의 생생함을 일깨우는 조그만 일에도 기뻐할 줄 알았 으며, 타인을 그 자체로 인정하고 배려하며, 그들 곁에서 함께 할 수 있는 깨어 있는 인간이었다. 그는 또 시류에 편승하고 타인의 인정을 받기 위해 가식적인 태도로 비위를 맞추며 자신을 기만하는 삶을 살지도 않았다. 그런데 이런 그의 진실함은 기존의 관습과 편견에 찌든 사람들이 볼 때는 낯설고 불편한 것이다. 편견과 관습을 벗어나지 못한 타인이 느끼는 이 낯설음과 불편함이 결국 뫼르소 를 죽음으로 몰고 갔다. 그런데 뫼르소는 이런 불합리한 상황에서도 세상 사람 들을 그들 자체로 이해하려 노력하면서도 자신의 신념을 지킨다. 이런 모습이 실존적인 각성인인 뫼르소의 참 모습에 더 가깝다면, 어쩌면 우리는 뫼르소에 대한 기존의 해석자들보다도 실존적인 삶에 한 발짝 더 다가섰다고 말할 수 있 을 것이다.

이번 집단철학상담 초기에 우리는 『이방인』에 등장하는 세상 사람들처럼 뫼르소의 언행을 쉽게 이해하지 못하고 못마땅하게 느끼는 경우가 있었다. 그러나 상담의 회기가 거듭되면서 참여자들은 점점 더 뫼르소의 내면세계에 공감하고, 세속인으로서 우리 자신의 한계를 깨달았고 그와 동시에 실존적 성찰이 주는 성숙과 자유의 가능성을 보았다. 이런 가능성을 현실로 만들기 위해서는 좀 더 치열하고 깊이 있는 성찰과 토론이 필요할 것이다. 또, 집단상담에 참여한 각자가 진행한 철학적 탐구의 전체적인 모습과 그 한계 그리고 거기서 드러난 각자의 구체적인 문제들은 개인상담을 통해서 다룰 필요가 있다. 그러나 앞에서 소개한 다섯 번의 모임 이후 집단상담이 연속되지 않았고, 집단상담에서 얻은 성과가 개인상담으로 이어지지도 못했다.

### 실존철학상담 연습

1. 뫼르소가 주변 사람들이나 그를 법정과 감옥에서 다루었던 사람들과 다른 점은 무엇인가? 이런 다른 점을 나 혹은 나의 주변 사람들에게서도 발견되는가?

2. 앞에서 소개한 집단상담 내용에서 자주 등장하는 '자기 진정성'이란 무엇을 말하는가? '자기 진정성'에 대해서 당신 자신의 체험을 예로 들면서 설명해 보라.

3. 뫼르소와 같은 인물을 이해하기 위해서 필요한 것들은 무엇인가? 뫼르소의 언행에 공감하기 위해서는 우리 안에 있는 무엇을 검토해보아야 하는가?

4. 주변 사람들의 시선과 평가 때문에 불편을 겪거나 위험에 처한 누군가가 만약 당신에게 철학상담을 신청한다면, 당신은 이 사람을 위해서 어떤 상담을 구상할 것인가?

5. 『이방인』을 직접 읽어 본 후, 여기에 등장하는 뫼르소라는 인물에 대한 기

존의 평가와 위에 소개된 집단철학상담 사례에 나타난 평가를 비교해 보라. 그 차이점은 무엇인가?

6. 실존철학상담에 직접 활용될 수 있는 문학작품들의 목록을 작성하고, 그 책의 내용에 대해서 '지금 여기', '탈존', '가능 존재', '태도설정', '죽음', '자유', '불안', '결단', '참된 자기', '거짓 자기', '죄와 책임', '투쟁', '사랑', '부조리', 등 실존적인 문제를 중심으로 정리해 보라.

7. 지금까지 당신이 체험한 실존적인 문제는 무엇이고, 실존적인 각성의 순간은 언제였는가? 그런 실존적인 각성을 실존적 문제를 다룬 문학작품이나 철학 서적으로 재조명할 경우에 당신은 무엇을 기대할 수 있는가?

# 14장

## 철학상담의 시작과 끝

## 1. 존재의 불안정과 철학적 자아탐색

사람들은 언제 철학상담사를 찾아갈까? 심리치료나 심리상담보다는 철학상담에 더 잘 어울리는 문제로 철학상담사를 찾는 걸까? 내담자들이 만약 윤리적 혼란을 겪거나, 가치관이나 세계관의 차이로 다른 사람과 갈등을 겪을 때 그리고 철학적인 성찰이 주는 해방감과 내면적 성장을 경험하기 위해서 철학상담사를 찾는다면, 이런 이유의 방문은 철학상담에 알맞는 것 같다. 그런데 저자의 경험으로는 내담자가 이런 문제만으로 철학상담사를 찾는 경우는 드물다. 대개의 경우는 불안이나 우울, 무력감 등의 증세로 고통을 받는 사람들이 치료나 상담의 필요성을 느끼고, 이들은 우선 정신 과의사나 심리상담사를 찾는다. 그런데 이들 중에는 정신과치료나 심리상담을 통해서 문제를 근원적으로 해결하지 못했다고 판단하는 사람들이 있다. **간혹 이들은 자신들의 증상의 뿌리가 의미의 결핍이나 가치관, 세계관, 사고방식, 개념과 자아정체성의 혼란에 닿아 있을지도 모른다고 추정**하기도 한다. 이런 사람들이 최종적으로 철학상담에 기대를 건다. 즉, 심리치료나 심리상담으로는 고통에서 벗어나지 못해서 대안을 찾다가 철학상담에 기대를 갖는 것이다. 저자를 찾아온 내담자들 중에도 이런 경우가 많다.

그런데 심리치료나 심리상담을 거쳐 온 내담자와 철학상담을 진행할 때는 그들의 문제가 과연 철학상담의 대상인지 아닌지에 대해서 다른 어떤 내담자들의 경우보다도 신중히 검토해야 한다. 이를 위해서는 **우선 정신과 의사나 임상심리상담사가 내담자의 문제를 어떻게 진단했는지 확인해야** 한다. 그리고 **당면 문제가 개념의 혼란이나 가치관, 세계관과 유의미할 정도로 관련되는지 확인하고, 동시에 내담자가 철학적 분석과 대화를 통해 문제를 해결하려는 의지가 확실한지**

**충분히 확인해야** 한다. 이런 검토를 통해서 철학상담을 진행하는 것이 가능하다고 판단이 되었을 때는 심리치료나 심리상담과는 다른 철학상담만의 고유한 방법을 통해서 문제를 다룰 것이라는 점을 내담자에게 주지시키고 동의를 얻어야한다. 이런 준비작업이 항상 철학상담의 성과를 보장하지는 않는다. 그러나 이런 준비작업이 생략된다면, 상담이 성공하기도 힘들 뿐 아니라 위험을 초래할 수도있다. 아래에 소개할 사례는 심리치료와 심리리담을 거쳐서 철학상담사를 찾은 내담자의 증세를 확인하고, 그의 문제를 철학상담의 대상으로 판단하는 구체적인 과정을 보여준다.

**내담자는 신경정신과 상담과 심리 상담을 총 50여 차례 받은 20대 중반의 남성이다.** 대다수 **신경정신과에서는** 내담자가 **불안증세를 겪는 것으로 진단**했다. 몇몇 신경정신과와 심리상담소에서는 이인증[1]을 의심했고, 여러 치료와 상담을 전전하며 스스로 자신의 증상에 대해서 탐구한 내담자는 자신의 증상이 이인증에 가깝다는 결론을 내렸다. 내담자는 '이인증'으로 인해 일상생활이 힘들어지자 여러 차례 극단적인 생각을 했다. 특히 이인증은 예후가 만성적인 경우가 많다는 글을 보고 "평생 이러고 살아야 하나?" 하며 극단적인 생각도 했고. 많이 좋아졌다 다시 재발한 지금도 훨씬 절망했고 더 힘들어진 것 같다"고 했다.

내담자가 '이인증'을 최초로 경험한 것은 초등학교 2학년 때 쯤 귀가하여 혼자 집에 있을 때다. 그때 내담자는 불현듯 "내가 나인가?" 하는 의문이 들었다. 지금 생각해 보면 "그것은 내가 나를 바라보는 자의식"이었지만, 너무 어렸던 내담자에게는 "내가 나를 바라보는 그 순간이 당하는 나와 관찰하는 나로 분리되는 느낌과 내 자신이 낯설다"는 느낌이었다. 또한, "내가 지워지는 느낌과 자아감이나 정체감이 없어지는 느낌 등으로 표현할만한 느낌들도" 있었다. 가끔 이런 느낌에 시달렸지만, 큰 어려움 없이 고등학교를 마쳤다. 공부에는 특별히

---

1) 이인증(離人症, Depersonalization)을 앓는 사람은 자신의 몸과 마음에서 분리되어 있거나, 자신을 마치 남처럼 관찰하고 있다고 느낀다. 이 증상이 발생하면 환자는 극심한 공포감과 혼란에 빠진다. 이인증이 장기간 반복되면, 환자는 일에 집중하지 못하고 불면과 피로에 시달린다. 이인증 증상이 세라토닌과 같은 신경전달물질과 관련이 있다는 사실이 밝혀지고 있지만, 아직까지 확실한 원인이 규명되지 못했다.

흥미가 없던 내담자는 고등학교 재학시절부터 장신구 등 간단한 물건을 떼다가 노점상 등을 하여 돈을 벌어 친구들의 부러움을 사기도 했다. 재수를 했지만, 대학에 진학하진 못하고 군에 입대해서 전방에 근무한다. 전방 근무 중 차를 타고 가다 갑자기 이인증이 나타나 운전병 옆에서 소리를 지른 적도 있었지만, 제대 무렵까지 큰 문제 없이 잘 버텼다. 그런데 전역을 한 달 앞두고 GOP 근처에서 혼자서 멧돼지 가족을 만나 극심한 공포를 경험한 이후 이인증 증상이 심해졌다. 다른 사람이 눈치를 채지 못할 정도로 이를 악물고 버틴 끝에 무사히 제대했다. 어려서부터 "남을 많이 의식하며 살았고 창피한 것이 많았기 때문에 열등하다고 생각하는 것들을 많이 숨기고, 사회적으로 좋다고 하는 것들만 표출하며 살려고" 했던 내담자는 전역 후 열심히 일을 해서 되도록 빨리 돈을 많이 벌어서 남들에게 인정을 받고 어머니를 행복하게 해드려 했다.

그런데 이인증 증세가 심해져서 잠을 제대로 못 자고 신경쇠약에 시달려 "평소 업무력의 30% 정도도 못 발휘했고, 정신이 너무 피곤해 일을 오랫동안 진행하지 못했다" 하루속히 병을 완치하고 일에 전념하기 위해 신경정신과들을 찾아 다녔다. 거기서는 상담은 거의 없고 간단히 약물만 처방해주는 그런 치료를 받았다. "상담은 보통 5분 가량 진행이 되어서, 도움이 되는 것은 별로 없었다." 그들은 내담자의 문제의 원인을 말해주지 못하고 증상에 대한 약물 처방을 했다. 약물을 먹으니 확실히 병의 잔가지라 할 수 있는 증폭된 불안감이나 우울증 등이 조금 좋아지는 듯했지만, "병의 뿌리는 그대로였다" 그들은 내담자의 문제의 원인을 제시해 주지도 못했을 뿐만 아니라 "그저 그 생각을 하지 말라고만 조언했다"

신경정신과 치료 후 절망한 내담자는 그 후 정신분석상담(프로이트학파)과 분석심리상담(융학파), 일반 임상심리상담 등 여러 전문상담을 받았다. 이들 중 분석심리상담사들이 내담자에게 가장 설득력 있는 진단을 했다. 그들은 여러 가능한 원인을 추정했다. 그중 내담자는 "내가 나로서 살지 않고 페르조나에 집중해서 사는 것"이 원인일 것이라는 말에 공감했다. 어려서부터 다른 사람의 시선을 많이 의식하고, 남들이 보통 추구하는 세속적인 가치를 빨리 획득해서 인정을 받고 싶었기 때문이다. 내담자는 분석심리학적 진단에 의해 문제의 원인이 해명

된듯하여 한동안 홀가분한 기분으로 지낼 수 있었다. 그런데 문득 이런 생각이 들었다고 한다.

"나뿐만 아니라 다른 모든 대부분의 사람들도 페르조나에 집중하며 살고 자기 자신이 어떤 존재인지 잘 모르고 살며, 그래서 모순적인 행동들이 태반인 경우가 많은데, 왜 나만 병이되나?"

내담자는 이인증 증상의 원인은 상담사들이 말한 그것이 아닐 수도 있다고 의심했다. 그는 이 의심이 "재발의 요인이었던 것 같다"고 확신했다. **30명 정도 심리상담사를 만나고 난 후 내담자는 자신의 병의 원인에 대해 "그저 단순한 철학적 질문에 타고난 기질적 불안감이 가미되어 생긴 병" 이라고 생각하게 되었다.** 내담자는 기질적으로 생각이 많고, 불안에 민감하다는 점을 어린 시절의 일화로 설명했다. 싸움도 곧잘 히고 대장노릇 하기 좋아했지만, 내성적이면서 속으로는 겁도 많던 내담자는 초등학교 저학년 때 친구들과 야산에서 딴 밤송이를 허름한 건물에서 까먹고 있었다. 그런데 그 건물 밖으로 나가려고 하니, 건물이 너무 낡아서 그런지 문이 열리지 않았다고 한다. 함께 있는 친구들은 조금 놀라는 정도였지만, 내담자는 무서운 생각이 들어서 고래고래 소리를 지르며 울고불고 안절부절 못하고 난리가 났다고 한다.

내담자를 지속적으로 두렵게 했던 것은 "내가 나를 생각할 때 둘로 분리되는 그 느낌 때문에 내 안에 내가 둘이 있는 건가?" 하는 생각이라고 했다. 자신이 자기에게 말을 걸면 또 다른 자신이 대답을 할 수 있는 건가? 하는 생각이 들어서 괜히 불안하고 찜찜하고 혼란스러웠다는 것이다. 그런데 이 혼란스러움은 우연한 기회에 거의 해소됐다. 그는 사회심리학자 티모시 윌슨의 『나는 내가 낯설다』[2] 라는 책에서 무의식의 기능에 대한 현대과학적 설명을 접했다. 그 설명으로 내담자는 무의식은 컴퓨터의 자동모듈과 같은 것일뿐 어떤 다른 인격체가 아니란 것을 알게 되었다. 그 후로 "내가 둘인가?"라는 생각으로 인한 두려움이 깨졌다고 한다.

---

2) Timothy D. W., 저, 정명진 역, 『나는 내가 낯설다』, 부글북스, 2007년.

하지만 내담자에게는 여전히 "내 정신의 주체가 누군가? 즉 진정한 주인은 누구인가?" 하는 질문이 남았고, 거기다 최근에 책을 읽다가 '부수현상설'이라는 것을 알게 되면서 더 혼란스럽게 되었다. 그는 자신이 잘못 이해했는지는 모르지만, 부수현상론이라는 것이 결국은 자유의지는 환상이라는 말인데, 정말 무서운 이론으로 느껴진다고 했다. 내담자는 자신의 이런 질문은 철학적인 것이고, 자신보다 철학을 더 많이 아는 전문가에게 상담을 받아보고 싶다고 했다. 그는 자신의 문제를 신속히 해결할 수만 있다면, 필자가 속한 철학상담치료학회의 다른 선생님들에게 자신의 문제를 공개하고 싶다고 했다. 내담자가 철학상담사를 찾게 된 데는 한 정신과 의사의 조언도 참고가 된 것 같다. **그 의사는 내담자에게 그의 병은 이인증이 아니라 "자의식이 과도하게 심해서 생긴 문제이고 인식론적인 문제이니 심리학이나 정신분석보다는 불교나 철학을 접하는 게 더 적합할거라**"고 말했던 것이다.

## 2. 철학상담의 가능성과 한계

**필자는 이상과 같은 내담자의 이야기를 통해서 그의 문제가 철학적인 질문과 관련이 있다고 보았다. 더군다나 "진정한 자신"에 대한 궁금증은 실존철학적인 상담을 통해서 상당 부분 해명될 수 있다고 판단했다.** 그렇게 시작된 철학상담은 매회기 2시간씩 2회기를 진행한 후 3회기에 내담자가 나타나지 않아서 중단되고 말았다. 상담 초기에 우리는 데카르트의 "나는 생각한다, 고로 존재한다"는 명제가 의미하는 자기의식의 반성능력에 대해 이야기를 나눴다. 의식이 스스로를 대상화하는 것은 인간에게 자연스러운 일이라는 사실이 확인됐다. 그리고 자유에 대한 칸트의 이율배반론을 다루었다. 자유를 이론적으로 입증할 수는 없지만, 그렇다고 자유가 없다는 확증도 없다. 뇌결정론이나 유전자결정론 등 현대의 결정론자들은 인간의 사고와 행동의 인과관계를 과거보다는 설득력 있게 제시하고는 있지만, 그렇다고 자유의지가 없다고 확증한 수준은 아니라는 사실을 함께 검토했다. 이때 내담자는 현대적 결정론이 철학상담사인 필자보다는 자기에게 더 설득력이 있다고 말했다.

**상담 때마다 내담자는 문제를 빨리 해결한 후 정상적으로 일에 전념하고 싶다는 말을 반복했다.** 그는 도발적인 말도 거침없이 했다. 저자에 대해서 인터넷으로 검색을 해봤는데, 저자가 정신과 의사나 심리상담사와는 다른 방식으로 자신의 문제를 다룰만한 경력을 갖추고 있다는 점을 확인했다고 말했다. 그러나 그는 무엇엔가 쫓기며 불안해 하는 표정이었다. 저자는 철학적인 문제를 다루기에 앞서, 그를 지배하고 있는 불안과 과잉 의욕에 대해서 살펴볼 필요를 느꼈다. 내담자를 '지금 여기서 주체적으로 살아가는 가능 존재'로서 바라보는 실존철학상담사는 내담자의 과거나 가족에 대해 묻는 것을 자신의 상담철학에 어긋난다고 생각하기 쉽다. 그러나 저자는 내담자가 저자의 질문에 의심의 눈빛을 보내며 대답을 주저하자, 내담자와 부딪칠 각오를 하고 내담자의 어린 시절과 가족관계에 대해서 질문했다. 그 내용은 앞에서 설명한 내용과 겹치는 경우도 있었지만, 아버지와 어머니에 대한 새로운 사실이 드러나기도 했다. 내담자는 저자의 상담에 프로이트적인 색채가 강하다고 비판했다. 3회 만남을 약속하고 헤어졌지만, 약속된 날 그는 나타나지 않았다.

몇 차례 연락을 시도했지만, 응답이 없었다. 저자는 상담이 중단된 이유를 추정해 보았다. 무엇보다도 상담사가 내담자의 문제를 해결할 수 있다는 확신을 주지 못한 것이 가장 큰 이유일 것이다. 그런 확신을 주지 못한 데에도 여러 원인이 있을 것이다. 사실 상담사가 내담자가 겪고 있는 '이인증'의 고통을 실감하지 못했고, 그가 자신의 문제를 일종의 철학적인 문제로 생각했으나 상담사는 철학적인 탐구만을 통해서 그 문제를 다루지 않았다. 부모와의 관계를 상담사가 마치 프로이트적인 개념을 사용해서 해석하려는 것처럼 보였던 점은 내담자가 기대한 철학적 탐구와는 거리가 먼 것이었다.

상담사의 전문가로서의 능력부족이 상담이 중단된 데 가장 큰 원인이겠지만, 그러나 내담자가 가져온 문제 자체도 상담을 중단시키게 된 또 다른 원인일 수 있다. 내담자는 매우 조급하고 불안해했다. 뇌과학이나 신경생리학에 관한 최근의 저서를 언급하면서 상담사의 지식을 확인하려 했고, 끝내 상담사를 단 한 차례도 신뢰하지 못했다. 상담사는 내담자의 불안하고 불신에 찬 태도에 의연히 중심을 잡으려 했으나, 무언가 빠른 시간에 해결책을 제시해야겠다는 생각에 끝

려갔다. 이로써 상담사는 내담자의 31번째 실패한 상담사로 기록되었다.

예상치 못하게 상담이 중단되었다고 해서 상담이 내담자에게 전혀 도움이 되지 못했다고 단정할 수는 없을 것이다. 상담이 예기치 않게 중단되더라도 상담사는 상담을 설계하는 단계에서부터 자신이 마련한 회기가 순조롭게 진행될 수 있도록 최선의 준비를 해야 한다. 어쩔 수 없이 상담이 중단될 경우라도 상담자는 가능하면, 내담자가 아무런 말도 없이 상담소에 나타나지 않음으로써 상담이 좌초되게 하는 것보다는 상담사 자신의 판단으로 상담의 중단을 선언할 수 있어야 한다. 그러기 위해서는 중단을 판단할 수 있는 기준이 필요할 것이다. 이 기준에 대해서는 앞으로 충분한 논의가 필요하지만, 위의 사례를 통해서 저자는 다음과 같은 기준을 생각하게 되었다. 1. 한 두 회기가 진행된 후에도 내담자가 상담사를 신뢰하기보다는 의심을 할 때, 2. 철학적 탐구를 통해서 증상의 원인을 밝힐 수는 있을지라도 철학상담사가 직접 다룰 수 없는 증상이 여전히 내담자의 정서와 사고방식을 지배할 때, 3. 상담사가 내담자와 거리를 유지하지 못하고 그의 정서와 요구에 따라 중심을 잃고 표류할 때. 이런 상태일 때 상담사는 다른 동료 상담사에게 슈퍼비전을 받으면서 상담 중단을 신중히 결정해야 할 것이다.

## 이진오

연세대학교 신학과와 서울대학교 대학원 서양철학과를 졸업한 저자는 독일 튀빙겐 대학교에서 칸트와 야스퍼스에 대한 비교 연구로 박사학위를 받았다. 서울대, 명지대, 서울시립대 등에서 철학 전공과목과 교양과목을 강의하다 2011년 이후 경희대학교 후마니타스칼리지에 재직 중이다. 야스퍼스의 『철학1』, 칸트의 『인간학』과 『학부논쟁』 등의 2인 공동번역서가 있다. 칸트철학, 현상학과 실존철학, 철학상담에 대한 많은 논문을 발표했다. 저서로는 『철학수업』(강순전 – 이진오 공저)과 고등학교 『철학』 교과서(11인 공저), 『왜 철학상담인가?』(12인 공저) 등이 있다. 2012년 이후 한국철학상담치료학회 수련감독으로서 자아정체성 위기, 의미 상실, 가치관 혼란, 무기력증, 불안장애, 양극성 장애에 대한 철학상담 경험과 성장과 치유를 위한 철학교육 경험을 갖고 있다.

## 실존철학상담 입문

초판인쇄  2021년 10월 29일
초판발행  2021년 10월 29일

지은이  이진오
펴낸이  채종준
펴낸곳  한국학술정보㈜
주소  경기도 파주시 회동길 230(문발동)
전화  031) 908-3181(대표)
팩스  031) 908-3189
홈페이지  http://ebook.kstudy.com
전자우편  출판사업부  publish@kstudy.com
등록  제일산-115호(2000. 6. 19)

ISBN  979-11-6801-175-5  93100